# Paseos por la Zona Metropolitana

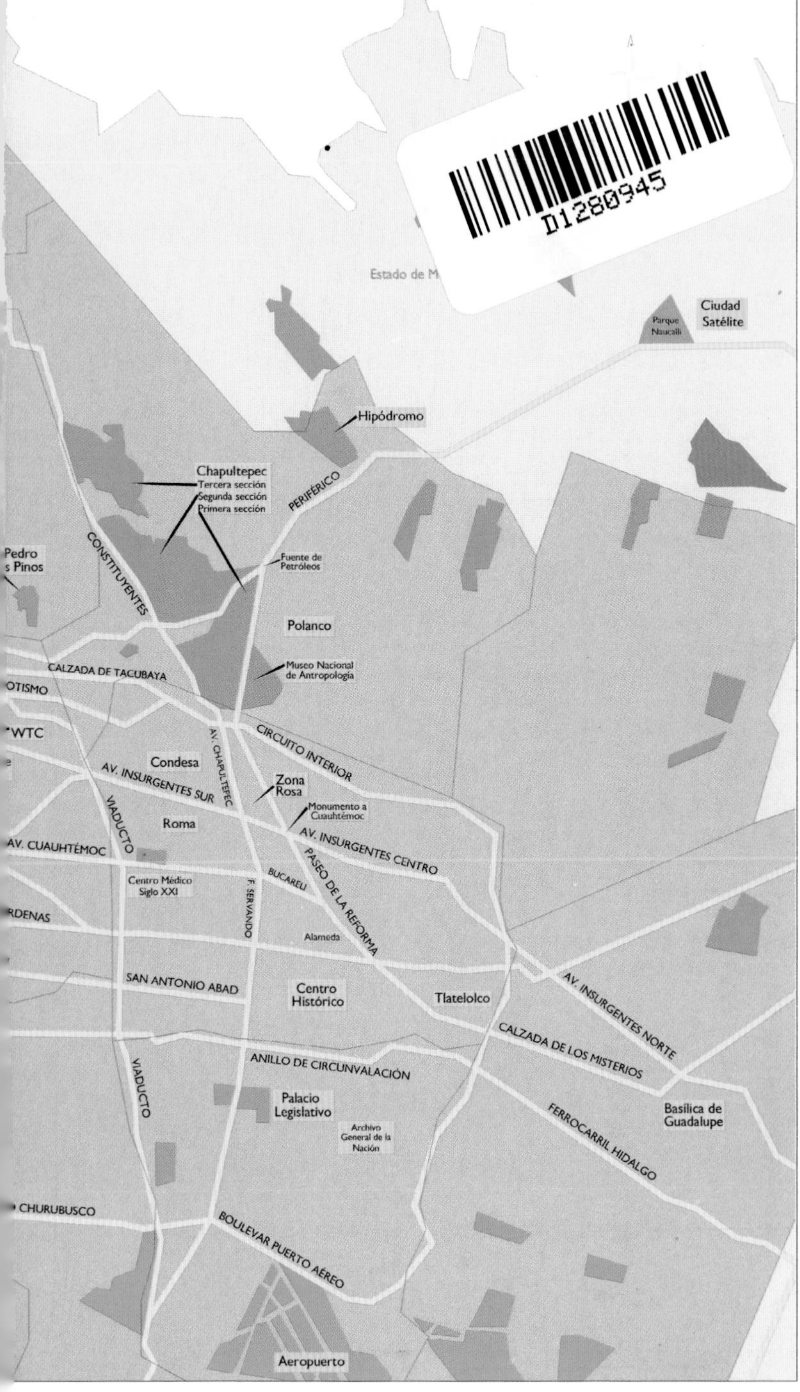

Estado de M
Ciudad Satélite
Parque Naucalli
Hipódromo
Chapultepec
Tercera sección
Segunda sección
Primera sección
PERIFÉRICO
Pedro
s Pinos
CONSTITUYENTES
Fuente de Petróleos
Polanco
Museo Nacional de Antropología
CALZADA DE TACUBAYA
OTISMO
WTC
CIRCUITO INTERIOR
AV. CHAPULTEPEC
Condesa
AV. INSURGENTES SUR
Zona Rosa
Monumento a Cuauhtémoc
VIADUCTO
Roma
AV. INSURGENTES CENTRO
AV. CUAUHTÉMOC
PASEO DE LA REFORMA
BUCARELI
Centro Médico Siglo XXI
F. SERVANDO
RDENAS
Alameda
SAN ANTONIO ABAD
Centro Histórico
Tlatelolco
AV. INSURGENTES NORTE
CALZADA DE LOS MISTERIOS
ANILLO DE CIRCUNVALACIÓN
VIADUCTO
Palacio Legislativo
Archivo General de la Nación
FERROCARRIL HIDALGO
Basílica de Guadalupe
CHURUBUSCO
BOULEVAR PUERTO AÉREO
Aeropuerto

GRAN GUÍA TURÍSTICA

# CIUDAD DE MÉXICO

EL PAIS
AGUILAR

GRAN GUÍA TURÍSTICA

**CIUDAD DE MÉXICO**

es una coedición de:

Fondo Mixto de Promoción Turística del Distrito Federal,
Secretaría de Turismo del Gobierno del Distrito Federal
y Aguilar, Altea, Taurus, Alfaguara, S.A. de C.V. (AGATA)

Por el Gobierno del Distrito Federal:

Andrés Manuel López Obrador
JEFE DE GOBIERNO DEL DISTRITO FEDERAL

Julieta Campos
SECRETARIA DE TURISMO

Carlos Mackinlay
DIRECTOR GENERAL DEL INSTITUTO DE
PROMOCIÓN TURÍSTICA DEL D.F.

Alejandro Pérez Partida
DIRECTOR GENERAL DEL FONDO MIXTO DE
PROMOCIÓN TURÍSTICA DEL DISTRITO FEDERAL

Por AGATA:

Antonio Hernández Estrella
DIRECTOR DE AGUILAR

Gerardo Mendiola Patiño
COORDINADOR DE LA COLECCIÓN
GRANDES GUÍAS TURÍSTICAS EL PAÍS-AGUILAR (MÉXICO)

El listado de colaboradores y créditos aparece en las páginas 382-383

Agradecimientos:

Asociación de Hoteles de la Ciudad de México (AHCM),
Cámara Nacional de Comercio de la Ciudad de México (CANACO)
y Cámara Nacional de la Industria Restaurantera y Alimentos
Condimentados (CANIRAC)

ISBN 968-19-1184-9

# Contenido

*Chac-mool en el Templo Mayor*

*Telón de cristal en el teatro del Palacio de Bellas Artes*

*Olga Costa,* Vendedora de frutas *(detalle)*

*Punto de partida de Paseo de la Reforma (izquierda); a la derecha, al fondo, el Monumento a la Revolución*

# Cómo utilizar esta guía

La guía contiene 18 capítulos y un índice alfabético. El primero corresponde a la historia y cronología de la ciudad. Los dos finales contienen información de hoteles, restaurantes y librerías y una panorámica de los servicios públicos en la ciudad.

Los quince capítulos intermedios describen detalladamente los paseos propuestos; los trece primeros se refieren a la zona metropolitana y los dos últimos a los alrededores de la ciudad.

Además, cuenta con planos de la ciudad y del Sistema de Transporte Colectivo Metro al principio y al final de la guía y en las partes laterales de la portada, la identificación de cada sección y de los símbolos de los servicios.

## Historia y cronología

La parte superior relata brevemente la historia de la ciudad.

La cronología destaca los acontecimientos más relevantes ocurridos entre 1325 y 2002.

## Colores

Cada paseo se identifica mediante un color.

## Paseos

El nombre de cada paseo coincide con el del vecindario o zona geográfica.

## Introducción

Breve descripción del recorrido de cada paseo.

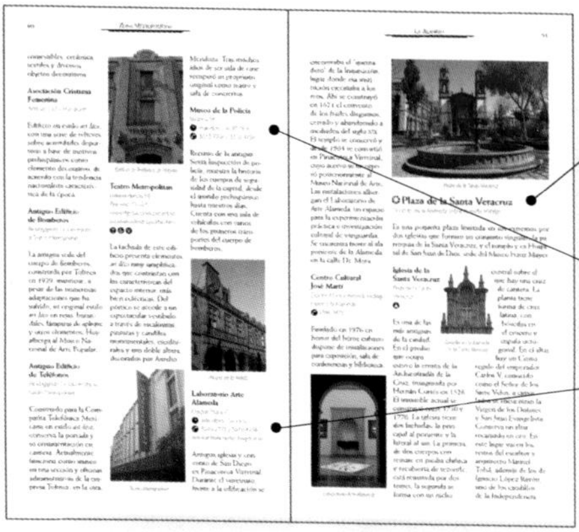

## Fichas

Las fichas indican el nombre más conocido del lugar. La dirección se limita a la calle o la plaza y el número.

Los horarios se expresan en el sistema de 24 horas.

Los símbolos indican los principales servicios disponibles en cada lugar.

## Plano callejero

Los planos muestran la zona donde transcurre cada paseo.

Los círculos de colores señalan los lugares importantes.

El recuadro y las flechas indican referencias para la orientación del usuario.

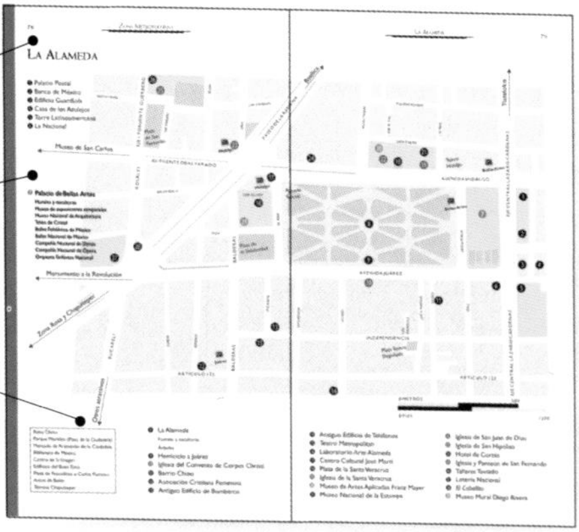

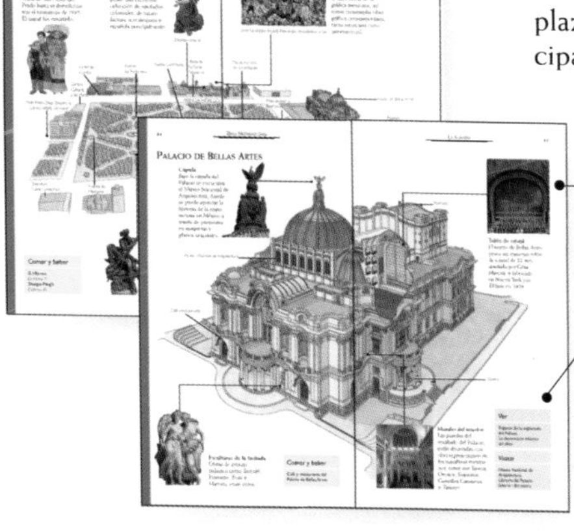

## Dibujos

Los dibujos muestran las plazas y los edificios principales en cada paseo.

Las fotografías destacan detalles de cada dibujo.

Los recuadros de color contienen sugerencias adicionales de sitios para ver, visitar, comer y beber.

# HISTORIA

*Escudo nacional en la fachada del Palacio Nacional*

La ciudad de México es una de las cuatro más extensas y populosas del mundo, sólo superada por Nueva York y Tokio.

Su edad es paradójica: si la referencia es la fundación de México-Tenochtitlán por los mexica, a mediados del siglo XIV, resulta ser una ciudad joven en comparación con las europeas: aún no cumple 700 años. Y si se atiende a su naturaleza histórica, como aglomeración de numerosas pequeñas regiones, en su origen ciudades-estado, entonces tiene más de dos mil años, porque la primera nació hacia el año 200 a.C., en Cuicuilco, hoy una zona arqueológica enclavada en el sur de la gran metrópoli.

Su extensión es también paradójica. México, Distrito Federal (DF), es la capital del país. El DF fue creado en 1824 con un área del orden de 220 km$^2$. Hoy es de 1,525 km$^2$, pero la zona metropolitana abarca al menos 4,000 km$^2$, es decir, dos y media veces más que el DF.

De las ciudadelas prehispánicas sólo quedan vestigios. La ciudad mesoamericana murió y nació la española a partir de 1522. En el Centro Histórico y en algunos barrios antiguos, como San Ángel y Coyoacán, hay numerosos edificios coloniales; predominan los del siglo XVIII. Del siglo XIX hay mucho que ver, sobre todo de las etapas del neoclásico y el *art nouveau*. Hay asimismo numerosas construcciones de tiempos del *art déco* (años 20 y 30 del siglo XX). A partir de ahí, la ciudad se vuelve un mosaico engañoso a la vista, porque las formas de antaño no siempre corresponden con edificios realmente antiguos sino con intentos por preservar el aspecto de algunos barrios. Y cada día hay más edificios modernos, de perfiles y alturas audaces.

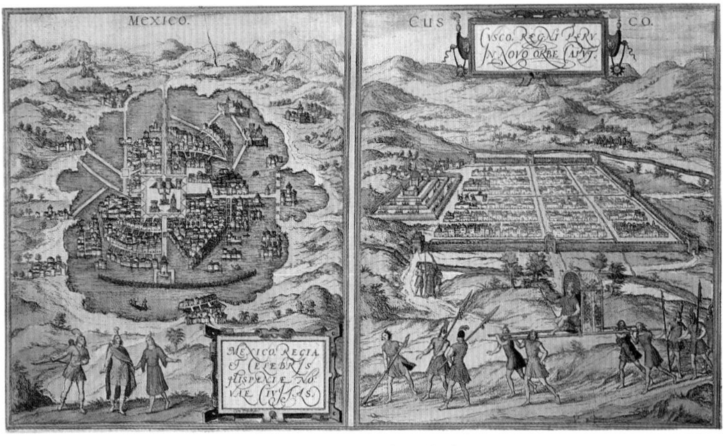


*La Nueva España y Cuzco, Perú*

◀ *Torre Mayor, el edificio más alto de la ciudad, año 2003*

### El Águila y la Serpiente

Un águila posada sobre un nopal devora a una serpiente. Así es el escudo nacional y, desde el año 2000, el que promueve para la ciudad el actual gobierno del Distrito Federal, en contraposición del escudo de armas que surgió tras la Conquista.

Según el vaticinio del sacerdote mexica Tenoch, su pueblo habría de asentarse en el lugar que les señalara un augurio: Huitzilopochtli –Colibrí Siniestro o Zurdo–, convertido en águila, descendería del cielo para posarse sobre el Gran Árbol del Mundo (un tunal o nopalera), donde lucharía contra un ser de la tierra, al que devoraría.

Códice Mendocino

Es un símbolo sagrado. Han pasado casi 500 años desde la Conquista, y casi 200 desde la Independencia. Hoy, la mayor parte del pueblo mexicano se compone de fieles católicos, mas el Águila y la Serpiente continúan representando el anhelo de una nación.

Cálculos hechos por algunos historiadores a partir del *Códice Mendocino*, sugieren que la fundación de Tenochtitlán sobre un pequeño islote del lago de Texcoco ocurrió el 8 de junio de 1325. Otros autores señalan que la fundación debió de ocurrir entre 1325 y 1345. En cualquier caso, convergen en el punto de que Tenochtitlán se llamó así en honor a Tenoch, quienquiera que éste haya sido.

### Imperio y Conquista

Entre 1440 y 1469 el *huey tlatoani* o emperador mexica Moctezuma I Ilhuicamina extendió notablemente sus dominios mediante conquistas militares. Al finalizar el siglo xv, Tenochtitlán y su vecina, Tlatelolco, conurbadas, formaban la ciudad más importante de la cuenca lacustre.

## Cronología

Derrota de Azcapotzalco. Comienza la hegemonía de Tenochtitlán.

Conquista de Tlatelolco por el *tlatoani* Axayácatl.

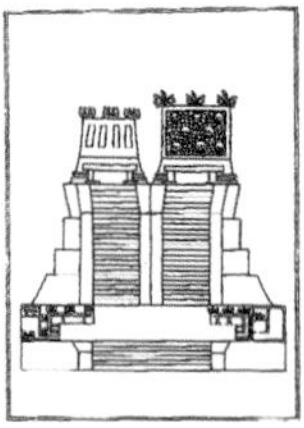

Última etapa del Templo Mayor, que alcanza 40 m de altura.

▼ 1325-1345 ▲ 1428 ▼ 1465 ▲ 1473 ▲ 1480

Los mexica fundan Tenochtitlán en medio del lago de Texcoco.

Moctezuma Ilhuicamina construye el acueducto de Chapultepec.

*La Conquista*

A la capital mexica llegaban embajadores o comerciantes de toda Mesoamérica. En sus mercados se vendían productos provenientes de los cuatro puntos cardinales: plumas de quetzal de las tierras bajas mayas; conchas y productos marinos de ambos litorales; chocolates de la lejana y sureña región del Soconusco; algodón de la frontera chichimeca, al norte del imperio, así como animales y manufacturas de numerosas regiones. Los palacios y templos sobresalían en el horizonte, surcado sólo por el acueducto que bajaba desde Chapultepec. Decenas de miles de embarcaciones navegaban por el lago y por los numerosos canales de Tenochtitlán. Así era la asombrosa ciudad que vieron los españoles al cruzar entre los volcanes Popocatépetl e Iztaccíhuatl, que separan al Valle de México del vecino de Puebla-Tlaxcala. Tal fue la capital del imperio que en 1519 gobernaba Moctezuma II Xocoyotzin y que en 1521 fue conquistada por Hernán Cortés, al mando de unos 500 españoles y quizá 100 mil guerreros indígenas, provenientes de los pueblos tributarios de la gran Tenochtitlán,

*Detalle del mural de Diego Rivera en el Palacio Nacional*

Mayo 30. Sitio de Tenochtitlán. La ciudad cae el 13 de agosto.

Noviembre 8. Los españoles entran en Tenochtitlán, como huéspedes.

▼ 1502 ▲ 1519 ▼ 1520 ▲ 1521

Moctezuma II se convierte en *tlatoani* o emperador mexica.

Epidemia de viruela. Muere Cuitláhuac. Cuauhtémoc, último *tlatoani*.

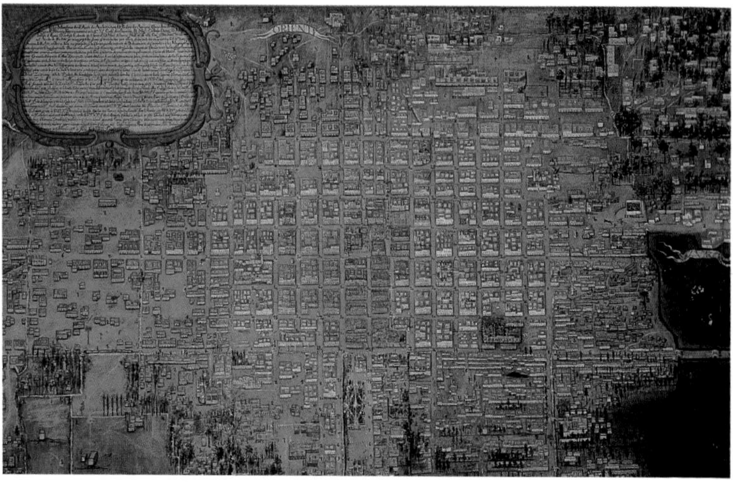

*Plano de la ciudad de México, trazado por Pedro de Arrieta*

que se aliaron con los europeos al suponer que de esa manera serían libres, cuando en realidad estaban renunciando por completo a su destino e incidiendo en el colapso de esta enorme ciudad que en el momento de la conquista contaba con alrededor de 200 mil habitantes, sólo comparable con Barcelona, la mayor ciudad de Europa en su momento.

## Nueva traza

Tras la conquista de México-Tenochtitlán, el antiguo señorío de Coyoacán, aliado de Cortés, se convirtió en la sede del primer ayuntamiento de la Nueva España. Contra la voluntad de Cortés, los frailes demolieron los templos y otros edificios que tuvieron por paganos. La población indígena fue expulsada de la ciudad hacia la

### Siglo XVI

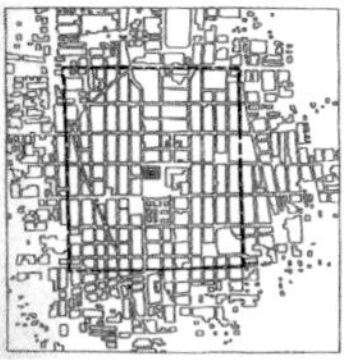

Alonso García Bravo traza la nueva ciudad.

Chapultepec se destina al recreo de los habitantes.

▲ 1522 ▼ 1524 ▼ 1525 ▲ 1530 ▼ 1532

Comienza la construcción de la primera catedral.

Marzo 5. Hernán Cortés hace ahorcar a Cuauhtémoc.

Se inaugura la primera catedral. Demolición del Templo Mayor.

periferia. El Templo Mayor fue el edificio que más tiempo duró, por la extrema dificultad que representaba su demolición. Se dice que tal permanencia (hasta 1534 aproximadamente) determinó que el nombre de la ciudad fuera México: se llamaba Tenochtitlán, pero los indígenas, al señalar hacia el antiguo recinto sagrado y su Templo Mayor, decían "Meshico", porque era precisamente el Lugar de Mexi, su dios tutelar.

*1531:* Milagro del Tepeyac, *según la crónica* Nicán Mopohua.

En 1522 Cortés ordenó a uno de sus oficiales, el alarife Alonso García Bravo, que trazara una nueva ciudad. García Bravo dispuso una traza reticular renacentista, que sólo sería respetada en la plaza de armas, hoy Zócalo. El estilo de la nueva ciudad luchaba entre el último gótico español, fuerte, oscuro y con carácter, con un nuevo renacimiento que promovía la apertura de ventanas y una profusa decoración de sus paredes.

Al oeste se ubicaron los portales de mercaderes y sederos; al sur, la Casa del Cabildo y la cárcel; al oriente, el futuro palacio virreinal, mientras que al norte se levantaba la primera catedral. En el cuadrante suroeste de la plaza mayor se hallaba el lugar destinado al intercambio de mercancías, lleno de animales de corral, cabalgaduras de todo tipo y basura producto de un día de mercado. A pesar de que esto hacía de la plaza un lugar insalubre, de todos modos se paseaba allí la naciente sociedad

*Vista del Palacio virreinal en el siglo XVIII*

▲1535

Abril. Antonio de Mendoza, primer virrey de Nueva España.

▼1551

Felipe, Príncipe de Asturias, funda la Universidad de México.

▲1573

Comienza la construcción de la segunda catedral (actual).

▲1577

Nuevo brote de viruela, que diezma a la población indígena.

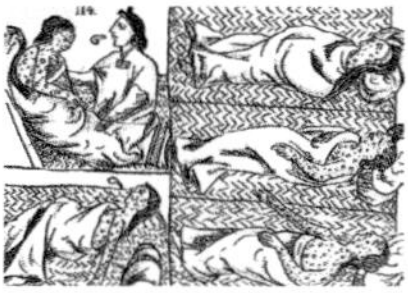

▼1592

La Alameda, primer paseo público de la ciudad.

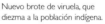

*Litografía del Paseo de Bucareli, siglo XIX*

novohispana: desde los indígenas del mercado hasta los primeros mestizos y criollos. Allí se podían ver oficios y castas que coincidían de algún modo con cierta distribución socioeconómica que sería alterada muy tímidamente en los siglos venideros.

### Nueva España en el siglo XVII

A principios del siglo XVII, México, capital del Reino de Nueva España, tenía ya el aire de una ciudad colonial. En sus calles y mercados se veía a naturales y mestizos –cuyo número se multiplicaba– que llegaban a comerciar entre sí o con los peninsulares y criollos. Los negros y mulatos eran menos numerosos pero no escasos.

La primera catedral se construyó entre 1524 y 1532. La segunda (actual) comenzó a construirse en 1573. Debe haber sido interesante la vista de una ciudad en la que, por un tiempo, coexistieron la primera catedral y el Templo Mayor de Tenochtitlán, y después tuvo una plaza mayor con dos catedrales, una junto a la otra. La primera fue demolida en 1626, aunque a la segunda todavía le faltaban casi dos siglos para ser concluida.

En 1629, el sistema hidráulico urbano falló ante avenidas mayores de los ríos. El nivel del lago se elevó y la ciudad quedó inundada por varios

*La Casa de los Azulejos, siglo XIX*

**Siglo XVII**

Se termina la arquería de Belén, abasto de agua a la ciudad.

Se produce la mayor inundación en la historia de la ciudad.

**Siglo XVIII**

Segundo palacio del Ayuntamiento en la Plaza Mayor.

1620 · 1626 · 1629 · 1645 · 1692 · 1716 · 1722

Demolición de la primera catedral.

Se inaugura el convento de la Concepción.

Destrucción parcial del Palacio virreinal, durante un motín.

El Salto del Agua, final del acueducto de Chapultepec.

*La Catedral recién concluida, el día de la coronación de Agustín de Iturbide*

años, al grado que llegó a pensarse en mudar la capital de la Nueva España a Puebla o a las tierras más altas hacia el sur del Valle.

La urbe se recuperó y en poco tiempo creció en altura y cultura. En pleno Siglo de Oro español, la sociedad novohispana compartió el auge, además de que sobraban los recursos gracias al éxito de la minería. En esta ciudad del XVII vivió sor Juana Inés de la Cruz.

Se construyeron numerosos templos y palacios. Pero México no era Madrid, por lo que cada nuevo edificio requería un permiso particular para cierto tipo de decoración, tales como cañones de piedra, escudos nobiliarios e incluso el mosaico de talavera de la vecina ciudad de Puebla. Así surgieron la Casa de los Azulejos, el Palacio de los Condes de Santiago, el Palacio de los Marqueses de Jaral y Berrio y otras muchas construcciones que aún se conservan.

## La colonial Ciudad de los Palacios

Al comenzar el XVIII, la capital contaba con unos 100 mil habitantes. Las corridas de toros ya eran un espectáculo común desde más de un siglo atrás. No eran el único entretenimiento en la urbe: estaban también las numerosas fiestas parroquiales, el paseo por la Alameda y la Plaza Mayor, funciones de teatro al aire libre, peleas de gallos y, para la aristocracia, toda clase de saraos.

Poco habían cambiado los límites de la ciudad desde la reconstrucción

Sagrario Metropolitano, joya del barroco estípite.

▲ 1749-1768

Se traza el Paseo de Bucareli, el más bello de la Colonia.

▼ 1778

Estatua ecuestre de Carlos IV, "El Caballito", icono urbano.

▼ 1790

En el empedrado de la Plaza Mayor desentierran la Piedra del Sol.

▲ 1794

**Siglo XIX**

España sin rey. Descendientes de Moctezuma reclaman sus dominios.

▲ 1808

▼ 1810

Guerra de Independencia. La ciudad de México no es atacada.

*Fuente de Bucareli*

del siglo XVI: al norte, los pantanos preludio de la ribera de San Cosme; al sur, el hospital de Jesús Nazareno; al oriente, el barrio de la Candelaria y al poniente, quizá como única ampliación, la Alameda.

La aportación de Nueva España a las arcas reales era enorme, lo cual se dejaba sentir en las deferencias que la administración borbónica tenía hacia esta colonia que el rey Carlos III llegó a distinguir como "igual y de la misma clase que España". Entre las mejoras urbanas se contó un alumbrado público eficiente, el empedrado o adoquinado de las calles principales, así como mejora de la policía y la limpieza. El barroco estípite cubrió México y el resto de las ciudades coloniales.

La Plaza Mayor no escapó a la remodelación: el comercio ambulante se concentró en el mercado del Volador, mientras que El Parián (voz filipina que significa "mercado") se reservó para los productos de importación. Esta fue la ciudad que gozó y alabó el naturalista alemán Alexander von Humboldt, en los albores del siglo XIX, al llamarla "Ciudad de los Palacios". Una ciudad que procuraba poner en

▲ 1812 — Constitución de Cádiz. Dará nombre a la Plaza Mayor de México.

▼ 1813 — Después de 240 años, se concluye la Catedral Metropolitana.

▼ 1821 — Independencia. Imperio de Iturbide hasta el año siguiente.

▲ 1822 — El escudo de Tenochtitlán se adopta como escudo nacional.

▲ 1847 — Intervención norteamericana; ocuparán la ciudad durante un año.

▼ 1851 — Primera nacionalización de los bienes del clero.

▼ 1862 — Intervención francesa; ocuparán la ciudad por cinco años.

práctica los postulados de la Ilustración europea que conjugaban orden científico y belleza. Ejemplo de ello fue el arbolado de la ciudad y la construcción del hermoso Paseo de Bucareli.

## El XIX, un siglo de guerras

En 1808 Napoleón Bonaparte invadió España e impuso en el trono a su hermano José Bonaparte. Por un tiempo, España no tuvo rey. Se dice que, al no haber rey en España, un día los descendientes de Moctezuma se presentaron ante el Ayuntamiento de México para reclamar sus posesiones.

Mientras España luchaba por su independencia, México hizo lo propio, a partir de 1810. En marzo de 1812 se promulgó en España la Constitución de Cádiz, cuyo nombre le fue dado a la Plaza Mayor de México. Es decir, se llama Plaza de la Constitución por la de Cádiz y no por las del México independiente, aunque hoy se extiende el nombre a todas ellas. En 1813 concluyeron, por fin, las obras de la Catedral Metropolitana. El Sagrario se le había añadido desde 1768.

La Guerra de Independencia concluyó en 1821. La ciudad de México no fue afectada por los combates, al menos no gravemente, pero en el corto plazo los escudos reales fueron raspados de todos los edificios.

En 1824 se constituyó el Estado mexicano y se formó una república federal cuya capital sería el Distrito Federal, que a la sazón bastaba para contener a la ciudad de México. A partir de entonces, los antiguos límites que permanecieron inva-

*Grabado de La Profesa en 1847*

Traza del Paseo del Emperador, después Paseo de la Reforma.

▲ 1864

Restauración de la República. Comienza la remodelación urbana.

Julio 18. Muere Benito Juárez, en el Palacio Nacional.

▼ 1867

▲ 1872

Porfirio Díaz toma por la fuerza el puesto de presidente.

▲ 1876

▼ 1884

Porfirio Díaz, presidente vitalicio por sufragio propio.

▼ 1895

Población del Distrito Federal: 475 mil.

▲ 1900

Población del Distrito Federal: 542 mil.

**Siglo XX**

*Edificio del Ayuntamiento en el siglo* XIX

riables durante la Colonia, comenzaron tímidamente a ampliarse. Los municipios vecinos en mayor parte pertenecían al Estado de México. De hecho, la actual delegación de Tlalpan fue capital de esa entidad federativa.

En 1843, el entonces presidente Santa Anna ordenó la demolición de El Parián, al mismo tiempo que concebía el proyecto de construir, al centro de la Plaza de la Constitución, una columna para conmemorar la Independencia. Sólo se construyó su basamento, un zócalo circular que quedó ahí por largo tiempo, de tal suerte que se convirtió en referencia. De ahí que la gente conozca a la plaza como el Zócalo y no sólo eso: con el paso del tiempo, todas las plazas de armas del país adquirieron el mismo nombre.

En 1847 México fue invadido por Estados Unidos. La ciudad de México fue capturada en septiembre de 1847, tras varios combates; algunos de ellos se libraron en Chapultepec y el bosque natural fue gravemente dañado.

Menos de 15 años después, una segunda invasión –esta vez por Francia– convirtió por poco tiempo a la ciudad de México en la capital de un supuesto imperio encabezado por

*Arcos de Belén*

En noviembre, Francisco I. Madero es electo presidente.

Población del Distrito Federal: 906 mil.

La Universidad Nacional obtiene su autonomía.

La Nacional, "primer rascacielos" de concreto, con 10 pisos.

▼ 1910 ▲ 1911 ▼ 1913 ▲ 1921 ▼ 1925 ▲ 1929 ▼ 1930 ▲ 1932 ▼ 1937

En noviembre, comienza la Revolución mexicana.

Golpe militar. Madero, asesinado. Se reanuda la guerra.

Llega el *art déco*. Se inaugura la colonia Hipódromo-Condesa.

Población del Distrito Federal: 1 millón 230 mil.

Lázaro Cárdenas crea el Instituto Politécnico Nacional.

Maximiliano de Habsburgo, quien llegó a vivir al Castillo de Chapultepec. Por su iniciativa fue remozado el bosque y la edificación del siglo XVIII ahí construida. También hizo algunas reformas urbanas, la más notable una amplia calzada que, en su sueño, aspiraba a reproducir la de los Campos Elíseos, de París. Sería por corto tiempo el Paseo del Emperador y, después, el Paseo de la Reforma, hasta hoy la más vistosa avenida de la ciudad.

Los grandes cambios en la ciudad comenzaron a partir de la restauración de la República en 1867. Se hicieron efectivas las Leyes de Reforma y los bienes del clero fueron vendidos en subasta pública. Muchos hermosos edificios coloniales acabaron en manos de particulares que, por ser poco escrupulosos o simplemente por estar a tono con el un tanto fanático pensamiento liberal –en el sentido que la historia de México se interrumpió con la Conquista y se reanudó con la Independencia–, arrasaron con ellos o los convirtieron en bodegas. Además, diferentes obras urbanas destinadas a recuperar la traza ortogonal, descompuesta a lo largo de tres siglos por la construcción caprichosa de palacios y, sobre todo, conventos y templos, determinaron que numerosos edificios coloniales fueran demolidos parcial o totalmente.

*La ciudad de México en 1858*

En los 25 últimos años del siglo XIX, durante el Porfiriato, la ciudad se expandió notablemente. Surgieron barrios elegantes como Santa María, San Rafael, Guerrero, y, en el último soplo de ese periodo, en plena época del *art nouveau*, la colonia Roma.

## México en el siglo XX

Tras concluir la Revolución mexicana, en los años 20 llegó el *art déco*, que en México adquirió ciertas peculiaridades, como la sustitución de la flora decorativa europea por magueyes y

▲ 1940 — Población del Distrito Federal: 1 millón 760 mil.

▼ 1947 — Primera unidad habitacional: el multifamiliar Miguel Alemán.

▲ 1950 — Población del Distrito Federal: 3 millones 50 mil.

▼ 1952 — Construcción de la Ciudad Universitaria.

▲ 1956 — Torre Latinoamericana, primer edificio de 44 pisos.

▲ 1960 — Población del Distrito Federal: 4 millones 871 mil.

▼ 1964 — Unidad Tlatelolco, conjunto habitacional para 70 mil personas.

*Ciudad Satélite*

cactáceas en general, así como robustas musas de la raza de bronce. Fue el momento de moda de colonias residenciales como la del Hipódromo de la Condesa.

En la Alameda, se terminó el Palacio de Bellas Artes y, a unos pasos, el primer edificio de concreto hidráulico, que fue el de la compañía de seguros La Nacional, llamado "el primer rascacielos mexicano".

El cine y la radio se adueñaron del entretenimiento, sobre todo en los años 40, durante la llamada "Época de Oro", cuando brillaban estrellas como Cantinflas, María Félix, Agustín Lara, Jorge Negrete, Pedro Infante y muchos más. Coincidió esta etapa con el inicio de la industrialización del país, en plena Segunda Guerra Mundial.

A partir de la década de los 50, la inmigración procedente del resto de las entidades federativas rebasó todo pronóstico. La construcción de nuevas vías de comunicación aproximó no sólo a los suburbios del Distrito Federal sino también a los municipios vecinos. En los años 60, la creación de Ciudad Satélite, en el municipio de Naucalpan, Estado de México, inició un proceso que ya nadie pudo controlar. Al llegar los años 70, la ciudad sobrepasó sus límites.

Los que fueron suburbios, como Coyoacán, San Ángel, Iztapalapa, Villa de Guadalupe, Tlalpan y Xochimilco, hace largo tiempo fueron absorbidos por la metrópoli. Lo mismo les ha ocurrido virtualmente a unos 30

Inauguración del estadio Azteca, para 110 mil espectadores.

Masacre de estudiantes en Tlatelolco el 2 de octubre. El 12, la XIX Olimpiada.

Población del Distrito Federal: 8 millones 831 mil.

▲ 1966 ▼ 1967 ▲ 1968 ▼ 1970 ▲ 1980 ▼ 1985

Un incendio destruye los retablos y el órgano de la Catedral.

Brasil gana la copa Jules Rimet en el estadio Azteca.

Desastre a consecuencia de un terremoto de gran intensidad.

municipios del vecino Estado de México, al de Tizayuca, en Hidalgo, y el proceso ya comienza a manifestarse en los colindantes del estado de Morelos.

En el terreno político, los que fueron municipios del Distrito Federal fueron reordenados en delegaciones. Desde 1987 hay un órgano legislativo del DF, que hoy es la Asamblea de Representantes. A partir del 2000, los delegados son electos popularmente, lo mismo que el Jefe de Gobierno. Sin embargo, el alcance de esta estructura se limita al DF. Para el funcionamiento de la metrópoli, los gobiernos de cada entidad y cada municipio tienen que mantenerse en acuerdo permanente, ya que, por principio de cuentas, 20 o más millones de personas dependen de sus acciones.

*Panorámica de la ciudad de México en la actualidad*

**Siglo XXI**

Argentina gana la Copa FIFA en el estadio Azteca.

Población de la Zona Metropolitana: 16 millones 674 mil.

Población del Distrito Federal: 8 millones 605 mil.

1986 · 1990 · 1995 · 1997 · 2000 · 2002

Población del Distrito Federal: 8 millones 236 mil.

Primeras elecciones democráticas para Jefe de Gobierno.

Población de la Zona Metropolitana: 18 millones.

# Centro Histórico

Relieve de cantera en el interior del Palacio Nacional

Tiene límites convencionales entre las calles Perú (norte), Anillo de Circunvalación (oriente), Eje Central Lázaro Cárdenas (poniente) y Fray Servando Teresa de Mier (sur). Ese rectángulo o primer cuadro de la ciudad corresponde al emplazamiento original que los conquistadores españoles sobrepusieron a Tenochtitlán, la ciudad lacustre de los aztecas o mexicas. Es la parte más antigua de la ciudad y su zona más viva y activa, llena de comercios, oficinas, servicios públicos, espacios para la recreación y cultivo del espíritu, restaurantes, hoteles, bares y cantinas, plazas y jardines, iglesias y templos en edificaciones llenas de historia, colorido y riqueza.

Este espacio es muestra del México virreinal, de la capital de la otrora Nueva España, pero hay numerosas huellas del pasado prehispánico y, desde luego, de los casi 200 años del México independiente.

El punto de partida en el paseo que sugerimos es la Plaza de la Constitución, conocida como el Zócalo por los habitantes de la ciudad. Ahí se encuentran los edificios de gobierno y la Catedral. Su traza corresponde aproximadamente con la de México, es decir, el recinto sagrado de Tenochtitlán.

A partir del Zócalo el visitante podrá moverse en el tiempo según la dirección en que camine. Puede dirigirse hacia la segunda plaza más importante, Santo Domingo, donde está el edificio que fuera de la Inquisición, y seguir hacia el norte para ver los restos de Tlatelolco, ciudad vecina a Tenochtitlán, o bien podrá elegir diferentes calles que le lleven hacia la Alameda y recorrer, calle a calle, el espacio entre los siglos XIV y XXI.

*La Catedral, grabado del siglo XIX*

◀ *Plaza de la Constitución*

# CENTRO HISTÓRICO

1. El Zócalo
2. Palacio Nacional
3. Suprema Corte de Justicia
4. Museo de la Ciudad de México
5. Hospital de Jesús Nazareno
6. Palacio de Hierro
7. Edificio del Ayuntamiento
8. Gran Hotel de la Ciudad de México
9. Hotel Majestic
10. Monte de Piedad
11. Catedral y Sagrario Metropolitanos
12. Museo del Templo Mayor
13. Museo SHCP
14. Ex Teresa Arte Actual
15. Academia de San Carlos
16. Museo José Luis Cuevas
17. Colegio de San Ildefonso
18. Museo de La Luz
19. Secretaría de Educación Pública
20. La Enseñanza
21. Museo de la Caricatura
22. Plaza de Santo Domingo
23. Antigua Aduana
24. Casa Chata
25. Convento de Santo Domingo
26. Hostería de Santo Domingo
27. Plaza Garibaldi
28. Asamblea Legislativa del D.F.
29. Café Tacuba
30. Senado de la República
31. Cantina La Ópera
32. Museo del Ejército
33. Museo Nacional de Arte
34. Palacio de Minería
35. Iglesia de La Profesa
36. Museo Serfin
37. Hotel Ritz
38. Palacio de Iturbide
39. Iglesia de San Francisco
40. Museo del Calzado
41. Antiguo convento de la Merced
42. Museo de la Charrería
43. Claustro de Sor Juana
44. Iglesia de San Agustín (ex Biblioteca Nacional)
45. Biblioteca Lerdo de Tejada
46. Iglesia de Regina Coelli
47. Colegio de las Vizcaínas

EJE I NTE. HÉROE DE GRANADITAS
RAYÓN
PALMA
CJÓN. REP. DE ECUADOR
REPÚBLICA DE CHILE
REPÚBLICA DE ECUADOR
REPÚBLICA DE BRASIL
AZTECAS
FLORIDA
REPÚBLICA DOMINICANA
REPÚBLICA DE PARAGUAY
REPÚBLICA DE COSTA RICA
Plaza de Sta. Catarina
Iglesia de Sta. Catarina
REPÚBLICA DE HAITÍ
REPÚBLICA DE NICARAGUA
GONZÁLEZ ORTEGA
MANUEL DOBLADO
BERRIOZÁBAL
Plaza del Estudiante
ALTUNA
APARTADO
PEÑA Y PEÑA
REPÚBLICA DE PERÚ
CARMEN
TORRES QUINTERO
NACIONAL
Plaza Torres Quintero
REPÚBLICA DE BOLIVIA
LEANDRO VALLE
CJÓN. DE GIRÓN
JOSÉ JOAQUÍN HERRERA
REPÚBLICA DE COLOMBIA
RODRÍGUEZ PUEBLA
LEONA VICARIO
CJÓN. DE GIRÓN
REPÚBLICA DE VENEZUELA
GRAL. MIGUEL ALEMÁN
EJE I OTE. VIDAL ALCOCER
GONZÁLEZ OBREGÓN
SAN ILDEFONSO
EL CARMEN
MANUEL DOBLADO
CJÓN. MIXCALCO
PALMA
REPÚBLICA DE ARGENTINA
SAN ANTONIO TOMATLÁN
Plaza Loreto
JUSTO SIERRA
LEONA VICARIO
REP. DE GUATEMALA
MIXCALCO
REPÚBLICA DE GUATEMALA
SEMINARIO
LIC. VERDAD
MONTE DE PIEDAD
PASAJE SANTÍSIMO
Plaza de María Santísima
MARGIL
Zócalo
MONEDA
SAN MARCOS
SANTÍSIMA
ZAPATA
ACADEMIA
CORREO MAYOR
SOLEDAD
SOLEDAD
5 DE FEBRERO
ALHÓNDIGA
CJÓN. LECHERÍAS
CORREGIDORA
E. CASTELLANOS
LORETO
ROLDÁN
2DO. CJÓN. MANZANARES
CDA.
VENUSTIANO CARRANZA
TABAQUEROS
YUCATÁN
MANZANARES
Plaza G. Bravo
2DO. CJÓN.
RNDA. DE JESÚS
REPÚBLICA DE URUGUAY
REPÚBLICA DEL SALVADOR
JESÚS MARÍA
Plaza Gral. Anaya
SANTO TOMÁS
Parque del Conde
MESONES
5 DE FEBRERO
20 DE NOVIEMBRE
JOSÉ MARÍA PINO SUÁREZ
2DO. CJÓN. DE MESONES
CORREO MAYOR
LAS CRUCES
MESONES
TALAVERA
ROLDÁN
ANILLO DE CIRCUNVALACIÓN
REGINA
MISIONEROS
SAN JERÓNIMO
SAN PABLO
Pino Suárez
Merced
1
2
3
4
5
6
7
8
9
10
11
12
13
14
15
16
17
18
19
20
21
22
23
24
25
26
41

# EL ZÓCALO

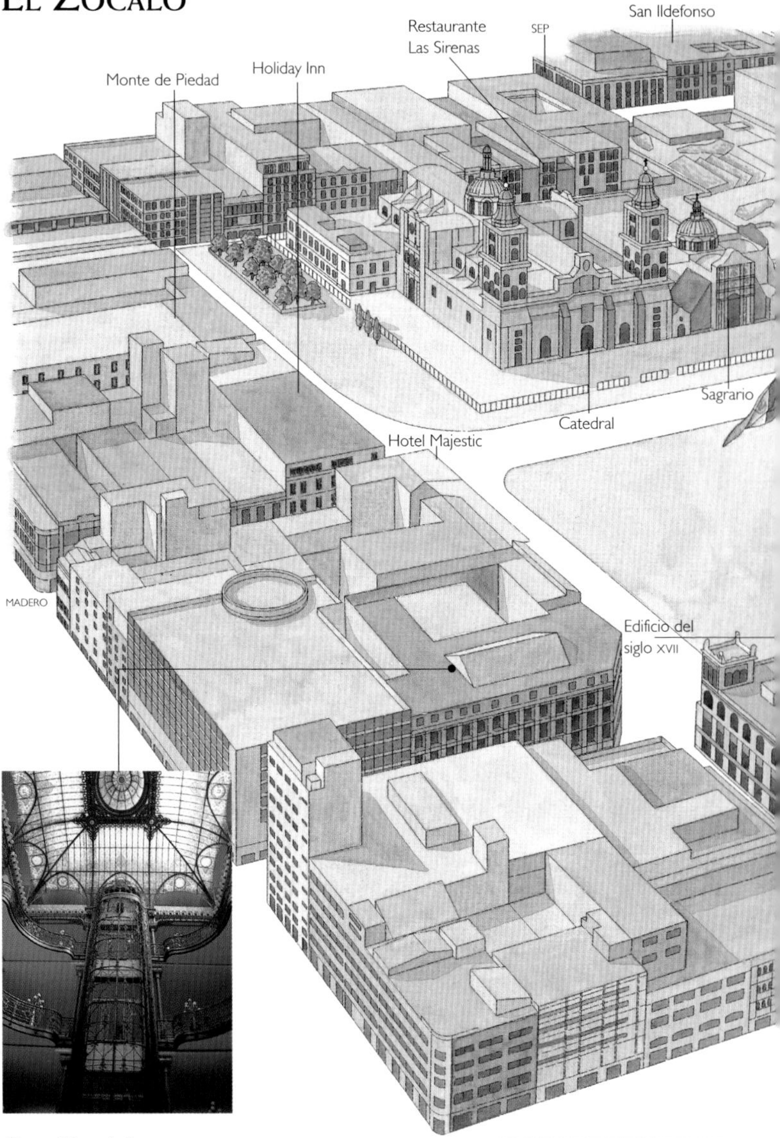


**Gran Hotel de la Ciudad de México**
Ejemplo del *art nouveau.* Fue construido por Garita y Garza en 1899 para ser sede del Centro Mercantil, edificio comercial y de oficinas.

## Visitar

**Mirador del Hotel Majestic**
Plaza de la Constitución y Madero
**Antiguo Colegio de San Ildefonso**
Justo Sierra 16

## Ver

**Murales de J. C. Orozco**
Suprema Corte de Justicia
**Monumento a Enrico Martínez**
Esquina suroeste de la Catedral

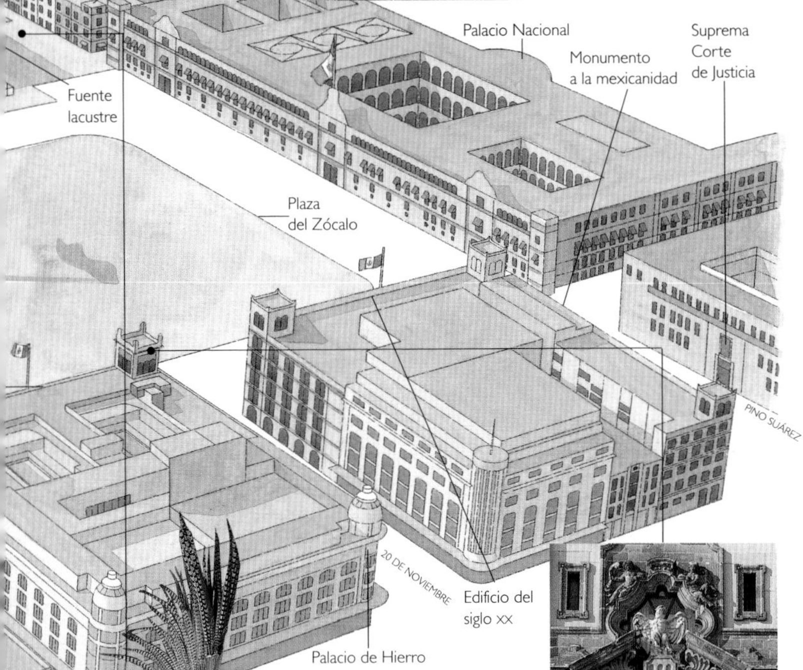

**Museo del Templo Mayor**
Entre los restos más notables de lo que fue un adoratorio anexo al Templo Mayor, resalta el *tzompantli*, característico por los 240 cráneos de piedra recubiertos de estuco.

**Danzantes mexicanistas**
Los mexicanistas son grupos que intentan rescatar tradiciones culturales y prehispánicas y montan espectáculos ceremoniales en el espacio intermedio de la Catedral y las ruinas del Templo Mayor.

**Gobierno del Distrito Federal**
Formado por dos edificios gemelos, la sede del gobierno de la ciudad resalta el estilo neocolonial del Zócalo.

*Diariamente a las 6 p.m. se arría la bandera*

## ✪ Plaza de la Constitución

El corazón de la ciudad está rodeado por sus edificios más importantes: la Catedral, el Palacio Nacional, el Monte de Piedad, los dos edificios del Gobierno del Distrito Federal y el Portal de Mercaderes.

Su nombre y fisonomía han cambiado varias veces: fue la Plaza Mayor y después la Plaza de Armas, conforme a la costumbre castellana. Su nombre actual se debe a la Constitución de Cádiz de 1812 y no a las sucesivas constituciones políticas del México independiente. Se le conoce popularmente como el **Zócalo** porque, en los años 40 del siglo XIX, el presidente Antonio López de Santa Anna propuso que ahí se construyera una columna conmemorativa de la Independencia, mas el proyecto no pasó del basamento o zócalo, que permaneció por tiempo suficiente para convertirse en elemento de referencia.

Aquí se conmemoran las principales fechas cívicas y es también el escenario de manifestaciones públicas y actos políticos frente al Palacio Nacional o los edificios del gobierno local.

*La columna que nunca se construyó*

### Palacio Nacional

Ala oriente de la Plaza de la Constitución

Es la sede del Poder Ejecutivo Federal, despacho del presidente de la República. Durante el virreinato fue también sede del gobierno civil (Real Palacio o Palacio de los Virreyes), y si consideramos que se levantó en el lugar que ocupara el palacio de Moctezuma, la conclusión es que sobre ese espacio ha estado siempre el principal edificio de gobierno.

El edificio actual es resultado de varias etapas de construcción y reconstrucción. Su aspecto original del siglo XVI, como fortaleza medieval, ha cambiado hasta su actual estilo neocolonial, aunque las modificaciones arquitectónicas han mantenido la armonía de la gran plaza que lo enmarca. El tercer piso se añadió durante la restauración efectuada a iniciativa del ingeniero Alberto J. Pani, entre 1926 y 1928, por los arquitectos Augusto Petriccioli y Jorge Enciso.

Los tres accesos frontales, con sus respectivas garitas, correspondían a los departamentos de la administración colonial: la del sur, vedada al público, conducía a los aposentos de los virreyes y hoy llega al Patio de Honor, a las oficinas de la Presidencia de la República y los principales salones de recepción. La del norte, llamada Puerta Mariana en honor del presidente Mariano Arista, lleva al lugar que ocupó la Cárcel de la Corte y hoy alberga a la Secretaría de Hacienda y al

Recinto de Homenaje a don Benito Juárez, que conserva la recámara, la sala y el estudio del Benemérito de las Américas durante su último periodo presidencial y donde falleció el 18 de julio de 1872, y da también acceso a los cuatro patios del mismo nombre.

*Balcón presidencial en Palacio Nacional*

Sobre el acceso central descansa el balcón principal y el nicho con la campana de la Independencia. Esta puerta comunica con un gran patio, el más bello de Palacio, que muestra una fuente adornada con un Pegaso. En el cubo de la monumental escalera –que no ha sido modificada–, se encuentran los murales realizados entre 1929 y 1935 por Diego Rivera, con el título de *Epopeya del pueblo mexicano*. En el corredor del primer piso de este mismo patio pueden admirarse once paneles del mismo artista, pintados entre 1941 y 1952. En la zona oriente de este ámbito se encuentra la Sala de Homenaje a los Constituyentes de 1857 y, donde estuvo el Salón de Comedias de los virreyes, el Recinto Parlamentario, una reconstrucción de la Cámara de Diputados que sesionó en el Palacio de 1829 a 1872.

*Antigua Acequia Real*

**Acequia Real**

Calle Corregidora, costado sur de Palacio Nacional

Reminiscencia del pasado lacustre de la ciudad, muestra la disposición de la Acequia Real, una de las principales en el sistema de atracaderos y canales o acequias que servían para comunicar y transportar a los antiguos mexicanos de un pueblo a otro, e incluso entre zonas urbanas. Cuando los más de los canales que llegaban al centro de la ciudad habían sido desecados, éste siguió en servicio durante la época colonial. Situada en la actual calle de Corregidora, desembocaba en el famoso Mercado del Volador (hoy sitio de la Suprema Corte de Justicia), a un costado de la Plaza Mayor. Su tramo final ha sido restituido en su emplazamiento original.

**Monumento a la mexicanidad**

Calle Pino Suárez, frente a la Suprema Corte de Justicia

Es una escultura de Juan Olaguíbel, que simboliza el descubrimiento por parte de los emigrantes mexica del sitio deparado para la fundación de Tenochtitlán, indicado con la señal de un águila posada sobre un tunal o nopalera y devorando una serpiente. Se localiza frente a la Suprema Corte de Justicia.

*Monumento a la mexicanidad*

# PALACIO NACIONAL

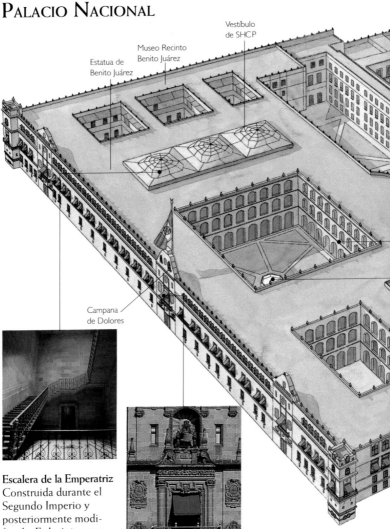

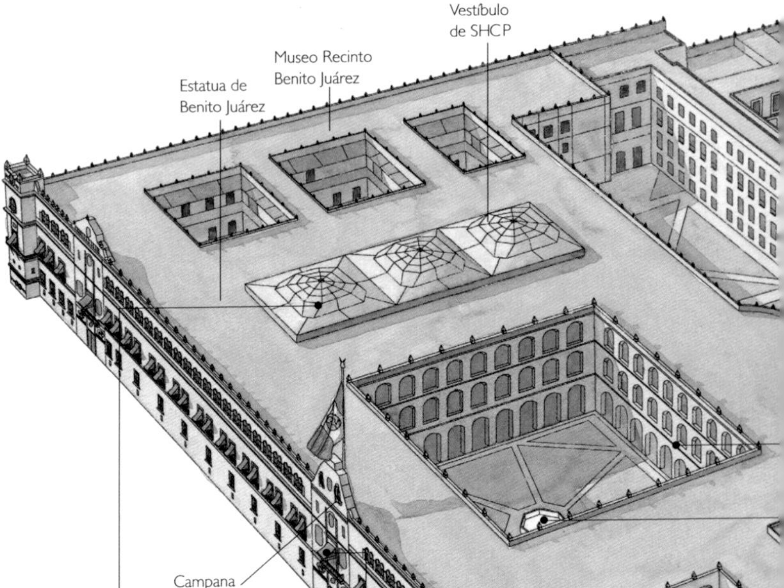

**Escalera de la Emperatriz**
Construida durante el Segundo Imperio y posteriormente modificada. Es la única que llega, en dos cuerpos, al tercer piso.

**Balcón presidencial**
Desde este balcón, en la noche del 15 de septiembre, el presidente de la República lleva a cabo el denominado "grito" por la independencia, tocando la campana original del pueblo de Dolores.

## Ver

Ceremonia para arriar la bandera
Puerta Mariana

## Visitar

Museo Recinto de Homenaje a don Benito Juárez

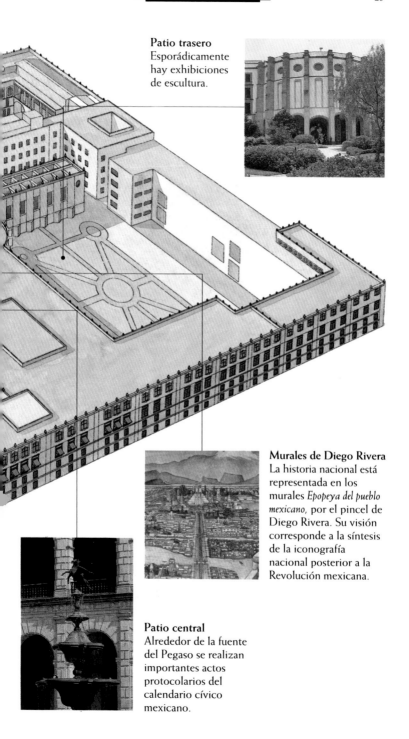

**Patio trasero**
Esporádicamente hay exhibiciones de escultura.

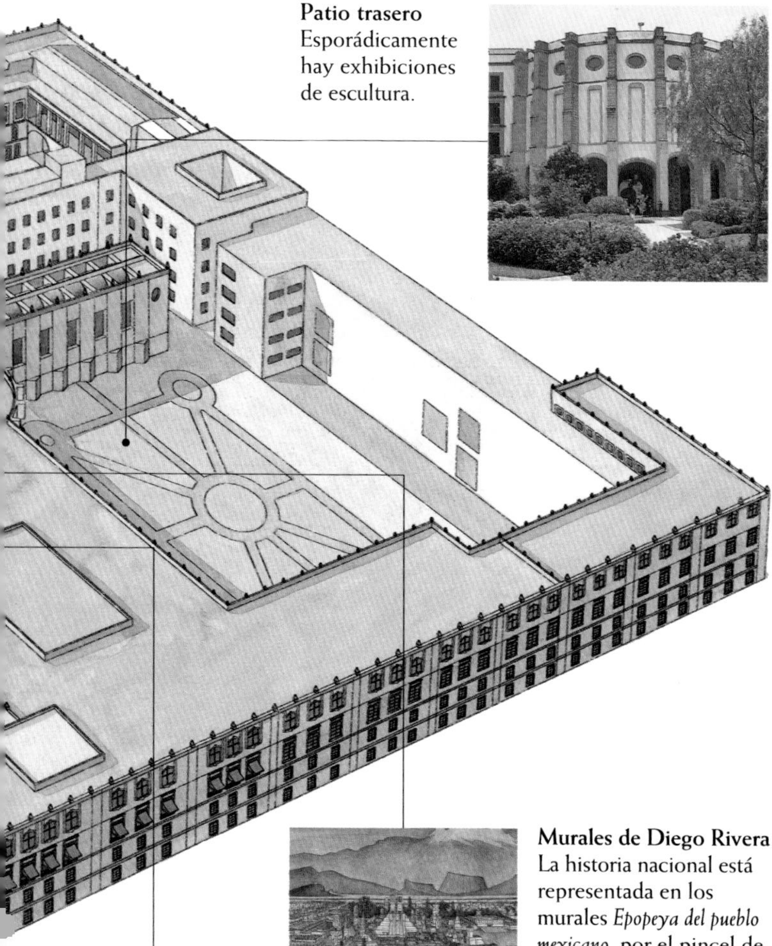

**Murales de Diego Rivera**
La historia nacional está representada en los murales *Epopeya del pueblo mexicano,* por el pincel de Diego Rivera. Su visión corresponde a la síntesis de la iconografía nacional posterior a la Revolución mexicana.

**Patio central**
Alrededor de la fuente del Pegaso se realizan importantes actos protocolarios del calendario cívico mexicano.

## Suprema Corte de Justicia

Pino Suárez y Corregidora

Es la residencia del Poder Judicial de la Federación. El edificio actual se construyó entre 1935 y 1941 en el sitio de la antigua Plaza del Volador –donde estuvo también la Real y Pontificia Universidad de México–, a un costado del Palacio Nacional y frente al edificio del Ayuntamiento. El proyecto fue obra del arquitecto Antonio Muñoz García, con base en un esquema sobrio y sin mayores ornamentos. El interior es de mayor riqueza por el interesante juego de escaleras que conducen al Salón de Pasos Perdidos, que aloja cuatro tableros de José Clemente Orozco formados por dos murales: *El movimiento social del trabajo* y *Riquezas nacionales*. El mural *La guerra y la paz*, de George Biddle, se localiza a la entrada de la biblioteca y a los

*Iglesia de San Bernardo*

lados de la puerta se ubican los altorrelieves del artista Elenardeau.

## Iglesia de San Bernardo

20 de Noviembre y Venustiano Carranza

Construida entre 1685 y 1691, con la dirección del arquitecto Juan de Cepeda. Tiene planta de una sola nave y tuvo dos portadas gemelas de estilo barroco que fueron separadas para abrir la calle de 20 de Noviembre, por lo que una de ellas se movió completa para preservarla. Destacan los ornamentos de sus dos nichos, uno que contiene a San Bernardo y otro a la Virgen de Guadalupe. Los arcos se encuentran flanqueados por dos pares de columnas estriadas; en su primer tercio las estrías forman círculos concéntricos de singular belleza.

*Mural de José Clemente Orozco en la Suprema Corte*

## Museo de la Ciudad de México

Pino Suárez 30 y República del Salvador

mar.-vier., 10-17 h.
5522-9936 y 5543-0083
5542-0671 y 5522-3640
www.apple.com.mx/creatividaddigital/UAEM/fernando/home.htm

*Casa del Marqués de Santiago de Calimaya*

El edificio es una joya de la arquitectura civil barroca del siglo XVIII, trazada en 1781 por Francisco Antonio Guerrero y Torres. Antigua propiedad de los condes de Santiago de Calimaya, fue habitado por el pintor Joaquín Clausell en la primera mitad del XX y aún puede visitarse su estudio. Los trabajos

Mural de José Clemente Orozco en el Hospital de Jesús Nazareno

en cantera tallada en su fachada complementan el complejo trabajo de su balcón y sus portones; en el patio destaca una hermosa sirena bicauda que toca una guitarra. Una cabeza de serpiente, posiblemente prehispánica, sirve de base a su esquina.

Museo de la Ciudad de México

Desde 1960 es el Museo de la Ciudad de México. La exposición permanente consiste en cuatro salas que narran la evolución de la ciudad de México desde el mundo prehispánico hasta el siglo XX, ilustradas con pinturas, planos y maquetas que se enfocan primordialmente a los aspectos urbanos. Ofrece, además, gran número de exposiciones temporales a lo largo del año. Tiene programas educativos para niños, una sala especial sobre el cauce del agua en el valle de México, una tienda denominada de Calimaya y visitas guiadas por el Centro Histórico.

## Hospital de Jesús Nazareno

20 de Noviembre 82

Construido por orden de Hernán Cortés entre 1521 y 1524 con el nombre de Hospital de Nuestra Señora de la Concepción de María Santísima, en el sitio llamado *Huitzillan* por los aztecas, que recordaba el primer encuentro de Moctezuma y el conquistador, ocurrido el 8 de noviembre de 1519 (sobre la calle Pino Suárez hay una lápida que recuerda el suceso). Su local tomó como modelo el Hospital de las Cinco Plagas de Sevilla, en España.

En 1663, una indígena rica llamada Petronila Jerónimo legó a la institución una imagen de Jesús de Nazareno, origen del nombre que tiene en la actualidad. No es el hospital más antiguo en América, pero es el único que ha trabajado en forma ininterrumpida desde su fundación.

## Casa de la Marquesa de Uluapa

5 de Febrero 18

De acuerdo con algunas versiones, la casa no perteneció a la marquesa de Uluapa, aunque no se ofrece ninguna alternativa sobre su historia. Es notable por los azulejos de su patio, que representan personajes civiles del periodo colonial.
Es de hermosa fachada y los arcos interiores terminan en punta de diamante como rasgo característico. Su estado de conservación es muy bueno, pero el acceso al público está restringido pues se trata de las oficinas de una empresa privada.

Casa de la Marquesa de Uluapa

*Antiguo edificio del Ayuntamiento*

## Palacio de Hierro

20 de Noviembre 3

El edificio original, de 1897, obra de Eugenio e Ignacio de la Hidalga, fue llamado Palacio de Hierro por su estructura. Fue destruido por un incendio en 1914. El que conocemos es un edificio de planta libre

*Palacio de Hierro*

solucionado en estructura metálica. Su fachada conserva los lineamientos clásicos de un basamento, un cuerpo principal y un remate; el cuerpo principal está formado por grandes arcos de tres niveles que alojan la ventanería y dejan entrever la solución estructural. Los remates en ambas esquinas del predio son otro elemento que caracterizó a las tiendas departamentales de las primeras décadas del siglo XX.

## Edificios del Gobierno del Distrito Federal

Plaza de la Constitución y 20 de Noviembre

El edificio que conocemos es de 1724 pero con dos pisos más: el que le fue añadido durante el siglo XIX y el cuarto, de 1948, cuando se construyó el edificio gemelo tras abrirse la calle 20 de Noviembre. En los portales del edificio antiguo están representados, en azulejo poblano, los escudos de armas de Hernán Cortés, del primer ayuntamiento instalado en Coyoacán y de la ciudad de México. En la sala de cabildos se conservan pinturas de los 63 virreyes que tuvo la Nueva España. Su edificio gemelo está cruzando la calle 20 de Noviembre. Desde 1997 los dos edificios son la sede del Gobierno del Distrito Federal.

## Gran Hotel de la Ciudad de México

5 de Febrero y 16 de Septiembre

Obra de los ingenieros Gonzalo Garita y Daniel Garza para albergar el Centro Mercantil, complejo comercial para tiendas y oficinas inaugurado por el presidente Porfirio Díaz en septiembre de 1899. En la estructura se utilizó el sistema "Chicago" de cimentación a base de viguetas de acero ahogadas en concreto para repartir el peso del edificio. Es uno de los ejemplos más vistosos de la decoración *art nouveau*.

El vitral superior, colocado en 1908, es de Jacques Gruber, de la escuela de Nancy, Francia. Son igualmente notables en este estilo los detalles de herrería, también de procedencia europea y las estatuas de bronce que representan la industria y el comercio. La fachada de este

*Gran Hotel de la Ciudad de México*

Portal de Mercaderes

edificio se modificó para unificar el estilo arquitectónico de todos los edificios que conforman el perímetro de la Plaza de la Constitución. Desaparecido el Centro Mercantil en 1966, el edificio fue acondicionado por Sergio Astorga para su uso actual.

**Portal de Mercaderes**
Ala poniente de la
Plaza de la Constitución

Ocupa el lugar del antiguo Portal de los Agustinos. Como recuerdo se conservó una placa de piedra con la inscripción: *El combento Rl. de San Agustín cuyo es este portal tiene ejecutoria del Supremo Gobierno de esta nueva España para que no se pueda poner caxon en esta esquina. Año de 1673.*

Consiste en una hermosa arquería entre las calles de Madero y 16 de Septiembre. Data de 1524, cuando el Ayuntamiento ordenó la construcción de soportales en los predios que rodeaban la Plaza Mayor.

En el siglo XIX en las pilastras estaban adosadas alacenas, principalmente para venta de juguetes. Las más de las tiendas eran sombrererías. Por las noches, los dulceros ambulantes instalaban sus mesas, convirtiendo el portal en parte del paseo nocturno. Su uso presente es el mismo.

**Hotel Majestic**
Plaza de la Constitución y
Madero

Este edificio, que formó parte del proyecto de Alberto J. Pani y Carlos Obregón Santacilia para la remodelación de la Plaza de la Constitución, es uno de los muchos adaptados al estilo llamado neocolonial. Tiene por principal atractivo que desde su terraza el visitante puede disfrutar, entre las siete de la mañana y las once de la noche, una extraordinaria vista del Zócalo.

**Monte de Piedad**
República de Brasil
y 5 de Mayo

Hacia 1775 Pedro Romero de Terreros fundó el Sacro y Real Monte de Piedad de Ánimas, dispuesto en principio en el Colegio de San Gregorio. En 1774 se mudó al Convento de Santa Brígida, desaparecido al ampliarse la calle de San Juan de Letrán. En 1836 sus administradores compraron el edificio donde el Nacional Monte de Piedad sigue funcionando hasta la fecha. Su interior, totalmente modificado, sólo conserva algunos detalles antiguos.
La entrada principal muestra el escudo nacional y un busto de Pedro Romero de Terreros. Su apariencia actual procede de múltiples reformas y reconstrucciones, la más reciente fue realizada en 1948, en la cual se añadió un tercer piso.

**Monumento a Enrico Martínez**
Plazoleta del Marqués,
a un lado de la Catedral

Monumento a Enrico Martínez

Sitio que ha sobrevivido desde la época colonial. El monumento, obra del escultor Miguel Noreña, está dedicado a Enrico Martínez, cosmógrafo alemán que diseñó un importante proyecto de desagüe para la ciudad de México.

# CATEDRAL

**Altar de los Reyes**
Dedicado a los monarcas que promovieron y defendieron el cristianismo a lo largo de la historia de la Iglesia. Obra maestra de Gerónimo de Balbás, introductor del barroco estípite en Nueva España.

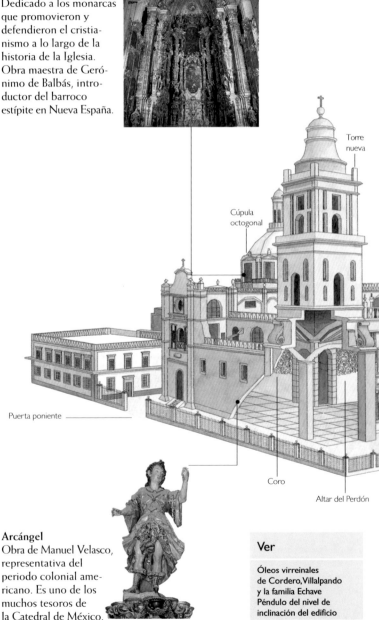

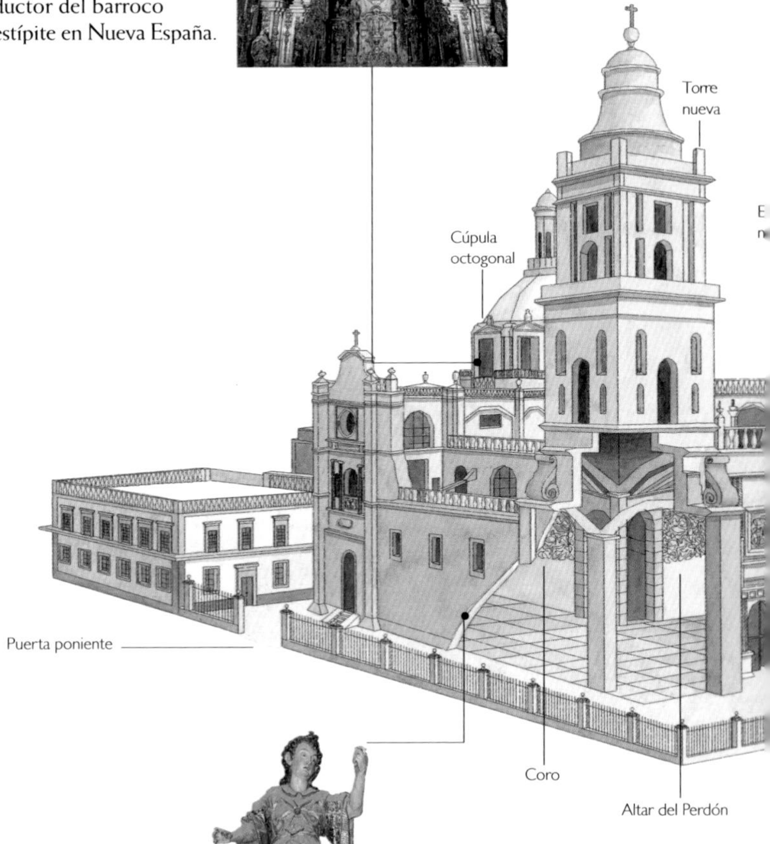

**Arcángel**
Obra de Manuel Velasco, representativa del periodo colonial americano. Es uno de los muchos tesoros de la Catedral de México.

## Ver

**Óleos virreinales de Cordero, Villalpando y la familia Echave**
**Péndulo del nivel de inclinación del edificio**

**Remate**
Sobre el tercer cuerpo de la fachada se encuentran las esculturas de las tres virtudes teologales por Manuel Tolsá.

**Sagrario Metropolitano**
Mediados del siglo XVIII. Es un buen ejemplo de arquitectura churrigueresca en América. En su interior está decorado bajo los libres cánones del estilo morisco.

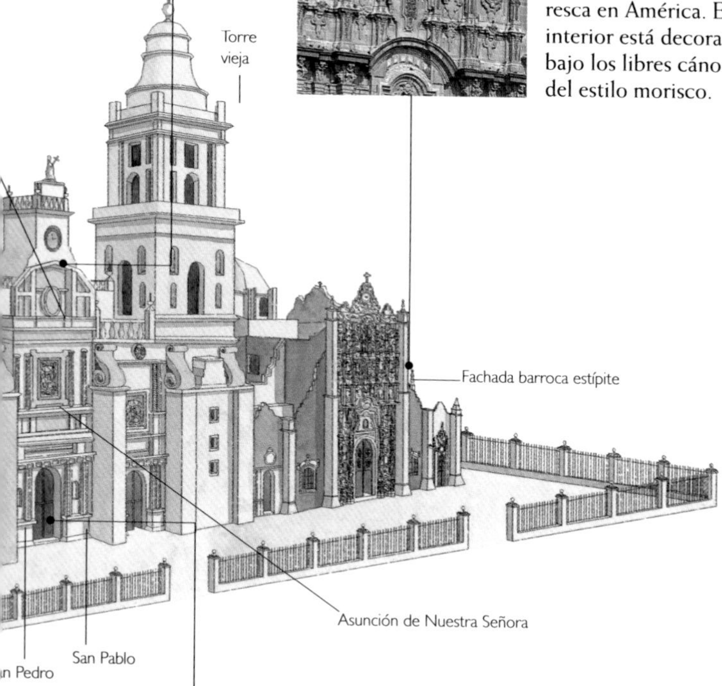

**Altar del Perdón**
Otra de las obras maestras de Gerónimo de Balbás.

## Visitar

Representaciones sobre la historia de la Catedral
Museo de la Catedral

Catedral Metropolitana

## Catedral y Sagrario Metropolitanos

Ala norte de la Plaza de la Constitución

El proyecto fue de Claudio de Arciniega. 240 años tomó la construcción de la Catedral, a partir de 1573 y hasta 1813, o 270, si se considera que su traza fue hecha en 1544. En consecuencia, en el edificio se mezclan elementos góticorrenacentistas, barrocos y neoclásicos. A primera vista, su fachada la ubica entre los edificios herrerianos.

La Catedral encierra incontables tesoros artísticos. El Altar de los Reyes y el Altar del Perdón, obras maestras del barroco estípite creadas por Gerónimo de Balbás, son restauraciones de sus originales, destruidos por un incendio en 1967. En el caso del Altar Mayor, el ciprés o baldaquín neoclásico que lo corona fue modificado por el arquitecto Lorenzo de la Hidalga y reemplazó al original barroco de Balbás.

El Sagrario fue construido entre 1749 y 1768. Sus portadas churriguerescas difieren del interior, donde predominan formas moriscas que se atribuyen a la influencia de la arquitectura hispanomusulmana en el creador de este edificio: el arquitecto español Lorenzo Rodríguez, oriundo de la ciudad de Granada.

El templo, sede del arzobispado de México, está dedicado a la Virgen de la Asunción. Conocer este templo puede tomar meses, años o toda una vida, pero en una visita de una o dos horas es posible ver y disfrutar sus principales elementos.

Cantina El Nivel

## Cantina El Nivel

Moneda 2

Es famosa porque su licencia para expender vinos y licores es la número 1, es decir, la más antigua en la ciudad (8 de abril de 1879). Ocupa un local en la planta baja del que fue el edificio de la Real y Pontificia Universidad de México, según se advierte en un escudo sobre la puerta del establecimiento: *Amor salus populi est patriae scientiaeque* ("El amor es la salud del pueblo, de la patria y el saber"). Debe su nombre al monumento erigido en la época de su establecimiento frente a ella –hoy en la esquina poniente de Catedral– que señalaba el plano de comparación sobre la marea media de Veracruz y el nivel de los lagos de Xochimilco, Texcoco y Zumpango, entre otros. Su especialidad es la "patada de mula" que contiene el jugo de medio limón, dos copas de tequila blanco, un golpe de ron y cerveza negra de barril.

**Fuente Lacustre**

Plazoleta lateral al oriente de la Catedral

Representa en relieve la antigua Tenochtitlán y reproduce su emplazamiento lacustre, islotes, canales y acequias, lo que permite preparar al espectador para la visita inmediata del Templo Mayor y su Museo.

**Museo del Templo Mayor**

Seminario 8

mar.-dom., 9-18 h.

5542-0256 5542-4787

Visitas guiadas: 5542-4784

archaeology.la.asu.edu/tm/

El espacio arqueológico conocido como Templo Mayor, corresponde a los vestigios del antiguo México, recinto sagrado o centro ceremonial de Tenochtitlán. Mexi era una de las advocaciones del dios tutelar de los mexica y habitaba ahí: México significa "Lugar de Mexi".

La labor arqueológica ha revelado siete distintas etapas o capas de la que llegó a ser una pirámide de 40 m de altura hacia el año 1480, cuando gobernaba el tlatoani Tizoc. Esa estructura fue la que vieron –y después demolieron– los conquistadores españoles.

El Museo del Templo Mayor fue inaugurado el 12 de octubre de 1987, bajo el proyecto arqueológico a cargo del maestro Eduardo Matos Moctezuma, que continuó esa labor –además de dirigir el Museo– hasta 2002.

*Chac-mool*

En sus ocho salas se exhiben miles de piezas de la colección. En el vestíbulo se encuentra una maqueta monumental que muestra la reconstrucción hipotética del centro ceremonial de Tenochtitlán. La primera sala se dedica a exposiciones temporales. La número dos tiene por temas "Ritual y sacrificio"; la tres, "Tributo y comercio"; la cuatro, "Huitzilopochtli y Coyolxauhqui"; la cinco, "Tláloc"; la seis, "Flora y fauna"; la siete, "Agricultura", y la ocho, "Arqueología histórica".

*Maqueta lacustre de Tenochtitlán*

**Antiguo Palacio del Arzobispado (Museo SHCP)**

Moneda 4

mar.-dom., 10-17 h.

www.shcp.gob.mx/servs/dgpcap/apa.html

El palacio fue residencia de los arzobispos hasta 1867, cuando se expidieron las Leyes de Reforma y se instaló ahí la Contaduría Mayor de Hacienda. Destaca su fachada barroca ornamentada por un par de pilastras estípites pareadas que rematan en la cornisa, la cual soporta el balcón principal de tres ventanas con barandal corrido. En 1985 se iniciaron los trabajos de restauración del edificio y se decidió convertirlo en centro cultural. Durante las obras fueron hallados importantes vestigios prehispánicos. En noviembre de 1994 se convirtió en el Museo de la Secretaría de Hacienda, que exhibe las colecciones Acervo Patrimonial y Pago en Especie. Presenta muestras temporales y ofrece al público diversas actividades culturales. En el inmueble se localiza un museo de sitio con los restos de la pirámide de Tezcatlipoca.

### Centro Cultural Casa de la Primera Imprenta de América

Licenciado Verdad 10
y Moneda
5522-1535; 5522-1675
www.cultura.df.gob.mx/espa/b2b058.htm
Ⓜ

*Escultura de basalto del templo de Tezcatlipoca*

El edificio, construido en 1524, ocupa parte del predio donde estuvo el templo de Tezcatlipoca y que fue concedido a Gerónimo de Aguilar por sus servicios como intérprete de Hernán Cortés. En 1536, el virrey Antonio de Mendoza estableció aquí la primera imprenta del continente americano, a cargo de los tipógrafos Esteban Martín y Juan Paoli (Juan Pablos).

En sus cimientos se descubrió una escultura de basalto que representa una cabeza de serpiente que, en opinión de los arqueólogos, fue monolito externo del antiguo recinto sagrado de Tenochtitlán.

*Antonio Ruiz, "El Corcito"*, Desfile cívico escolar

El edificio fue restaurado por la Universidad Autónoma Metropolitana para establecer el Centro Cultural. En sus instalaciones se llevan a cabo actividades docentes, exposiciones temporales y talleres.

### Ex Teresa Arte Actual

Licenciado Verdad 8
lun.-dom., 10-18 h.
5522-9093/2721
5542-7633
www.cnca.gob.mx/cnca/buena/inba/subbellas/museos/xteresa/index.html

Es un centro destinado al arte especializado en tendencias, lenguajes y soportes contemporáneos internacionales. Abierto al público desde 1993, propone un ambicioso programa educativo en el que se ha contado con el apoyo de importantes artistas, curadores y críticos como Gabriel Orozco, Okwui Enwezor y Richard Martel, por citar algunos. Cuenta con cinco espacios para exhibiciones temporales. Su programa de actividades pone especial énfasis sobre el trabajo de los artistas en residencia: las exhibiciones y eventos se generan del trabajo de los artistas en y alrededor de Ex Teresa. Asimismo, es de gran importancia la colaboración de artistas locales,

*Esculturas en la Academia de San Carlos*

estudiantes y organizaciones culturales.

**Academia de San Carlos**

Academia 22

5522-0630
y 5522-3102

www.artesvisuales.unam.mx/

En el siglo XVI, fray Juan de Zumárraga, primer obispo de México, estableció en este sitio el Hospital del Amor de Dios, destinado a la atención de enfermedades venéreas y bubas. Extinguido el hospital para fines del siglo XVIII, su edificio fue adaptado en 1783 para la Academia de las Nobles Artes de San Carlos, fundada por Jerónimo Antonio Gil en 1785. En 1864, el arquitecto Javier Cavallari diseñó la fachada, dándole su aspecto actual. La fachada refleja los nuevos intereses estilísticos, con un marcado sentido clásico renacentista. Los medallones presentan los bustos de Rafael y Miguel Ángel, al lado de Carlos III, Carlos IV, Jerónimo Antonio Gil y José Mangino, fundadores de esta institución. La escultura en el nicho inmediato a la esquina fue donada por la comunidad italiana en ocasión de las Fiestas del Centenario; es una copia del San Jorge de Donatello. En el interior, el armonioso patio con arcadas de proporciones clásicas cobija, bajo un magnífico domo de hierro fundido, colocado en 1912, una serie de esculturas clásicas o renacentistas, copias en yeso de piezas originales: la Victoria de Samotracia y la Venus de Milo entre las clásicas; Moisés y Lorenzo de Médicis, ambas de Miguel Ángel, entre las renacentistas. Alberga la División de Posgrado de la Escuela Nacional de Artes Plásticas y cuenta con varias salas de exposiciones temporales.

*Patio de la Academia de San Carlos*

**Museo José Luis Cuevas (Ex convento de Santa Inés)**

Academia 13, entre Moneda y Guatemala

mar.-dom., 10-18 h.

5542-6198 y 5522-0156

5542-8959

www.cultura.df.gob.mx/espa/b2a064.htm

El antiguo convento de Santa Inés, de religiosas concepcionistas, fue concluido en 1612 por el alarife Alonso Martínez López.

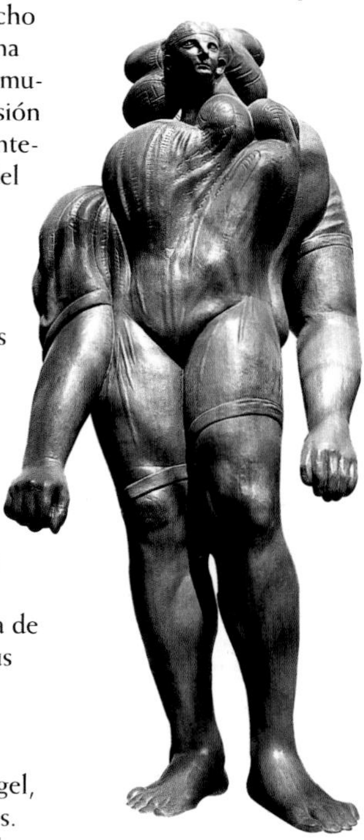

*José Luis Cuevas,* La giganta

En 1710 ya contaba con su torre única, visible desde la Plaza Mayor. Manuel Tolsá se encargó de remozar el convento, construyó la escalera principal y transformó la fachada. Las puertas ricamente talladas, en la esquina con Moneda, muestran pasajes de la vida y muerte de la santa y retratos de los fundadores del convento.

En 1867 fue vendido a particulares y a partir de entonces fue vecindad, bodega de telas y alojó comercios de retacería. Monumento nacional desde 1932, fue expropiado en 1985 y desde 1992 aloja el Museo José Luis Cuevas, cuyo fideicomiso se encargó de la restauración. Para el centro del patio, Cuevas realizó la escultura monumental llamada *La giganta*, que oculta un autorretrato del artista en una rodilla. El museo resguarda aproximadamente tres mil obras, un tercio de las cuales es del propio Cuevas. Cuenta con un extenso acervo bibliográfico sobre el pintor.

Capilla de las Ánimas

### Capilla de Las Ánimas

Calle Guatemala, detrás de la Catedral

Fue construida en el año 1725 sobre la esquina noroeste del atrio de la Catedral Metropolitana, sobre el lugar donde alguna vez estuvo el mayor de los juegos de pelota de Tenochtitlán.

A partir de 1991, el edificio, que se había inclinado notariamente, fue rescatado gracias a un exitoso proyecto de ingeniería.

En este lugar se celebran diferentes actividades culturales. La iglesia está abierta al culto.

### Museo de las Culturas

Academia 13

mar.-dom., 10-18 h.

5542-0165/87 y 5521-1438

5542-0422

www.inah.gob.mx/muse1/html/muse13.html

Es único en América Latina debido a la exhibición permanente de colecciones arqueológicas y etnográficas de culturas extranjeras; y en el mundo, debido a la historia de su acervo, pues procede de la amistad de México con otras naciones. Albergó al Museo Nacional.

Museo de las Culturas

Se trata de un espléndido inmueble barroco de gran portada y patio señorial. Es notable la gran portada interior con una cartela que lleva la efigie de Felipe V. Cuenta con un mural de Rufino Tamayo que lleva por nombre *Revolución*, ubicado en la planta baja, junto a la escalera.

### Iglesia de Loreto

San Ildefonso y Jesús María

Construida entre 1809 y 1816, constituye un ejemplo notable del neoclásico mexicano y se caracteriza por la pureza de líneas y el empleo de elementos clásicos. Consta de una nave de dos tramos y un crucero del que salen cuatro capillas que rematan en un ábside rectangular. El diseño se atribuye a Manuel Tolsá. Desde la plaza del mismo nombre la vista

*Iglesia de Loreto*

es imponente con su cúpula, la más grande de la ciudad de México, las elegantes pilastras estriadas que flanquean el portón y un bello relieve central de mármol blanco, con la imagen de la Virgen de Loreto. El acceso a este lugar es complicado e incómodo, pero la belleza del templo vale el sacrificio.

### Antiguo Colegio de San Ildefonso

Justo Sierra 16
mar.-dom., 10-18 h.
5795-5922, 5704-1090 y 5702-4800
www.sanildefonso.org.mx/

Conjunto de edificios de tres niveles, que luego de su fundación por los jesuitas en el siglo XVI, fue residencia de los jóvenes que asistían a la Universidad y a otras instituciones de enseñanza superior. A principios del siglo XVIII adquirió, tras una ampliación, su aspecto actual. Cuando los jesuitas fueron expulsados el colegio pasó a manos del clero secular.

En 1867 el edificio fue destinado a la Escuela Nacional Preparatoria, función que mantuvo –salvo breves interrupciones durante los años de la Revolución– hasta que en 1978 fue destinado a centro cultural.

*Vitral de la industria*

Dos partes integran el conjunto arquitectónico: el antiguo colegio, cuya fachada cubre casi todo el tramo de la calle del mismo nombre, y el edificio construido a principios del siglo XX para alojar a la Universidad Nacional, y cuya fachada da hacia la calle de Justo Sierra.

El conjunto tiene dos monumentales portadas. En la portada del llamado Colegio Grande el relieve representa la imposición de la casulla a San Ildefonso y el del Colegio Chico el patrocinio de San José a los jesuitas, además de una Virgen del Rosario realizada en el mismo material. Traspasando ambos zaguanes se tiene acceso a los patios mayor y menor. El Colegio Grande es de planta cuadrada, con siete arcos por banda y tres plantas comunicadas por una escalera monumental de varios tramos. A los lados del zaguán se encuentran dos de las dependencias más notables del conjunto

*Colegio de San Ildefonso*

*Murales de José Clemente Orozco*

desde el punto de vista artístico: la antigua capilla, que funcionó como biblioteca cuando la Escuela Nacional Preparatoria estuvo instalada ahí, y el salón general de actos, denominado cariñosamente "El generalito"; aquí se conserva una serie de retratos de los egresados más notables y la sillería del coro de la antigua iglesia de San Agustín, obra del escultor Salvador de Ocampo, activo en México durante el último tercio del siglo XVII. Entre el Colegio Grande y el Colegio Chico se localiza un patio denominado de los Pasantes, con tres corredores únicamente. El patio chico tiene características similares a las del Colegio Grande. En sus galerías fueron pintados diversos murales durante los años veinte por Ramón Alva de la Canal, Fermín Revueltas, José Clemente Orozco, Jean Charlot y Diego Rivera.

**Museo de La Luz**

San Ildefonso y El Carmen
lun.-vier., 9-16 h., sáb.-dom., 10-17 h.
www.luz.unam.mx/

Atractivo y divertido museo interactivo para chicos y grandes que ocupa el antiguo templo del Colegio Máximo de San Pedro y San Pablo, edificado por la Compañía de Jesús entre 1576 y 1603, y que fue una notable institución educativa en la época colonial. Sede temporal del Congreso, aquí se firmó el Acta constitutiva de la Federación en enero de 1824. Ese mismo año, en noviembre, se decretó en este lugar a la ciudad de México como Distrito Federal y residencia de los poderes de la federación. Durante largo tiempo el edificio fue ocupado por la Hemeroteca Nacional. Desde 1996 es el Museo de la Luz, que conjuga ciencia, arte e historia. Cuenta con seis secciones: la luz en las estrellas, la luz en las artes, un mundo de colores, la visión, naturaleza de la luz y la luz y la biosfera.

**Monumento a Vasconcelos**

Calle San Ildefonso, sector peatonal

José Vasconcelos (1882-1959) fue un notable educador, filósofo, escritor y político. Durante su ejercicio como rector de la Universidad Nacional, transformó a esta institución en lo que aún es: el principal centro de crítica en el país. Se le atribuye el lema de esa Magna Casa de Estudios: "Por mi raza hablará el espíritu".

*Museo de La Luz*

### Edificio de la Secretaría de Educación Pública (SEP)

Argentina 28 , entre Luis González Obregón y Venezuela
lun.-vier., 9-18 h.
53-28-1000 y 5518-6269
www.sep.gob.mx/wb/distribuidor.jsp?seccion=1734

Lo construyó en 1921 el ingeniero Federico Méndez Rivas, por encargo de José Vasconcelos, entonces secretario de Educación Pública, quien quiso proporcionar a la dependencia gubernamental un edificio digno de sus funciones. El interior fue decorado con la obra mural de Diego Rivera, que desarrolla, tablero a tablero, a través de los corredores, temas de la vida política, social y económica de México. En el segundo piso, pintada a lo largo de 26 escenas, se destaca una cenefa con las estrofas de tres famosos corridos: *La balada de Zapata, La revolución agraria de 1910* y *Así será la revolución proletaria*. Tiene también murales de Jean Charlot y Armando de la Cueva. Con el paso del tiempo, la sede ha aumentado de tamaño al absorber diferentes edificios aledaños, como son la antigua casa de los marqueses de Villamayor (1530), la del conquistador Cristóbal de Oñate (1530) y finalmente el edificio de la antigua Aduana; de esta manera se ha extendido entre las calles Argentina y Brasil.

Murales de Diego Rivera en la Secretaría de Educación Pública

### Colegio Nacional y ex convento de La Enseñanza

Donceles 102-104
www.inahgob.mx/mohi/my-html/400135.html

El edificio del antiguo Convento de La Enseñanza fue sede de la Suprema Corte de Justicia desde 1868 hasta 1906. El conjunto arquitectónico formado por el claustro y la iglesia monjil, cuenta con magníficos retablos, que son una muestra de estilo barroco o ultrabarroco. Algunos

*Diego Rivera,* La trinchera

juzgados de Distrito continuaron en La Enseñanza hasta 1944, año en que se adicionó a las instalaciones del Tribunal Superior de Justicia del Distrito Federal.

El edificio que ocupa El Colegio Nacional forma parte del antiguo convento y colegio de La Enseñanza, fundado a mediados del siglo XVIII. La iglesia es una joya del arte barroco.

En la época de la Reforma el colegio fue suprimido, las monjas exclaustradas y el edificio se ofreció en venta pero ésta no llegó a efectuarse porque se incluía en el precio el valor de la iglesia. La venta se efectuó en tiempos del Imperio pero fue revocada al restaurarse la República en 1867.

Los salones de conferencias, el aula magna, la sala de consejo, la secretaría, la biblioteca, la galería y comedor, las oficinas administrativas, la unidad de producción editorial y áreas de servicios son los principales componentes arquitectónicos. La biblioteca cuenta con aproximadamente 18 mil volúmenes de los cuales se encuentran procesados en catálogo poco más de 10 mil títulos. Además, su acervo hemerográfico cuenta con más de 10 mil publicaciones periódicas.

### Museo de la Caricatura

Donceles 99,
entre Argentina y Brasil
lun.-dom., 10-18 h.
5702-9256 y 5704-0459
5704-0459
www.cultura.df.gob.mx/espa/b2a041.htm

Antiguo Colegio de Cristo, fundado en 1612 con la categoría de Colegio Real. Una sala expone obras que datan desde 1840, entre ellas grabados y caricaturas, y otra está destinada a exposiciones temporales del Salón de la Plástica Mexicana.

*Gabriel Vargas,*
La Familia Burrón

*Plaza de Santo Domingo*

## Plaza de Santo Domingo

Desde el Zócalo hacia el norte, se llega por la calle República de Brasil

La segunda más importante del Centro Histórico. En la ciudad colonial reunió a tres centros de gran importancia: la iglesia y convento de Santo Domingo, el Palacio de la Santa Inquisición y la Aduana, encargada del cobro de impuestos. Por ello, en esta plaza se vivieron desde las procesiones del viernes santo hasta los asuntos del Santo Oficio. La plaza ha tenido tres fuentes. La original, del siglo XVII, y la segunda, de finales del XVIII, ya no existen. La actual, con la figura de doña Josefa Ortiz de Domínguez, heroína de la Independencia, data de 1900 y es obra de los escultores Jesús Contreras y Federico Hondedeu. Su nombre ha variado, pues ha sido denominada Jardín de la Corregidora y Plaza 23 de Mayo, por el día en que se celebra la autonomía de la Universidad Nacional otorgada en 1929. Los portales son famosos por sus escritorios públicos y talleres de artes gráficas.

## SANTO DOMINGO Y ALREDEDORES

## Bar León

Brasil 5

Uno de los primeros lugares para bailar música tropical en México, establecido por el ingeniero Armando Rodríguez. Funcionó durante 50 años, hasta el año 2003.

Famoso entre los amantes de los ritmos afroantillanos, por la presencia de los más importantes grupos de ese género musical, como la orquesta de Pepe Arévalo, el conjunto Iraquere y varios más. Aunque haya cerrado sus puertas, es un punto de referencia en el ambiente de la ciudad.

## Antigua Aduana

Brasil y Luis G. Obregón

La Real Aduana era el establecimiento que recibía las mercancías introducidas a la ciudad de México para el cobro de impuestos. Su edificio fue construido de 1729 a 1731 a cargo del

*Antigua Aduana*

arquitecto Díez Navarro, y se amplió en 1777; su fachada es de tezontle con portadas y balcones de cantera. Se conservan del edificio original el exterior, la escalera y las columnatas de los patios. En sus dos patios, la bóveda y los muros de la escalinata central se puede ver un mural que pintó David Alfaro Siqueiros en 1945, titulado *Patricios y patricidas*. Desde 1971 el edificio es ocupado por la Secretaría de Educación Pública y fue restaurado por el arquitecto Jorge Medellín en 1991.

*Plaza de Santo Domingo*

## Portal de los Evangelistas

Brasil y Cuba

Tiene dos pisos. El primero es el portal de techo plano sostenido por una columnata toscana; el segundo se abre a la plaza por medio de puertas y ventanas con marcos de cantera gris que se prolongan hasta la cornisa. Desde el siglo XIX alberga escribanos públicos, popularmente conocidos como "evangelistas", encargados de redactar misivas a una clientela analfabeta o poco dotada para la redacción de mensajes amorosos o de documentos para efectuar trámites. Se caracteriza también por las numerosas pequeñas imprentas que preparan tarjetas de presentación, tarjetas postales y papelería para fiestas y otros asuntos.

*Portal de los Evangelistas*

# PLAZA DE SANTO DOMINGO

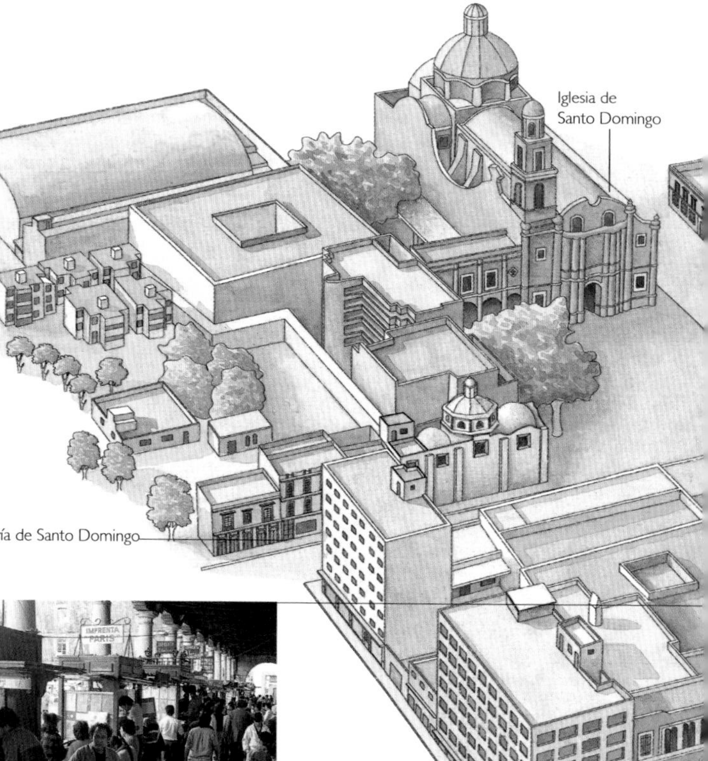

**Imprenta de caja tipográfica**
Los escritores públicos e imprentas de caja que aún sobreviven en la Plaza de Santo Domingo dan nombre al Portal de los Evangelistas, en referencia a los santos cristianos autores de los evangelios.

## Visitar

**Museo de la Medicina Mexicana**
Brasil 33
**Antiguas cárceles de la Inquisición**
Brasil 33
**Hostería de Santo Domingo**
Belisario Domínguez 72

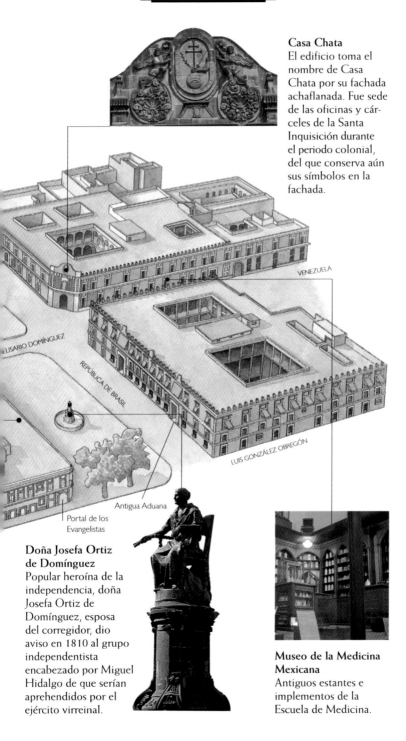

**Casa Chata**
El edificio toma el nombre de Casa Chata por su fachada achaflanada. Fue sede de las oficinas y cárceles de la Santa Inquisición durante el periodo colonial, del que conserva aún sus símbolos en la fachada.

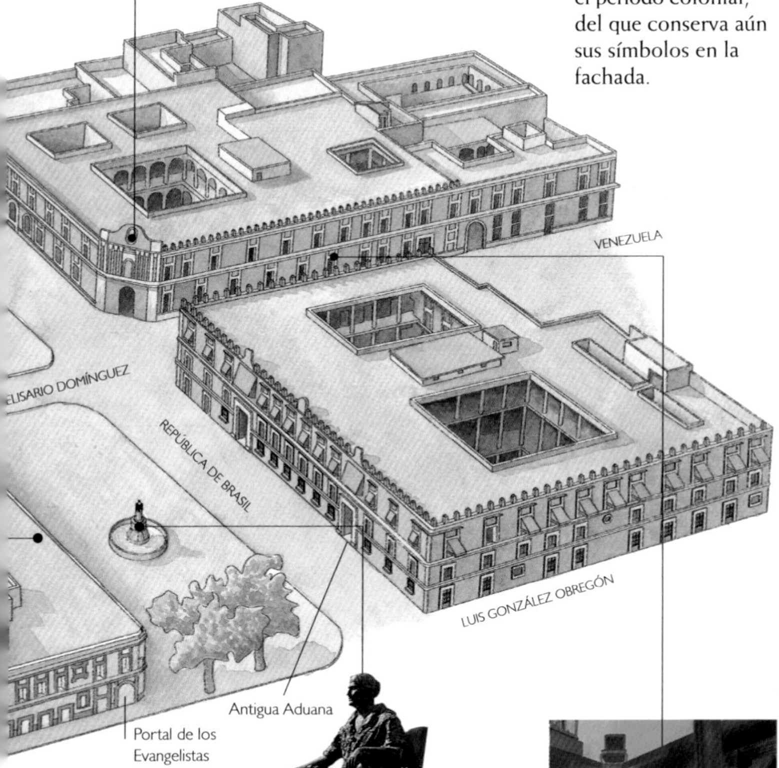


**Doña Josefa Ortiz de Domínguez**
Popular heroína de la independencia, doña Josefa Ortiz de Domínguez, esposa del corregidor, dio aviso en 1810 al grupo independentista encabezado por Miguel Hidalgo de que serían aprehendidos por el ejército virreinal.

**Museo de la Medicina Mexicana**
Antiguos estantes e implementos de la Escuela de Medicina.

### Casa Chata

Brasil 33 esquina con Venezuela
lun.-dom., 9-12 h.
5529-7542 al 45
5526-7827
www.cultura.df.gob.mx/espa/b2a032.htm

Obra de Pedro de Arrieta, es uno de los edificios más bellos del Centro Histórico, en el marco de la Plaza de Santo Domingo. A partir de 1736 y hasta 1820 albergó al Tribunal del Santo Oficio de la Inquisición

Tiene dos cuerpos y remate con una soberbia portada en el ángulo que forman las dos calles, con la esquina ochavada o en chaflán, característica que da al palacio su nombre popular de "Casa Chata".

*Patio interior de la Casa Chata*

En 1854 se convirtió en sede de la Escuela Nacional de Medicina, que permaneció allí hasta 1956. La restauración del edificio, encabezada por el arquitecto Flavio Salamanca entre 1978 y 1980, derruyó un tercer piso que había sido añadido en el siglo XIX y reconstruyó el escudo de la fachada con la leyenda latina *Exurge, Domine, Iudica, Causam, Tuam*, que significa "Levántate Señor, juzga". Hoy alberga al Centro de Estudios Superiores de Medicina, la Biblioteca Nacional Nicolás León, el Archivo Histórico de la Facultad de Medicina de la Universidad Nacional Autónoma de México y el Museo de la Medicina Mexicana.

### Iglesia y Convento de Santo Domingo

Belisario Domínguez y Brasil

El conjunto original estuvo formado por varios edificios: el noviciado de dos pisos, el edificio principal del convento, con el mismo número de niveles y el templo. Al centro del atrio se levantaba una cruz, y en los ángulos, capillas posas –utilizadas para "posar" al Santísimo Sacramento–, de las cuales sólo permanece, como resto del convento, la del Señor de la Expiración. La actual iglesia se concluyó en 1737. En el cuerpo de la portada contiene sendos nichos con esculturas de San Agustín y San Francisco entre dos columnas. En un relieve

*Iglesia de Santo Domingo*

de cantera se halla, de rodillas, Santo Domingo, en el acto de recibir de San Pedro las llaves del cielo. En el interior destaca el retablo mayor en estilo neoclásico, atribuido a Manuel Tolsá, contrastante con relieves y tallas barrocos.

### Hostería de Santo Domingo

Belisario Domínguez 72

Clásico restaurante de comida mexicana fundado el 4 de agosto de 1860. Sus muros contienen fotografías, litografías y pinturas, la más importante de ellas un mural de Antonio Albanés, que representa la Plaza de Santo Domingo en el siglo XIX, además de un vitral en la planta baja, diseñado por el pintor José Gómez Rosas "El Hotentote", con la portada del menú del restaurante. Destacan las numerosas firmas de visitantes distinguidos: políticos, artistas, intelectuales, empresarios, deportistas y otras personalidades.

*Santo, el enmascarado de plata, en la Arena Coliseo*

### Arena Coliseo

Perú 77

Inaugurada el 2 de abril de 1943, fue durante décadas, junto con la Arena México, el principal escenario para la práctica del boxeo y la lucha libre en la ciudad.

### La Lagunilla

Libertad y Comonfort

Equivalente mexicano de los mercados de pulgas, es un espacio tradicional para la venta de toda clase de objetos: desde libros antiguos, hasta muebles y otras curiosidades. Se ubica en el sitio donde estuvo el embarcadero más importante de Tenochtitlán, que admitía hasta 25 mil canoas.

*Mercado de pulgas en La Lagunilla*

### Plaza Garibaldi

Eje Central y Honduras

Aunque su nombre oficial es Plaza Santa Cecilia (patrona de los músicos), se le conoce popularmente como Plaza Garibaldi en honor al patriota italiano Giuseppe Garibaldi, quien nunca vivió en México pero fue gran admirador del presidente Juárez. Lugar emblemático para la fiesta y la parranda, algunas de sus cantinas y bares, como el Tenampa, han aparecido en películas representando la mexicanidad entre notas del mariachi; aquí se reúnen estos conjuntos musicales típicos, además de grupos norteños, jarochos y marimbas como muestra viva y permanente de la música vernácula.

*Mariachis en la Plaza Garibaldi*

## Ubicación de la Plaza Garibaldi

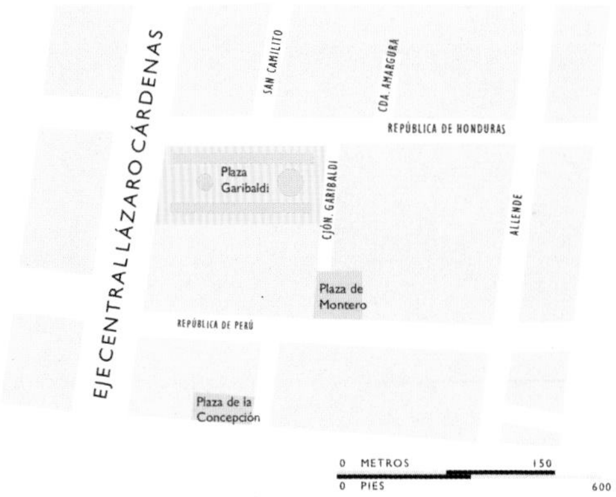

### Asamblea Legislativa del Distrito Federal

Donceles y Allende s/n
www.asambleadf.gob.mx/

El edificio fue originalmente el Teatro Iturbide, inaugurado en febrero de 1856 por el presidente Ignacio Comonfort. En 1872 comenzó a utilizarse como recinto legislativo. En marzo de 1909 fue consumido por un incendio durante el que se perdió el original del Acta de Independencia que ahí se resguardaba. El presidente Porfirio Díaz ordenó su reconstrucción con la idea de que fuera un recinto provisional. El proyecto estuvo a cargo del arquitecto Mauricio de María y Campos, quien ocupó exclusivamente materiales mexicanos, a excepción de la escultura del frontispicio exterior, la cual fue encargada al artista francés Boutry y realizada en Suiza. La obra, reinaugurada en 1911, además de ser un magnífico ejemplo del clasicismo, fue uno de los primeros edificios de dos plantas con estructuras de hierro que se construyeron en el país. Su interior tiene forma de un hemiciclo cónico y sus puertas conservan las bisagras originales, hechas en Florencia, consideradas joyas artesanales.

*Asamblea Legislativa del Distrito Federal*

Fue el recinto de la Cámara de Diputados hasta 1978, cuando se trasladó al nuevo Palacio Legislativo de San Lázaro. En 1987 fue declarado monumento artístico y en 1988 se convirtió en recinto de la Honorable Asamblea de Representantes del Distrito Federal. Actualmente es la sede de la Asamblea Legislativa y el Poder Legislativo del Distrito Federal.

### Café Tacuba

Tacuba 28

Abierto como restaurante en 1912, ocupa un edificio del siglo XVII. Es reconocido por sus especialidades de cocina mexicana.

Su puerta principal es de madera con vidrios biselados y la decoración, que reproduce un ambiente poblano, es blanca con talavera de color azul y amarillo. En su primer salón se encuentran cuadros con retratos de sor Juana

*Café Tacuba*

Inés de la Cruz, José de la Borda, doña Josefa de Aldaco y Fagoaga y María Manuela Escalar y Mendoza. En el segundo salón existen dos trasteros con vajilla mexicana y unas escaleras con un majestuoso barandal de metal negro.

### Dulcería de Celaya

5 de Mayo 39

Fundada en 1874, conserva la decoración del siglo XIX, que incluye yesería rococó, grandes espejos con marcos dorados y cristales biselados y finas maderas talladas. Se especializa en el expendio de dulces tradicionales como

*Dulcería de Celaya*

bocado real, picones de piña, glorias, turrón de nuez, jamoncillo de pepita, arlequines, bocadillo de coco, aleluyas de pistache, tortitas de Puebla, camotes, avellaninas, frutitas de almendra, ates, palanquetas, mieles y frutas cristalizadas.

**Biblioteca del H. Congreso de la Unión**

Tacuba 29 y Bolívar

lun.-vie., 9-21 h; sáb. 9-13 h.

5512-5205 y 5510-3866

5512-1085

www.cddhcu.gob.mx/bibliot/bibch/bibch.htm

Se ubica en la antigua iglesia de Santa Clara, cuya construcción concluyó en 1661. El edificio, modificado en los siglos siguientes, fue ocupado por establecimientos comerciales luego de la exclaustración de las monjas clarisas. En 1963 se adaptó para albergar la Biblioteca del Congreso, donde se conservan libros de la Cámara de Diputados, el Senado de la República y la Contaduría Mayor de Hacienda. Conserva su hermosa fachada con dos portadas gemelas, que ahora resalta gracias a que se suprimieron las rejas de su reducido atrio. Para acceder a los servicios de la biblioteca es necesario solamente presentar identificación vigente.

**Senado de la República**

Xicoténcatl 9

Ocupa lo que resta del Colegio de San Andrés, fundado por los jesuitas en 1626 como colegio y convertido en hospital tras la expulsión de la Compañía de Jesús de los dominios españoles. Su interior, totalmente reformado, conserva algunos elementos originales como la escalera.

Ofrece distintas pinturas murales: en el patio, junto a la entrada, dos pinturas de Silvia Pardo acerca de la presencia de la mujer en la vida de México; al fondo y en la escalera, los murales de Jorge González Camarena. El de la izquierda –*Los creadores de la República y el Senado*– incluye retratos de Valentín Gómez Farías, José María Mora y fray Servando Teresa de Mier; el de la derecha –*Los autores del Senado*– muestra los rostros de Benito Juárez y Valentín Gómez Farías, sobre un mapa de la república y con los escudos de los estados. Al centro del patio está una escultura de Belisario Domínguez, médico y político que encabezó la oposición contra Victoriano Huerta después del asesinato del presidente Madero. Obra de Miguel Miramontes, fue obsequiada por uno de los pacientes de Domínguez.

**Cantina La Ópera**

5 de Mayo 10

Abierta en 1876 como café, se ubica en su lugar actual desde 1895. Su barra artísticamente labrada fue traída de Nueva Orleáns y es una de las más largas y notables de la ciudad, se colocó en 1932 cuando

*Cantina La Ópera*

*Museo del Ejército*

el negocio se transformó en cantina. El techo es un artesonado con influjo del *art nouveau*; los gabinetes de nogal labrado están cercanos a la pared oriente y las mesas se hallan distribuidas por todo el espacio que resta desde la barra hasta la pared frontal. Se dice que en 1914, tras tomar con sus tropas la ciudad, el general Francisco Villa visitó esta cantina y en algún momento disparó su pistola hacia el techo, donde las balas siguen incrustadas. Algunos cocteles famosos, como el "Vampiro", se atribuyen a los cantineros de este establecimiento.

### Museo del Ejército

Filomeno Mata 6

mar.-sáb., 10-18 h; dom. 10-16 h.

5512-7586 y 5512-3215

www.sedena.gob.mx/sdn/museos/mus_beth.html

Ubicado en lo que fuera la nave del templo y parte del convento de betlemitas de esta ciudad. Muestra la historia militar de México desde la época prehispánica hasta hoy; su colección la forman objetos de gran belleza y valor histórico, armamento, pinturas, maquinaria y documentos, con piezas pertenecientes a la colección de armas del Heroico Colegio Militar. Cuenta con biblioteca pública y organiza conferencias.

### Museo Nacional de Arte y El Caballito

Tacuba 8

mar.-dom., 10-17:30 h.

5130-3411 y 5130-3410

5130-3401

www.cnca.gob.mx/cnca/buena/inba/subbellas/museos/munal/index.html

No cuesta domingos

En el espacio que hoy ocupa el Museo estuvo el Hospital de San Andrés, habilitado luego de la expulsión de los jesuitas, quienes habitaron el lugar de 1625 a 1767. En 1905, Porfirio Díaz mandó demoler el antiguo hospital para levantar en

Manuel Tolsá, *R. Ximeno y Planes*

su lugar el Palacio de Comunicaciones, cuya construcción se debió al italiano Silvio Contri, y fue inaugurado en 1911.

*Escalera imperial en el Museo Nacional de Arte*

# MUSEO NACIONAL DE ARTE

**Salas**
**Asimilación de occidente:**
**La pintura en la Nueva España (1550-1821)**
**1-3** Transplante y asimilación
**4-6** Contrastes lumínicos y de color
**7-12** Reelaboraciones y novedades pictóricas
**13-14** Nacimiento de un proyecto ilustrado

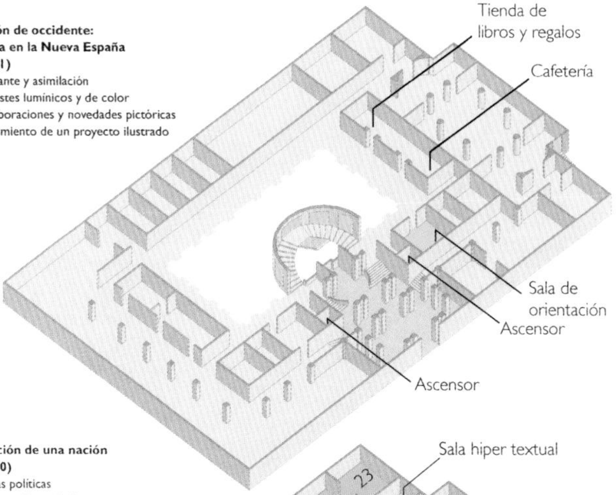


**Construcción de una nación (1810-1910)**
**15** Alegorías políticas
**16-18** Biblia e hispanidad
**19** Literatura y academia
**20-21** La memoria histórica nacional
**22** Retrato del México independiente
**23-24** Retrato del México moderno
**25-26** Modernidad y Apocalipsis
**A** Gabinete de estampas del siglo XIX
**B** Sala de fotografía del siglo XIX

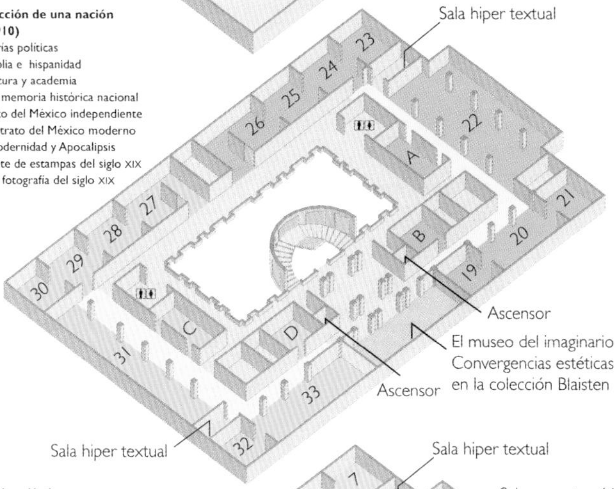


**Estrategias plásticas para un México moderno (1900-1954)**
**27-29** Una academia moderna
**30** María Asúnsolo
**31** La vanguardia nacionalizada
**32-33** Retóricas posrevolucionarias
**C** Gabinete de estampas del siglo XX
**D** Sala de fotografía del siglo XX

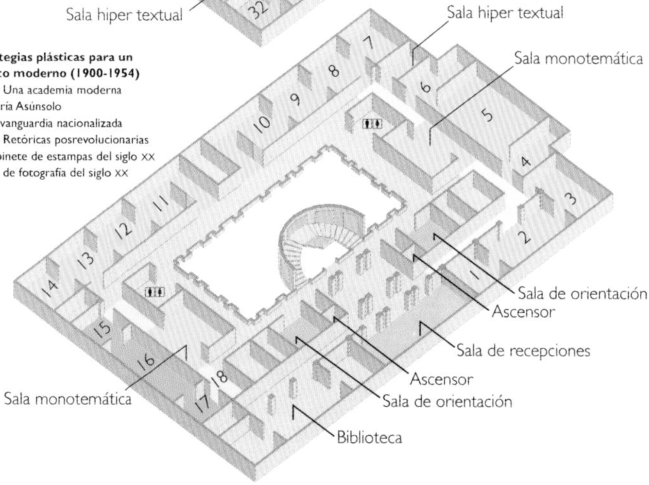

*José María Velasco,* El valle de México desde el Tepeyac

Su fachada de piedra gris se embellece con la herrería y la madera de puertas y ventanas. Actualmente, en el vestíbulo semicircular se pueden admirar algunas esculturas que originalmente adornaron la Alameda Central.

Al fondo dos escaleras curvas de elegante desarrollo dan acceso a los niveles superiores; en su arranque destacan dos leones sosteniendo un arbotante con cinco lámparas. El plafón del cubo está decorado con la pintura *La paz derrotando a la guerra*. Hasta 1982, el edificio fue sede del Archivo General de la Nación.

El Museo Nacional de Arte brinda una visión del arte mexicano, por lo que exhibe en sus 24 salas obras que van de la pintura novohispana de los siglos XVII y XVIII, al modernismo del siglo XX, por paisajes y retratos populares del siglo XIX y el apogeo del nacionalismo académico. Especial relevancia adquieren las salas dedicadas a las obras de José Guadalupe Posada y María Asúnsolo.

*"El Caballito"*

En 1979 se colocó al centro de la plaza la estatua ecuestre de Carlos IV, frente al Palacio de Minería, ambas obras maestras del arquitecto y escultor neoclásico Manuel Tolsá, en cuyo honor se nombró a esta plaza.

**Palacio de Minería**

Tacuba 5, frente al Museo Nacional de Arte

mar.-dom., 10-18 h.

5623-2981 y 5623-2982

5623-2981

www.palaciomineria.unam.mx/

Obra principal del neoclasicismo en América Latina, es el edificio civil más importante realizado por el escultor y arquitecto valenciano Manuel Tolsá. Fue construido para albergar al Real Seminario de Minería destinado a formar académicamente a los mineros a partir de 1813. Forma parte del patrimonio artístico y cultural de la Universidad Nacional Autónoma de México y se encuentra bajo el resguardo de la Facultad de Ingeniería.

Destacan de su arquitectura la extraordinaria Ex capilla, el Salón de Actos, el Salón del Rector, el Salón del Director, la Galería de Rectores, la Biblioteca y el recientemente creado Museo de homenaje a Manuel Tolsá, en el que es posible

*Plaza Tolsá*

contemplar obras del artista de personajes de su época; también se conservan ejemplos de magnífica pintura mural del siglo XIX. A los recintos se suman cinco patios; el principal, en dos cuerpos, enmarcado con arcos, bellas pilastras y singulares columnas, da acceso a una señorial escalera. Es sede permanente cada año de la Feria Internacional del Libro.

*Palacio de Minería*

### Joyería La Esmeralda

Madero e Isabel la Católica

Obra edificada en 1890 por los arquitectos Eleuterio Méndez y Francisco Serrano con los métodos constructivos más modernos de su tiempo, entre ellos una estructura reforzada con acero para aligerar su peso. Conocido por sus valores constructivos y artesanales, como el trabajo de cantería en una notable variedad de mármoles, sus mansardas, y el hermoso reloj que corona su esquina recortada, ha tenido varios usos comerciales.

### Iglesia de La Profesa

Madero e Isabel la Católica

Este templo ha conocido diversas etapas constructivas y ha sido bautizado con varios nombres. Su primera edificación, concluida y consagrada en 1610, correspondió a la orden jesuita; de ella prevalecen escasos vestigios en un techo mudéjar ubicado en la prolongación del coro hacia las naves laterales. Se reconstruyó entre 1714 y 1720 por el arquitecto Pedro de

*Iglesia de La Profesa*

*Casa del Marqués de Prado Alegre*

Arrieta y es una de las más completas muestras del barroco mexicano. Por la expulsión de los jesuitas, fue entregada en 1767 a los filipenses, quienes la consagraron a San Felipe Neri, aunque su nombre oficial es San José el Real. Cuenta también con elementos de claro estilo neoclásico, principalmente el altar mayor, que se atribuye a Manuel Tolsá. Este templo fue sede del llamado Plan o Conspiración de La Profesa en 1820, que pretendía mantener el absolutismo del rey de España.

### Casa del Marqués de Prado Alegre

Madero 39

Edificada en 1725 por el marqués, que fue regidor del Ayuntamiento e impulsó el empleo de técnica prehispánica en la orfebrería. Consta de dos niveles adornados con motivos vegetales, pilastras y ángeles, remata con el escudo heráldico de la familia

*Miguel Covarrubias en el Hotel Ritz (detalle)*

Prado Alegre. Es de llamar la atención la incrustación de una piedra prehispánica en la esquina de la fachada que ve hacia la calle de Madero.

### Casa Borda (Museo Serfin)

Madero 33

mar.-dom., 10-17 h.

5518-1555 y 5518-1556

www.cultura.df.gob.mx/espa/b2a076.htm

Casa señorial de José de la Borda (Joseph de Laborde), minero de origen francés, quien llegó a ser uno de los hombres más ricos de la Nueva España en el siglo XVIII. Destaca por sus notables rasgos arquitectónicos como el almohadillado de la planta baja, la hornacina y los marcos labrados en cantera, correspondientes a su condición de mansión suntuosa, ya que la propiedad abarcaba toda la manzana, poseía varios patios y su dueño mandó construir un balcón perimetral, soportado en ménsulas con forma de pata de gallo, que permitía recorrerla por completo por el exterior. Con el paso del tiempo, la propiedad fue dividida y transformada. Conserva una parte de los patios primitivos y una sección del balcón perimetral, precisamente en el área mejor conservada, perteneciente en la actualidad al Museo Serfin que dispone de una colección de indumentaria indígena y de la época colonial. A principios del siglo XX se estableció aquí el Salón Rojo, una de las primeras salas cinematográficas de la capital.

*Agustín Víctor Casasola,* Niño soldado

### Hotel Ritz

Madero 30

El principal valor de este edificio está en un mural del pintor Miguel Covarrubias, situado en un restaurante que ocupa el sitio del antiguo bar del hotel. Se recrea un paseo por Xochimilco en el peculiar estilo del pintor y caricaturista.

### Casasola Bazar de Fotografía

Madero 26, primer piso

5521-5192 y 5521-4968

5510-0060

Venta y exposición permanente de fotografías del siglo XIX, porfiriato, urbanismo, arquitectura civil y religiosa, Revolución mexicana, costumbres y tradiciones, fotomurales, estudio instantáneo en escenografía, postales y regalos.

**Palacio de Iturbide (Fomento Cultural Banamex)**

Madero 17

lun.-vier., 9-14:30 y 16-8 h.

5225-0280 y 5225-0234

5225-0068 y 5225-0079

www.banamex.com/esp/filiales/fomento_cultural/index.htm

Construido entre 1779 y 1784 por el arquitecto Francisco Guerrero y Torres, dentro del barroco característico de su siglo, con alguna influencia italiana. El patio cuenta con grandes arcos de medio punto soportados por esbeltas columnas, un tercer nivel también arqueado y un mirador superior. La construcción fue ordenada por el conde de San Mateo de Valparaíso, como dote para su hija casada con el señor de Moncada y Villafont, marqués de Jaral del Berrio. Los marqueses vivieron aquí de 1785 a 1800. Aquí estableció su residencia Agustín de Iturbide al triunfo del Ejército Trigarante en 1821; de aquí salió para ser coronado emperador el 21 de julio de 1822 y también de aquí salió al destierro en 1823. Fue sucesivamente residencia temporal de los alumnos de la Escuela de Minería en el estado de emergencia de 1830, sede de la lotería instituida en favor de la Academia de San Carlos, en 1844, y en 1850, Hotel de las Diligencias, primer establecimiento moderno de su tipo. Entre 1855 y 1928 fue el Hotel Iturbide; en ese lapso se instaló en el inmueble un elegante café de estilo parisino y el primer ascensor elevador. Un nuevo dueño de la propiedad en 1890, don Francisco Iturbide, encargó al arquitecto Emilio Dondé una ampliación del hotel hacia el poniente, sobre el predio que había sido parte de la fundación de San José de los Naturales.

*Palacio de Iturbide*

*Edificio High Life*

En 1966 lo adquirió el Banco Nacional de México, que restauró el edificio según el proyecto del arquitecto Ricardo Legorreta. Actualmente es el recinto de la institución Fomento Cultural Banamex. Se permite el acceso previa identificación. La institución ofrece múltiples servicios culturales.

**Edificio High Life**

Gante 4

Diseñado en 1922 por el arquitecto italiano Silvio Contri, autor también del Palacio de Comunicaciones, en la entonces recién inaugurada calle de Gante. Actualmente lo ocupa una tienda de ropa masculina que da nombre a la construcción, y la librería Global Book, especializada en libros técnicos y científicos. En su momento fue el edificio más alto de la ciudad.

*Iglesia de San Francisco*

**Iglesia de San Francisco**

Madero 7

El Convento Grande de Nuestro Padre Santísimo Francisco de México fue alguna vez el mayor de los conventos de frailes en la ciudad y el país, al abarcar una superficie superior a 32 mil metros cuadrados. Diversas obras públicas, con justificación o sin ella, determinaron que el gran conjunto fuese desmembrado y en mayor parte demolido durante la segunda mitad del siglo XIX y principios del XX.

Del antiguo convento sólo se conserva este templo con un pequeño atrio al frente y el claustro adjunto y, a poca distancia de ambos, la capilla de Balvanera. Del antiguo esplendor colonial del templo de una sola nave con crucero, se destaca la fachada churrigueresca, una de las más notables en ese estilo, oculta por largo tiempo en su parte inferior debido al hundimiento de todo el edificio y que actualmente puede observarse completa, gracias a las obras de rescate mediante un foso frontal. El retablo del altar mayor realizado dentro del mismo estilo dieciochesco por Jerónimo Antonio Gil, fue destruido en el siglo XIX y reconstruido en los años 40 del XX. De los mismos años datan las pinturas con motivos franciscanos que ostentan los muros laterales. La iglesia está abierta al culto.

**Pasaje de la Condesa**

Calle Madero, a un costado de la Casa de los Azulejos

Antiguamente se llamó callejón de Dolores y por él salían los carruajes de la condesa del Valle, de donde obtuvo su nombre actual. Dice una leyenda de los años coloniales que en una ocasión se encontraron en él los carruajes de dos hidalgos, que por la estrechez de la vía no podían pasar simultáneamente. Cada uno de los personajes alardeó con su linaje y se negó a dar paso al otro y así estuvieron tres días con sus noches, hasta que una orden del virrey los hizo retroceder a ambos por las calles en que entraron.

**Casa de los Condes de Xala**

Venustiano Carranza 73

Antiguo palacio virreinal construido por orden del conde de San Bartolomé de Xala en 1763. El edificio fue construido por el arquitecto Lorenzo Rodríguez, autor también del Sagrario

*Casa Bocker*

Metropolitano, y es representativo de la arquitectura barroca civil de la ciudad de México. Consta de dos pisos y entresuelo. Su fachada luce la tradicional combinación de tezontle y chiluca, además de molduras mixtilíneas, almohadillas y diferentes elementos ornamentales. En su escalera, conserva azulejos de talavera de gran belleza.

**Casa Bocker**

16 de Septiembre e Isabel la Católica

Construido para un empresario alemán por los arquitectos neoyorquinos De Lemos y Cordes, bajo la supervisión del ingeniero mexicano Gonzalo Garita. Su propósito fue albergar a la que por largo tiempo fue la ferretería más importante de la ciudad. Sufrió un grave incendio en 1975. Luego de su remodelación se reocupó con parte de la ferretería y un restaurante.

**Casino Español**

Isabel la Católica 34

Ocupa el predio que en el siglo XVII correspondió al Hospital del Espíritu Santo, demolido en 1860. A fines del siglo XIX, destacados miembros de la colonia española decidieron construir el edificio del Casino Español, institución fundada en 1863. Diseñó y ejecutó la obra el arquitecto Emilio González del Campo, de 1901 a 1903. En la fachada dominan las esbeltas columnas adosadas al muro del segundo piso, y el frontón curvo que remata la portada. Sobre la puerta aparece un óvalo con la fecha de inauguración, flanqueado por dos estatuas que representan a una musa y a Mercurio. El interior es notable por la exuberancia de la decoración y la riqueza del ornato, especialmente en el Salón del Trono con techo artesonado, sus dos magníficos restaurantes y la espléndida escalera.

*Casino Español*

*Salón de los Reyes en el Casino Español*

**Casa de los Condes de Miravalle**

Isabel la Católica 30

Construida a finales del siglo XVII, perteneció a Alonso Dávalos Bracamontes de Ulibarri y de la Cueva, quien recibió en 1670 el título de conde por cédula real y por esas fechas ocupó el cargo de mayor del Tribunal de la Santa Cruzada del Reino de la Nueva España. Durante muchos años estuvo ocupada por el Hotel del Bazar, y en la actualidad, con el nombre de Edificio Jardín, está destinada a locales comerciales y despachos de profesionistas. Es de fachada sencilla con los paramentos revestidos de tezontle, los vanos enmarcados con cantera y un nicho con la Virgen de Guadalupe, de dos niveles y entresuelo, además de un patio interior de agradable aspecto colonial. En un muro de la escalera se aprecian *El holocausto*, mural de Manuel Rodríguez Lozano, y *Las comadres*, escultura de Mardonio Magaña.

*Casa de los Condes de Miravalle*

### Museo del Calzado "El Borceguí"

Bolívar 27, entre Madero y 16 de Septiembre

lun.-vier., 9-14 y 15:30-18 h.

5512-1311 y 522-14610

www.cultura.df.gob.mx/espa/b2a057.htm

Es el primero en su tipo en América Latina. Su acervo cuenta con más de 2 mil piezas de todo el mundo y de diversas épocas, así como 20 mil objetos de artes aplicadas. Promueve la investigación sobre calzado y ortopedia en sus ramas antropológica, histórica, científica y artística. Dispone de información documental para investigadores, estudiantes e industriales.

### Antiguo Convento de la Merced

Uruguay 170

Del edificio construido entre 1645 y 1654 por el arquitecto Lázaro de Torres, considerado uno de los más hermosos de la ciudad y el único vestigio de la influencia mudéjar, en la actualidad sólo se conservan en buen estado el claustro, los muros laterales del templo, un pequeño anexo y el vestíbulo que lo unía con la iglesia.

En la planta baja hay corredores de columnas dóricas con siete arcadas por lado; en el segundo cuerpo, las columnas presentan arcos dentados que duplican los del primero y todo tiene una magnífica ornamentación en la que destacan las rosetas de los arcos y los follajes de las enjutas, que hacen más bella su encajería de piedra.

Como otros muchos edificios que fueron propiedad del clero hasta la promulgación de las Leyes de Reforma, al pasar a manos de

*Antiguo convento de la Merced*

particulares quedó sujeto a toda clase de mutilaciones y readaptaciones. El claustro fue usado como cuartel, gimnasio, museo, escuela, guardería y vecindad hasta su rescate en 1974, cuando el Instituto Nacional de Bellas Artes ubicó en él el Taller Nacional del Tapiz. No está permanentemente abierto al público, pero en diferentes ocasiones especiales durante el año se permite el acceso a los visitantes.

*Museo de la Charrería*

*Museo de la Charrería*

### Museo de la Charrería

Isabel la Católica 108, e Izazaga
lun.-vier., 10-18 h.
5709-4838 y 5709-5032
5709-5032
www.cultura.df.gob.mx/espa/b2a043.htm
M

Se ubica en lo que fue el convento de la Virgen de Montserrat, consagrado en 1590. El monasterio se suprimió en 1821, pero el templo continuó en servicio otros 20 años. Después fue saqueado y abandonado. Lo que logró sobrevivir de la construcción se restauró en 1830 para convertirse en sede de la Federación Nacional de Charros. Su acervo lo integran trajes, arreos, monturas, pinturas, fotografías y objetos relacionados con esta tradición mexicana.

### Convento de San Jerónimo (Museo del Claustro de Sor Juana)

Izazaga 92, entre Isabel la Católica y 5 de Febrero
5709-4066 y 5709-4126 ext. 130
5709-4126
www.cultura.df.gob.mx/espa/b2a050.htm
M

El Convento de San Jerónimo, hoy sede de la Universidad del Claustro de Sor Juana, con el Centro Universitario de Ciencias Humanas y el Instituto de Estudios y Documentos Históricos, fue fundado en 1585 y ha sido restaurado con un método que muestra las excavaciones arqueológicas que identifican las distintas etapas constructivas y sus objetos y muebles. Con ello se recrea la vida conventual y en especial la trayectoria de sor Juana Inés de la Cruz, la intelectual y poetiza más prominente del siglo XVII, recluida aquí desde febrero de 1688 hasta su muerte, ocurrida el 17 de abril de 1695. Destacan la iglesia de estilo herreriano, consagrada en 1623; la torre, de 1665, y la escultura en piedra de San Jerónimo, la segunda más antigua del periodo colonial.

*Claustro de Sor Juana*

### Casa de la Acequia

Isabel la Católica 97

En esta casa nació
Don
Daniel Cosío Villegas
1898 - 1976

*Casa de la Acequia*

La casa de la Acequia o Beaterio, fue fundada por la familia del conde de Santa María Guadalupe y Peñasco en el siglo XVI. La construcción contiene vestigios arquitectónicos de los siglos XVI y XVII y actualmente ha sido restaurada y dignificada. Es una edificación en dos en torno de un patio central de forma trapezoidal. Fue realizada en grandes sillones de piedra caliza sobre cimentación de mampostería de tezontle aglutinada con mezcla de cal y arena. Se conserva una parte significativa de sus elementos originales, entre ellos fragmentos de pintura mural que fueron descubiertos en las habitaciones de la planta alta. En la actualidad es sede de dos asociaciones: El Ágora Cultural Alfonso Reyes A.C. y el Ateneo Español de México, A.C.

*Antigua iglesia de San Agustín*

**Antigua Iglesia de San Agustín**
Isabel la Católica y Uruguay

El templo original de 1587 fue consumido por un incendio en 1676. El nuevo templo se comenzó en 1677 y se dedicó el 12 de diciembre de 1692. Se construyó de mampostería de tezontle, con bóveda de medio cañón, cúpula de planta octogonal y apoyos y arcos de cantera. En la portada se colocó un gran relieve de San Agustín y se adosó al templo, al lado poniente del crucero, la capilla del Tercer Orden, con un relieve de Jesús Crucificado en el segundo cuerpo. La sillería del coro, concluida en 1701, se talló en madera de nogal, bajo la dirección del maestro Salvador Ocampo; en él se representaron 254 pasajes del Antiguo Testamento.

Con motivo de la exclaustración, el convento quedó abandonado. En 1861 se desmontó la sillería y se guardó en la Escuela de Sordomudos de Corpus Christi, de donde la rescató, aunque incompleta, el director de la Escuela Nacional Preparatoria.

*Casa de la Acequia*

Nacionalizados los bienes eclesiásticos por las Leyes de Reforma, el convento fue demolido y fraccionado su terreno; en 1862 se vendieron el atrio, la iglesia y la sacristía a Vicente Escandón, pero como éste colaboró más tarde con los invasores franceses, al restaurarse la República se le incautaron esos bienes y se destinaron a la Biblioteca Nacional.

Los arquitectos Vicente Heredia y Eleuterio Méndez hicieron la readaptación de la iglesia, del 13 de enero de 1868 al 1º de abril de 1884 y procuraron darle un carácter civil, respetaron la portada original, añadiéndole un tercer cuerpo. La fachada de la capilla del Tercer Orden se cubrió con otra a principios del siglo XX.

La Biblioteca Nacional de México, creada en octubre de 1833, abrió sus puertas al público hasta el 2 de abril de 1884. Desde 1929 pertenece a la Universidad Nacional Autónoma de México. Su acervo fue trasladado al edificio del Instituto de Investigaciones Bibliográficas, en la Ciudad Universitaria. En el jardín se encuentra, sobre un pedestal de granito, la estatua de Alexander von Humboldt, en mármol, obra del escultor Ernest Freese.

*Murales de Vlady en la Biblioteca Lerdo de Tejada*

**Casa de Romero de Terreros**

El Salvador 69

La mansión, que originalmente perteneció a las monjas de San Bernardo en 1764, fue adquirida por Pedro Romero de Terreros, conde de Regla, en 1764. Su dueño, también fundador del Monte de Piedad, almacenó ahí barras de plata y numerosas joyas y utensilios de ese metal, por lo cual también se le conoció como Casa de la Plata. Conserva sólo la fachada.

**Biblioteca Miguel Lerdo de Tejada**

El Salvador 49

lun.-vier., 9-17:30 h.

5709-5885 y 5709-2147

5709-5144

www.shcp.gob.mx/servs/dgpcap/bmlt/index.html

El edificio fue erigido como capilla para la Congregación de los oratorianos o filipenses en 1665. En 1687 se construyó un templo más amplio y otro más en 1752. Un terrible temblor destruyó parte de los templos y los religiosos optaron por trasladarse a La Profesa. En parte de uno de ellos se estableció en 1857 el Teatro Abreu, que funcionó ahí hasta 1954. Se conservó y restauró parte del frontispicio de uno de los templos inconclusos con la imagen de la Virgen de las Nieves, custodiada por esculturas de las tres virtudes teologales, de las que se conservan dos: la Esperanza, con un ancla entre las manos, y la Caridad, con dos niños.

El recinto alberga, desde 1970, la Biblioteca Miguel Lerdo de Tejada de la Secretaría de Hacienda y Crédito Público, especializada en títulos sobre leyes, economía, administración e historia; además, cuenta con colecciones especiales de libros de los siglos XVI al XVIII, algunos de ellos provenientes de la biblioteca del erudito Carlos de Sigüenza y Góngora. Cuenta ahora también, en la sala de lectura y en el espacio reservado para investigadores, con *Las revoluciones*, conjunto pictórico formado por frescos y óleos del pintor Vlady.

*Casa de Romero de Terreros*

*Iglesia de Regina Coelli*

### Iglesia de Regina Coelli

Regina y Bolívar

Corresponde a lo que fue el convento de las monjas de la Concepción de México, por lo que la iglesia propiamente dicha lleva ese nombre desde 1756. Su construcción inició en 1655 aunque su consagración definitiva sucedió en 1731. Está considerada como una gran obra de arte de estilo churrigueresco. En ella se encuentran tres retablos con pinturas de famosos pintores del siglo XVIII, como Villalpando y Rodríguez Juárez, y un notable nicho en el altar principal con decorados de carey y concha nácar, donde está una estatua de la Purísima Concepción.

*Churrería El Moro*

### Instituto Cultural México-Israel

El Salvador 41

Tiene como objetivo difundir la historia, tradiciones, aspectos culturales y adelantos científicos en ambos países fomentando los lazos de amistad que les unen. Tiene espacios especiales dedicados a "La presencia judía en México", "Folklore de Israel y del pueblo judío", "Tradiciones y festividades del pueblo judío", "Israel de hoy" y "Sala Jerusalén". Ofrece servicios de biblioteca, videoteca y filmoteca; cursos de hebreo, danza y Biblia; conmemoración de las festividades judías, y noches israelíes.

### Churrería El Moro

Eje Central Lázaro Cárdenas 42

Establecida en la década de los 30 del siglo XX por el español Francisco Iriarte, es un lugar de tradición para desayunar o merendar churros con chocolate caliente preparado según las recetas tradicionales "a la francesa", "a la española" y "a la mexicana".

### Colegio de las Vizcaínas

Vizcaínas 40

Primera escuela laica del país y sigue funcionando en esa condición. El edificio fue diseñado por Pedro Bueno Basorí y construido por Miguel José de Quiera entre 1734 y 1737, con el patrocinio de Ambrosio Meave, Francisco Echebeste y José Aldaco.

*Retablo en el Templo de Regina Coelli*

El colegio se llamó de San Ignacio y estuvo destinado a niñas, doncellas y viudas de ascendencia española. Allí estuvo Josefa Ortiz de Domínguez, más tarde esposa del corregidor de Querétaro.

El edificio tiene tres portadas: una ostenta un escudo, otra la imagen de San Ignacio en un nicho y la tercera el águila sobre el nopal devorando a la serpiente.

Las dependencias se

agrupan alrededor de cuatro patios y las dos plantas están unidas por una magnífica escalera. La capilla del colegio, cuya portada es obra de Lorenzo Rodríguez, conserva los retablos barrocos.

En este local se ha ido formando un pequeño museo de arte religioso. Los costados que miran a los antiguos callejones de San Ignacio y Aldaco y la Plazuela de las Vizcaínas están ocupados por accesorias de taza y plato, así llamadas porque constan de dos plantas, una sobre otra. Originalmente estuvieron ocupadas por artesanos, que trabajaban en la parte de abajo y habitaban en la de arriba, prestaban servicios al vecindario y a la vez pagaban una renta al colegio. Esto produjo una sucesión rítmica de puertas y balcones en la porción inferior del paramento, en contraste con los grandes paños superiores de tezontle, cortados a trechos irregulares por ventanas extraordinariamente altas, cerradas con fuertes rejas, que dan luz a las viviendas.

### Mercado de San Juan

Calle Ernesto Pugibet, entre Luis Moya y Buen Tono

Ubicado en donde estuvo el barrio indígena de San Juan Moyotlán, es un mercado famoso porque ahí se expenden frutas, verduras, carnes y otras mercancías que superan en calidad (y precio, desde luego) a las de otros mercados de su tipo. Incluye varios establecimientos que expenden carnes y mariscos especiales, gran variedad de setas, productos orientales,

*Mercado de San Juan*

frutos de calidad óptima y otras mercancías rara vez halladas en los más de los mercados populares. Muchos restaurantes de la ciudad se abastecen ahí. El inmueble fue originalmente una de las bodegas de la fábrica de tabacos de El Buen Tono. Se adaptó en los años 40 del siglo XX para funcionar como mercado provisional, condición que mantiene más de medio siglo después.

*Claustro de las Vizcaínas*

IMSS
MOLINO DEL REY

# TLATELOLCO

Pila de agua bendita
Convento de Santiago Tlatelolco

Uno de los barrios más antiguos de la ciudad, ligado a numerosos hechos históricos, Tlatelolco se estableció sobre un islote vecino al que tiempo después ocuparía Tenochtitlán. En 1519, cuando llegaron los españoles, los dos asentamientos ya estaban unidos por tierra, mediante chinampas.

De origen, Tlatelolco y Tenochtitlán eran ciudades-estado o señoríos separados, aunque interdependientes. Durante el virreinato se mantuvo la separación: los conquistadores ubicaron en Tlatelolco el *Tecpan* o residencia de los nobles indígenas que les ayudaban a gobernar a sus vasallos.

En los años 60 del siglo XX se construyó sobre los barrios de Nonoalco y Tlatelolco la unidad habitacional más grande del país, unidad Tlatelolco, que integró a una población heterogénea.

Tlatelolco y los barrios de su perímetro son en mayor parte zonas residenciales o industriales, todas ellas muy populosas, que el visitante quizá quiera explorar como parte de un recorrido que le dé una idea muy clara de los grandes contrastes que hay en la ciudad de México. Para los fines de esta guía, la recomendación se centra sobre la Plaza de las Tres Culturas como una extensión del paseo por el **Centro Histórico** y, en su caso, punto de partida para visitar la **Basílica de Guadalupe**, ubicada varios kilómetros hacia el norte de Tlatelolco.

*Detalle del mural de Diego Rivera,* Epopeya del pueblo mexicano
◀ *Plaza de las Tres Culturas en Tlatelolco*

# TLATELOLCO

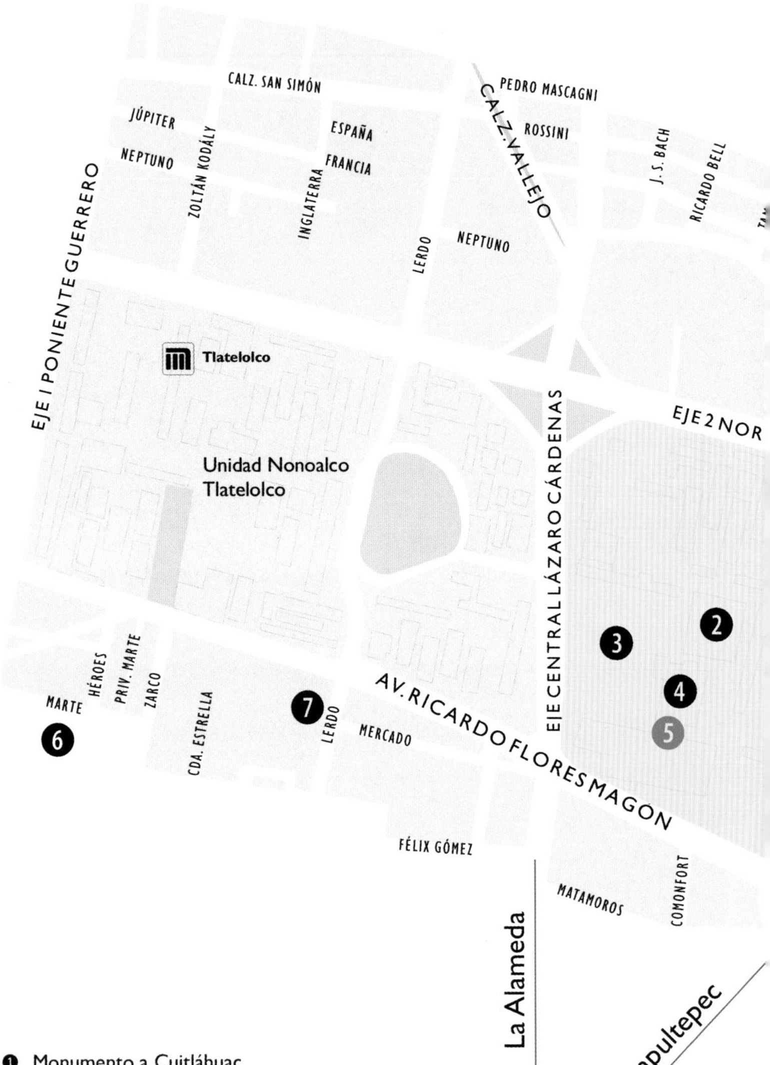


1. Monumento a Cuitláhuac
2. Plaza de las Tres Culturas
3. Zona arqueológica
4. Antiguo convento de Santiago Tlatelolco
5. Museo de sitio
6. Bar Paquita la del Barrio
7. Salón Los Ángeles

Basílica de Guadalupe= 5.2 km
TETRAZZINI
CARUSO
CONSTANTINO
GRANADOS
WAGNER
CARLOS GOUNOD
PEDRO MASCAGNI
ROSSINI
CALZ. DE LOS MISTERIOS
CALZ. DE GUADALUPE
EDUARDO GRIEG
PEDRELL
CALZADA DE LA RONDA
ADELINA PATTI
ESTAÑO
COBRE
ALUMINIO
SAN ANDRÉS DE LA SIERRA
ATOTONILCO
BOLAÑOS
FERROCARRIL HIDALGO
EJE 1 OTE.
ACERO
AURORA
BIRIMOA
GUARISAMEY
METATIOTOS
NUEL GONZÁLEZ
CANAL DEL NORTE
GOROSTIZA
AV. PASEO DE LA REFORMA
GRANADA
JESÚS CARRANZA
AV. PERALVILLO
CONSTANCIA
TOTONACAS
PRÓL. TOLTECAS
CARBAJAL
SANTA LUCIA
PEÑÓN
CDA. DE LA PARCIALIDAD
RIVERO
TENOCHTITLÁN
MATAMOROS
Centro Histórico
0 METROS 500
0 PIES 1500

# TLATELOLCO

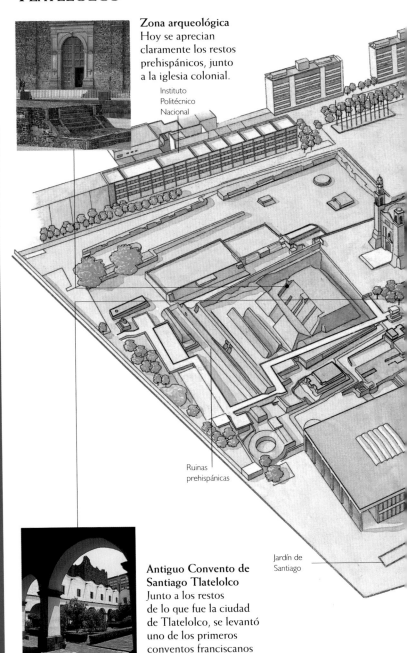

**Zona arqueológica**
Hoy se aprecian claramente los restos prehispánicos, junto a la iglesia colonial.

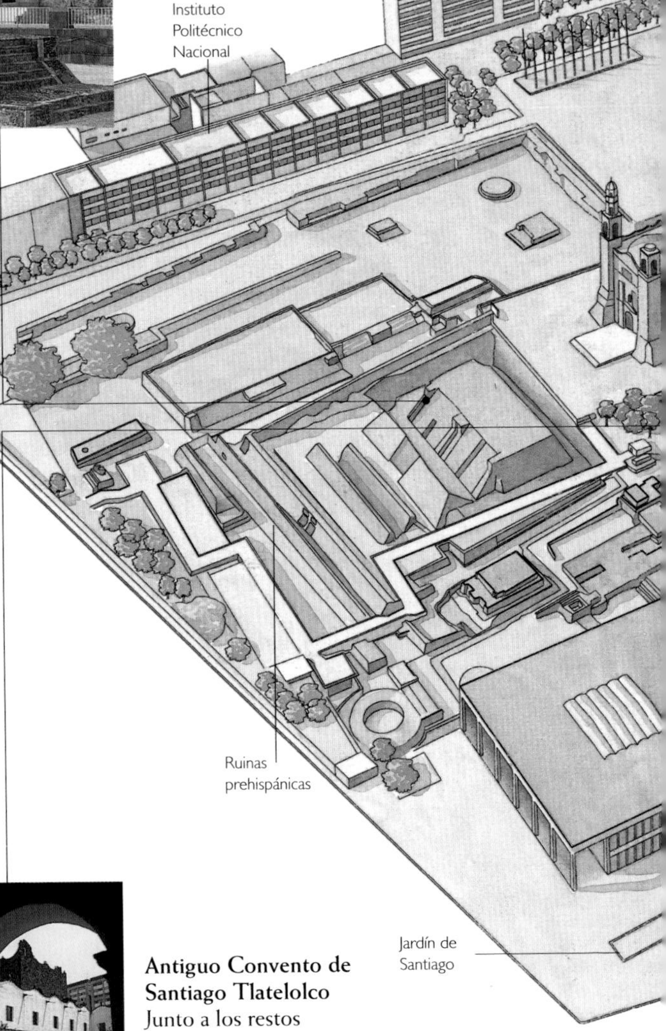


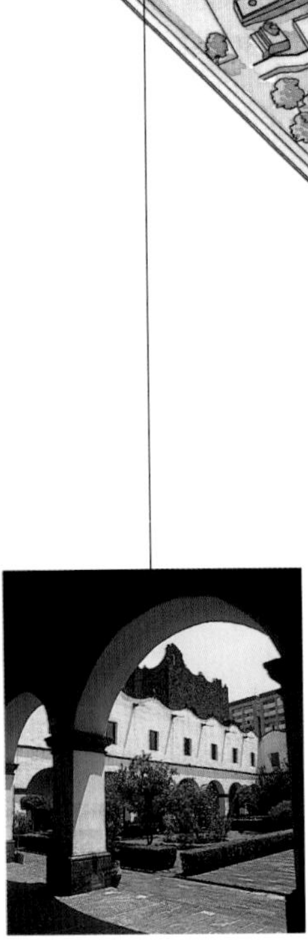

**Antiguo Convento de Santiago Tlatelolco**
Junto a los restos de lo que fue la ciudad de Tlatelolco, se levantó uno de los primeros conventos franciscanos del país.

1968–1993
¡¡ADELANTE!!
A LOS COMPAÑEROS CAÍDOS
EL 2 DE OCTUBRE DE 1968 EN ESTA PLAZA

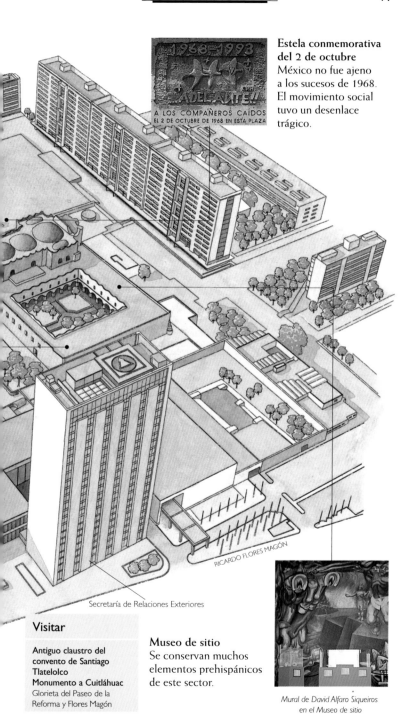

**Estela conmemorativa del 2 de octubre**
México no fue ajeno a los sucesos de 1968. El movimiento social tuvo un desenlace trágico.

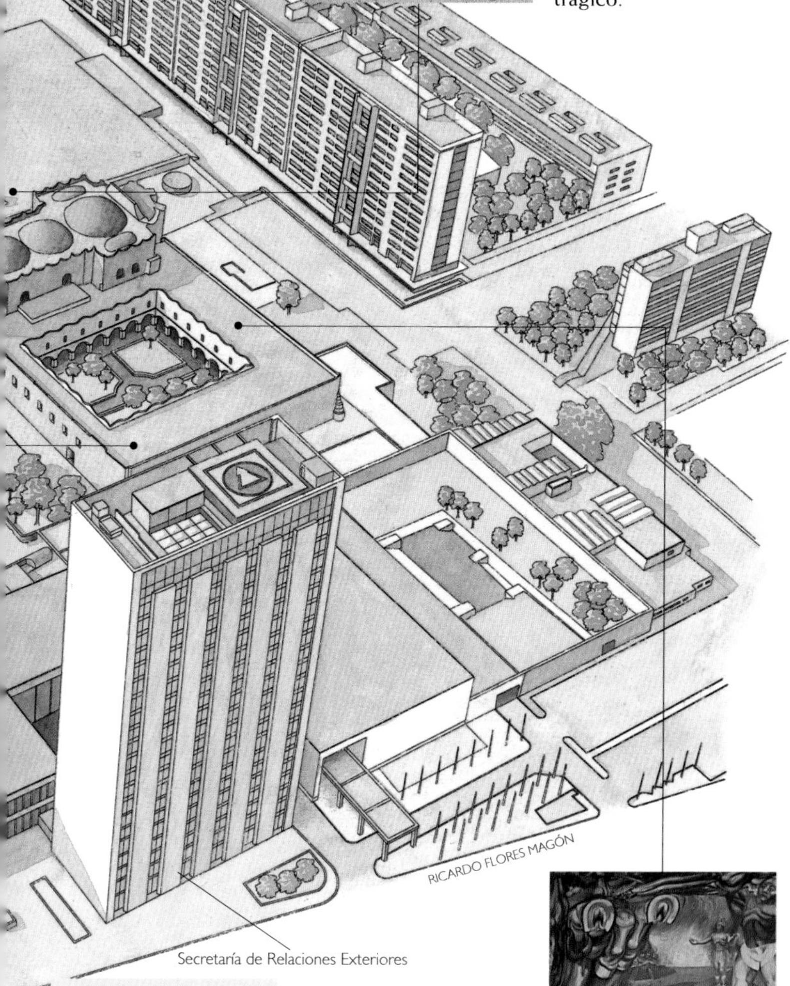
RICARDO FLORES MAGÓN
Secretaría de Relaciones Exteriores

*Mural de David Alfaro Siqueiros en el Museo de sitio*

**Museo de sitio**
Se conservan muchos elementos prehispánicos de este sector.

## Visitar

**Antiguo claustro del convento de Santiago Tlatelolco**

**Monumento a Cuitláhuac**
Glorieta del Paseo de la Reforma y Flores Magón

Plaza de las Tres Culturas

## ✪ Plaza de las Tres Culturas

Eje Central, entre las avenidas Flores Magón y Manuel González

Su concepción arquitectónica permite, de un vistazo, percibir tres etapas del desarrollo cultural de México. La pirámide y el llamado Templo Calendárico son exponentes del mundo prehispánico; la iglesia de Santiago y su anexo, el Ex colegio Imperial de la Santa Cruz de Tlatelolco, expresan la época colonial, y los edificios que rodean a la plaza, el mayor conjunto habitacional del país, proyectado por el arquitecto Mario Pani, son manifestaciones de la modernidad. En este lugar se encuentran los edificios de la Secretaría de Relaciones Exteriores.

Esta plaza es famosa en el mundo entero por varias razones.

Desde luego, la zona arqueológica remite al visitante al fascinante mundo prehispánico. Además, el interés va en aumento a partir de nuevos hallazgos que permiten conocer con mayor detalle el origen e historia de este antiguo asentamiento. Estos elementos se complementan con la presencia del antiguo convento de Santiago Tlatelolco, uno de los edificios virreinales más antiguos.

### Tratado de Tlatelolco

En el mundo político y diplomático, Tlatelolco es conocido en todo el mundo porque a partir de 1967 en este lugar se celebró el Tratado de Tlatelolco (*Tratado para la Proscripción de las Armas Nucleares en la América Latina y el Caribe*), firmado por los 33 países de América Latina y el Caribe y ratificado sucesivamente por todos ellos (con la excepción de Cuba), además de los signatarios de los protocolos adicionales, que son Estados Unidos, Francia, el Reino Unido, la República Popular de China y algunas de las repúblicas de la desintegrada Unión Soviética.

Secretaría de Relaciones Exteriores

### 2 de octubre de 1968

La Plaza de las Tres Culturas es también conocida en el mundo por los hechos ocurridos en este lugar el 2 de octubre de 1968, pocos días antes de la inauguración de los Juegos de la

XIX Olimpiada: en un movimiento popular que ya duraba varios meses, se dio una compleja combinación de fuerzas políticas que derivó hacia una violenta represión. Las versiones se contradicen, pero fue un hecho que el ejército y otros grupos represivos abrieron fuego contra los asistentes a un mitin que se realizaba en la explanada de la plaza. La violencia alcanzó límites nunca antes vistos en México. Las noticias de la masacre de Tlatelolco dieron la vuelta al mundo y provocaron numerosas protestas internacionales, y el hecho por sí abrió en la sociedad mexicana una herida que más de 30 años después no acaba de cerrar. "Nunca lo olvidaremos", fue y es la voz de las generaciones que vivieron y atestiguaron tan terrible acontecimiento. El visitante hallará en la plaza, en la explanada donde tuvieron lugar los hechos, una estela alusiva.

## Zona arqueológica

*Xaltelolco* significa "Monte de arena". En la historia oficial de los antiguos mexicanos se decía que el asentamiento fue fundado sobre un islote vecino al de Tenochtitlán, por miembros de un *calpulli* o grupo de la misma etnia y proce-

*Manifestación popular en 1968*

dencia que los mexica, de quienes disintieron cuando se asignaron los espacios en el primer islote. Tal versión obedecía probablemente a una estrategia política para mantener la lealtad de los tlatelolcas, como habitantes de una ciudad hermana de Tenochtitlán.

Los hallazgos arqueológicos señalan que el asentamiento ya existía en el siglo X, es decir, unos 300 años antes de la fundación de Tenochtitlán. En el siglo XIV y hasta el último cuarto del XV estaba ocupado por vasallos del señorío de Azcapotzalco. En 1473 fue conquistado por Axayácatl, señor de Tenochtitlán, lo que significó su incorporación a los numerosos señoríos tributarios que, sin embargo, conservaban cierta autonomía política.

El último *tecutli* o señor de Tlatelolco fue Cuauhtémoc, hijo de Ahuizotl, el *tlatoani* o emperador de México-Tenochtitlán, y de Tilalcapatl, princesa de Tlatelolco. Es decir, en su última etapa la unión política de las dos ciudades fue real. (Ver también **Monumento a Cuauhtémoc**, en **Paseo de la Reforma**.)

Tras la caída de Tenochtitlán, los tenochcas se refugiaron en Tlatelolco, donde se libró la más sangrienta de las batallas, en la que participaron también las mujeres.

Las ruinas de la Plaza de las Tres Culturas corresponden con el recinto ceremonial de Tlatelolco, muy semejante al de Tenochtitlán y construido con la misma lógica y propósito. El gran tianguis o mercado que por su tamaño y abundante oferta de toda clase de mercancías tanto sorprendió a los españoles en 1520, se encontraba donde hoy está el jardín de Santiago, es decir, detrás de la torre de Relaciones Exteriores.

*Plataforma circular del templo de Ehécatl-Quetzalcóatl*

En los años 90 del siglo XX se encontraron aquí 54 ofrendas correspondientes a 41 entierros, ordenados frente al que fuera el templo de Ehécatl-Quetzalcóatl, del que se conserva la plataforma circular. La interpretación de ese hallazgo es todavía motivo de estudio, como lo son muchos elementos de este sector del que se sabe menos que de la gran Tenochtitlán. El museo de sitio está detrás del ex convento.

**Antiguo Convento de Santiago Tlatelolco**

La iglesia original debió de construirse hacia 1530 aunque el conjunto se terminó hasta los primeros años del siglo siguiente. Entre 1536 y 1566 en este lugar funcionó el Imperial Colegio de la Santa Cruz de Tlatelolco, ligado a diferentes acontecimientos y personajes, por demás notables, del periodo inmediato a la Conquista y del primer siglo del virreinato.

Quizá lo más importante del Imperial Colegio fue que ahí, durante unos 40 años, trabajó

*Archivo Histórico de la SRE*

# ANTIGUO CONVENTO DE SANTIAGO TLATELOLCO

fray Bernardino de Sahagún, como maestro y, a veces, como rector. Resultado de ese esfuerzo fue su magna obra, en doce tomos: *Historia general de las cosas de la Nueva España*, impresionante compendio del mundo prehispánico, basado en las declaraciones de los propios indígenas.

*Antiguo Convento de Santiago Tlatelolco. Patio central de lo que fue el Imperial Colegio de la Santa Cruz de Tlatelolco*

En el siglo XIX este antiguo convento franciscano se utilizó como prisión militar, función que tuvo hasta mediados del siglo XX. Desde 1976 alberga al Archivo Histórico de la Secretaría de Relaciones Exteriores. El edificio conserva un relieve del siglo XVII; además, en su interior se exhiben algunas pinturas de gran valor.

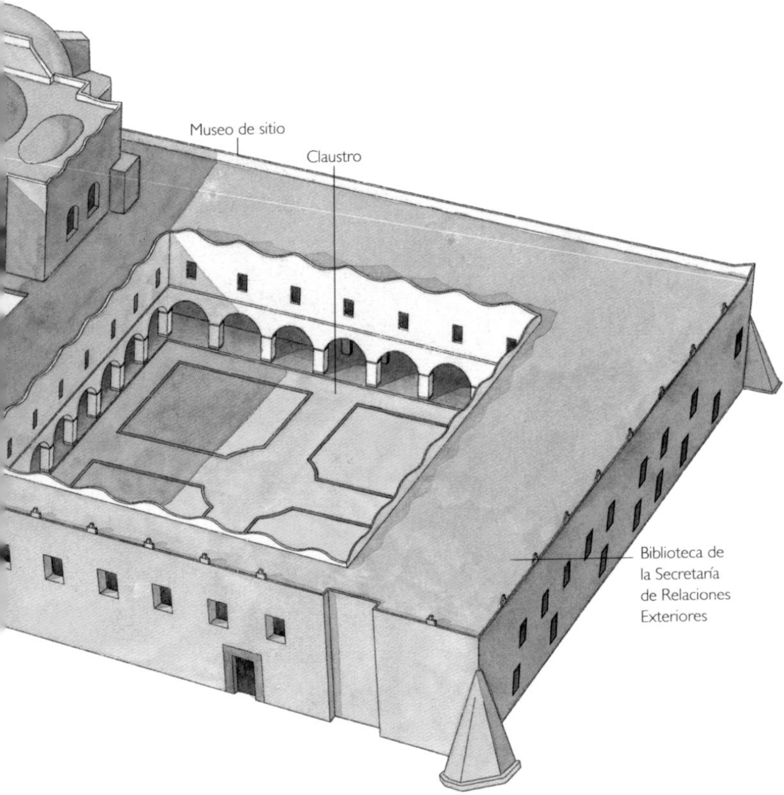

HOTEL BAMER
HOTEL BAMER MEXICO
HOTEL SAN FRANCISCO

# La Alameda

Fuente de las Musas

La traza original de la ciudad, hecha por Alonso García Bravo inmediatamente después de la Conquista, no incluyó estos terrenos ubicados al poniente de la Plaza Mayor y un tanto alejados de ésta.

Una vez desecado el lago no fue problema poblar con árboles y tiestos estos suelos lodosos y fértiles que en 1592 habrían de convertirse en el primer paseo público de la ciudad, establecido por orden del virrey Luis de Velasco (hijo).

En un principio el parque era menor que el actual. Al oriente, donde entre 1904 y 1934 se construyó el Palacio de Bellas Artes, se encontraban la plazoleta y el convento de Santa Isabel, y al poniente, la plazoleta de San Diego. Ambas se le incorporaron en 1796 para casi duplicar su tamaño.

Muchos cambios ha sufrido la Alameda desde entonces: la calzada México-Tacuba se convirtió en la avenida Hidalgo y la calle Corpus Christi en la avenida Juárez. La traza también cambió, aunque conserva la decoración con prados poligonales, glorietas, esculturas, bancas de piedra y bellas fuentes que adquirió principalmente durante el porfiriato.

En su perímetro y alrededores se encuentran numerosos museos, edificios de gran valor histórico y arquitectónico, teatros, cines, restaurantes, bares, un pequeño barrio chino y otros lugares de interés.

*José María Velasco pintó La Alameda en 1866*

◄ *Vista aérea de la Alameda*

# LA ALAMEDA

1. Palacio Postal
2. Banco de México
3. Edificio Guardiola
4. Casa de los Azulejos
5. Torre Latinoamericana
6. La Nacional

7. **Palacio de Bellas Artes**
   - Murales y esculturas
   - Museo de exposiciones temporales
   - Museo Nacional de Arquitectura
   - Telón de Cristal
   - Ballet Folclórico de México
   - Ballet Nacional de México
   - Compañía Nacional de Danza
   - Compañía Nacional de Ópera
   - Orquesta Sinfónica Nacional

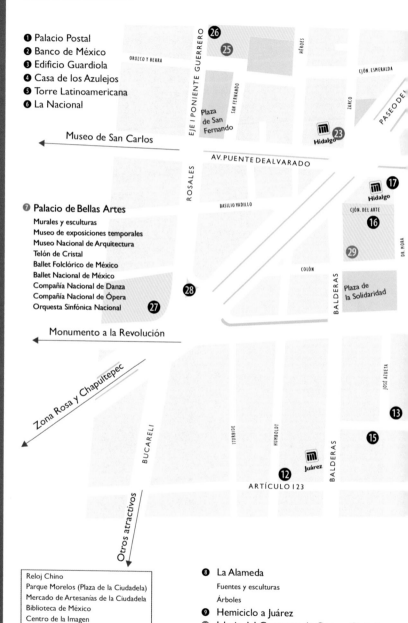

Reloj Chino
Parque Morelos (Plaza de la Ciudadela)
Mercado de Artesanías de la Ciudadela
Biblioteca de México
Centro de la Imagen
Edificios del Buen Tono
Plaza de Pescaditos o Carlos Pacheco
Arcos de Belén
Televisa Chapultepec

8. La Alameda
   - Fuentes y esculturas
   - Árboles
9. Hemiciclo a Juárez
10. Iglesia del Convento de Corpus Christi
11. Barrio Chino
12. Asociación Cristiana Femenina
13. Antiguo Edificio de Bomberos

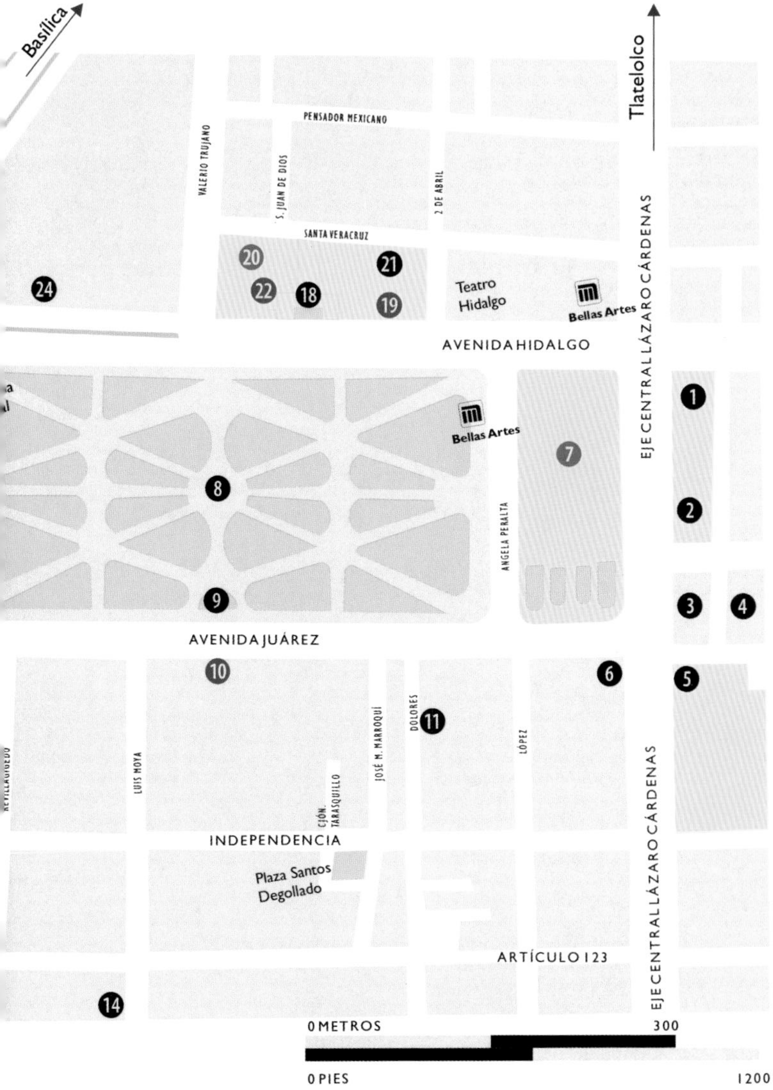


- ⓮ Antiguo Edificio de Teléfonos
- ⓯ Teatro Metropolitan
- ⓰ Laboratorio Arte Alameda
- ⓱ Centro Cultural José Martí
- ⓲ Plaza de la Santa Veracruz
- ⓳ Iglesia de la Santa Veracruz
- ⓴ Museo de Artes Aplicadas Franz Mayer
- 21 Museo Nacional de la Estampa
- 22 Iglesia de San Juan de Dios
- 23 Iglesia de San Hipólito
- 24 Hotel de Cortés
- 25 Iglesia y Panteón de San Fernando
- 26 Talleres Tostado
- 27 Lotería Nacional
- 28 *El Caballito*
- 29 Museo Mural Diego Rivera

# LA ALAMEDA

**Museo Mural Diego Rivera**
*Sueño de una tarde dominical en la Alameda* estuvo en el vestíbulo del Hotel del Prado hasta su demolición, tras el terremoto de 1985. El mural fue rescatado.

*Frida Kahlo, Diego Rivera y la Catrina, detalle del mural*

**Museo Franz Mayer**
Fundado por el empresario de origen alemán, el museo Franz Mayer posee una excelente colección de estofados coloniales, de manufactura novohispana y española principalmente.

*Estofado virreinal*

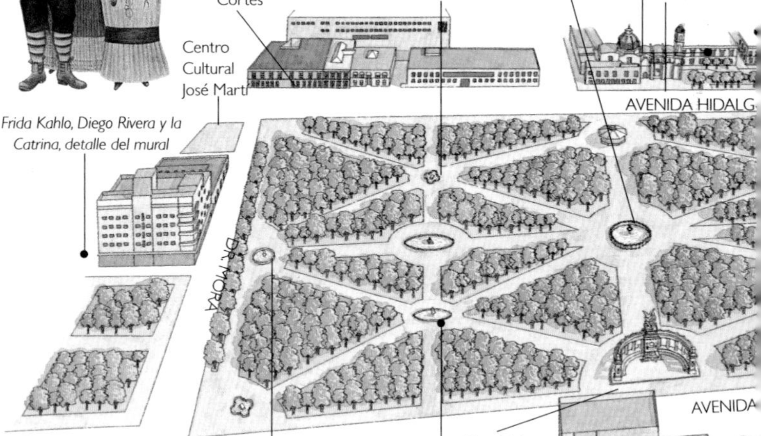

**Fuente de Neptuno en la Alameda**
Construida en 1856 por el escultor Dubray, es la más representativa de las fuentes colocadas en la reforma de la Alameda en la última década del siglo XIX.

## Comer y beber

**El Hórreo**
Dr. Mora 11
**Shangai-Ming's**
Dolores 30

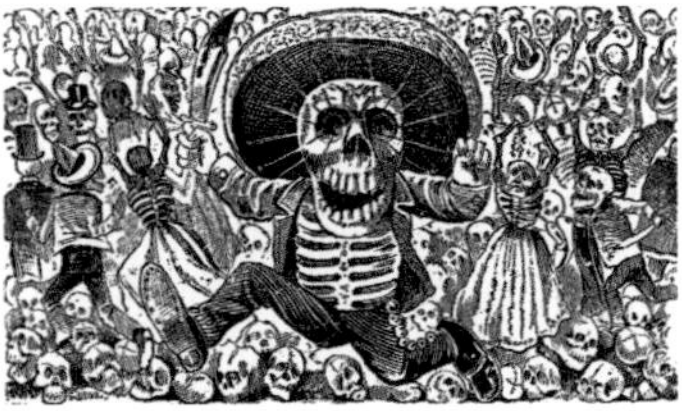

*José Gaudalupe Posada,* Rebumbio de calaveras rotas

## Museo Nacional de la Estampa

Aquí se puede seguir la trayectoria de la gráfica mexicana, así como contemplar obra gráfica contemporánea, tanto mexicana como internacional.

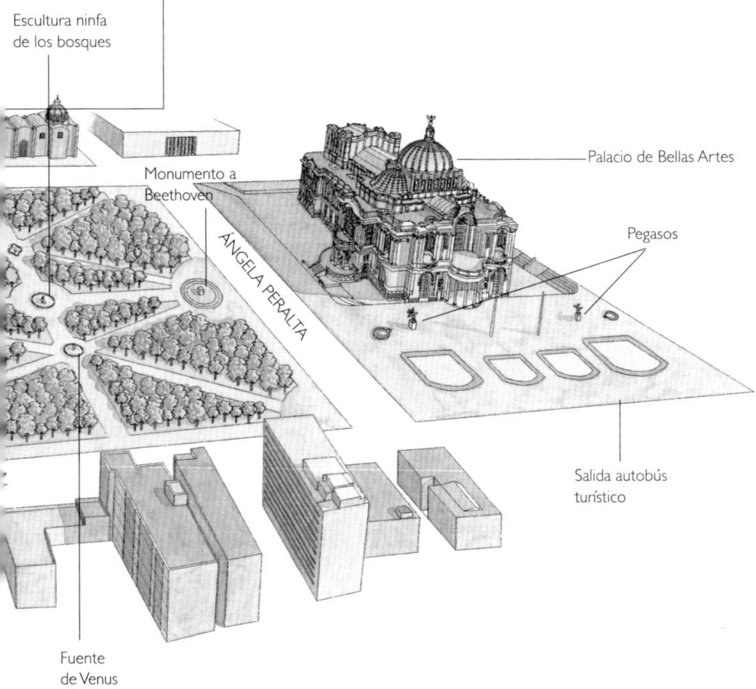


### Ver

**Hemiciclo a Juárez**
Av. Juárez
**Monumento a Beethoven**
frente al Palacio de Bellas Artes

### Visitar

**Mirador en la Torre Latinoamericana**
Eje Central y Madero
**Edificio de Correos**
Eje Central
**Librerías**
Av. Juárez

*Interior del Edificio de Correos*

### Edificio de Correos (Palacio Postal)

Tacuba y Eje Central

En su diseño y construcción intervino un grupo de arquitectos e ingenieros encabezado por el italiano Adamo Boari –uno de los autores principales del vecino Palacio de las Bellas Artes–. Se construyó bajo la dirección del ingeniero Gonzalo Garita entre 1902 y 1907. Combina diversos estilos: plateresco español e isabelino, elementos moriscos en los arcos polilobulados, góticos en las cresterías, renacentistas y venecianos en los arcos de medio punto y las loggias, que forman un conjunto armónico y elegante. Su fachada está cubierta con cantera amarillo-rosada del estado de Hidalgo. Los acabados interiores, herrajes, barandales, instalaciones eléctrica, hidráulica y telefónica, elevadores y equipamiento general, fueron importados en su mayor parte y representaron lo más avanzado de su época en el mundo. Ha funcionado ininterrumpidamente desde 1907, primero como sede del Servicio Postal Mexicano y actualmente como albergue del Museo Filatélico y de varias dependencias postales. Es la referencia para la numeración de las calles, que aumenta al alejarse del edificio, en todas direcciones.

### Banco de México

Eje Central y Juan Ruiz de Alarcón

Se encuentra entre las calles 5 de Mayo, Eje Central y Juan Ruiz de Alarcón. El edificio, proyectado por los arquitectos estadounidenses D. Lemos y Cordes, fue construido por el ingeniero Gonzalo Garita entre 1902 y 1906 para la empresa Mutual Life Insurance Company. Se dice que está inspirado en el Palacio Strozzi de Florencia. Es la actual sede del Banco de México.

*Banco de México*

*Edificio Guardiola*

### Edificio Guardiola

Esquina norte de la calle de Madero y Eje Central, hasta la calle 5 de Mayo

En este predio, en el siglo XVII, estuvo la residencia de Juan de Guardiola y Guzmán, marqués de Santa Fe de Guardiola, que incluía en su acceso una plazoleta. En el siglo XIX, la familia Escandón adquirió la propiedad y construyó (1865-1872) otra residencia, de gran valor arquitectónico, obra de Lorenzo de la Hidalga, también autor del edificio del vecino Teatro Nacional (antes calle Vergara, hoy calle 5 de Mayo). Cuando se abrió la calle 5 de Mayo, ambos

*Cilindrero en la Casa de los Azulejos*

edificios fueron demolidos y sobre el predio, en el año 1937, se construyó este edificio de estilo *art déco*, que hoy lleva el nombre de la antigua plazoleta. Lo diseñó el arquitecto Carlos Obregón Santacilia. Es propiedad del Banco de México y no está abierto al público.

### Casa de los Azulejos

Madero 4, a un costado del edificio Guardiola

Este bello y llamativo edificio fue residencia de los marqueses del Valle de Orizaba desde principios del siglo XVII. En 1737 la quinta marquesa del Valle de Orizaba reconstruyó totalmente la casa con el estilo único que aún conserva. A fines del siglo XIX fue sede del Jockey Club. En 1905, cuando se abrió la calle 5 de Mayo hasta San Juan de Letrán (hoy Eje Central Lázaro Cárdenas), su construcción creció hacia el norte con una nueva fachada congruente con el estilo original. Como fondo de su escalera principal, se ubica *Omnisciencia*, mural el pintor jalisciense José Clemente Orozco. Actualmente es propiedad de un consorcio comercial.

### Torre Latinoamericana

Eje Central y Madero

La Latinoamericana, Seguros, S.A. hizo construir este esbelto edificio entre 1948 y 1956 según el proyecto del arquitecto Manuel de la Colina, aunque su forma definitiva fue resultado del trabajo de Augusto H. Álvarez. La estructura y cimenta-

*Torre Latinoamericana*

ción fueron diseñadas por el doctor Leonardo Zeevaert. El edificio tiene 44 pisos y una altura total de 181.33 m (el mirador está a 139 m). Por largo tiempo fue el edificio más alto del país y también el primero en tener estructura y cimentación adecuadas a las condiciones del subsuelo que controlan su comportamiento durante los sismos. Hasta el piso 37 el inmueble tiene oficinas privadas; en el piso 38 hay un acuario marino; en el 40, un bar con vista panorámica de la ciudad, y los pisos 42 al 44 forman el mirador.

### La Nacional

Avenida Juárez y Eje Central

Este edificio de los años 30 del siglo XX fue llamado "el primer rascacielos mexicano", aunque sólo tiene doce pisos. Proyectado por los arquitectos Luis Ortiz Monasterio, Bernardo Calderón y Luis Ávila, fue el primer edificio construido en su totalidad con concreto armado y pilotes de apoyo. Está recubierto con piedra. En sus formas se advierten semejanzas con edificios de la ciudad de Nueva York del periodo del *art déco*. Se encuentra en la esquina de avenida Juárez y Eje Central.

# Palacio de Bellas Artes

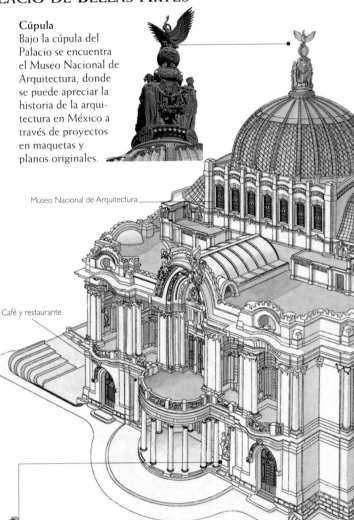

**Cúpula**
Bajo la cúpula del Palacio se encuentra el Museo Nacional de Arquitectura, donde se puede apreciar la historia de la arquitectura en México a través de proyectos en maquetas y planos originales.

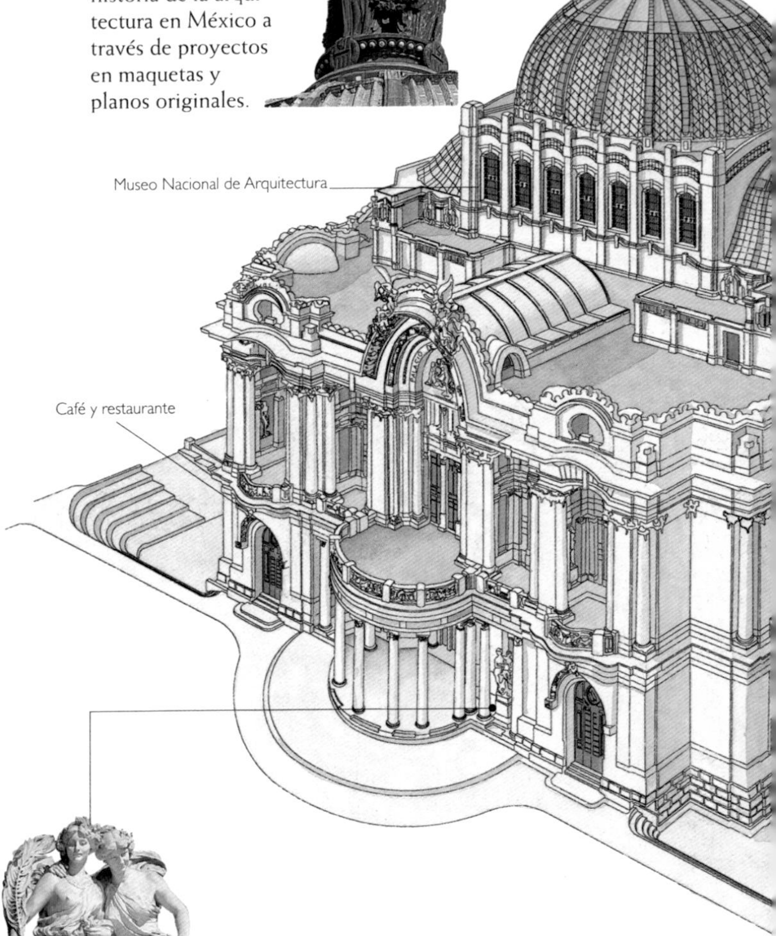

**Esculturas de la fachada**
Obras de artistas italianos como Bistolfi, Fiorenzo, Boni y Marotti, entre otros.

## Comer y beber

Café y restaurante del Palacio de Bellas Artes

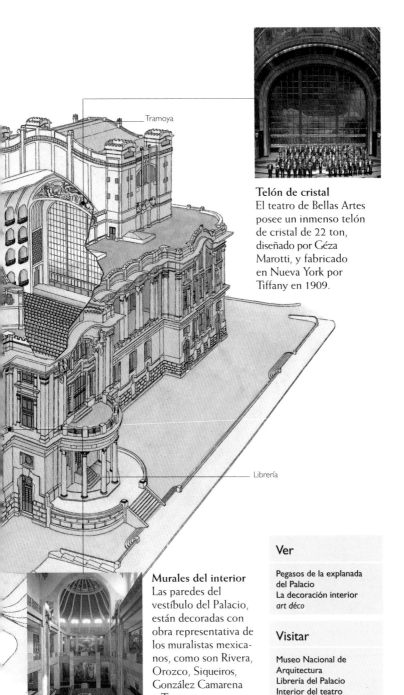

**Telón de cristal**
El teatro de Bellas Artes posee un inmenso telón de cristal de 22 ton, diseñado por Géza Marotti, y fabricado en Nueva York por Tiffany en 1909.

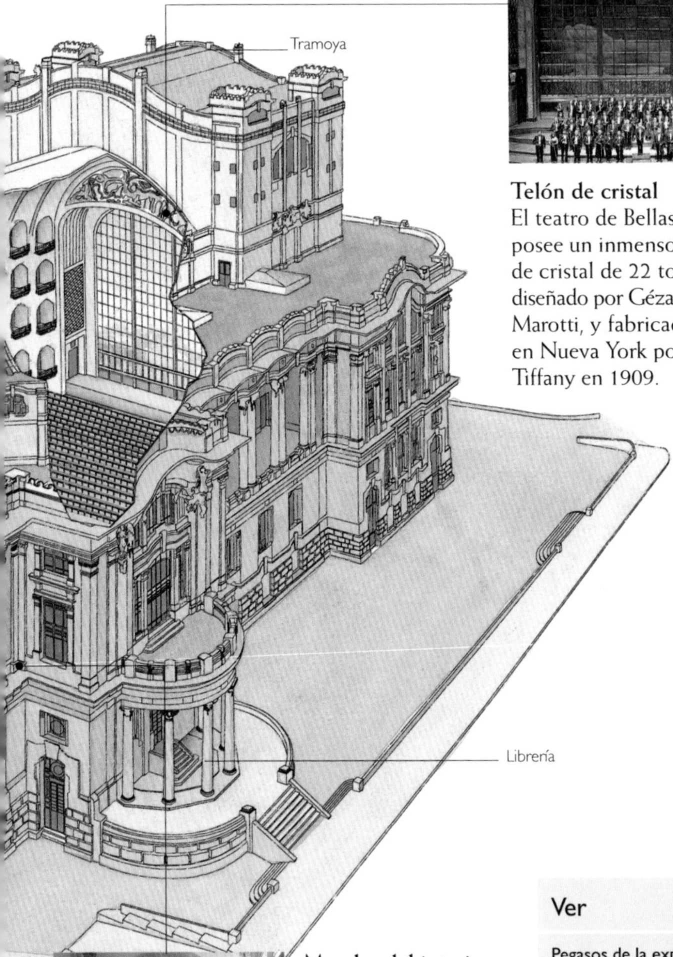

**Murales del interior**
Las paredes del vestíbulo del Palacio, están decoradas con obra representativa de los muralistas mexicanos, como son Rivera, Orozco, Siqueiros, González Camarena y Tamayo.

## Ver

Pegasos de la explanada del Palacio
La decoración interior *art déco*

## Visitar

Museo Nacional de Arquitectura
Librería del Palacio
Interior del teatro

## ✪ Palacio de Bellas Artes

Avenida Hidalgo 1 y Eje Central

El Palacio de Bellas Artes es el escenario principal para la presentación de espectáculos de música, teatro y danza; para exposiciones de artes plásticas y actividades literarias de alto nivel. Su edificación principió en 1904 a cargo del arquitecto italiano Adamo Boari, autor del proyecto, quien lo basó en el eclecticismo de la época (una suma de estilos), en el que sobresalen el *art nouveau* de fines del siglo XIX y una notable influencia bizantina. El movimiento revolucionario de 1910 y las dificultades técnicas derivadas del terreno pantanoso, que hasta nuestros días son perceptibles en el paulatino hundimiento del edificio, interrumpieron la obra hasta su conclusión en 1934, a cargo del arquitecto Federico Mariscal, alumno de Boari, quien modificó el proyecto y dio a los espacios interiores la impronta del estilo *art déco*, dominante en esos días.

Frontón de Bellas Artes

Palacio de Bellas Artes

### Murales y esculturas

Lo más llamativo del Palacio de Bellas Artes es la decoración escultórica de su fachada. Al centro hay un grupo de esculturas llamado *La armonía*, obra de Leonardo Bistolfi; las que se localizan en las laterales son del escultor Boni; las guirnaldas, florones y máscaras son de Gianetti Fiorenzo; el grupo del águila que remata la cúpula, el mosaico del arco del proscenio y el plafón de cristales de la sala de espectáculos, así como el Olimpo con Apolo rodeado por las nueve musas son obra de Guo Géza Marotti; los pegasos de la explanada exterior son obra de Agustín Querol. Las esculturas de la fachada principal en el nivel del piso son de André Allar. El Palacio suma a su patrimonio un conjunto de murales representativos de la plástica mexicana: en el segundo piso están *Nacimiento de nuestra nacionalidad* y *México de hoy*, de Rufino Tamayo; en el tercero hay obras sobre temas sociales de José Clemente Orozco, Diego Rivera, David Alfaro Siqueiros y González Camarena. También hay murales de Roberto Montenegro y Manuel Rodríguez Lozano.

### Museo de exposiciones temporales

Un atractivo permanente del Palacio son sus exposiciones temporales que ofrecen siempre colecciones pictóricas, escultóricas y fotográficas en salas de exhibición que ocupan uno o varios pisos.

### Museo Nacional de Arquitectura

Pone a disposición del público una muestra de la arquitectura mexicana e internacional más relevante. Fue creado el 26 de enero de 1984. Exhibe maquetas, boce-

Ballet Folklórico de México

tos, planos y fotografías originales de los dos periodos de construcción del Palacio de Bellas Artes, además de diversos planos de la obra de Juan O'Gorman, Juan Segura y Francisco J. Serrano. También conserva las colecciones de los arquitectos Enrique del Moral, Carlos Obregón Santacilia y Francisco Centeno.

### Telón de cristal

Se trata de un muro de hierro de doble pared que se levanta a manera de compuerta. Está revestido por detrás con láminas de zinc acanaladas y por el lado de la sala con cerca de un millón de piezas de cristal opalescente –de 2 cm cada una– producidas por la casa Tiffany de Nueva York, que también hizo el trabajo del bastidor (lámina bronceada) que simula un gran ventanal. Se construyó para servir como protección para el público en caso de incendio en el escenario. La construcción de la cortina metálica fue realizada por casas alemanas. Pesa 22 ton y mide 14 m de ancho por 12.50 de alto, con un espesor de 32 cm. El propio arquitecto Boari diseñó el ventanal con las cumbres nevadas del Popocatépetl y el Iztaccíhuatl como tema, aunque se ha difundido el error de que son obra del famoso pintor mexicano Doctor Atl.

### Ballet Folklórico de México

Formado en 1952 por la maestra Amalia Hernández, interpreta música, danza y bailes folclóricos de todo el país. Desde 1959 ofrece tres funciones semanales en el Palacio de Bellas Artes: dos los domingos (mañana y noche) y una los miércoles por la noche.

### Ballet Nacional de México

Fundado en 1948 por Guillermina Bravo. Funciona como centro de formación de coreógrafos, maestros y artistas relacionados con la danza, principalmente en sus expresiones modernas.

Ballet Nacional de México

### Compañía Nacional de Danza

En su repertorio predominan los temas de danza clásica, pero también incluye propuestas coreográficas contemporáneas. Desde hace 20 años realiza temporadas en el Palacio de Bellas Artes.

Compañía Nacional de Ópera

### Compañía Nacional de Ópera

Creada en 1977 para contar con un cuerpo técnico y profesional en el campo de la ópera, es responsable de las temporadas anuales en el Palacio de Bellas Artes.

### Orquesta Sinfónica Nacional

Es una de las agrupaciones musicales más importantes de México y la principal del Instituto Nacional de Bellas Artes. Se instituyó como Orquesta Sinfónica de México en 1928 por iniciativa del director y compositor Carlos Chávez.

Ninfa en la Alameda

## ✪ La Alameda

Debe su nombre a que en un principio ahí sólo se plantaron álamos. Muchas personas creen que los álamos fueron sustituidos posteriormente por fresnos, más frondosos y menos frágiles, pero la realidad es que en este parque hay 34 especies de árboles. De los álamos destacan los blancos y los temblones.

Fuente central en el siglo XIX

### Fuentes y esculturas

Sobre el costado sur de la Alameda (avenida Juárez) hay un grupo de notables esculturas de mármol del artista Jesús Contreras. Por los andadores centrales se llega a las glorietas donde se encuentran las bancas de piedra y las diferentes fuentes que muestran esculturas de piedra y bronce con temas mitológicos (Neptuno, Mercurio, Bacantes, Venus e Isis). Al oriente está el monumento a Beethoven, obra del escultor Oldembech, que muestra una máscara mortuoria del célebre músico, hecha en bronce negro. Fue un obsequio de la colonia alemana en 1921.

### Árboles

Además de álamos, abundan fresnos y truenos, que son las especies que predominan en toda la ciudad. Hay también jacarandas, cedros, altos gravillos, ailantos originarios de China, pinos, olmos (almeces y papalotes), acacias falsas (robinias) y también verdaderas, yucas y varios más. Esta combinación de árboles, aunada a la de numerosas especies de arbustos y macizos floridos, da una vista singular al parque y, por cierto, una mezcla de aromas en diferentes estaciones del año.

### Hemiciclo a Juárez

Benito Juárez (1806-1872), presidente de México entre 1858 y 1872, es un héroe nacional –quizá el más importante de todos–. No hay un solo poblado en el país que no tenga una calle o un monumento dedicados a su memoria. Este monu-

Ninfa

*Hemiciclo a Juárez*

mento de 1910 está ubicado sobre el ala sur de la Alameda, en la avenida que lleva el nombre del prócer. Su diseño fue hecho por el arquitecto Guillermo de Heredia, a base de un semicírculo descubierto, en cuyo centro se colocó la estatua sedente del presidente Juárez, tallada por el escultor italiano Lazzaroni, que también realizó las figuras del ángel coronante, la justicia con la antorcha de gloria y el par de leones al pie del gran pedestal que contiene a las anteriores. El conjunto está fabricado con mármol blanco de Carrara, Italia. Es un lugar de reunión obligado para los paseantes y, durante mucho tiempo, ha sido punto de llegada de manifestaciones políticas y espacio para mítines y otras expresiones sociales, porque el legado de Benito Juárez representa los ideales de la República que con singular tenacidad él supo defender.

*Iglesia del convento de Corpus Christi*

### Iglesia del convento de Corpus Christi

Avenida Juárez,
frente al Hemiciclo

Fundado por el virrey Baltazar de Zúñiga y Guzmán, formó parte del primer convento para monjas en aceptar mujeres indígenas nobles e hijas de caciques. Su fachada, de estilo barroco sobrio, consta de una portada central con puerta de arco de medio punto, flanqueada por pilastras que sostienen una cornisa y un pequeño frontón. En el segundo cuerpo se puede ver un relieve con la custodia del Santísimo Sacramento. Después de convento, fue sede de la Escuela Normal para Profesores de Sordomudos, de la iglesia Cismática y de 1951 a 1985, Museo Nacional de Arte e Industrias Populares del Instituto Nacional Indigenista.

### Barrio chino

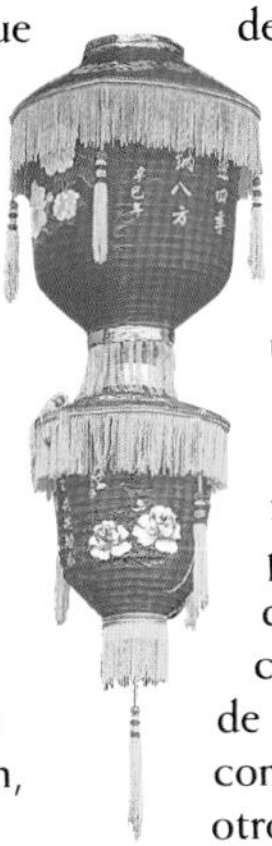

*Candil Chun-huan*

Situado en la calle Dolores, a una cuadra de la Alameda Central, está el corazón de dicha comunidad asiática en México. Algunas versiones ubican su origen en la década de los años 20, aunque su mayor auge corresponde a mediados del siglo XIX. Concentra gran número de restaurantes de comida china; en otros años también se instalaron salones de juego. Sus habitantes, descendientes de inmigrantes provenientes principalmente de Cantón, Beijín y Shangai, conservan muchas de las tradiciones de sus antepasados, de las cuales el Bayqiao o celebración del año nuevo, es la más sobresaliente. Destaca también el comercio de mercancías chinas y de otros lugares de oriente:

comestibles, cerámica, textiles y diversos objetos decorativos.

**Asociación Cristiana Femenina**
Artículo 123 y Humboldt

Edificio en estilo *art déco*, con una serie de relieves sobre actividades deportivas a base de motivos prehispánicos como elemento decorativo, de acuerdo con la tendencia nacionalista característica de la época.

**Antiguo Edificio de Bomberos**
Revillagigedo 11, casi frente al Teatro Metropolitan

La antigua sede del cuerpo de Bomberos, construida por Tolteca en 1929, mantiene, a pesar de las numerosas adaptaciones que ha sufrido, su original estilo *art déco* en rejas, barandales, lámparas de aplique y otros elementos. Hoy alberga al Museo Nacional de Arte Popular.

**Antiguo Edificio de Teléfonos**
Revillagigedo 11, casi frente al teatro Metropolitan

Construido para la Compañía Telefónica Mexicana en estilo *art déco*, conserva la portada y su ornamentación en cantera. Actualmente funciona como museo en una sección y oficinas administrativas de la empresa Telmex, en la otra.

*Edificio de Teléfonos de México*

**Teatro Metropolitan**
Independencia 90
Taquillas: 10-18 h.
www.elgrito.com/conciertos/escenarios/metropolitan.htm

La fachada de este edificio presenta elementos *art déco* muy simplificados que contrastan con las características del espacio interior, más bien eclécticas. Del pórtico se accede a un espectacular vestíbulo a través de escalinatas, pinturas y candiles monumentales, escultorales y una doble altura, decorados por Aurelio Mendoza. Tras muchos años de ser sala de cine, recuperó su propósito original como teatro y sala de conciertos.

*Teatro Metropolitan*

**Museo de la Policía**
Victoria 84
mar.-dom., 10:30-18 h.
5510-9701 y 5518-4188

Recinto de la antigua Sexta Inspección de policía, muestra la historia de los cuerpos de seguridad de la capital, desde el mundo prehispánico hasta nuestros días. Cuenta con una sala de vehículos con varios de los primeros transportes del cuerpo de bomberos.

*Museo de la Policía*

**Laboratorio Arte Alameda**
Doctor Mora 7
mar.-dom., 10-18 h.
5510-2793 y 5518-4188
www.artealameda.inba.gob.mx/

Antigua iglesia y convento de San Diego, ex Pinacoteca Virreinal. Durante el virreinato, frente a la edificación se encontraba el "quemadero" de la Inquisición, lugar donde esa institución ejecutaba a los reos. Ahí se construyó en 1621 el convento de los frailes dieguinos, cerrado y abandonado a mediados del siglo XIX. El templo se conservó y desde 1964 se convirtió en Pinacoteca Virreinal, cuyo acervo se incorporó posteriormente al Museo Nacional de Arte. Las instalaciones albergan el Laboratorio de Arte Alameda, un espacio para la experimentación, práctica e investigación cultural de vanguardia. Se encuentra frente al ala poniente de la Alameda, en la calle Dr. Mora.

**Centro Cultural José Martí**

Doctor Mora y Avenida Hidalgo, frente a la Alameda

5546-3476

Fundado en 1976 en honor del héroe cubano, dispone de instalaciones para exposición, sala de conferencias y biblioteca.

*Laboratorio Arte Alameda*

*Plaza de la Santa Veracruz*

## ✪ Plaza de la Santa Veracruz

Al norte de la Alameda, sobre Avenida Hidalgo

Es una pequeña plaza limitada en sus extremos por dos iglesias que forman un conjunto singular: la parroquia de la Santa Veracruz, y el templo y ex Hospital de San Juan de Dios, sede del Museo Franz Mayer.

**Iglesia de la Santa Veracruz**

Plaza de la Santa Veracruz

*Detalle en la fachada de la Santa Veracruz*

Es una de las más antiguas de la ciudad. En el predio que ocupa estuvo la ermita de la Archicofradía de la Cruz, inaugurada por Hernán Cortés en 1526. El inmueble actual se construyó entre 1730 y 1776. La iglesia tiene dos fachadas: la principal al poniente y la lateral al sur. La primera, de dos cuerpos con remate en piedra chiluca y recubierta de tezontle, está rematada por dos torres; la segunda se forma con un nicho central sobre el que hay una cruz de cantera. La planta tiene forma de cruz latina, con bóvedas en el crucero y cúpula octogonal. En el altar hay un Cristo, regalo del emperador Carlos V, conocido como el Señor de los Siete Velos, a cuyos lados se encuentran la Virgen de los Dolores y San Juan Evangelista. Conserva un altar recamado en oro. En este lugar yacen los restos del escultor y arquitecto Manuel Tolsá, además de los de Ignacio López Rayón, uno de los caudillos de la Independencia.

*Juan Correa*, San Miguel Arcángel

**Museo Franz Mayer**
Avenida Hidalgo 45
mar.-dom., 10-17 h.
5518-2265 5321-2888
www.arts-history.mx/museos/franz/indice1.html

Antiguo convento y hospital de San Juan de Dios. Notable edificio de la segunda mitad del siglo XVI que ha desempeñado diversas funciones. El hospital tuvo una larga tradición como institución de salud desde su fundación en 1582. Fue el Hospital Real de Epifanía o de Nuestra Señora de los Desamparados, destinado a la población marginada de la Nueva España. Hacia 1865 funcionaba como hospital civil y la administración de Maximiliano lo destinó a las mujeres públicas, por lo que, aunque se le había puesto el nombre de Hospital Morelos, fue mejor conocido como Hospital de la Mujer, y así se le identificó hasta su desaparición en 1966. En 1989 se restauró y adaptó para contener una enorme y valiosa colección de arte virreinal americano, europeo y asiático que incluye artes aplicadas, cerámica, platería, textiles, instrumentos de navegación, cartografía, pintura y escultura. Organiza exposiciones temporales, conferencias, presentaciones de libros, conciertos y talleres. Cuenta con biblioteca, cafetería, tienda y librería.

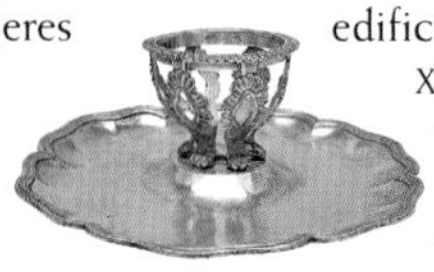

*Colección Franz Mayer*

*Candelabro, siglo XVIII*

**Museo Nacional de la Estampa**
Avenida Hidalgo 39
mar.-dom., 10-18 h.
5510-4905 5521-2244
www.cnca.gb.mx/cnca/buena/inba/subbellas/museos/estampa.html

Fundado en 1986. Imprescindible si se trata de conocer la tradición gráfica de México. Se localiza en la Plaza de la Santa Veracruz, en un edificio del siglo XIX. Promueve y divulga la obra gráfica de los artistas mexicanos, así como el uso de materiales, técnicas y procedimientos contemporáneos. Exhibe litografías, huecograbados, xilografías, serigrafías y mixografías. Se muestran ejemplos de las técnicas de reproducción usadas por los artistas de la Escuela Mexicana de Grabado, hoy conocida como Taller de Gráfica Popular y de la Sociedad Mexicana de Grabadores. Su acervo consta de cerca de 30 mil obras de la época prehispánica hasta nuestros días.

*Gilberto Aceves Navarro*, Venus gorda, 1977

**Iglesia de San Juan de Dios**
Plaza de la Santa Veracruz

Su construcción inició en 1604 y concluyó en 1729, a cargo de Miguel Custodio Durán. La fachada de la iglesia está compuesta por un monu-

*Iglesia de San Juan de Dios*

mental nicho. Tiene muros recubiertos al estilo mudéjar y una torre de cuatro cuerpos ubicada al lado izquierdo. Aquí se venera a San Antonio de Padua, último recurso de las solteras para encontrar marido.

### Iglesia de San Hipólito

Avenida Hidalgo, inmediata a la Plaza de la Santa Veracruz

La iglesia fue consagrada a San Hipólito porque el 13 de agosto de 1521, en la conmemoración de ese santo, fue tomada la ciudad de Tenochtitlán por los conquistadores españoles. En donde hoy se localiza el atrio del templo, estuvo una fortificación donde ocurrió la batalla decisiva; Hernán Cortés mandó levantar allí la llamada Ermita de los Mártires, porque ahí se inhumaron los restos de españoles muertos en ese combate. En 1740, donde estuvo la ermita, existió un templo construido por Juan Garrido entre 1599 y 1602. El actual es de estilo barroco. Aledaño a la iglesia, se construyó el Hospital de San Hipólito para hombres con trastornos mentales, dirigido por los Hermanos de la Caridad a lo largo de dos siglos. Aunque es la sede del santo patrón de la ciudad, en la actualidad es más visitada por la escultura del altar, dedicada a San Judas

*Iglesia de San Hipólito*

Tadeo, el santo con mayor número de devotos en la ciudad. La iglesia está abierta al culto.

*Hotel de Cortés*

### Hotel de Cortés

Avenida Hidalgo, a media cuadra de San Hipólito

5518-2184

Ocupa un edificio construido en 1780 por los agustinos descalzos, que se conoció originalmente como Casa y Hospicio Agustino. En el siglo XVIII funcionó con la denominación de Hostería de Santo Tomás de Villanueva y se le atribuye ser la hospedería más antigua de la ciudad. El edificio tiene fachada con dos niveles en cantera de chiluca y destaca por su portada barroca; en el nicho puede leerse la fecha de su construcción. En el interior hay un patio con una fuente al centro, que funciona como restaurante.

### Iglesia y Panteón de San Fernando

Plaza de San Fernando, Avenida Hidalgo y Avenida Guerrero

lun.-dom., 8-15 h.

La plaza se llama Vicente Guerrero y la adorna la estatua de este héroe de la Independencia, pero la tradición religiosa conserva el nombre colonial, ligado a Fernando III, rey de Castilla y León en el siglo XIII, que fue canonizado en 1671. El conjunto original se construyó hacia 1730. La iglesia, de estilo barroco moderado, conserva un púlpito digno de verse y pinturas valiosas tanto en las capillas como en el coro. Está abierta al culto. El Museo del Panteón de San Fernando está formado por dos patios; uno pequeño, conocido como "panteón chico", de origen camposanto para los franciscanos ahí enclaustrados durante el siglo XVIII. Debido a las epidemias de viruela en 1779 y de cólera en 1835, el segundo patio se convirtió en el "panteón grande".

Panteón de San Fernando

Mausoleo de Benito Juárez

## IGLESIA Y PANTEÓN DE SAN FERNANDO

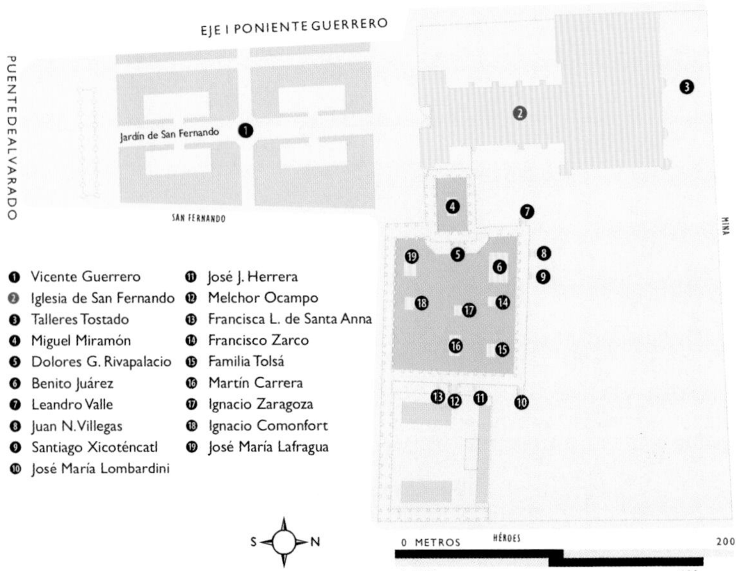


1. Vicente Guerrero
2. Iglesia de San Fernando
3. Talleres Tostado
4. Miguel Miramón
5. Dolores G. Rivapalacio
6. Benito Juárez
7. Leandro Valle
8. Juan N. Villegas
9. Santiago Xicoténcatl
10. José María Lombardini
11. José J. Herrera
12. Melchor Ocampo
13. Francisca L. de Santa Anna
14. Francisco Zarco
15. Familia Tolsá
16. Martín Carrera
17. Ignacio Zaragoza
18. Ignacio Comonfort
19. José María Lafragua

*Talleres Tostado*

A partir de 1836, las familias más importantes lo escogieron para depositar ahí a sus familiares y, tiempo después, al no haber panteón civil, el gobierno lo eligió como lugar para depositar los restos de algunos hombres ilustres. El último sepelio en este cementerio fue el de Benito Juárez (1872), aunque en años posteriores hubo traslados de restos a este recinto. Por lo que toca a otros hombres famosos, aunque se conservan las placas con sus nombres en muchos casos los restos fueron trasladados a la Rotonda de los Hombres Ilustres o a otros lugares (ver croquis).

## Talleres Tostado

Avenida Guerrero 39,
Plaza San Fernando

Se ubica entre los contrafuertes del templo de San Fernando, con curiosas decoraciones de mosaicos de tipo colonial y un cornisamiento de alta calidad. Este edificio expresa la transición hacia una arquitectura neocolonial nacionalista, expresada en sus grandes ventanales de cancelería de ángulo formando una retícula de pequeños vidrios.

## Museo Nacional de San Carlos

Puente de Alvarado 50
mié.-lun., 10-18 h.
5566-8342 5535-1256
www.sancarlos.inba.gob.mx

Construido a instancias de doña María Josefa Pinillos y Gómez, para regalarlo a su segundo hijo, para el que adquirió un título de conde; por esa razón se le conoce como "Palacio del Conde de Buenavista", aunque su pretendido dueño nunca llegó a ocuparlo. El diseño, de fines del siglo XVIII, se debe a Manuel Tolsá. Entre otros usos, albergó al llamado Museo de Objetos Raros, que se trasladaría después al Museo del Chopo; fue fábrica de cigarros; sede de la Lotería Nacional y de la Escuela Nacional Preparatoria núm. 4. Por su notable estilo neoclásico, fue destinado al Museo Nacional de San Carlos, que contiene las colecciones de arte europeo de la Academia de San Carlos (siglos XV al XIX) y de

*Museo Nacional de San Carlos*

escultura mexicana del siglo XIX. Se distingue de otros edificios de su tiempo por su curioso patio de forma oval. Se encuentra en Puente de Alvarado, que es la misma vía que avenida Hidalgo, pero con diferente nombre.

*J. Sorolla,* Tejiendo redes

*P. Clavé,* Ana Fernández Izcazbalceta

*Lotería Nacional*

## Lotería Nacional

Plaza de la Reforma 1
www.loterianacional.gob.mx

"Como la sota moza, Patria mía, /en piso de metal, vives al día, /de milagro, como la lotería" dicen los versos de Ramón López Velarde, refiriéndose a la antigua tradición mexicana de la lotería pública, que se remonta a 1770. La construcción del edificio "Moro", sede actual de la Lotería Nacional para la Asistencia Pública, donde celebra sus sorteos y entrega sus premios, inició en 1933; su inauguración ocurrió en 1946 y hasta nuestros días es símbolo de dicha institución.

## Museo Mural Diego Rivera

Balderas y Colón s/n
mar.-vie., 10:30-16 h; sáb.-dom., 11, 13 y 17 h.
5512-0754, 5510-2329
www. arts-history.mx/museos/mu/index.html

Fue edificado para recuperar para el público el *Sueño de una tarde dominical en la Alameda*, mural de Diego Rivera pintado de 1947 a 1948 en el vestíbulo del Hotel del Prado, que sufrió graves daños y fue demolido como consecuencia de los sismos que afectaron la ciudad de México en septiembre de 1985.

## Reloj chino

Bucareli y Emilio Dondé

Donado en 1910 al pueblo de México por el gobierno chino, con motivo de la celebración del Centenario de la Independencia, se colocó en el antiguo Paseo de Bucareli cerca de la Plaza de la Ciudadela. Por su cercanía con la Ciudadela, sitio principal en los combates de la Decena Trágica, ocurrida durante la Revolución en febrero de 1913, fue semidestruido; el ingeniero Carlos Gorbea encabezó su posterior remodelación.

*Reloj chino*

*Museo Mural Diego Rivera,* Sueño de una tarde dominical en la Alameda *(detalle)*

Biblioteca de México

## ✪ Parque Morelos
**(Plaza de la Ciudadela)**

Emilio Dondé, entre Bucareli y Enrico Martínez

Situado frente a la antigua Fábrica Real de Tabaco que ahora alberga a la Biblioteca de México, tiene una estatua del prócer de la Independencia José María Morelos y Pavón, de quien recibe su nombre oficial. En la acera norte se localizan el Mercado de las Artesanías de la Ciudadela y la Escuela Vocacional núm. 5.

### Mercado de Artesanías de la Ciudadela

A un costado sobre la Plaza de la Ciudadela

Mercado de artesanías

Cuenta con más de 300 locales donde se expenden artesanías de todo el país y algunos artesanos trabajan a la vista del público.

### Biblioteca de México

Plaza de la Ciudadela 4

5709-1101 5709-1173

Su edificio se construyó a partir de 1789 como Real Fábrica de Tabaco. Su fachada principal da hacia la Plaza de la Ciudadela (Parque Morelos). En 1808, el inmueble fue acondicionado para servir como prisión política. A principios del siglo XIX, se confinó ahí al caudillo José María Morelos y Pavón, de donde salió para ser fusilado en San Cristóbal, Ecatepec. En 1946 el presidente Manuel Ávila Camacho, inauguró la Biblioteca de México, nombrando a José Vasconcelos como su primer director. En 1987, la Secretaría de Educación Pública promovió la reconstrucción y remodelación de la Ciudadela con base en su diseño original, encomendando la obra al arquitecto Abraham Zabludowsky. Actualmente, la Biblioteca cuenta con un acervo de cerca de 300 mil libros y un promedio de 2 millones de consultas por año. Su fondo reservado, conformado por 50 mil títulos, es considerado uno de los más importantes de Latinoamérica.

Biblioteca de México

### Centro de la Imagen

Plaza de la Ciudadela 2
mar.-dom., 11-18 h.
5709-1510 y 6095
www.conaculta.gob.mx/cimagen/index.htm

Foro dedicado a la promoción y exhibición de la fotografía. Ahí tiene su sede la primera fábrica de tabaco de la Nueva España, establecida en el siglo XVIII. Su acervo fotográfico fue creado en 1994 y se ha ido conformando a partir de donaciones, adquisicio-

*Centro de la Imagen*

nes y la reproducción fotográfica de las exposiciones presentadas en las salas de esta institución. Contiene colecciones de positivos en papel, piezas en vidrio, diapositivas por autor y por exposición; ofrece acceso a historiadores, investigadores, estudiantes a nivel superior, fotógrafos, curadores, editores, representantes de diversas instituciones

*Edificios del Buen Tono*

públicas o privadas. Alberga la Biblioteca del Consejo Mexicano de Fotografía, importante acervo de volúmenes especializados, así como la bóveda de conservación, donde se resguarda una colección representativa de la fotografía en México.

### Edificios del Buen Tono

Entre las calles Turín y Bucareli

Construidos en la primera década del siglo XX por Ernesto Pugibet, dueño de la fábrica de cigarros El Buen Tono, como vivienda para sus trabajadores. Fueron en su tiempo ejemplares por sus características de confort e higiene y hoy por su arquitectura afrancesada y su buen estado de conservación. Ubicado entre las calles de Turín y Bucareli, el conjunto es atravesado por tres callejuelas propias: Magnolia, Mascota e Ideal.

### Plaza de Pescaditos / Carlos Pacheco

Calles Ernesto Pugibet, Revillagigedo y Pescaditos

La actual plazoleta se llamó en su origen de la Candelarita, por una capilla edificada allí bajo la advocación de la Purificación de la Virgen, o de las Candelas, en diminutivo, para distinguirla de La Candelaria, en el centro oriente de la ciudad. Una curiosidad de esta plaza, situada en las cercanías de la Ciudadela, es que

*Plaza Carlos Pacheco de "Pescaditos"*

Fuente de Belén

la fachada de la Academia Mexicana de la Historia en ella ubicada, fue trasladada hasta aquí piedra por piedra desde su emplazamiento original como Palacio del Marqués de Santa Cruz Iguanzo, en la actual calle de Venustiano Carranza, a un costado del Palacio de los Marqueses de Jaral de Berrio. Actualmente es un parque cercado, muy tranquilo, adecuado para tomar un pacífico respiro durante el paseo turístico por la zona.

### Arcos de Belén

Calle Arcos de Belén

Antiguamente, el abastecimiento de agua a la ciudad de México se hacía mediante dos acueductos que traían el líquido desde los manantiales de Chapultepec y de Santa Fe. El acueducto de Chapultepec o de Belén, que constaba de 904 arcos, fue iniciado en 1620 y concluido en 1790. La fuente, que era al mismo tiempo caja de agua, se hizo en 1770. En 1940, una réplica conocida actualmente como Salto del Agua, sustituyó al deteriorado original. Existen aún 22 de los arcos del acueducto en un tramo de la avenida Arcos de Belén. Del otro lado de la fuente, con el eje Central Lázaro Cárdenas de por medio, se localiza la pequeña capilla de la Purísima, construida en el estilo barroco del siglo XVIII.

Televisa Chapultepec

### Televisa Chapultepec

Chapultepec 18

5709-8941

www.esmas.com/televisa/

El nuevo edificio de la mayor empresa privada de comunicación en México, se ubica sobre un predio de forma trapezoidal. El proyecto, de Enrique Norten, se resolvió según un esquema de basamento y piso principal. El basamento es un cuerpo sólido que adopta la forma del terreno y recupera la imagen del edificio al borde de los paramentos. El piso principal parece flotar sobre el entrepiso acristalado que sirve de transición entre la base pétrea y el cuerpo superior, estructura cónica de sección elíptica que, truncada, asume la forma del terreno. En el basamento se localizan el estacionamiento y el cuarto de máquinas. El entrepiso es el área destinada a las oficinas, cajas y servicios; y en el volumen superior se alojan los comedores de empleados y directivos, el bar y las salas de reunión. La comunicación entre la calle y el piso superior se logra por medio de otro cuerpo de cristal que contiene una rampa.

# Paseo de la Reforma y Zona Rosa

*Diana la Cazadora*

El recorrido aquí propuesto se refiere al tramo original de Paseo de la Reforma, una calzada de 12 km que comunicaba el Castillo de Chapultepec con el centro de la ciudad. Hoy en día la avenida es al menos dos veces más larga: en su extremo poniente, entronca con la carretera México-Toluca, y en su extremo norte, con la Calzada de Guadalupe.

Durante poco más de 130 años, el sector original de Reforma se ha transformado en la avenida más importante de la ciudad por cuanto a su condición de corredor de negocios y turístico y en gran medida la vista de esta ancha vía urbana representa todo lo que esta ciudad y este país han deseado ser en los tiempos modernos, más allá de su atesorado pasado prehispánico y colonial.

Sobre el Paseo o muy cerca de él se encuentran, en glorietas, la Columna de la Independencia, el monumento a Cuauhtémoc, la fuente de Diana y el monumento a Cristóbal Colón.

Como todo en México, el Paseo de la Reforma está repleto de contrastes que el visitante no podrá dejar de notar.

A medio camino entre la **Alameda** y **Chapultepec**, Paseo de la Reforma es tangente a la Zona Rosa, un lugar interesante que durante el día ofrece múltiples opciones para el turismo familiar o para la gente de negocios, y durante la noche se convierte en lugar para todas las escalas del entretenimiento de los adultos.

El orden propuesto es del Centro hacia Chapultepec.

*Paseo de la Reforma a finales del siglo XIX*

◄ *Paseo de la Reforma en el presente; al fondo, el Castillo de Chapultepec*

# PASEO DE LA REFORMA Y ZONA ROSA

1. El Caballito
2. Monumento y museo de la Revolución
3. Frontón México
4. Monumento a Cristóbal Colón
5. Monumento a Cuauhtémoc
6. Monumento a la Madre y Jardín del Arte
7. Bolsa Mexicana de Valores
8. Tower Records
9. Joyería Kimberley
10. Luaú
11. Chalet Suizo
12. Focolare
13. La Mansión
14. Angus
15. El Mesón del Perro Andaluz
16. Galería Lourdes Chumacero
17. Antigüedades Maná
18. Plaza La Rosa
19. Plaza del Ángel
20. Galería Arvil
21. Galería Plaza
22. Ballet Teatro del Espacio
23. Casa Bell
24. Anderson's
25. La Góndola
26. Galería de Arte S. Menache
27. Mercado Insurgentes
28. Fonda El Refugio
29. Hotel Calinda Géneve
30. Bellinghausen
31. La Calesa de Londres
32. Plaza Washington
33. Museo de Cera de la Ciudad de México
34. Museo Ripley
35. Hotel Century
36. Konditori
37. Champs Elysees
38. Restaurante Les Moustaches
39. Columna de la Independencia
40. Fuente de Diana
41. Edificio del Seguro Social
42. Museo Casa de Carranza
43. Edificio de la Secretaría de Salud

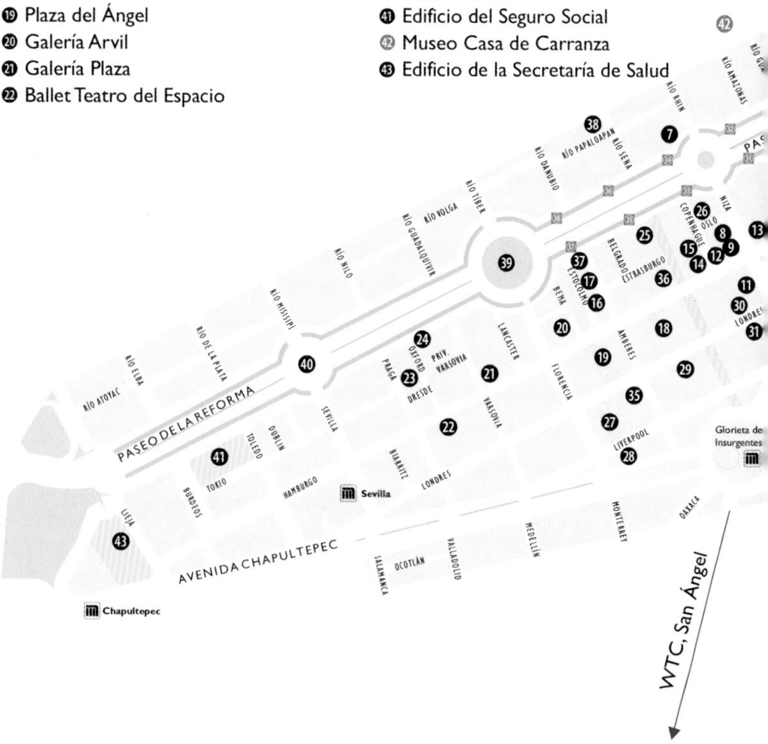

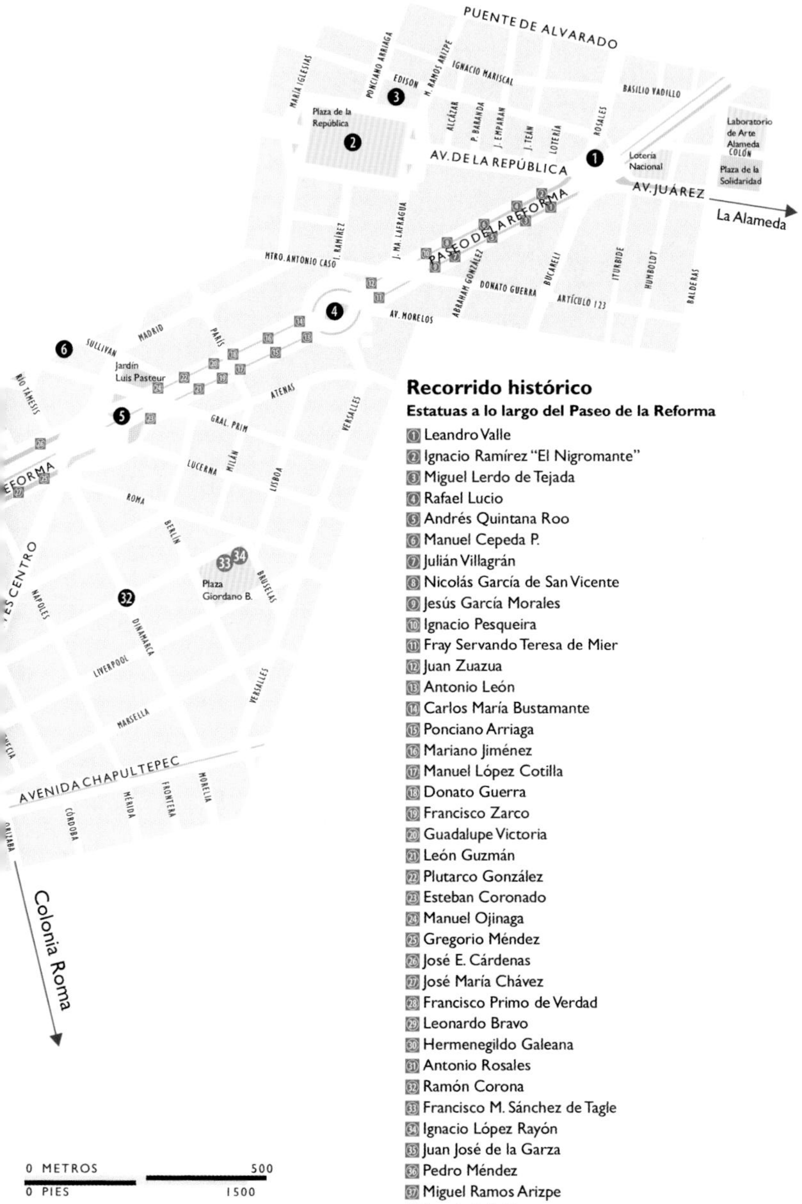


## Recorrido histórico

### Estatuas a lo largo del Paseo de la Reforma

1 Leandro Valle
2 Ignacio Ramírez "El Nigromante"
3 Miguel Lerdo de Tejada
4 Rafael Lucio
5 Andrés Quintana Roo
6 Manuel Cepeda P.
7 Julián Villagrán
8 Nicolás García de San Vicente
9 Jesús García Morales
10 Ignacio Pesqueira
11 Fray Servando Teresa de Mier
12 Juan Zuazua
13 Antonio León
14 Carlos María Bustamante
15 Ponciano Arriaga
16 Mariano Jiménez
17 Manuel López Cotilla
18 Donato Guerra
19 Francisco Zarco
20 Guadalupe Victoria
21 León Guzmán
22 Plutarco González
23 Esteban Coronado
24 Manuel Ojinaga
25 Gregorio Méndez
26 José E. Cárdenas
27 José María Chávez
28 Francisco Primo de Verdad
29 Leonardo Bravo
30 Hermenegildo Galeana
31 Antonio Rosales
32 Ramón Corona
33 Francisco M. Sánchez de Tagle
34 Ignacio López Rayón
35 Juan José de la Garza
36 Pedro Méndez
37 Miguel Ramos Arizpe
38 Juan A. de la Fuente

*Punto de partida de Paseo de la Reforma (izquierda); a la derecha, al fondo, el Monumento a la Revolución*

## ✪ Paseo de la Reforma y sus estatuas

La Guerra de Reforma (1858-1861) fue la crisis de un largo enfrentamiento entre conservadores y liberales. Derrotados militarmente, los conservadores propiciaron la invasión de México por los franceses (1862) y la imposición de Maximiliano de Habsburgo y su esposa, Carlota de Bélgica, que en 1864 fijaron como su residencia el **Castillo de Chapultepec**.

Un viejo camino rural entre Chapultepec y México sirvió de base a la traza del ingeniero Ramón Agea según el proyecto del ingeniero austriaco Bolland, para construir una vía imperial, semejante a la de los Campos Elíseos, en París, que comunicara a Chapultepec con el centro de la ciudad.

Después de la restauración de la República (1867) se le llamó Paseo de la Reforma y comenzó su transformación, que cobró forma durante el porfiriato (1876-1911). A partir de 1894 y hasta 1902, se colocaron a lo largo del Paseo de la Reforma 36 estatuas de héroes nacionales, los más de ellos ligados al periodo de la Reforma. Jesús F. Contreras fue autor de 20 de ellas. Las otras 16 fueron creadas por diferentes artistas: Ernesto Scheleske, Federico Homdedeu, Primitivo Miranda, Epitacio Calvo, Juan Islas, Enrique Alciati, Gabriel Guerra y Melesio Aguirre.

En el año 2001, el gobierno del Distrito Federal emprendió una rehabilitación integral del Paseo que concluirá en 2004.

### El Caballito

Paseo de la Reforma y Rosales

La escultura fue creada por el artista chihuahuense Enrique Carvajal González, cuyo nombre profesional es Sebastián. Se trata de una estructura metálica de 20 m de altura y 10 m de diámetro. Se inauguró el 15 de enero de 1992.

El motivo hace referencia a la estatua ecuestre homónima (la de Carlos IV, por Manuel

El Caballito, *por Sebastián*

Tolsá) que entre 1852 y 1979 estuvo en esta amplia bocacalle y hoy se encuentra frente al Museo Nacional de Arte.

*36 estatuas adornan el Paseo*

**Monumento y Museo de la Revolución**

Plaza de la República s/n

mar.-sáb., 9-17 h.; dom., 9-15 h.

5546-2115 y 5566-1902 5566-1902

www.arts-history.mx/mrevolucion.html

El Monumento a la Revolución se encuentra al centro de la Plaza de la República, próxima al Paseo de la Reforma.

En este lugar, el presidente Porfirio Díaz ordenó la construcción de un palacio legislativo que nunca se concluyó debido a la revolución y su resultado. Quedó ahí solamente la estructura de acero, que en 1933 dio pie al proyecto de un monumento a la Revolución, comisionado al arquitecto Carlos Obregón Santacilia.

En el monumento están los restos de algunos de los caudillos revolucionarios.

El Museo Nacional de la Revolución se encuentra en los sótanos del monumento y tuvo origen en un proyecto que Obregón Santacilia propuso en 1936.

Tiene cuatro salas. Las tres primeras cubren el periodo entre 1867 y 1917, y la cuarta es para exposiciones temporales. No hay propiamente una colección sino se trata de una recreación histórica mediante gráficos, videos, fotografías y otros elementos en los que se narran 50 años de historia con una apropiada ambientación.

El museo ofrece visitas guiadas.

*Monumento a la Revolución*

**Frontón México**

Plaza de la República, entre Ponciano Arriaga y Ramos Arizpe

En 1929, con un diseño original del arquitecto Joaquín Capilla y la obra a cargo de los ingenieros Teodoro Kunhardt, Ernesto Gómez y la compañía Concreto, S.A., se abrió al público el Frontón México, cuya existencia se debe a Carlos Belina, impulsor del juego de la Cesta Punta. Llegó a ser el más glamoroso del mundo y de mayor prestigio y puede ser catalogado como una de las grandes construcciones de su época, con 3,300 m$^2$ de planta. Se le llamó el Palacio de la Pelota y también la Catedral del Jai Alai y fue, sin duda, el principal escenario del juego de pelota vasca en la ciudad de México. Su último periodo de actividad fue de 1990 a 1996, cuando diversos

*Edificio del que fue el Frontón México hasta 1996*

conflictos del orden civil y laboral determinaron su cierre. Algunos entusiastas de ese deporte que siempre ha tenido gran arraigo en México han tratado de impulsar la reapertura del Frontón o bien la construcción de un nuevo Palacio de la Pelota. Por ahora, lo único que el visitante hallará será un edificio interesante de los tiempos del *art déco*.

### Monumento a Cristóbal Colón

Paseo de la Reforma y Morelos

La estatua fue realizada en París por Charles Henri Joseph Cordier y donada a la ciudad de México por don Antonio Escandón. La figura de Colón está acompañada por las estatuas en bronce de fray Juan de Pérez, prior del monasterio de la Rábida, el fraile dominico Diego Deza, quien abogó por el proyecto de Colón, el educador fray Pedro de Gante y fray Bartolomé de las Casas, defensor de los indios. El monumento fue inaugurado en 1877.

Monumento a Cristóbal Colón

### Monumento a Cuauhtémoc

Paseo de la Reforma e Insurgentes

*Cuauhtémoc, último tlatoani de México-Tenochtitlán*

El 5 de diciembre de 1520 Cuauhtémoc se convirtió en *tlatoani* de Tenochtitlán y defendió la ciudad contra Hernán Cortés y sus aliados, hasta la batalla final, en **Tlatelolco**, el 13 de agosto de 1521. El joven caudillo y otros nobles fueron apresados y torturados; después, permanecieron en prisión. Durante su viaje a las Hibueras, en Centroamérica, Cortés llevó con él a Cuauhtémoc, a quien hizo ahorcar en Izancanac (Tabasco). Así murió, el 5 de marzo de 1525, el último señor de los mexicanos.

Cuauhtémoc (1502-1525) representa la gesta de un pueblo valeroso y el primer punto de inflexión en la historia de México y su entrada al escenario del mundo controlado por los europeos.

Francisco Jiménez proyectó y comenzó a construir el monumento en 1878 y hasta 1884, cuando murió. Ramón Agea concluyó la obra. Miguel Noreña esculpió y fundió la estatua y fue responsable del decorado, con la colaboración de Jesús Contreras, que fundió los bronces, y Gabriel Guerra, autor de los bajorrelieves que retratan el suplicio en los costados norte y sur del pedestal. En las cuatro caras, en la parte superior del pedestal, aparecen las armas y nombres de Coanacoch, Cuitláhuac, Cacama y Tetlepanquetzal, señores de la Triple Alianza.

*Monumento a la Madre*

### Monumento a la Madre y Jardín del Arte

Calle Sullivan

En este lugar próximo a Paseo de la Reforma estuvo alguna vez la estación Colonia del Ferrocarril Mexicano. El monumento fue construido en la década de los 50 del siglo XX por el arquitecto Luis Ortiz Monasterio; es de estilo *art déco* y muestra una clara tendencia nacionalista. El lugar donde se ubica es conocido como Jardín del Arte, pues desde hace varias décadas se convirtió en galería al aire libre, donde muchos pintores exponen y venden sus obras los fines de semana.

# Bolsa Mexicana de Valores

**Bolsa Mexicana de Valores**
Paseo de la Reforma 255
www.bmv.com.mx/index.html

El arquitecto Juan José Díaz Infante utilizó para este edificio, construido de 1989 a 1990, una estructura preexistente, aumentada con un andamiaje que elevó su altura total y la dotó de su silueta de perfil inclinado. Destacó la sala de transacciones bursátiles al proyectarla como una edificación exenta, de planta circular y techada con un original domo, que forma un contrapunto con la torre de las oficinas administrativas. La unidad se logró al recubrir la totalidad del conjunto con un vidrio espejo de tinte azulado. El edificio vecino es posterior pero sus constructores tuvieron buen cuidado de procurar la armonía con el primero. En este lugar de Paseo de la Reforma hay una glorieta donde resalta una palmera muy alta. Es el punto de encuentro con la calle Niza, donde comienza la Zona Rosa.

**Piso de remates**
Es el único lugar del edificio al que tienen acceso los visitantes.

# Zona Rosa

**Hospedaje**
Algunos de los mejores hoteles de la ciudad se encuentran en este sector turístico. Aquí, uno de los primeros, sobre Paseo de la Reforma.

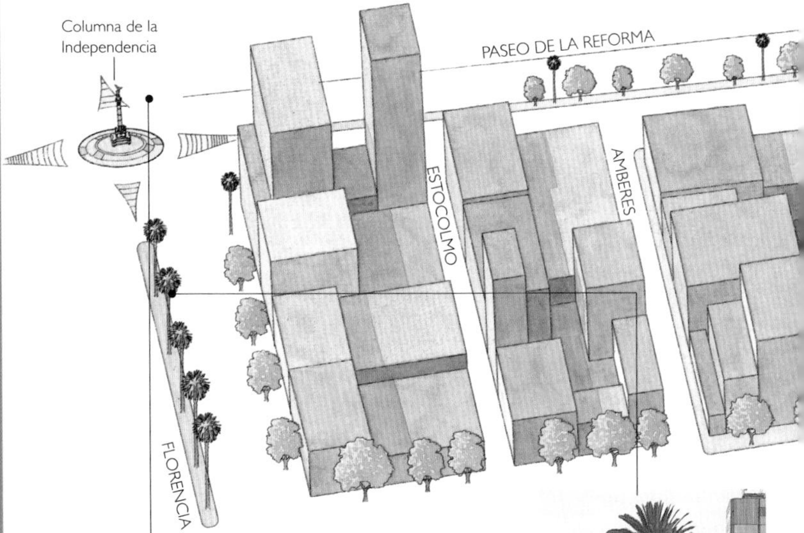

**Comunicaciones**
Además de Paseo de la Reforma e Insurgentes, cruza la Zona Rosa un eje vial (calle Florencia) que conduce a las colonias Cuauhtémoc y Polanco.

**El Ángel**
Se trata de una victoria alada que remata la Columna de la Independencia.

**Bolsa Mexicana de Valores (derecha) y el edificio de una conocida empresa telefónica.**

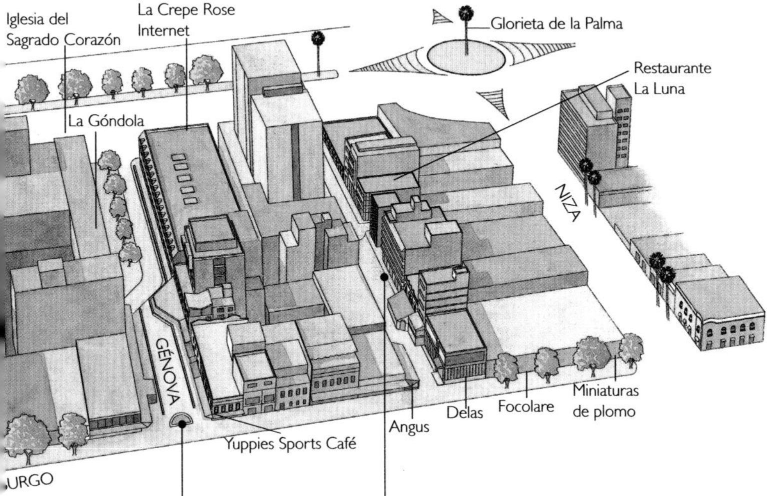

**Cafés al aire libre**
La Zona Rosa fue pionera en cafés de tipo europeo; los de la fotografía se encuentran en la calle Copenhague.

**Arte**
La Zona Rosa nació de los hábitos de artistas e intelectuales. En la foto, la escultura *Diana la Cazadora,* por Ariel de la Peña.

*De noche, un recorrido en automóvil vale la pena*

## ✪ La Zona Rosa

A finales del siglo XIX, la Colonia Americana aportó dos novedades: calles en diagonal, a diferencia de la orientación norte-sur de la ciudad, y residencias afrancesadas, adornadas con mascarones, guirnaldas, coronas y otras aplicaciones florales, y mansardas para nieve, elemento insólito en una ciudad donde nieva, si acaso, tres veces cada siglo. Con el paso del tiempo se dividió en las colonias Juárez y Cuauhtémoc, separadas por el eje financiero y comercial de la ciudad: Paseo de la Reforma.

Una porción de la colonia Juárez fue nombrada Zona Rosa a mediados de los años 60 del siglo XX. Se atribuye el nombre al escritor Luis Guillermo Piazza, por un artículo que publicó en 1967. La versión picaresca asegura que el nombre derivó de una broma colectiva entre los intelectuales que dieron en reunirse en los cafés y bares del lugar y que con su presencia atrajeron la prosperidad de todas las formas del comercio, incluida "la más antigua", y por ello le llamaron Zona Rosa "para no llamarla con un color más encendido".

En la Zona Rosa el visitante encontrará excelentes opciones de hospedaje, artesanías, antigüedades, galerías de arte, joyerías, boutiques, algunos de los mejores restaurantes de la ciudad, cafés, bares, espectáculos, librerías, artículos esotéricos, agencias de viajes, bancos, discotecas, tiendas de música, museos, bibliotecas y las oficinas de muchas empresas de gran renombre.

A partir del ocaso, la Zona Rosa se transmuta. Algunos de los restaurantes de primera clase funcionan hasta muy tarde. Operan varios centros nocturnos, bares y discotecas adecuados para quienes sólo desean mirar un espectáculo o tomar una copa, y abundan los del tipo mundano, en una escala que va desde el rosa hasta el infrarrojo.

### Calle Niza

Esta calle comienza en Paseo de la Reforma, cruza la avenida Insurgentes y termina en su entronque con la avenida Chapultepec. A partir de ahí comienza a llamarse calle Orizaba, para internarse en la **colonia Roma**.

Esta calle es el acceso a la Zona Rosa para quienes llegan por Paseo de la Reforma provenientes del Centro. El tránsito de vehículos es muy intenso y si uno pasa de largo las dos únicas calles que penetran hacia el corazón de la Zona Rosa (Hamburgo y Liverpool) tendrá que dar un largo rodeo para regresar.

## ZONA ROSA

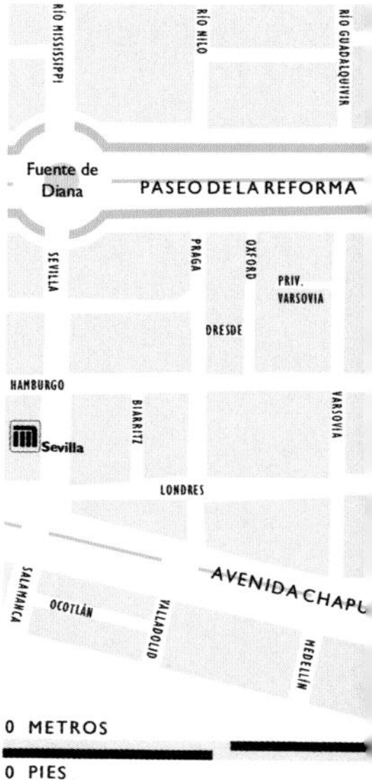

*Calle Niza*

## Joyería Kimberly

Niza y Hamburgo

Una de las joyerías más prestigiadas en la ciudad.

## Tower Records

Niza 19

Algunos compradores de discos aseguran que de las numerosas tiendas de música que hay en la ciudad, ésta es la mejor organizada.

## Luaú

Niza 38

Cocina cantonesa y polinesia. Lugar agradable, buena comida y un bar bien surtido.

## Chalet Suizo

Niza 37

Cocina internacional. Especialidades: trucha arcoiris y *fondues* de queso y carne.

## Calle Hamburgo

## Plaza La Rosa

Hamburgo 127

lun.-vie., 11:30-20:30 h.; sáb., 11-21 h. y dom., 12-20 h.

*Los organilleros han alegrado la vida urbana durante un siglo*

Plaza comercial donde hay tiendas de ropa, comida rápida, cafetería, joyería, artículos deportivos y otros.

*Ballet Teatro del Espacio*

**Armaduras Nueva España**
Hamburgo 150

Tienda de antigüedades establecida en 1992. Se especializa en piezas del arte colonial mexicano, además de armas antiguas como sables, espadas, alabardas, pistolas y una única colección de más de 50 armaduras de hierro forjado de estilos español, alemán e italiano. Dispone también de una colección de arte popular de los siglos XIX y XX.

**Ballet Teatro del Espacio**
Hamburgo 218

Es una compañía dedicada a la producción y creación dancística; promueve también actividades educativas, difusión y giras nacionales e internacionales.

**Colonial Loredo**
Hamburgo 29

Lugar de buena comida y música vernácula. Un tanto ruidoso para una cita de negocios.

**Focolare**
Hamburgo 87

Cocina mixta, nacional e internacional acompañada con espectáculos y música en vivo.

**La Mansión**
Hamburgo 77

Carnes y otros platillos estilo argentino. Excelente servicio. La música, de fondo, es muy discreta.

**Galería Plaza**
Hamburgo 195

Hotel con habitaciones y suites equipadas, servicio a cuartos, alberca, gimnasio, estacionamiento, restaurantes, lobby-bar, centro de negocios y salones para eventos.

**Galería Arvil**
Cerrada de Hamburgo 7 y 9

Una de las más importantes galerías de la zona. Entre los artistas que exhibe y colecciona están Leonora Carrington, María Izquierdo, Frida Kahlo, Alice Rahon, Francisco Toledo y Remedios Varo.

## Calle Génova

**Konditori**
Génova 61

Cocina internacional con platillos muy creativos. También es un café cuyos pastelillos son famosos.

**La Góndola**
Génova 21

Cocina italiana entre notas clásicas. Destacan

*La calle Génova atraviesa el corazón de la Zona Rosa y comunica a las avenidas Reforma e Insurgentes*

*Paseo de la Reforma: en primer plano, Cuauhtémoc; más allá, el Ángel*

la ensalada César y el spaghetti Vivaldi.

## Calle Liverpool

### Fonda Del Refugio
Liverpool 166

Cocina mexicana tradicional. La música es opcional y se contrata por tiempo o por pieza.

### Los Arcos
Liverpool 107

Pescados y mariscos. Esta firma del noroeste ha ganado buena reputación en todo el país.

### Mural Entre Amigos
Liverpool, casi esquina con Insurgentes

Inaugurado en 1998, tiene una superficie de más de 200 m$^2$, con un mensaje social y ecológico de los pintores Héctor Ruiz, Claudia Pineda, Norberto Jaimes, Luis Gallardo, Estela Jiménez y Antonio Mendoza.

### Hotel Century
Liverpool 152

Dispone de habitaciones de lujo con balcón, vista panorámica, caja de seguridad y baños de mármol con tina romana. Cuenta con centro de negocios, salones para eventos hasta para 100 personas, el restaurante Los Murales y estacionamiento gratuito.

## Tramo Paseo de la Reforma

### Restaurante Les Moustaches
Río Sena 88-A
Se encuentra del lado norte de Reforma, en la colonia Cuauhtémoc

Alta cocina francesa y una excelente carta de vinos. Ambiente refinado para comer y cenar.

### Librería Grañén Porrúa
Paseo de la Reforma 250, antiguo pasaje Niza

Especializada en libros de arte y publicaciones periódicas extranjeras. Sobrevive a la Librería Francesa, que fue su vecina en el pasaje durante décadas.

### Anderson's
Paseo de la Reforma 382

El original de un concepto que combina la buena cocina con el buen humor. Certificación Angus Beef.

*Calle Liverpool*

### Champs Elysees
Paseo de la Reforma 316

Alta cocina francesa. *Foie gras* y *confit* de pato son algunos de los manjares de su menú.

### La Lanterna
Paseo de la Reforma 458

Un excelente restaurante de cocina italiana.

Pastas, el tradicional *ossobuco* y, en temporada, setas.

## Calle Londres

### Museo Ripley

Londres 4

lun.-vie., 11-19 h.; sáb-dom., 10-19 h.

5546-7670

www.cultura.df.gob.mx/espa/b2a075.htm

Inaugurado en 1992, se estableció en una construcción en forma de castillo medieval; cuenta con 14 salas de exhibición especialmente adaptadas para alojar parte de la colección

*Museo Ripley*

que Robert L. Ripley reunió a través de los años o réplicas de sus piezas.

### Museo de Cera de la Ciudad de México

Londres 6

lun-vie., 11-19 h.; sáb.-dom., 10-19 h.

5546-3784 y 5546-7670

5566-1093

www.cultura.df.gob.mx/espa/b2a039.htm

*Museo de Cera*

Abierto al público desde 1979 y remodelado en 1993. Ocupa la Antigua Hacienda de la Teja, construida a principios del siglo XX por el arquitecto Antonio Rivas Mercado en estilo *art nouveau*. Los personajes de sus 14 salas están agrupados por temas como terror, deportes, espectáculos, historia y política. La colección consiste en poco menos de 200 esculturas en cera hechas por especialistas de la propia institución.

### Plaza Washington

Londres y Dinamarca

Fue una plazoleta dedicada a George Washington por los residentes de la original Colonia Americana. En los años 60 del siglo XX, las cafeterías y otros establecimientos de este espacio se contaron entre los predilectos de los intelectuales que dieron origen a la Zona Rosa.

Diferentes obras urbanas han modificado este lugar, aunque conserva su traza y todavía ofrece a los paseantes su sabor bohemio y en su entorno los visitantes hallarán diferentes opciones culturales, gastronómicas y comerciales de entretenimiento.

### Bellinghausen

Londres 95

Desde 1915 ha sostenido su prestigio de restaurante excepcional por la alta calidad de sus platillos.

### La Calesa de Londres

Londres 102

Cocina española e internacional, entre decorados al estilo inglés. También es galería.

### Calinda Gèneve

Londres 130

Hotel de estilo clásico, con servicios de lujo, centro de negocios, *spa* con *gym*, sauna y vapor,

*Plaza Washington*

tratamientos faciales y corporales, tienda y restaurante Sanborns.

### Plaza del Ángel

Londres 161

lun.-vie., 10-19 h.; sáb., 10-15 h.

Plaza comercial. Destacan las antigüedades en locales establecidos y el tianguis el fin de semana.

*Plaza del Ángel*

## Calle Praga

### Casa Bell

Praga 14 esquina Reforma

Cocina internacional en un espacio lujoso para políticos, empresarios y el *jet set* de la ciudad.

## Calle Copenhague

### El Mesón del Perro Andaluz

Copenhague 26

De ambiente español, con espacios al aire libre, sirve tapas, cabrito estilo norteño y paella.

### Angus

Copenhague 31

Entre los mejores en la especialidad de cortes de carne de res preparados de diferentes maneras.

## Calle Estocolmo

### Antigüedades Maná

Estocolmo 26

Ofrece una extensa gama de pintura mexicana contemporánea, así como escultura y objetos de arte diversos, de artistas como José Chávez Morado, Olga Costa, Jesús Reyes Ferreira, Francisco Toledo, Felipe Castañeda, Arturo Estrada, Guillermo Ceniceros, diferentes pintores taurinos y otros.

### Galería Lourdes Chumacero

Estocolmo 34

La galería de arte contemporáneo Lourdes Chumacero se inauguró en 1974 y desde entonces se ha ganado un prestigio entre coleccionistas, artistas plásticos y el público. Su tarea ha sido difundir entre los conocedores las obras de más de 100 artistas que ocupan un lugar de importancia en la historia de la plástica

*Calle Copenhague*

mexicana o que son nuevos talentos. Su acervo incluye pinturas al óleo, esculturas, dibujos y obra gráfica. Entre los artistas expuestos están Olga Costa, José Chávez Morado, Alfredo Zalce, Juan Soriano y Leticia Tarragó.

## Calle Oslo

### Galería de Arte S. Menache

Oslo 8

La Galería Internacional de Arte Samuel Menache se considera entre las promotoras de arte más importantes en Norteamérica. Obras de José Luis Cuevas, Fanny Rabel, Kristo Rostov, María Mateva y gran número de artistas de países como Japón, Italia, Argentina, Canadá, El Salvador, Colombia, Austria, etc., se han exhibido en sus salas y ha promovido a más de 300 autores en el ámbito internacional.

### Calle Amberes

### Orfeo Català
Marsella 45

Centro cultural de los catalanes radicados en México. Además de clases de catalán ofrece actividades de danza con el Esbart Dansaire, de canto con el Massa Coralmy y varios talleres artísticos.

### Columna de la Independencia
Paseo de la Reforma y Florencia

Fue inaugurada en 1910 según un proyecto de Antonio Rivas Mercado, construido por Roberto Gayol. Las esculturas son de Enrique Alciati. La base del monumento es cuadrangular y en sus ángulos aparecen representadas la Ley, la Justicia, la Guerra y la Paz. Figuran también las estatuas de algunos de los héroes de la Independencia de México: Morelos, Guerrero, Mina y Bravo. Mide 36 m de altura, y en lo alto se encuentra la Victoria Alada, conocida popularmente como "El Ángel", que tiene en su mano una corona de laurel. Este ángel mide 6.7 m, es de bronce cubierto de oro y pesa siete ton. En la parte interior de la columna hay una escalera de caracol con 200 escalones que llegan hasta el mirador, situado en la base del ángel. En la entrada está la puerta del mausoleo, donde se encuentran las criptas en las que reposan los restos de Miguel Hidalgo, José María Morelos, Leona Vicario y Andrés Quintana Roo, entre otros personajes que lucharon por la Independencia de México. En 1957, un temblor de tierra derribó el ángel y cuarteó la columna. Un grupo de técnicos restauró el monumento y el escultor José Fernández Urbina reconstruyó la Victoria Alada, que al caer se hizo pedazos. Por seguridad ya no se permite el ascenso al mirador.

*Columna de la Independencia*

### Fuente de Diana
Paseo de la Reforma y Río Rhin

El ornamento más importante de esta fuente es la estatua de la diosa romana Diana la Cazadora, obra del escultor Juan Olaguíbel, que trabajó en ella de abril a octubre de 1942 y fundió el bronce de la escultura en seis piezas. Su peso total es de más de una tonelada y su altura aproximadamente es de 3 m. La fuente es de cantera, diseño del arquitecto Vicente Mendiola. En el presente la estatua corresponde con su diseño original, con el cuerpo desnudo. Hubo un tiempo en que se le consideró impúdica y se le sobrepuso un taparrabos. El rostro de la estatua fue alterado para evitar el parecido con el de la modelo. En la calle Génova de la Zona Rosa está otra versión de la misma escultura y ésa sí muestra el rostro de la modelo.

### Edificio del Seguro Social
Paseo de la Reforma 476

Proyectado por Carlos Obregón Santacilia. Es un edificio de gran altura que ocupa prácticamente todo el frente del predio hacia el Paseo de la Reforma,

Diana la Cazadora, *por Juan Olaguíbel*

liberando una gran parte del terreno en donde forma un jardín interior y localiza los accesos y los locales de servicio. La resolución de la planta es semejante a la del **Edificio Guardiola,** obra del mismo arquitecto. Un basamento y un pórtico de doble altura confieren al edificio una monumentalidad y una dignidad particulares.

## Museo Casa de Carranza

Río Lerma 35
mar.-sáb., 9-18 h.; dom., 11-15 h.
5546-64 94 5535-2929
www.cultura.df.gob.mx/espa/b2a036.htm

A este museo se le llamó Casa de los Constituyentes y posteriormente Casa de Carranza, por haber sido la última residencia de Venustiano Carranza (1859-1920), caudillo de la Revolución y presidente de la República.

El inmueble se construyó en el año 1908 según el proyecto del arquitecto Manuel Stampa. A la muerte de don Venustiano, la casa fue ocupada por la embajada de Francia durante18 años y después por la de El Salvador dos años más; después funcionó como oficina de la Asociación de Diputados Constituyentes de

*Museo Casa de Carranza*

1917. El día 5 de febrero de 1961, el recinto fue inaugurado oficialmente como Museo Casa de Carranza por el entonces presidente Adolfo López Mateos. Tiene 13 salas. Conserva el mobiliario y algunas pertenencias del caudillo, así como una biblioteca sobre la Constitución de 1917.

## Edificio de la Secretaría de Salud

Paseo de la Reforma y Lieja

Obra del arquitecto Carlos Obregón Santacilia, fue construido entre 1925 y 1929. Se le considera obra de transición hacia el *art déco* y es una muestra muy interesante de la combinación de arquitectura, pintura y escultura con diferentes sentidos simbólicos. Tiene tres frentes, siendo el principal el que da hacia Paseo de la Reforma. Los cuatro edificios externos representan los brazos de la salud que el otrora Departamento de Salubridad Pública, en los años 20, llevaría a la población, y se identifican con los cuatro elementos aristotélicos, mismos que también sirven de tema a los murales y vitrales de Diego Rivera que forman parte del conjunto. En los ángulos de las fachadas externas, el artista Manuel Centurión hizo los relieves con rostros indígenas. Este edificio se encuentra en un proceso exhaustivo de restauración para devolverle su diseño original, que sufrió alteraciones con el paso de los años.

*Edificio de la Secretaría de Salud*

*Edificio del Seguro Social*

# Chapultepec y Polanco

*El Chapulín, detalle de la fuente homónima en el Castillo*

Chapultepec es el parque público y centro recreativo más grande de la ciudad. La primera sección (parque original) tiene una superficie de 230 hectáreas. La segunda y tercera secciones ocupan, cada una, casi otro tanto. Es un bosque en parte natural y en parte artificial, donde hay museos, teatros, centros culturales, un gran zoológico, lagos artificiales, un jardín botánico, restaurantes, cafeterías y opciones de paseos para personas de todas las edades. Es frecuentado por el turismo nacional y extranjero, pero representa sobre todo el espacio de solaz para los habitantes de la urbe, sin distingo de clase social, por la oferta tan diversa que presenta cotidianamente. El número mensual de visitantes rara vez es menor que cuatro millones.

El fraccionamiento Chapultepec-Polanco fue de inicio una exclusiva zona residencial de lujo, carácter que conservó por muchos años. La zona residencial prevalece pero paulatinamente se ha convertido en un espacio comercial y de negocios. En Polanco se encuentran muchas de las tiendas más refinadas de la ciudad, restaurantes de lujo, joyería, boutiques y, por cierto, gran número de galerías de arte.

Entre el parque de Chapultepec y la colonia Polanco, donde otrora hubiese un club de golf, hoy se encuentra, en medio del bosque, sobre una de las ampliaciones del Paseo de la Reforma, el espacio donde se localizan tres de los más importantes museos de la ciudad y del país: el Museo Nacional de Antropología, el Museo de Arte Moderno y el Museo de Arte Rufino Tamayo.

*Batalla por el castillo de Chapultepec en la serie litográfica* The Storming of Chapultepec Castle, *por Carl Nebel*

◀ *Chapultepec, bosque natural y artificial con cientos de especies vegetales*

# CHAPULTEPEC, PRIMERA SECCIÓN

Auditorio
PASEO DE LA REFORMA
20
CALZADA CHIVATITO
16
13
10
11
Embarcad
15
14
CALZADA DE LOS FILÓSOFOS
CALZADA DE LOS COMPOSITORES
9
CALZADA DE LOS POETAS
Molino del Rey
CALZADA DEL CERRO
CALZADA DEL REY
GRAN AVENIDA
CALZADA MOLINO DEL REY
Jardín Rosedal
17
AV. CONSTITUYENTES
0 METROS 400
0 PIES 1200

1 Monumento a los Niños Héroes
2 Museo Nacional de Historia
3 Galería de Historia
4 Casa de los Espejos
5 Ahuehuete de Moctezuma
6 Obelisco a los Niños Héroes
7 Monumento a las Águilas Caídas
8 Mercado de las Flores
9 Plaza del Quijote
10 Lago de Chapultepec
11 Casa del Lago
12 Centro de Convivencia Infantil
13 Zoológico Alfonso L. Herrera
14 Fuente de Nezahualcóyotl
15 Fuente de las Ranas
16 Jardín de la Tercera Edad, Jardín Botánico y Pabellón Coreano
17 Los Pinos
18 Museo de Arte Moderno
19 Museo Rufino Tamayo
20 Museo Nacional de Antropología

## ✪ Chapultepec, primera sección

La primera sección de Chapultepec es un trapezoide cuyos lados son las avenidas Paseo de la Reforma, Chapultepec, Constituyentes y Molino del Rey-Chivatito. Inmediato a esta última, el Anillo Periférico separa a la primera sección de la segunda.

Hay varios accesos en el perímetro de la primera sección (ver croquis). El paseo que aquí proponemos comienza en el Monumento a los Niños Héroes como primer punto para después visitar el Museo Nacional de Historia en el castillo. A continuación, el perímetro del cerrillo y después el lago, el zoológico y el resto del parque.

Esta sección del bosque está cerrada al tránsito de vehículos. Hay varias áreas de estacionamiento. La mayor y más cómoda es la del Museo Nacional de Antropología, frente a la entrada Acuario, y otra, menor, que corresponde al Museo de Arte Moderno, inmediata a la puerta Gandhi, ambas con acceso por Paseo de la Reforma. También hay un espacio generoso en la zona del Auditorio Nacional pero está un poco lejos del parque. Las otras son reducidas y suelen saturarse rápidamente.

*El castillo en lo alto del Cerro del Chapulín*

### Historia y arqueología

www.sma.df.gob.mx/sma/ubea/bosque_parques_museos/chapultepec/01historia.htm

En lengua náhuatl, Chapultepec significa Cerro del Chapulín y hace referencia a una elevación rocosa de 45 m de altura. Ubicado a orillas del lago de Texcoco, en el mundo prehispánico fue asentamiento teotihuacano, tolteca y, finalmente, mexica o azteca. En diferentes excavaciones se han encontrado restos de esas culturas y algunos se exhiben en el Museo Nacional de Historia.

Durante la hegemonía mexica, Chapultepec fue lugar reservado para los *tlatoanis* o emperadores. En la base del cerrillo brotaba un manantial que era uno de los surtidores de agua potable para la antigua Tenochtitlán. El manantial surtía un estanque acondicionado a manera de posa o alberca que todavía se conserva, aunque seca. Se dice que era el lugar donde se bañaba Moctezuma Ilhuicamina (1397-1469), gran *tlatoani* de Tenochtitlán a quien se atribuye la construcción de los dos acueductos que abastecían a la ciudad. Sobre la avenida Chapultepec se conserva la versión colonial de uno de ellos. El estanque se conservó durante largo tiempo y, en el siglo XIX, durante la intervención francesa, fue usado como alberca por Maximiliano y Carlota.

Tras la Conquista, Hernán Cortés intentó apropiarse el lugar, pero en 1530, a petición de la reina Juana I, madre de Carlos I de España y V de Alemania, éste ordenó que el cerro y el bosque se tuvieran por propiedad de la ciudad, como área de recreo para sus habitantes.

Hacia mediados del siglo XVIII, los virreyes Matías y Bernardo de Gálvez hicieron construir el castillo de Chapultepec, como una residencia de descanso, pero nunca lo habitaron y el castillo quedó en manos del Ayuntamiento.

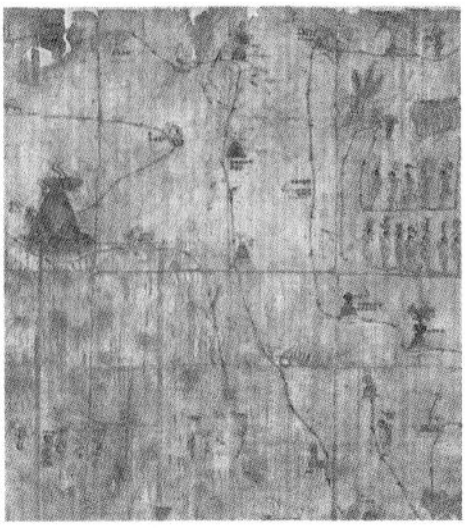
Códice de Chapultepec

Durante el siglo XIX fue el recinto del Colegio Militar, la residencia de Maximiliano y Carlota, y despacho de la Presidencia desde 1876 hasta 1939, cuando se convirtió en el Museo Nacional de Historia.

El castillo-museo, un zoológico muy grande, un jardín botánico, numerosas fuentes y monumentos, un lago artificial y otros muchos atractivos además del propio bosque y sus andadores, hacen de Chapultepec un paseo que ofrece opciones para todo tipo de visitantes.

El inmenso polígono de la primera sección, limitado por rejas, fue alguna vez el predio donde se encontraban la residencia y los jardines de Maximiliano y Carlota. La propiedad incluía los terrenos de la actual residencia oficial del presidente de la República, conocida como Los Pinos, y el Molino del Rey, actual sede de los batallones de Guardias Presidenciales.

La densidad de árboles que hay en esta primera sección es muy grande, sustancialmente mayor que la del bosque original. Basta con mirar las pinturas, grabados y fotografías de antaño para comprobar que el cerrillo y su perímetro inmediato tenían muy pocos árboles a mediados del siglo XIX. Ciertamente quedan algunos de los ahuehuetes multicentenarios, que son cuidados con esmero, pero el bosque de Chapultepec, en mayor parte artificial, es un portentoso trabajo forestal y de jardinería que comenzó en 1864 y continúa hasta la fecha. En muchas secciones ha sido reforestado por grupos de ciudadanos entusiastas. Estas labores han hecho de Chapultepec entero un jardín botánico con numerosas especies y variedades de árboles, arbustos, pastos, flores y plantas de ornato. Tiene incluso una sección llamada "bosque para invidentes" en la que el paseo consiste en seguir una senda de aromas.

### Monumento a los Niños Héroes (Altar a la Patria)

Obra del escultor Ernesto Tamariz y del arquitecto Enrique Aragón E., fue inaugurado en 1952 por el presidente Miguel Alemán. Se le llama Altar a la Patria en memoria de los cadetes del Colegio Militar que defendieron el castillo de Chapultepec contra las tropas estadounidenses en 1847. Cada año, el 13 de septiembre, se celebra aquí una ceremonia en la que se mencionan los nombres de seis de los cadetes que dieron sus vidas durante la defensa del castillo: Juan de la Barrera, Juan Escutia, Francisco Márquez, Agustín Melgar, Fernando Montes de Oca y Vicente Suárez. En parte historia y en parte mito, los Niños Héroes han sido símbolos con diferentes significados, desde su primera mención en 1848 y hasta la fecha.

*Monumento a los Niños Héroes*

# CASTILLO DE CHAPULTEPEC

**Terraza sur del Alcázar**
En este lugar se erigió el segundo monumento a los Niños Héroes durante el gobierno de Lázaro Cárdenas.

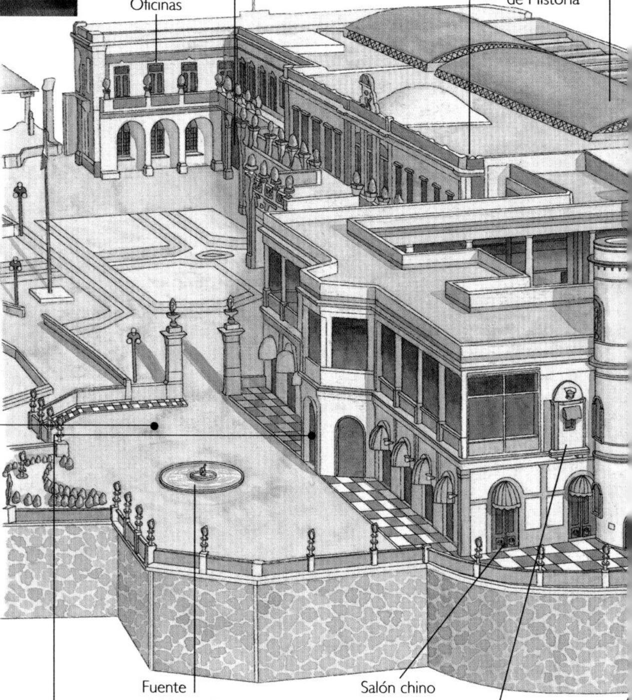

**Escalera de los leones**
Este acceso al primer piso del Alcázar nada tiene que ver con el Segundo Imperio. Se abrió en 1878 para llegar al Observatorio y se le dio este aspecto regio en 1906.

**Jardín del Alcázar**
El jardín predilecto de Maximiliano. El Caballero Alto, al centro, fue alguna vez el Observatorio Astronómico Nacional.

**Escalera púrpura**
En 1866 este espacio fue la sala de billares de Maximiliano. La escalera se instaló en 1882 y, a partir de 1906, fue la escalera privada del despacho de Porfirio Díaz.

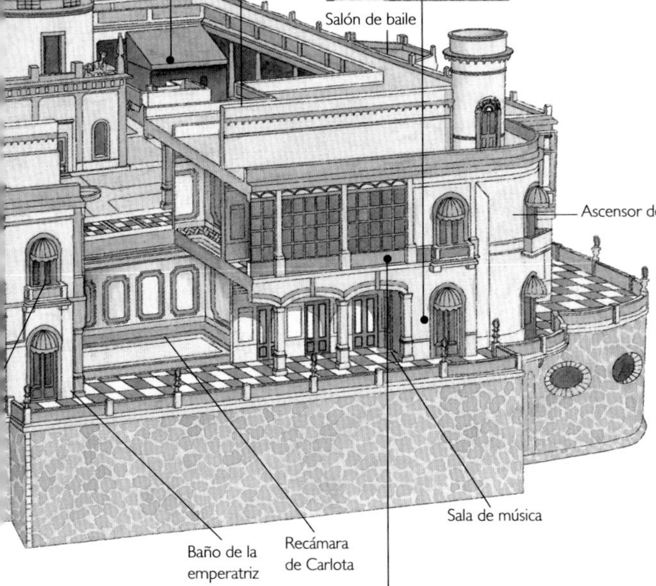


**Vitrales del ala oriental**
De origen era un corredor abierto. Porfirio Díaz ordenó cerrarlo y encargó estos cinco vitrales a la casa francesa Ch. Campigneulle. Se instalaron en 1900. Los motivos son alegorías grecorromanas.

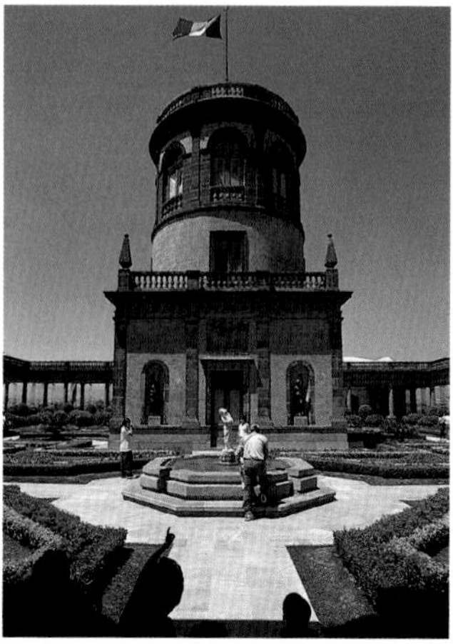

*El Caballero Alto, en el jardín del Alcázar*

## Castillo de Chapultepec

Cuando, en los albores del siglo XIX, Alexander von Humboldt llamó a México "Ciudad de los Palacios" se refirió a los numerosos y majestuosos edificios que vio en lo que hoy llamamos **Centro Histórico**, y seguramente jamás consideró la posibilidad de que el inmueble ruinoso que en aquel tiempo ocupaba la cima del Cerro del Chapulín llegaría a convertirse en un icono urbano.

En el cerrillo se han hallado restos teotihuacanos y toltecas y se sabe que sobre el lugar donde se yergue el castillo hubo un templete mexica que después de la Conquista fue reemplazado por una capilla dedicada a San Miguel Arcángel. Posteriormente, como parte de su plan para reservarse la zona, Hernán Cortés hizo construir un fortín que más tarde fue fábrica de pólvora.

A mediados del siglo XVIII, el virrey Matías de Gálvez ordenó al ingeniero Francisco Bambiteli (o al arquitecto Miguel Constanzó, según otras fuentes) la traza de la que sería una residencia de descanso. Ese virrey nunca vio más allá de los planos, pues murió en 1784, pero al año siguiente, su hijo Bernardo de Gálvez, también virrey de Nueva España, hizo que el ingeniero Agustín Mascaró comenzara la construcción.

Bernardo de Gálvez nunca pudo habitar su residencia, ni siquiera concluirla, porque la Corona ordenó la suspensión de la obra como consecuencia del costo enorme contra el erario virreinal y también por el perfil político del virrey, supuesto conspirador en cuyas manos sería riesgoso dejar un palacio que fácilmente podía convertirse en fortaleza sobre la posición estratégica del cerrillo.

En 1792 el virrey Revillagigedo intentó concluir el castillo para instalar ahí el Archivo General del Reino de Nueva España, pero no tuvo éxito. El inmueble se vendió al Ayuntamiento de México en 1806 y ese organismo ordenó que fuera desmantelado, para poner a remate puertas, ventanas y toda porción susceptible de tal acción. En añadidura, el castillo fue gravemente dañado por un sismo en el año 1819.

Entre 1841 y 1843, 20 años después de la Independencia, el lugar fue adaptado para servir como sede del Colegio Militar, y en tal función fue que sufrió el asalto de las tropas estadounidenses en 1847. El colegio fue reinstalado ahí en 1861 y hasta la ocupación de la ciudad de México por los franceses. En sus memorias, Carlota Amalia de Bélgica dice:

*El 12 de junio de 1863 entramos a la capital de México. [...] En el castillo de Chapultepec encontramos el magnífico ambiente de nuestro acostumbrado entorno europeo, rodeado de un clima cálido,*

*Estatua de uno de los Niños Héroes en la terraza sur del Alcázar*

*perfumado por los miles de ejemplares de plantas y flores, que Max era tan aficionado a estudiar y clasificar. Por las tardes el bosque alrededor del castillo se llenaba de cantos de zenzontles, o la ensoñación del zurear de las palomas torcaces y el arrullo de las tórtolas.*

Al elegir el castillo de Chapultepec como residencia, en 1864, Maximiliano de Habsburgo hizo reparar el inmueble y especialmente el ala oriental, destinada a sus habitaciones. Fue en ese tiempo cuando surgió la moda de utilizar la palabra "alcázar" en vez de "castillo" para referirse a la residencia imperial y distinguirla del palacio real (**Palacio Nacional**).

*Recámara de Maximiliano*

En 1872, el presidente Sebastián Lerdo de Tejada estableció la residencia oficial en el castillo. A partir de 1876 y hasta 1910, el presidente Porfirio Díaz utilizó el inmueble

*Recámara de Carmen Romero Rubio de Díaz*

como despacho y lugar de descanso.

El despacho presidencial continuó en el castillo hasta 1939, cuando el presidente Lázaro Cárdenas entregó el inmueble a su única y verdadera propietaria: la nación mexicana. Decretó entonces que ahí se instalara el Museo Nacional de Historia, función que tiene el inmueble hasta hoy. En un decreto complementario se estableció que el ala oriental debía conservarse como muestra de las formas de vida de los diferentes habitantes del castillo. Tal decisión, aunada a la costumbre, motivó una distinción convencional entre las dos alas del castillo: a la sección de las habitaciones se le llama Alcázar, y a la otra, Castillo. Ambas secciones y el resto de las construcciones sobre el cerrillo conforman el Museo Nacional de Historia.

## Museo Nacional de Historia

Castillo de Chapultepec
mar.-dom., 9-17 h.
www.inah.gob.mx/museos/munh.html

Se inauguró en septiembre de 1944. Está separado en dos secciones. En la primera, que corresponde con el primer cuerpo del edificio, se muestran cuatro siglos de historia de México en once salas temáticas y una biblioteca. Las nueve de la planta baja son: "La Nueva España"; "Fin de la Nueva España e Independencia"; "México independiente"; "La Reforma y la caída del imperio"; "Victoria de la República"; "La dictadura"; "El feudalismo porfirista"; "Revolución mexicana", y "Del porfirismo a la Revolución". En la planta alta, además de la biblioteca, están la salas "Manifestaciones culturales 1759-1917" y

*Retrato de Sor Juana Inés de la Cruz, por Miguel Cabrera*

"Organización económica y estructura social 1759-1917". Esta sección fue remodelada durante 2001-2002.

La segunda sección, llamada convencionalmente Alcázar, tiene 23 salas restauradas (2000-2001) según las características de cada época: salón de carruajes, salón fumador, salón de embajadores, salón de gobelinos, el comedor, las recámaras de Carlota, Porfirio Díaz y Carmen Romero Rubio de Díaz, entre otras.

Plato de Tlatelolco

En el Alcázar se encuentra el Caballero Alto, que fue sede del Observatorio Astronómico Nacional. En torno a esta construcción se extiende el jardín, completamente restaurado según el diseño original de Julius Hofmann. Maximiliano de Habsburgo y su esposa eran aficionados a la jardinería e hicieron traer de Europa muchas plantas para ornamentar este jardín y otros muchos en Chapultepec. En el perímetro de este espacio, por los andadores techados de la terraza, se pueden apreciar las pinturas de las *Bacantes*, obras de Santiago Rebull (1829-1902). Cuatro de ellas fueron creadas a petición de Maximiliano, cuando Rebull era director de la Escuela de Bellas Artes de San Carlos, y las otras dos son de 1894, pintadas por encargo de Porfirio Díaz. Rebull, gran retratista, hizo los retratos de Maximiliano, Carlota, Benito Juárez e Ignacio Manuel Altamirano, entre otros personajes destacados de la historia de México.

*Sufragio efectivo*, mural por Juan O'Gorman (detalle)

Galería de Historia

## Galería de Historia (Museo del Caracol)

Rampa de ascenso al castillo de Chapultepec

mar.-dom., 9-17 h.

www.inah.gob.mx/museos/metropoli/ghst.html

Se inauguró en 1960. Lo proyectó el arquitecto Pedro Ramírez Vázquez. Se construyó donde estuvo el picadero del Colegio Militar, pocos metros por debajo del castillo. De planta circular y desarrollo helicoidal, la galería muestra las tres grandes etapas del México independiente por medio de maquetas y dioramas con luz y sonido. La secuencia muestra desde los años finales del virreinato hasta la segunda década del siglo XX. Remodelado durante los años 2001 y 2002.

## Casa de los espejos

Al inicio de la rampa de acceso al castillo de Chapultepec

Pequeño edificio que cuenta en su interior con 16 espejos cóncavos y convexos que distorsionan los gestos y

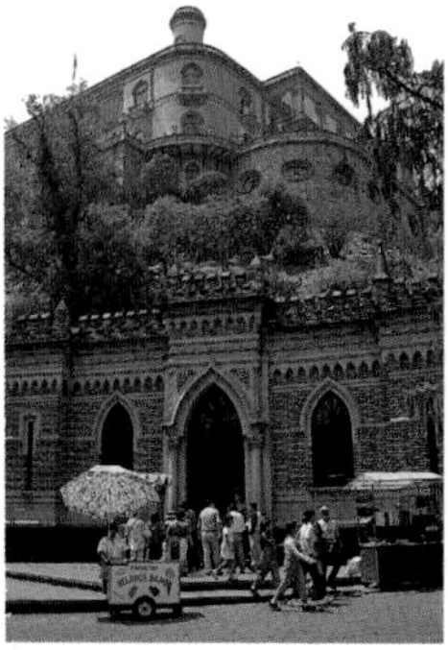

*Casa de los espejos*

*Obelisco a los Niños Héroes*

facciones de quienes en ellos se miran. La construcción fue usada para resguardo de la Guardia Imperial y, durante el porfiriato, por la guardia que protegía la entrada al castillo.

### Ahuehuete de Moctezuma o El Sargento

Árbol que vivió aproximadamente 500 años, hoy seco. Por su cercanía a lo que fue en un tiempo el Colegio Militar del castillo de Chapultepec, se le conoce como El Sargento o El Centinela. La tradición refiere que fue plantado por Nezahualcoyótl, cuando Moctezuma Ilhuicamina le invitó a vivir en el bosque después de 1460. Se dice que este árbol fue el lugar preferido por los despechados y suicidas para atentar contra su vida, sobre todo en la época de esplendor del romanticismo, durante el siglo XIX.

*Ahuehuete de Moctezuma o El Sargento. Al fondo, el Monumento a las Águilas Caídas*

### Obelisco a los Niños Héroes

Frente al ahuehuete El Sargento

En 1871 se formó la Asociación de Ex cadetes del Colegio Militar, que solicitó al presidente Benito Juárez que el día 13 de septiembre se declarara día de luto nacional. A partir de entonces comenzó a celebrarse una ceremonia en memoria de los Héroes de Chapultepec, alrededor del ahuehuete "El Sargento", con la asistencia del presidente de la República.

En 1882, por sugerencia del general Sóstenes Rocha, director del Colegio Militar, el presidente Manuel González concedió en destinar fondos públicos a la construcción de un obelisco en memoria de los Niños Héroes, precisamente frente al gran ahuehuete. El monumento, obra de Román Rodríguez Arangoitia, se inauguró el 13 de septiembre de aquel año.

*Fuente de la Templanza*

### Monumento a las Águilas Caídas

Frente al ahuehuete El Sargento

Es un emplazamiento con una serie de escalones a modo de tribuna romana y un mural principal con una serie de placas conmemorativas de los 290 miembros que pertenecieron al Escuadrón 201, integrado por elementos de la Fuerza Aérea Mexicana que participaron en la Segunda Guerra Mundial.

*Audiorama*

*Cueva Cincalco, en el Audiorama*

## Audiorama

A un lado del Monumento a las Águilas Caídas

Es una sala de conciertos al aire libre, inaugurada el 22 de febrero de1972. Cuenta con un nutrido acervo musical y ofrece programación de música grabada en diferentes géneros, además de conciertos de música en vivo. Puede transformarse también en escenario para funciones de teatro o ballet. Aquí se encuentra una cueva (Cincalco) que los aztecas creían que era la entrada al inframundo.

*Casa de la Cultura Quinta Colorada*

## Casa de la Cultura Quinta Colorada

Próxima al Mercado de las Flores

Planetario: mar. y dom., 10-13 h.

5286-3332

Este centro cultural remodelado en 1985 se ubica a corta distancia del Mercado de las Flores y a un lado de los Baños de Moctezuma, tiene un auditorio con capacidad para 250 personas, dos galerías, foro al aire libre, planetario, biblioteca, salones y audiorama.
El Planetario Huitzilopotchtli (entrada libre) ofrece programas regulares para niños. A un lado se encuentra lo que fue la casita del guardabosque de Chapultepec, hoy Biblioteca Ambiental.

## Mercado de las Flores

Av. Chapultepec y Constituyentes

En el acceso suroriental del Bosque, donde estuvo la estación del tranvía de mulas que iba de la ciudad de México a Chapultepec. Constituye un atractivo adicional del paseo por Chapultepec. Originalmente la venta de flores se debía a que este punto era un alto obligatorio para quienes iban al panteón de Dolores. Enfrente se encuentra una escultura con la efigie de Heriberto Jara, general revolucionario que participó en la huelga de la fábrica de Río Blanco y acompañó al general Lucio Blanco en el primer reparto agrario.

## Plaza del Quijote

Calzada de los Artistas, cerca de la Calzada de los Filósofos

*Escultura en la Plaza del Quijote*

La plaza es de 1922, obra de Sergio Andrés Fernández Vásquez. Está formada por una estructura metálica que permite entrar y contemplar dos esculturas pequeñas –de 65 y 55 cm– de don Quijote y

*Mercado de las flores, en el acceso ubicado en avenida Chapultepec y Constituyentes*

Lago de Chapultepec. Al fondo, las Torres de la colonia Anzures

Sancho Panza en actitud de discusión. Las esculturas son obras de José María Fernández Urbina. El Quijote tiene el rostro de Salvador Dalí, y Sancho Panza el de Diego Rivera; cada uno de los azulejos que los rodean tienen pintados personajes de esa obra realizados por el ceramista sevillano Montalbán.

### Calzada de los Poetas

Su recorrido empieza sobre Av. Colegio Militar, frente a la Casa del Lago. En ella se encuentran bustos de los poetas mexicanos Antonio Plaza, Manuel Acuña, Juan Ruiz de Alarcón, sor Juana Inés

Calzada de los poetas

de la Cruz, Joaquín Fernández de Lizardi, Rafael Delgado, Manuel José Othón, Manuel Gutiérrez Nájera, Ramón López Velarde y Salvador Díaz Mirón. En cada columna, enmarcada por bellos jardines, se encuentra la reseña histórica de cada uno de ellos. Las esculturas están labradas en granito y colocadas sobre pedestales de cantera de 2.5 m de altura.

### Lago de Chapultepec

Muchas personas creen que este lago es un residuo del antiguo lago de Texcoco, porque Chapultepec se encuentra sobre la antigua ribera, pero la realidad es que este lago es artificial. Fue excavado a principios del siglo XX como parte de la remodelación ordenada por el presidente Porfirio Díaz. El servicio de lanchas funciona desde entonces. Durante los meses de febrero, marzo y abril, en el lago se escenifica desde hace 25 años el ballet *El lago de los cisnes*, interpretado por la Compañía Nacional de Danza.

Muchas especies acuáticas habitan en el lago de Chapultepec, cuyas aguas mantienen un adecuado equilibrio

*Casa del Lago*

**Casa del Lago "Maestro Juan José Arreola"**

A la orilla del Lago de Chapultepec

5211-6093 y 94

www.casadellago.unam.mx

Entre los muchos mitos de Chapultepec se cuenta el que atribuye esta construcción a Maximiliano, entre las reformas que hizo al bosque, al que el archiduque austriaco veía como su jardín personal. El lago y la casa se construyeron casi 40 años después de la muerte de Maximiliano. Otro mito dice que Porfirio Díaz la hizo construir para utilizarla como finca de verano.

Se trata de una hermosa construcción realizada en el año 1906 a la orilla del lago artificial que se excavó en esa época. El 30 de abril de 1908 se inauguró aquí el Automóvil Club. En 1910 fue escenario de elegantes festejos durante las fiestas del Centenario de la Independencia; tertulias y bailes de la aristocracia mexicana.

Después de la Revolución, en 1923, pasó a formar parte de las dependencias del nuevo gobierno y al año siguiente fue residencia particular del ex presidente Adolfo de la Huerta. En 1926, Plutarco Elías Calles, entonces presidente de la República, decidió que la Casa del Lago formara parte

*Vista de la Casa del Lago y, al fondo, los edificios de Polanco*

del patrimonio de la Secretaría de Agricultura y Fomento, y fue un centro de reparto agrario. En 1929 fue sede de la Dirección de Estudios Biológicos de esa Secretaría. Meses después, tras establecerse la autonomía universitaria, se incorporó por decreto a la Universidad Nacional Autónoma de México y hasta 1958 fue sede del Instituto de Biología. A partir del 15 de septiembre de 1959 se convirtió en el primer centro de extensión de la cultura fundado fuera de la **Ciudad Universitaria**. En sus salones, foros y galerías se han dado cita los representantes de la vanguardia cultural del país. Su primer director fue el poeta Juan José Arreola, quien participó en el proyecto para amueblarla y decorarla con objetos que armonizaran con la arquitectura neoclásica del inmueble.

Este centro cultural ofrece al visitante gran variedad de manifestaciones artísticas de alta calidad en los géneros de danza, teatro, música, cine y artes plásticas, además de cursos y talleres. A las actividades que se realizan al aire libre, ya emblemáticas de este espacio universitario, como son el ajedrez y la pintura, se suman bailes de salón, filatelia y rincón de lectura, así como jardinería y hortaliza urbana, entre otras. Estas últimas forman parte de proyectos de divulgación científica y de cuidado y protección del ambiente, tan necesarios en la actualidad. A sus 43 años de vida como centro cultural, Casa del Lago refrenda la misión que le fue encomendada de difundir la cultura y ser parte esencial de la formación integral del pueblo de México al apoyar y estimular a las nuevas generaciones de artistas y creadores, de manera acorde con los conceptos de la universidad del nuevo siglo.

### Paseos nocturnos por la primera sección, desde la Casa del Lago

Miércoles, a partir de las 19:30 h.
Cerrado durante el verano (junio-septiembre)
5211-6093 y 5211-6094

Un recorrido por la riqueza histórica y artística del lugar. El paseo, de 80 min. se realiza a bordo de un tren de neumáticos. El guía es un viejo velador del bosque que ameniza el viaje con canciones populares y algunas leyendas, además de presentar una explicación de cada uno de los lugares a visitar. En medio de la oscuridad del bosque, los paseos se tornan mágicos, con un toque de misterio.

Hace alto en varios puntos de interés descritos en esta guía; entre otros: Fuente de Nezahualcóyotl, el ahuehuete de Moctezuma (El Sargento), la tribuna monumental de las Águilas Caídas, el Altar a la Patria, la Fuente de las Ranas, la Fuente del Quijote, Don Quijote en las nubes, el obelisco a los Niños Héroes y la Fuente de la Templanza.

Un solo grupo a la semana y hasta 70 personas por grupo. Tiene gran demanda, por lo que se debe reservar con una semana de anticipación y recoger oportunamente los boletos en la Casa del Lago.

Funciona de octubre a mayo, porque durante el verano es la estación lluviosa.

*Los miércoles por la noche hay un recorrido en el tren de neumáticos*

*Centro de convivencia infantil*

### Centro de Convivencia Infantil

A un lado del Museo de Arte Moderno, con acceso por Paseo de la Reforma
mar.-dom., 10-16 h.

Ofrece diversas actividades y espacios diseñados para el esparcimiento de los niños. Dentro de sus instalaciones hay juegos rústicos, un circuito de educación vial, aviario, teatro al aire libre, mini zoológico, espacio de títeres, espacio para comida y un área de juegos especiales para niños de tres a cinco años conocida como Pequelandia.

# Zoológico Alfonso L. Herrera

*Oso polar*

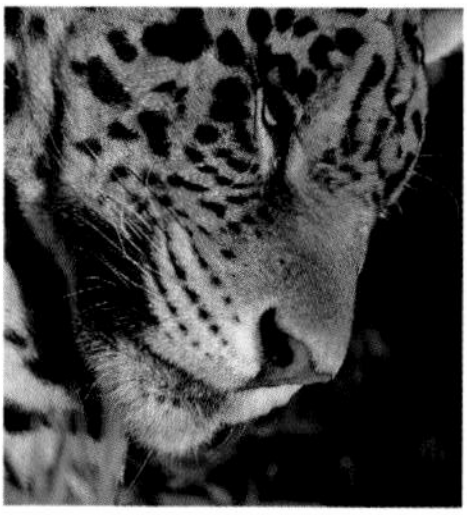

*Jaguar del sureste*

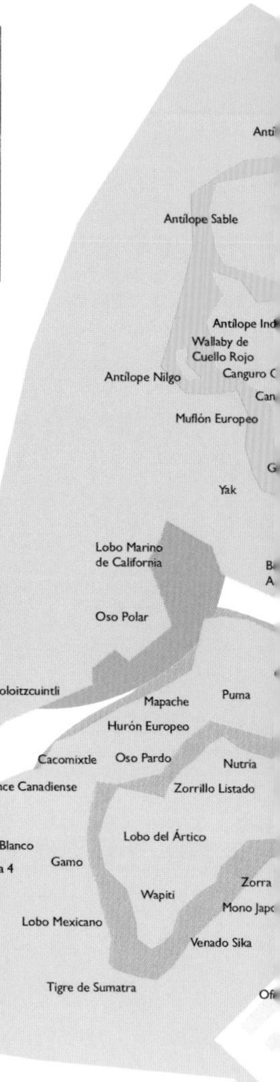

*Lobo mexicano*

*Elefantes asiáticos*

*Babuino*

## Zoológico de Chapultepec Alfonso L. Herrera

Av. Chivatito s/n,
1ª sección del Bosque
mar.-dom., 9-16:30 h.
5553-6263 y 5256-4104
5553-6229
www.cultura.df.gob.mx/2001/feb/zoo.htm
www.cultura.df.gob.mx/2001/feb/especies.htm

*Fuente de Nezahualcóyotl*

Establecido el 6 de julio de 1923, por iniciativa del biólogo Alfonso L. Herrera, con apoyo de la entonces Secretaría de Agricultura y Fomento. En años recientes fue modernizado por Ricardo Legorreta según criterios internacionales de recreación, educación, investigación y conservación de especies silvestres.

Se extiende sobre 17 ha. Cuenta con extensas áreas verdes, reforestadas por completo. En lugar de jaulas, el zoológico tiene refugios donde los animales pueden pernoctar, descansar o protegerse del clima, sin permanecer a la vista del público, todo ello en beneficio de las 340 especies que preserva; de ellas, 48 son de reptiles, 143 de aves y 145 de mamíferos. Hay también arácnidos y anfibios.

Abarca las secciones: Desierto, Pastizales, Franja costera, Tundra, Aviario, Bosque templado y Bosque tropical. El recorrido completo requiere de aproximadamente 3½ h.

Entre sus singularidades se cuenta que ha logrado la reproducción en cautiverio de especies como pandas y gorilas. Cabe agregar que en el orden de 10% de las especies animales del planeta habitan en México y una tercera parte de las que aquí se encuentran son endémicas, es decir, no se les encuentra en otros lugares del mundo. En el zoológico de Chapultepec hay ejemplares de muchas de ellas.

Los visitantes deben dejar bultos, mochilas, etc., en la entrada. Alimentos y bebidas sólo están permitidos en las áreas destinadas a tales fines, que tienen secciones para fumadores. No se permite fumar en los andadores del recorrido. Arrojar comida u objetos a los animales está penalizado.

*Nezahualcóyotl*

## Fuente de Nezahualcóyotl

Inaugurada el 15 de septiembre de 1956, esta obra del escultor Luis Ortiz Monasterio cubre un área de 1,250 m² y está diseñada en forma de una escuadra en cuyo centro se halla la escultura del célebre poeta prehispánico, una pieza de 9.20 m de altura, con vestiduras ceremoniales labradas en piedra negra sobre un pedestal que tiene los trazos de un altar nahua. En la parte frontal del muro se encuentran cuatro escudos correspondientes a los glifos de cuatro lugares: Chapultepec, representado por un chapulín sobre un cerro; Texcoco, por varas de dardos sobre un cerro; Tenochtitlán, mediante un tunal sobre piedras y, por último, Tlacopan, con una jara sobre un cerro. La fuente tiene siete tableros recordando los hechos más importantes de la vida de Nezahualcóyotl, señor de Texoco y gran *tlatoani* de Tenochtitlán, desde su nacimiento en 1411 hasta su muerte en 1472.

**Fuente de las Ranas**

Obra de Antonio Lecaroz Jiménez (1922). Está formada por ocho figuras de ranas de bronce que rodean a un cisne montado sobre una tortuga. La fuente está decorada con azulejos sevillanos. Hasta 1952 estuvo en el lugar donde hoy se encuentra el Monumento a los Niños Héroes. Fue restaurado por el maestro Gilberto Aceves Navarro.

**Jardín de la Tercera Edad Euquerio Guerrero**

Paseo de la Reforma
y Colegio Militar

Espacio dedicado a los adultos mayores de 60 años interesados en actividades como talla de madera, aeróbicos, lectura, canto y baile, entre otras. Dispone también de la biblioteca Andrés Henestrosa. En sus instalaciones hay un orquidiario que exhibe 119 especies de todo el país y un circuito con 36 esculturas de artistas como Matías Goeritz, Octavio Ponzanelli, Sara Tarrav y Martha Palau, entre otros.

*Jardín de la tercera edad*

**Jardín Botánico**

Integrado al Jardín de
la tercera edad

Establecido en 1922 por el biólogo Alfonso Herrera, titular en ese tiempo de la Dirección de Estudios Biológicos, quien mandó construir en él un invernadero de 64,500 m$^2$. Es de gran atractivo, tanto por sus instalaciones como por las más de 130 especies vegetales que ahí se exhiben, provenientes de México y otros países. También hay allí un pequeño lago con peces de diferentes especies.

*Fuente de las Ranas*

*Jardín Botánico*

El invernadero conserva la mayor parte de sus vitrales originales.

**Pabellón Coreano**

Calzada del Molino del Rey
y Paseo de la Reforma

Es una pequeña pagoda inspirada en la escuela arquitectónica coreana del siglo VIII. Expresa una prueba de amistad del pueblo coreano hacia México.

*Pabellón Coreano*

**Los Pinos**

Originalmente fue el rancho La Hormiga, adquirido en 1858 por José Pablo Martínez del Río, quien plantó allí pinos, cedros y frutales.

El gobierno de Maximiliano compró una parte del extenso predio para ampliar el Bosque de Chapultepec. Al restaurarse la República en 1867, el rancho fue incautado, pero tiempo después volvió a manos de la familia Martínez del Río. En 1919 el gobierno del presidente Venustiano Carranza lo expropió definitivamente a favor de la nación.

A partir de 1934 se convirtió en la residencia oficial del presidente de la República. Jardines de por medio está el viejo Molino del Rey, construido a fines del siglo XVIII como fábrica de pólvora y fundición de cañones.

*Vialidad de Los Pinos sobre Calzada Molino del Rey*

Este sitio fue defendido contra las fuerzas del general Worth en la batalla del 8 de septiembre de 1847. El Molino del Rey, reestructurado y ampliado, forma parte del cuartel de los Guardias Presidenciales. Hay varios accesos, todos ellos restringidos por razones de seguridad.

## Zona de museos

Al salir de la primera sección del Bosque por Paseo de la Reforma, se encuentra la zona de museos. Sobre la misma acera del parque está el Museo de Arte Moderno y, al otro lado, el Museo Rufino Tamayo y el Museo Nacional de Antropología.

*Museo de Arte Moderno, colección permanente. Olga Costa,* Vendedora de frutas *(detalle)*

### Museo de Arte Moderno

Paseo de la Reforma y Gandhi
mar.-dom.. 10-17 h.
5553-6233, 5211-8729 y 5211-8331 5553-6211
www.azteca.conaculta.gob.mx/mam/mam.html

Establecido el 26 de agosto de 1964, se sitúa en un conjunto de edificios con galerías circulares, sobre un espacio de 36,500 m². Tiene seis salas más las exposiciones en los jardines. En las salas Xavier Villaurrutia y Carlos Pellicer se alberga la colección permanente, en la que se exhiben obras de gran importancia pertenecientes a la Escuela Mexicana de Pintura, representada, entre otros artistas, por David Alfaro Siqueiros, José Clemente Orozco, Diego Rivera, Oliverio Martínez, José Chávez Morado, Olga Costa y Jorge González Camarena. En las otras salas se ofrecen muestras temporales relevantes.

La unidad de documentación, la hemeroteca y la fototeca funcionan de lunes a viernes de 10 a 16 h., y los sábados de 10 a 14:45 h.

*Museo de Arte Moderno, colección permanente. Frida Kahlo,* Las dos Fridas *(detalle)*

### Museo Rufino Tamayo

Paseo de la Reforma y Gandhi
mar.-sáb., 10-17 h.; dom., 10-13 h.
5286-6519/29/99
5286-6539
www.museotamayo.org

El edificio forma parte de la colección del museo, pues fue diseñado precisamente para ese fin. Sus autores, los arquitectos Teodoro González de León y Abraham Zabludovsky, recibieron el Premio Nacional de Arte en 1981. Tiene diez salas.

Su colección permanente reúne más de 300 obras representativas del arte contemporáneo de todo el planeta, donadas por el pintor oaxaqueño Rufino Tamayo. Entre los autores extranjeros representados están Pablo Picasso, Mark Rothko, Joan Miró, Roberto Matta, Jean Dubuffet, Fernando Botero, Francis Bacon, Isamu Noguchi, Lynn Chadwick, Claudio Bravo, Pierre Soulages, Eduardo Chillida y William de Kooning. Entre los mexicanos, Francisco Toledo, Lilia Carrillo, Sebastián, Alberto Castro Leñero y José Luis Cuevas. Organiza exposiciones temporales sobre temas y autores de nuestro tiempo.

*Picasso en la colección permanente del Museo Rufino Tamayo*

*Museo Rufino Tamayo*

# MUSEO NACIONAL DE ANTROPOLOGÍA

**Cultura Maya**
Remodelada durante 2002. Incluye piezas de todas las regiones mayas. Aledaña a la sala, en el jardín exterior, hay una reproducción del Templo de las Inscripciones, de Palenque.

*Guerrero con tocado, en estuco*

*Cabeza colosal olmeca*

**Culturas del Golfo**
Una de las dos salas remodelas recientemente. Se exhiben piezas de las culturas olmeca, totonaca y huasteca.

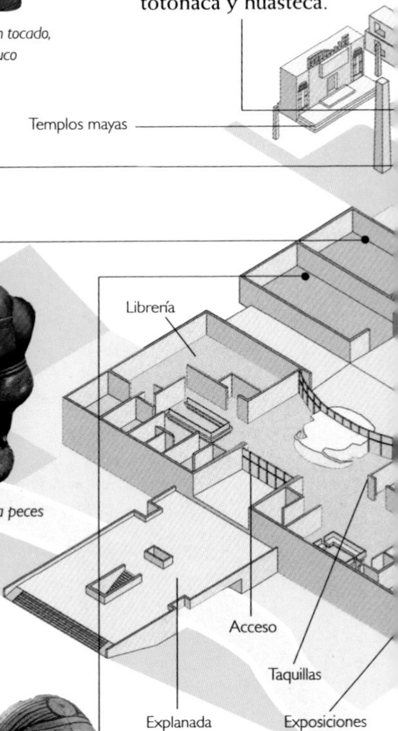


**Culturas del Occidente**
Piezas representativas de civilizaciones cuyos asentamientos se extendieron desde el estado de Sinaloa hasta el de Guerrero, sobre el litoral del Pacífico.

*Anciano que calza peces*

## Visitar

**Librería, Tienda, Sala de exhibiciones temporales**
Vestíbulo
**Salas de etnografía**
Segundo piso

## Comer

**Cafetería y restaurante**
Nivel del sótano

**Culturas del Norte**
Esencialmente cerámica y máscaras de las llamadas "culturas del desierto". En esta parte de la colección destaca la cerámica de Paquimé.

*Cerámica de Paquimé*

**Culturas de Oaxaca**
Piezas correspondientes al periodo Clásico zapoteca y el Posclásico mixteca. Los trabajos de orfebrería son extraordinarios.

*Vasija con colibrí*

*Piedra del Sol*

**Cultura Mexica**
La mayor del Museo, contiene más de dos mil piezas. Aquí se encuentran los monolitos más grandes e importantes.

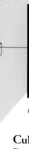

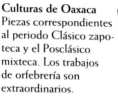

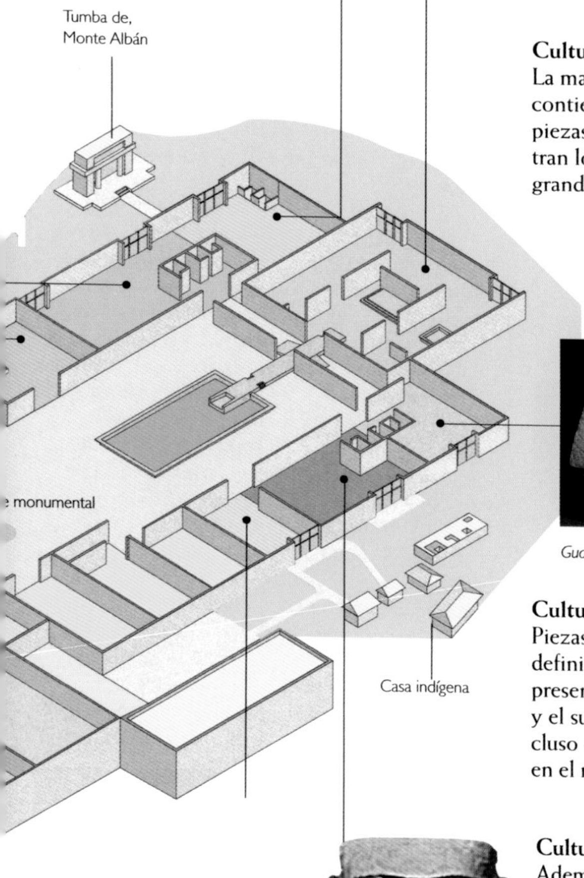

*Guacamaya, pieza hallada en Xochicalco*

**Cultura Tolteca**
Piezas de la cultura que definió el Posclásico, presente en el Altiplano y el sur del país, e incluso en el sureste, en el mundo maya.

*Máscara teotihuacana de piedra*

**Cultura de Teotihuacán**
Además del monolito de Chalchiuhtlicue y un marcador del juego de pelota, se exhibe una impresionante colección de máscaras. Hay dos maquetas museográficas en escala 1:1, del Templo de Quetzalcóatl y de un palacio.

**Culturas del Preclásico en el Altiplano Central**
Aquí se exhiben algunas de las piezas más antiguas halladas en el Valle de México.

## Museo Nacional de Antropología

Paseo de la Reforma y Gandhi
mar.-dom., 9-19 h.
www.mna.inah.gob.mx

El proyecto arquitectónico estuvo a cargo del arquitecto Pedro Ramírez Vázquez, con la colaboración de los arquitectos Jorge Campuzano, Rafael Mijares y Ricardo de Robina. Su construcción comenzó en febrero de 1963 y fue inaugurado el 17 de septiembre de 1964 por el presidente Adolfo López Mateos.

Fuente monumental

Cuenta con 44,000 m² cubiertos y 35,700 m² de áreas descubiertas. En su realización intervinieron expertos museógrafos, antropólogos, arqueólogos y artistas plásticos. Por su colección, tamaño e instalaciones ha sido considerado como el más importante del

*Tláloc, monolito de 180 ton ubicado en la calzada de acceso al Museo*

mundo, en su género. En todo caso, es el museo más importante de la ciudad de México y del país.

Contiene once salas de arqueología (planta baja) y once de etnografía (primer piso), dispuestas de manera cronológica y cultural. El museo alterna interiores y exteriores (un gran patio central y pequeños jardines), ya que cada una de sus salas es por sí misma un museo. Tiene, además, tres auditorios, biblioteca, área audiovisual, sala de exhibiciones temporales y área de compras.

El Museo ha sido remodelado en mayor parte entre 1998 y 2002.

### Tláloc

El nombre de esta divinidad de la religión mexica significa "Dios del Agua", es decir, lluvia. Era el dios de las aguas del cielo. Este enorme monolito se encontró en el pueblo de Cuatlinchán, en el Estado de México, y su traslado a la ciudad de México fue una proeza logística (pesa 180 toneladas). Señala el acceso al Museo, sobre Paseo de la Reforma.

### Acceso y vestíbulo

En la llamada zona "C", además de las oficinas, se localizan los servicios auxiliares del Museo: los auditorios, la sala de

*Acceso principal al Museo*

exposiciones temporales, las áreas para talleres y la Biblioteca Nacional de Antropología e Historia, que conserva un acervo extraordinariamente valioso que incluye varios códices (los testimonios pictográficos del pasado prehispánico), varias bibliotecas que pertenecieron a los conventos coloniales y una colección de microfilmes recabada en varios archivos del país.

En esta área funciona un espacio para la orientación de los visitantes mediante un espectáculo multimedia.

Detalle del gran mapa de la primera sala. Muestra la distribución de las diferentes etnias y culturas

**Arqueología**

Hay once salas. Las dos primeras (Introducción a la Antropología y Poblamiento de América) son complementarias. Las otras nueve pueden visitarse en cualquier orden pues cada una es un museo por sí misma, aunque hay un orden museográfico propuesto: Preclásico en el Altiplano Central; Teotihuacán; Los toltecas y su época; Mexica; Culturas de Oaxaca; Culturas de la

Preclásico: El pescado

costa del Golfo; Maya; Culturas del Norte y Culturas del Occidente.

*Introducción a la Antropología y Poblamiento de América*

En su versión original, la sala de introducción ofrecía un panorama general de la antropología y sus ciencias auxiliares. Al remodelarse el museo, los especialistas replantearon la propuesta científica y pusieron énfasis sobre el proceso evolutivo de la especie humana. Por su parte, la sala "Poblamiento de América" reemplazó a la llamada "Orígenes" y se convirtió en un complemento de la introductoria.

*Preclásico en el Altiplano Central*

El periodo llamado Preclásico o Formativo se ubica entre los años 2300 a.C. y 100 d.C. En esta sala, la museografía pone énfasis sobre las culturas del Altiplano Central en un periodo comprendido entre el desarrollo de la agricultura y las manifestaciones de la vasta influencia de la cultura olmeca en toda Mesoamérica.

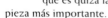

Preclásico: Señor de Atlihuayán

En esta sala se exhiben figurillas, vasijas y otras piezas provenientes de asentamientos como Tlatilco, Tlapacoya y Atlihuayán. En un recorrido mínimo por esta sala, el visitante debe ver, al menos, "El pescado", vasija de arcilla proveniente del perímetro lacustre; "El Contorsionista", pieza que presenta la sala, y el "Señor de Atlihuayán", que es quizá la pieza más importante.

*Cultura de Teotihuacán*

La civilización teotihuacana se desarrolló en el Altiplano Central entre los años 100 a.C. y 750

Teotihuacán: Marcador del juego de pelota

*Teotihuacán: Chalchiuhtlicue*

d.C. Esta sala fue sustancialmente enriquecida durante la reestructuración del museo. Algunas piezas fueron reubicadas. Por ejemplo, la famosa máscara recubierta con jade, que figuró como teotihuacana en todos los catálogos, guías y libros serios sobre el tema, fue cambiada a la sala Culturas de Occidente porque proviene del estado de Guerrero y no pertenece realmente a la cultura teotihuacana.

*Tolteca: Guerrero Coyote, en cerámica plumbante con nácar*

Uno de los aumentos en la sala es el modelo de un palacio teotihuacano, su acceso, templete, dintel y murales; además, ahí se exhibe un bracero de barro policromado, totalmente restaurado. Es tema obligado durante un recorrido mínimo, como lo son: la reproducción del templo de Quetzalcóatl; la vitrina de máscaras al fondo de la sala, donde se encuentra una máscara de piedra que podría señalarse como la pieza más importante; Chalchiuhtlicue, monolito que representa a la diosa de las aguas de la tierra; el marcador del Juego de Pelota, y el disco hallado en la pirámide del Sol.

*Tolteca: "Atlante" original del templo de Tlahuizcalpantecuhtli, en Tula*

*Los toltecas y su época*

Corresponde a la civilización tolteca, cuyo nombre significa "gran artífice", a partir del año 850 d.C., por su particular importancia como alfareros y lapidarios, comerciantes y escultores. Sus rasgos culturales, como la supremacía de la sociedad militarista, las conquistas con base en su expansión militar y el tributo, identifican y definen la época del Posclásico en Mesoamérica.

El esplendor de Tula, su ciudad principal, duró 400 años.

Recorrido mínimo: en la sala hay un monolito original del templo de Tlahuizcalpantecuhtli en Tula, uno de los llamados "atlantes"; "La guacamaya", talla en piedra hallada en Xochicalco; la figurilla del Guerrero-Coyote, en cerámica plumbante cubierta con mosaicos de nácar; una figura de Tláloc, sedente, policromado, y un brasero de alabastro pintado.

*Cultura Mexica*

*Totenyo, totauhca mexica* (Nuestra fama, nuestra gloria mexica) dice una leyenda en náhuatl y español sobre el acceso a esta sala dedicada a la civilización predominante durante el Posclásico tardío (1300-1521) y especialmente a partir del siglo XV.

En esta sala se exhiben unas dos mil piezas y entre ellas algunas de las más importantes de la colección del Museo y también de las más famosas en el mundo.

*Mexica: Vasija de obsidiana*

En un recorrido mínimo el visitante no debe dejar de ver: la Piedra del Sol,

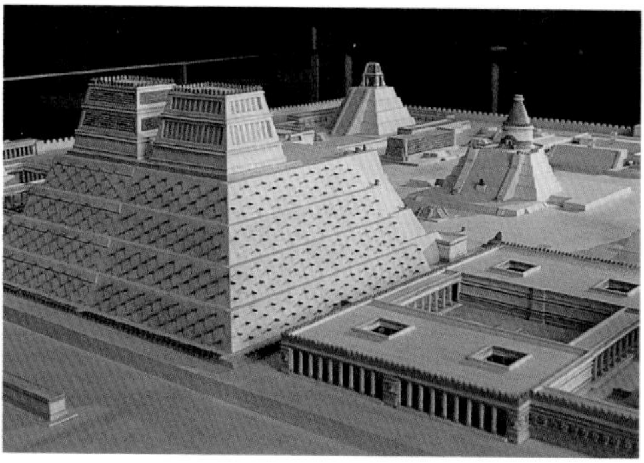

*Maqueta de Tenochtitlán*

también llamada "Calendario azteca" y, frente a éste, la cabeza de Coyolxauhqui. La urna de Tonatiuh (a un lado del altar de la Piedra del Sol, muestra los colores originales de ésta), el monolito de Coatlicue y la Piedra de Tizoc son otras piezas fundamentales. Frente a la maqueta de la gran Tenochtitlán podrá escuchar, en diferentes idiomas, una explicación acerca de cómo eran la ciudad y sus habitantes.

*Mexica: Piedra de Tizoc, detalle*

*Culturas de Oaxaca*
Representa a las culturas del actual estado de Oaxaca, particularmente las dos más importantes: la zapoteca del período Clásico y la mixteca del Posclásico.

*Oaxaca: Pectoral del dios murciélago*

Los zapotecas fueron los constructores de la ciudad de Monte Albán a partir del año 500 a.C., muestra de sus avanzados conocimientos astronómicos, calendáricos y matemáticos. Los mixtecos, alrededor del año 900 d.C., ocuparon los valles centrales y dominaron las principales ciudades zapotecas de la época: Yagul, Zaachila y Mitla.

El jaguar policromado, la vasija del colibrí, el pectoral del murciélago y las piezas de orfebrería son altos obligatorios en un recorrido mínimo de esta sala.

*Culturas del Golfo*
Olmecas, totonacas y huastecos, culturas que se desarrollaron en los actuales estados de Veracruz y parte de Tabasco, Tamaulipas, Puebla, Hidalgo y San Luis Potosí.

Es una sala muy grande, de las dos últimas remodeladas. Todas las piezas fueron reclasificadas y se conservaron en la sala aquellas que cumplían con los requisitos necesarios para asegurar su procedencia. Hay aquí tallas en piedra de increíble antigüedad y belleza, y otras, más recientes pero no menos impresionantes.

Entre las piezas olmecas, las cabezas colosales son las piezas más importantes; una de ellas se encuentra en un excelente estado de conservación y, vista de frente, da una idea clara de la intención del monolito: es el rostro ante el cual uno es insignificante. Les siguen en importancia las hachas de jade.

De la Huasteca, la pieza más importante es el llamado "Adolescente de Tamuín", una

*Golfo: "Adolescente de Tamuín", figura huasteca*

obra maestra que representa a la deidad del maíz. Son también representativas las figurillas sonrientes.

*Cultura Maya*

En el mundo entero, cuando se habla de los mayas se utiliza el mismo tono respetuoso que alude a los egipcios y sumerios. Maya es sinónimo de astronomía, escultura, arquitectura, matemáticas y literatura; maya es sinónimo de civilización: la que lograron los habitantes del sureste de México y la mitad de Centroamérica durante tres mil años (1500 a.C.-1527).

La sala ha sido remodelada y acondicionada con nuevos descubrimientos.

Maya: Máscara funeraria de Pakal II, señor de Palenque

Maya: Disco ceremonial

En un recorrido mínimo habría que ver, al menos, la cabeza de estuco que representa a un joven que luce un complejo peinado, y la máscara funeraria de jade que corresponde al rostro de Pakal II, señor de Palenque, en cuya tumba se hallaron estas piezas.

Occidente: Mujer sorprendida (Nayarit)

*Culturas de Occidente*

Abarca los actuales estados de Sinaloa, Nayarit, Jalisco, Colima, Michoacán, Guerrero y parte de Guanajuato con un desarrollo desde 1800 a.C. hasta 1521. De las diversas culturas ahí representadas destaca la abundante y desarrollada cerámica.

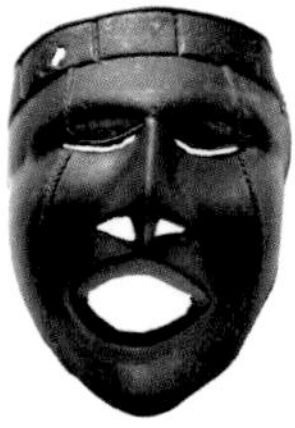

Occidente: Máscara de Xipe Totec

En un recorrido mínimo no pueden pasarse por alto las piezas "Guerrero de barro", "Mujer pensando", "Anciano que calza peces", "Parturienta" (principal) y una máscara de Xipe Totec.

*Culturas del Norte*

Ofrece un panorama de la región en la que se asentaron las llamadas "culturas del desierto": chalchihuites, Casas Grandes, hohokam, mogollón y anasazi, entre otras, que ocuparon la zona que va desde el actual estado de Querétaro hasta el sur de Estados Unidos de Norteamérica. Son notables las piezas de cerámica, textiles y entierros. La cerámica de Paquimé es especialmente interesante.

*Salas de etnografía*

Además de la llamada sala de introducción a la etnografía, hay un grupo de espacios dedicados a los pueblos indígenas vivos en México, organizados tanto por entidad federativa como por su relación con las salas en la planta baja. En ellos se representa la variedad cultural y lingüística del país, mediante ejemplos de cerámica, textiles, piezas de labranza, objetos

Norte: Vasija de Paquimé

religiosos, atuendos y fotografías. Los nombres (temas) de las salas son: Pueblos indios, Gran Nayar, Los nahuas, Otopames, Costa del Golfo, Sierra de Puebla, Oaxaca: la región de las nubes, El Noroeste, Mayas de la Planicie y de la selva, Mayas de las montañas y Purépecha.

### Centro Cultural del Bosque

Paseo de la Reforma
y Campo Marte
cartelera.conaculta.gob.mx/teat.html

Fue constituido a partir de 1957 como Unidad Artística y Cultural del Bosque, proyecto que incluyó al Auditorio Nacional, a los teatros Julio Castillo, Orientación, El Granero y El Galeón, a la Sala Xavier Villaurrutia y la Plaza Ángel Salas, un área de recreo infantil y la Escuela Nacional de Danza.

Cuenta además con una librería especializada en artes escénicas y una cafetería con servicio de Internet. El Centro Cultural del Bosque se reinauguró en noviembre de 2000 tras su remodelación.

*Oaxaca, la región de las nubes*

### Auditorio Nacional

Paseo de la Reforma
y Campo Marte
Taquilla: lun.-sáb., 10-19 h.; dom., 11-18 h.
Boletos por teléfono:
5325-9000
Cuesta según espectáculo
www.auditorio.com.mx/index.php

Pocos edificios han tenido tantos usos y readaptaciones como el que hoy es el Auditorio Nacional, Centro de Arte y Cultura. El edificio comenzó a construirse en 1948 con el fin de utilizarlo como coliseo para eventos hípicos. Sin terminar, fue utilizado en 1952 durante la XXXV Convención Mundial de la Asociación Internacional de Leones. En 1953 se le llamó Auditorio Municipal y ese mismo año se acondicionó para servir como sede de los Juegos Centroamericanos de 1954. También lo fue de los Panamericanos de 1955, año en que el edificio fue, por fin,

*Auditorio Nacional*

terminado, y se celebró ahí el primer concierto, a cargo de la Orquesta Sinfónica de la Universidad Nacional Autónoma de México. En 1958 se le adicionó el órgano monumental, entonces el tercero más grande del mundo. En 1968 se utilizó para las competencias de gimnasia, durante los Juegos Olímpicos. En 1970 y 1976 se utilizó como recinto legislativo para las ceremonias de toma de posesión del Poder Ejecutivo.

Escultura de Juan Soriano

Por la amplitud de su *foyer* (7,000 m$^2$) ha sido siempre útil para montar ahí ferias y exposiciones nacionales e internacionales.

Durante muchos años formó parte de la Unidad Artística y Cultural del Bosque, del Instituto Nacional de Bellas Artes, organismo que es propietario del inmueble. Hoy está administrado por un fideicomiso mixto entre autoridades federales y empresarios, sociedad que ha sido de gran beneficio para la vida cultural de la ciudad, pues ha hecho posible que en este recinto se presenten nuevamente espectáculos internacionales de primer nivel.

La más reciente remodelación se hizo entre 1990 y 1991, a cargo de los arquitectos Teodoro González de León y Abraham Zabludovsky. Sin descuidar sus posibilidades como centro para exhibiciones y ferias, esta vez sí fue debidamente acondicionado como auditorio y sala de teatro y danza, con materiales acústicos y los más modernos equipos. Tiene capacidad para poco menos de 10 mil espectadores y cuenta con toda clase de servicios para el público, los artistas y el personal administrativo.

### Campo Marte

Se ubica sobre el Paseo de la Reforma, al poniente de la Unidad Artística y Cultural del Bosque. Es un campo deportivo con tribunas, asignado al ejército, que usualmente se ha utilizado para actividades o celebraciones militares y en particular para partidos de polo y equitación. También se encuentra ahí el Casino Militar. El acceso es restringido.

### Fuente de Petróleos

Reforma y Periférico

Conmemora la expropiación petrolera del 18 de marzo de 1938 mediante un grupo escultórico obra de Juan F. Olaguíbel, sobre un monumento de Vicente Mendiola. Está formada por dos tazones superpuestos y un cuerpo vertical; en su lado oriente se ubican ocho figuras alegóricas, la principal una mujer desnuda con la cabellera al viento. Las esculturas son de bronce, la fuente de recinto negro y el elemento vertical de cantera.

Fuente de Petróleos

*La Feria, en Chapultepec Mágico*

## Chapultepec, segunda sección

www.sma.df.gob.mx/sma/ubea/bosque_parques_museos/chapultepec/mapa02.htm

Fue la primera ampliación de Chapultepec, en los años 60 del siglo XX. Abarca una superficie semejante a la de la primera sección, limitada por el Anillo Periférico, la avenida Constituyentes, el Panteón Civil de Dolores y la zona residencial de las Lomas. Los servicios están concentrados en tres grandes sectores: el inmediato al Periférico contiene al parque de diversiones La Feria, el Museo Tecnológico y su planetario y el Papalote Museo del Niño; el del Lago Mayor, con acceso por el Periférico, contiene un lago artificial y servicios complementarios, y el del Lago Menor, con acceso por Constituyentes, tiene, además del lago, una sección de juegos mecánicos para niños, el Museo de Historia Natural y servicios complementarios. El resto del parque está conformado por calles para vehículos y peatonales, jardines, fuentes y monumentos.

### Papalote Museo del Niño

A un lado del Museo Tecnológico de la CFE
lun.-dom., 10-14 y 15-19 h.; especial: jue. y sáb.-dom., 19-23 h.
www.papalote.org.mx/

Abierto en noviembre de 1993, el museo ocupa casi 24,000 m², en el lugar de una antigua fábrica de vidrio. Es un espectacular edificio diseñado por el arquitecto Ricardo Legorreta. La construcción consiste de tres modernos edificios; cada uno representa figuras geométricas básicas: el círculo (edificio esférico), el triángulo (edificio de la Megapantalla IMAX) y el cuadrado (área principal de exhibiciones), con un total de 12,640 m². El lema de este museo interactivo es "prohibido no tocar". Cuatro temas relacionados con la ciencia, la tecnología y el arte configuran el contenido. La distribución abierta en el espacio de los temas y exhibiciones permite que se complementen e interrelacionen unos con otros sin establecer divisiones arbitrarias que limiten el conocimiento.

*En el Papalote, Museo del Niño, lo único que está prohibido es no tocar*

# CHAPULTEPEC, SEGUNDA Y TERCERA SECCIONES

1. Auditorio Nacional
2. Campo Marte
3. Fuente de Petróleos
4. Papalote Museo del Niño
5. Museo Tecnológico
6. La Feria, en Chapultepec Mágico
7. Fuentes de las Serpientes
8. Cárcamo
9. Fuente de Tláloc
10. Lago menor
11. Museo de Historia Natural
12. Monumento a Copérnico
13. Fuente de las Ninfas
14. Lago mayor
15. Panteón de Dolores
16. Rotonda de las Personas Ilustres

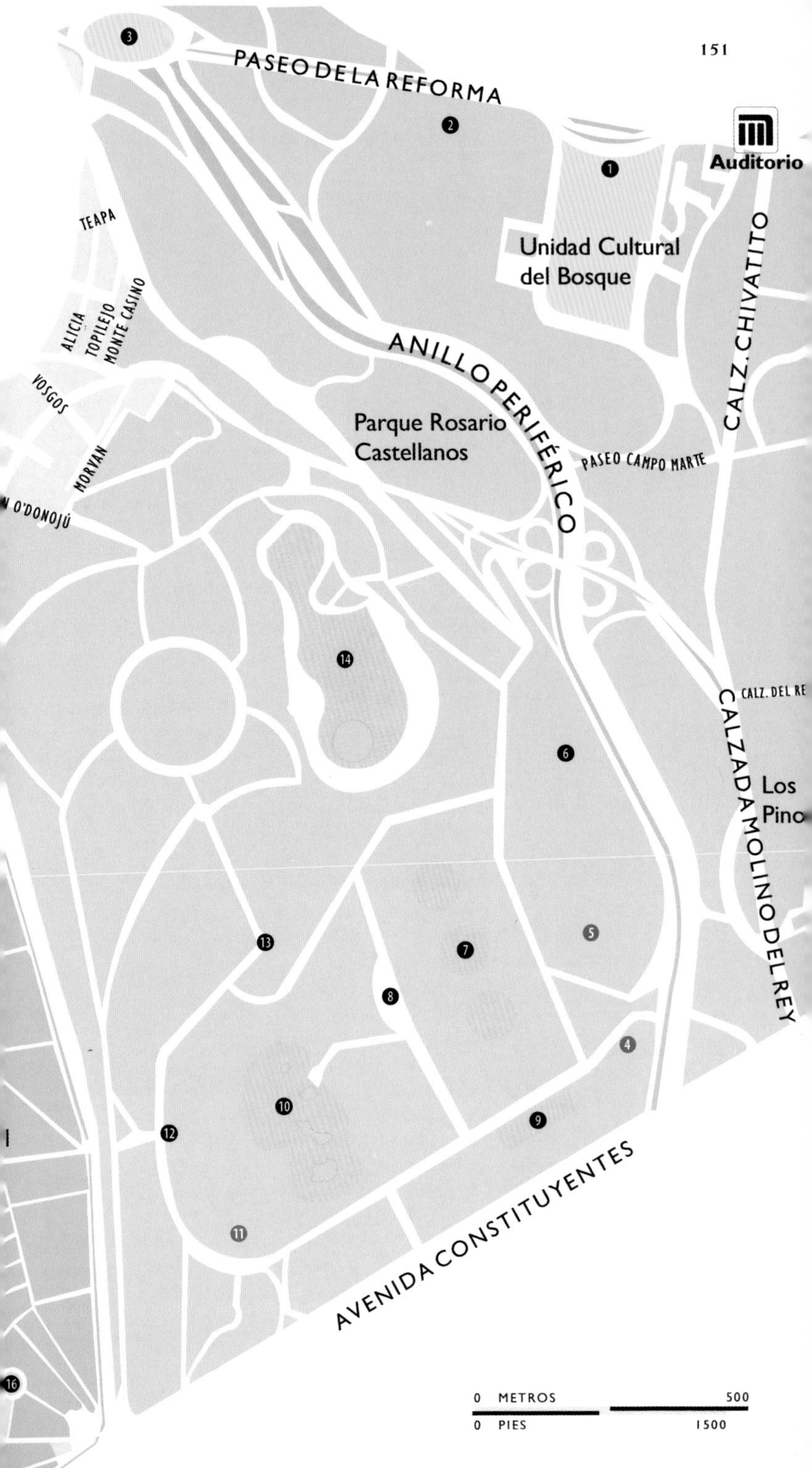
PASEO DE LA REFORMA
Auditorio
Unidad Cultural del Bosque
TEAPA
ALICIA
TOPILEJO
MONTE CASINO
VOSGOS
MORVAN
O'DONOJÚ
ANILLO PERIFÉRICO
Parque Rosario Castellanos
PASEO CAMPO MARTE
CALZ. CHIVATITO
CALZ. DEL RE
CALZADA MOLINO DEL REY
Los Pino
AVENIDA CONSTITUYENTES
0 METROS 500
0 PIES 1500

*La Feria: Montaña rusa. Al fondo, los edificios de Polanco*

## Museo Tecnológico

A un lado de La Feria
mar.-dom., 10-17 h.
5516-0964 y 5516-0965
5516-5520
www.cultura.df.gob.mx/espa/b2a102.htm

Creado por la Comisión Federal de Electricidad, abrió sus puertas al público en 1970, con la finalidad de difundir la ciencia y la tecnología. Se exponen maquinaria y artefactos científicos, entre los que sobresale un reloj atómico, cuya marcha sólo se altera un minuto cada 300 años. Se divide en las siguientes salas: Industria eléctrica, Electromagnetismo, Transporte y Física; además, cuenta con áreas exteriores con maquetas a escala de las plantas de generación eléctrica; una exposición ferroviaria con vagones y locomotoras de diferentes épocas; equipo de perforación usado durante los inicios de la Industria Petrolera en México; piezas aeronáuticas, así como maquinaria y equipo que muestran el desarrollo tecnológico del país. Tiene también servicios de biblioteca, librería, planetario, telescopio y talleres de computación.

*Museo Tecnológico de la CFE*

## La Feria, en Chapultepec Mágico

Circuito Bosque de Chapultepec s/n
mar.-vie., 10-18 h.; sáb.-dom., 10-21 h.

Tras su más reciente remodelación se convirtió en un moderno parque de diversiones que cuenta con al menos 25 juegos mecánicos mayores; muchos de ellos y especialmente la Montaña Rusa aparecen citados entre los diez más atractivos del mundo, a decir de los entusiastas de este renglón del entretenimiento. Tiene una sección para niños pequeños. En los juegos vertiginosos y rudos aplican restricciones por edad y estado físico.

*Fuentes de las Serpientes, vista parcial*

## Fuentes de las Serpientes

Son cuatro fuentes que ocupan la mayor parte del espacio de la manzana inmediata a la de La Feria. En este sector se encuentran, además, el Cárcamo y la fuente de Tláloc.

## Cárcamo

Calle Neri Vela
mar.-dom., 10-17 h.
$

Está formado por un pabellón proyectado como un simple volumen cúbico que alberga un mural y preside la fuente, rematado por una cúpula translúcida de media naranja; además, un pórtico en la parte frontal del edificio acentúa una similitud con las construcciones clásicas, proponiendo un templo moderno para rendir culto al agua. El diseño se inserta dentro de las corrientes nacionalistas de la época con la inclusión de cuatro cabezas de serpiente que rematan las esquinas superiores de la edificación. Al interior destacan los murales, así como los mecanismos de las compuertas que han dejado de utilizarse para proteger las pinturas. La obra pictórica de Diego Rivera reverencia con imágenes tanto al vital líquido como a los hombres mexicanos, trabajadores y profesionistas, que hicieron posible las obras hidráulicas para dotar a la ciudad del fluido proveniente del río Lerma.

*Cárcamo, vista aérea*

*Cárcamo: Murales de Diego Rivera en el interior*

## Fuente de Tláloc

Calle Neri Vela

Se ubica en la parte exterior del edificio conocido como Cárcamo, receptor de las aguas del río Lerma, hacia el norte del Museo de Historia Natural. La parte principal de la decoración es la figura en bajorrelieve de Tláloc emergiendo del cielo, el cual está realizado con piedras de colores combinando la pintura con la escultura.

*Fuente de Tláloc, detalle*

*Café del Bosque en el Lago menor*

## Lago menor

Ocupa la mayor parte de la manzana ubicada frente a la fuente de Tláloc. Hay lanchas para rentar. A un lado se encuentran los juegos mecánicos para niños. A su orilla está el Café del Bosque, construido a manera de muelle; ofrece comida mexicana e internacional.

*Museo de Historia Natural: Sala 4*

*Fuente de las Ninfas*

### Museo de Historia Natural

Frente al Lago menor
mar.-dom., 10-17 h.
5516-2848 y 5515-6304
www.cultura.df.gob.mx/2001/may/mhn.htm

Fundado en 1964 en sus instalaciones actuales, aunque sus antecedentes se remontan a 1790. Se construyó con un sistema de domos de concreto que crean espacios circulares para cada sala, cuyas colecciones tienen fines didácticos. Ofrece, como espacio de actividades interactivas, visitas guiadas, talleres para niños y jóvenes, exposiciones, proyección de videos, hemeroteca, biblioteca, ludoteca, mediateca y los programas de observadores de aves, explorando la vida y aliados de la naturaleza.

Su proyecto de remodelación contempla mayor interactividad y nuevos enfoques científicos en torno de siete vertientes principales:
1. La máquina del cuerpo; 2. El universo; 3. Los seres vivos y su entorno; 4. La evolución de los seres vivos; 5. México diverso; 6. Historia natural de una zona lacustre: la cuenca de México, y 7. Pensar localmente, actuar globalmente: Problemas globales y contextos locales: nuestra única casa, el planeta Tierra.

### Monumento a Copérnico

Frente al Museo de Historia Natural

Estatua en bronce hecha por el artista M. Welter, en ocasión del quinto centenario del nacimiento del científico Nicolás Copérnico. Se develó en 1973.

*Nicolás Copérnico*

### Fuente de la Juventud (Las Ninfas)

Se encuentra sobre el camino que conduce al Lago mayor, cerca de lo que hoy se conoce como El Planeta Azul. Tiene dos figuras femeninas del escultor Francisco Zúñiga. Fue colocada en 1964.

### Lago mayor

Ocupa toda la manzana al norte de las Fuentes de las Serpientes. Tiene una fuente monumental con 13 figuras; su chorro alcanza una altura de 50 m.

*Museo de Historia Natural, fuente central*

### Restaurante del Lago

Orilla poniente del Lago mayor
Cocina mexicana
todos los días, 7-01 h.
5515-9585 y 5515-8307
www.lago.com.mx

Ofrece comida mexicana contemporánea. Diariamente hay desayunos y los domingos, *brunch*. Es un lugar agradable con una excelente vista al Lago mayor y su espectacular fuente. De miércoles a domingo hay música viva. Cuenta con tres salones para eventos. Se puede reservar por teléfono o vía Internet (www.lago.com.mx/reservaciones.php). Se requiere atuendo formal.

de Benito Juárez. También por disposición de ese mandatario, en 1874 se reservó en el cementerio un espacio para los restos de mexicanos distinguidos. Así nació la sección y monumento llamada Rotonda de los Hombres Ilustres.

En la práctica, la decisión de depositar o no los restos de una persona "notable" en la Rotonda se convirtió en un trámite sujeto a muchas opiniones.

Peralta (1845-1883), cantante de ópera y gran diva, llamada "El Ruiseñor Mexicano", ingresó en 1942 tras la campaña del periodista Rafael Martínez *Rip Rip*, del diario *El Demócrata* (ya no se publica). Virginia Fábregas (1870-1950), profesora normalista, actriz y empresaria teatral, merecedora de las Palmas Académicas, que le otorgó Francia en 1908, fue la segunda, a su

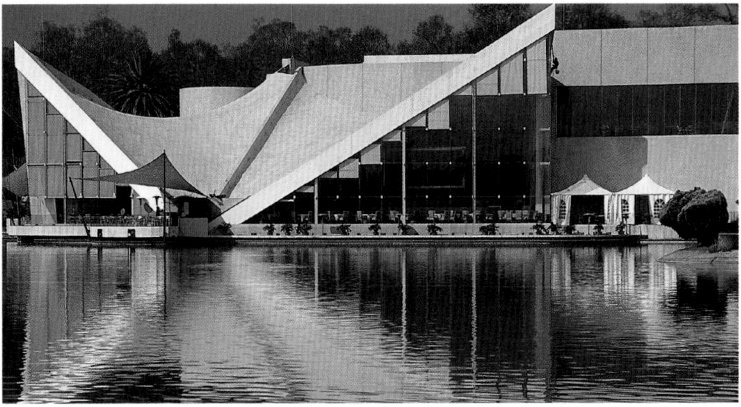

*Restaurante del Lago, en el Lago mayor*

**Panteón de Dolores y Rotonda de las Personas Ilustres**

Av. Constituyentes y Sur 128

Forma el límite oriental de la segunda sección de Chapultepec. Es uno de los cinco grandes cementerios civiles de la ciudad y el primero que tuvo tal carácter, por decreto del presidente Sebastián Lerdo de Tejada en 1872, poco después de la muerte

Por ejemplo, el criterio de selección excluyó durante largo tiempo a las mujeres ilustres. Y lo más extraño de todo es que ningún gobierno se ha atrevido a exhumar los restos de Benito Juárez del panteón de San Fernando para trasladarlos a la Rotonda.

A lo largo de 128 años, tres mujeres han calificado para entrar en la Rotonda: Ángela

muerte, por instrucción de Miguel Alemán, presidente de la República. La tercera fue la escritora y diplomática Rosario Castellanos (1925-1974).

Hay 100 nichos más, todos ocupados por restos de varones que fueron políticos, ideólogos, educadores, artistas plásticos, compositores, poetas, literatos, historiadores, científicos y militares.

# PANTEÓN DE DOLORES

*Tumba de Rosario Castellanos*

*Panteón de Dolores*

*Busto de Diego Rivera*

*Panteón israelita*

**Panteón Israelita**

Av. Constituyentes y Sur 138

Inaugurado como cementerio asquenazí de Nidje Israel en 1928. Es el aposento principal para los difuntos de la extensa comunidad judía de la ciudad de México. La iconografía de las tumbas y los rituales funerarios resultan interesantes, pues difieren de la mayoría de los cementerios mexicanos basados en la religiosidad cristiana y católica. En el cementerio hay un templete dedicado a las víctimas del Holocausto.

Espectáculo de delfines en la Tercera sección de Chapultepec

Un sendero de la Tercera sección, paraíso de los joggers

## ✪ Chapultepec, tercera sección

Av. Constituyentes, al oriente del panteón de Dolores
www.sma.df.gob.mx/sma/ubea/bosque_parques_museos/chapultepec/mapa03.htm

Para su recorrido, en la tercera sección hay cuatro circuitos que atraviesan hermosas áreas boscosas: José María Velasco, Ignacio Zaragoza, Joaquín Clausell y Miguel Ángel de Quevedo.

La tercera sección del Bosque de Chapultepec es la más reciente de las ampliaciones del Bosque. En este lugar están el balneario "Aguas Salvajes", con olas artificiales; el Parque Acuático "El Rollo", balneario popular; el Teatro al aire libre "Alfonso Reyes", y el Monumento a Cri Cri, famoso compositor (Francisco Gabilondo Soler, 1907-1990, astrónomo, músico compositor de piezas románticas y picarescas, aunque mejor conocido por sus canciones para niños). Los domingos hay jaripeos en el Rancho del Charro.

La tercera sección de Chapultepec es un espacio hoy por hoy todavía amado por los practicantes del *jogging* y la caminata. Es también el espacio de las futuras ampliaciones del gran centro recreativo de la ciudad.

Las tribunas del delfinario tienen gran capacidad

El Revolcadero, en la Tercera sección de Chapultepec

# POLANCO

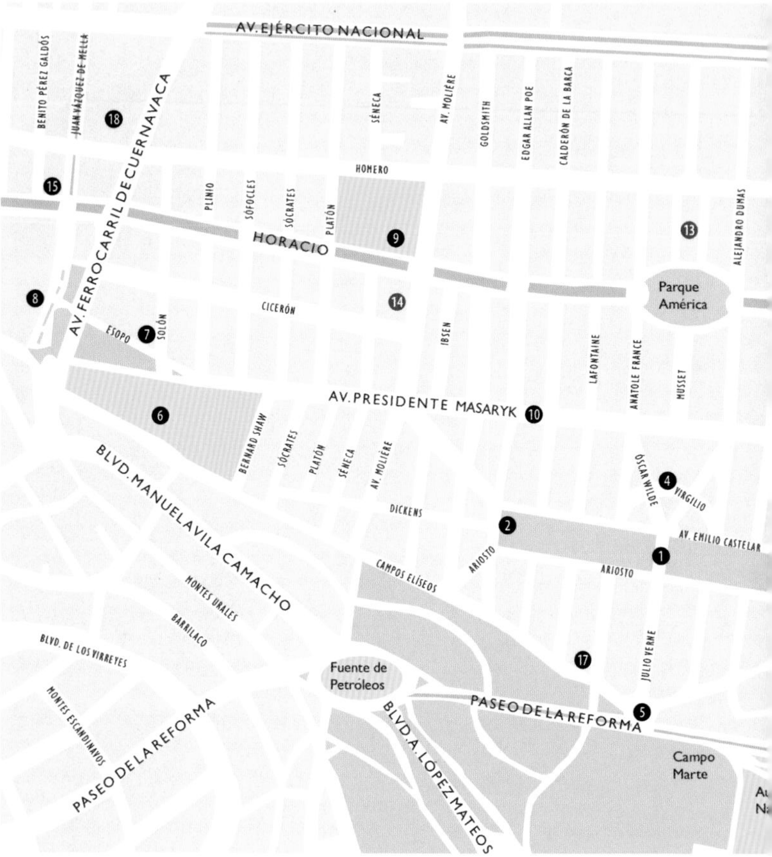


1. Parque Lincoln
2. Reloj de Polanco
3. Teatro Ángela Peralta
4. Mercado de Polanco
5. Obelisco a Simón Bolívar
6. Conservatorio Nacional de Música
7. Pasaje Polanco
8. Hacienda de los Morales
9. Plaza Molière
10. Avenida Masaryk
11. Plaza Uruguay
12. Monumento al Presidente Thomas G. Masaryk
13. Iglesia de San Agustín
14. Iglesia de San Ignacio
15. Sinagoga Beth-El
16. Monumento a Churchill
17. Monumento a Colosio
18. Pabellón y Plaza Polanco

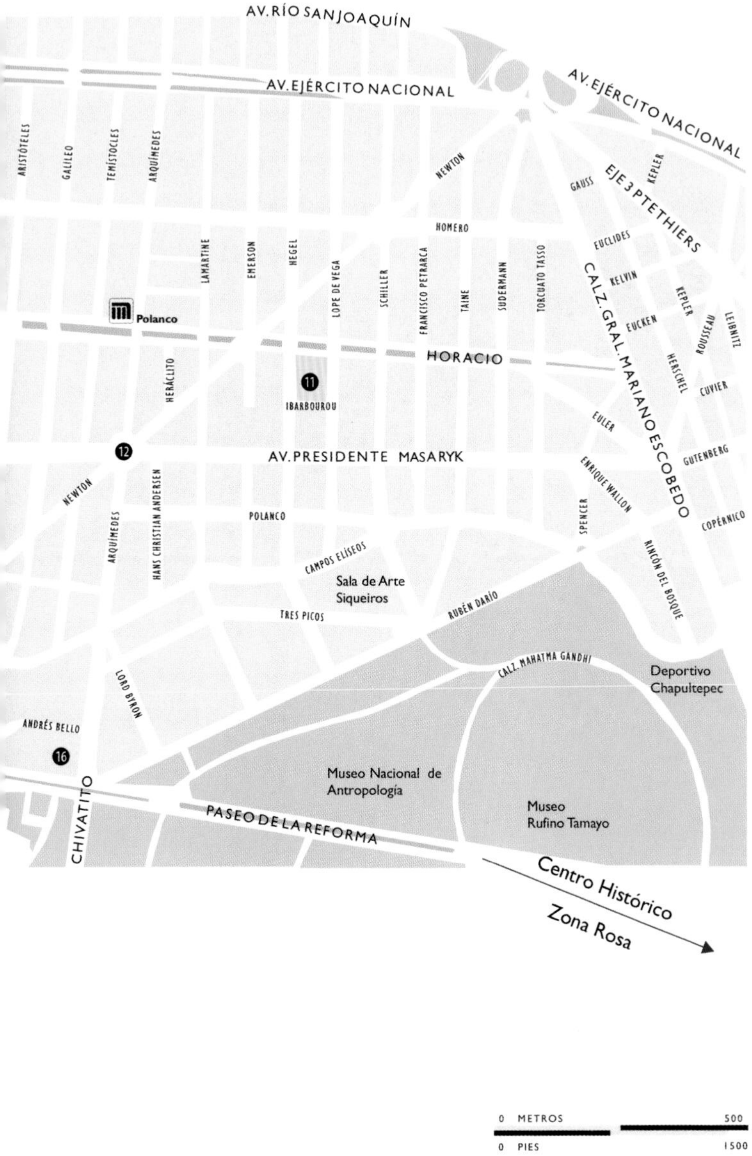
AV. RÍO SAN JOAQUÍN
AV. EJÉRCITO NACIONAL
AV. EJÉRCITO NACIONAL
ARISTÓTELES
GALILEO
TEMÍSTOCLES
ARQUÍMEDES
NEWTON
GAUSS
EJE 3 PTE THIERS
KEPLER
HOMERO
LAMARTINE
EMERSON
HEGEL
LOPE DE VEGA
SCHILLER
FRANCISCO PETRARCA
TAINE
SUDERMANN
TORCUATO TASSO
EUCLIDES
KELVIN
CALZ. GRAL. MARIANO ESCOBEDO
KEPLER
EUCKEN
ROUSSEAU
LEIBNITZ
Polanco
HORACIO
HERÁCLITO
IBARBOUROU
HERSCHEL
CUVIER
EULER
AV. PRESIDENTE MASARYK
GUTENBERG
NEWTON
ENRIQUE WALLON
ARQUÍMEDES
HANS CHRISTIAN ANDERSEN
POLANCO
SPENCER
COPÉRNICO
CAMPOS ELÍSEOS
RINCÓN DEL BOSQUE
Sala de Arte Siqueiros
TRES PICOS
RUBÉN DARÍO
CALZ. MAHATMA GANDHI
Deportivo Chapultepec
LORD BYRON
ANDRÉS BELLO
Museo Nacional de Antropología
CHIVATITO
PASEO DE LA REFORMA
Museo Rufino Tamayo
Centro Histórico
Zona Rosa
0 METROS 500
0 PIES 1500

# POLANCO

**Torre del Reloj**
La Delegación Miguel Hidalgo sostiene una galería de arte contemporáneo. La construcción tiene el estilo que predomina en todos los edificios originales de la zona (1938-1960), que es el español californiano.

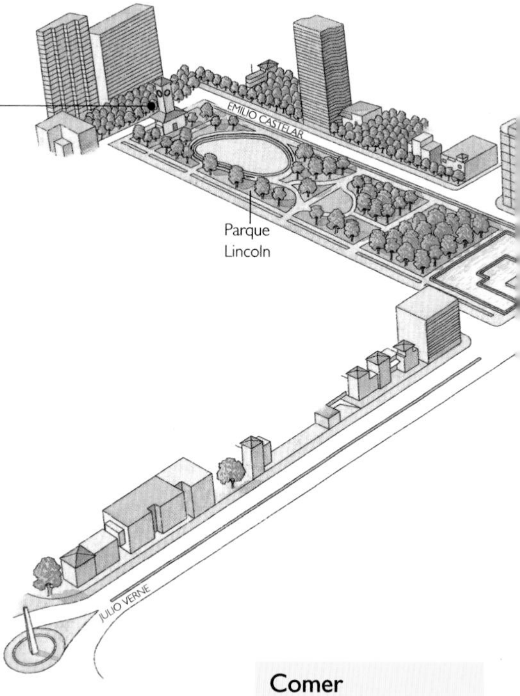

*Obelisco a Simón Bolívar*

**Obelisco a Simón Bolívar**
El obelisco dedicado al Libertador es uno de los monumentos más antiguos de este fraccionamiento. Está en el entronque de Julio Verne con Paseo de la Reforma.

## Comer

**El Buen Comer**
Edgar Allan Poe 50

## Visitar

**Mercado de Polanco**
Calle Julio Verne
**Galería Juan Martín**
Dickens 33-B
**Galería Óscar Román**
Julio Verne 14

**Abraham Lincoln**
La estatua del famoso presidente de Estados Unidos fue donada por la embajada de ese país y dio nombre al parque.

**Martin Luther King**
Como la de Lincoln, la estatua de este prócer afroamericano promotor de la integración racial, fue donada por la embajada de Estados Unidos.

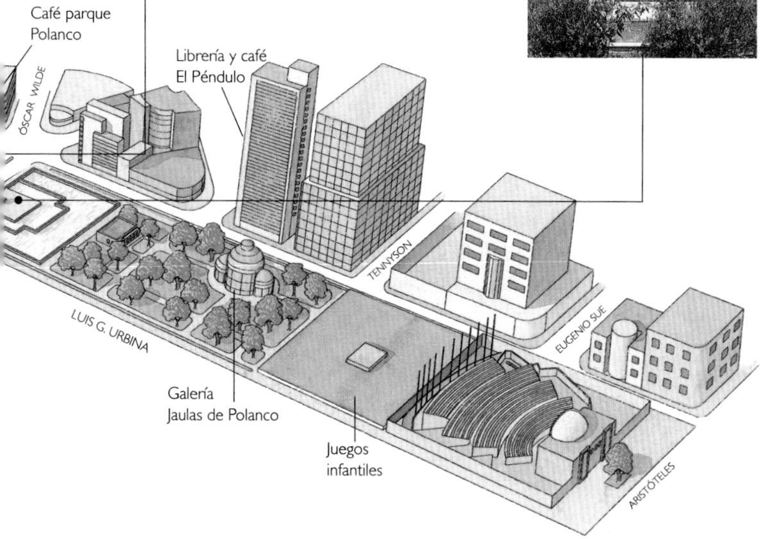

*Teatro Ángela Peralta*

**Teatro Ángela Peralta**
En el foro Ángela Peralta se presentan frecuentemente conciertos y funciones de danza.

## ✪ Polanco

El eclecticismo es común denominador en la arquitectura de las zonas residenciales modernas de la ciudad de México. En los años 40 y 50 estuvo de moda el modelo llamado "colonial o español californiano", con sus tallas de cantera pseudobarrocas, jardines frontales, tejados y porches. Todos ellos dejaron su huella en Polanco, zona residencial, comercial y cultural ubicada en el sector poniente de la ciudad.

Polanco y algunos sectores vecinos –como Anzures, las Lomas de Chapultepec y Tecamachalco– se cuentan entre las zonas residenciales con habitantes de mayor poder adquisitivo en la ciudad. Además, Polanco es el núcleo comercial y de negocios de esos sectores, donde han instalado sus oficinas importantes empresas nacionales e internacionales y gran número de embajadas. En la zona hay museos, galerías, salas de arte, sofisticadas boutiques, tiendas, afamados restaurantes, una franja hotelera de nivel internacional y otros muchos servicios en el renglón de las cinco estrellas.

*Polanco*

### Parque Lincoln

En el corazón de Polanco, sobre la calle Emilio Castelar, se encuentra este parque público que debe su nombre a la estatua principal , junto a la de Martin Luther King, ambas donadas a la ciudad por la embajada de Estados Unidos.
Es un lugar para que los adultos disfruten un paseo por los andadores, al compás que marca la Torre del Reloj, mientras los menores disfrutan los juegos y otras actividades. O bien para asistir al teatro Ángela Peralta.

### Reloj de Polanco

En el costado oeste del Parque Lincoln se encuentra este icono de la zona. Es un edificio de corte californiano que alberga una galería de arte contemporáneo denominada Torre del Reloj, administrada por la Delegación Miguel Hidalgo.

### Teatro Ángela Peralta

Parque Lincoln

Teatro al aire libre, con capacidad para tres mil espectadores. Es un foro abierto de música y teatro nombrado en honor de la soprano mexicana Ángela Peralta (1845-1883). Se ofrecen conciertos de música de diversos géneros, espectáculos infantiles y presentaciones de danza.

### Mercado de Polanco

Calle Julio Verne

Es el mercado público de la zona. Pese a la competencia de establecimientos más modernos y apartados de la vieja costumbre del mercado popular, aún quedan algunos locales que ofrecen frutas, verduras y flores de inmejorable calidad.

*Obelisco a Simón Bolívar*

### Obelisco a Simón Bolívar

Paseo de la Reforma

Fue de los primeros de Polanco (1938), cuando se planeó el fraccionamiento. Por encontrarse sobre el sector de Paseo de la Reforma cercano a los principales museos de la zona, es una referencia multicitada.

### Conservatorio Nacional de Música

Masaryk 582

El Conservatorio fue fundado hace 135 años por Melesio Morales. Su edificio actual, ubicado en la esquina de Masaryk y Periférico, fue construido en 1949 por el arquitecto Mario Pani. Además de las aulas cuenta con un auditorio donde se realizan conciertos.

### Librería y restaurante En un lugar de La Mancha

Esopo 11

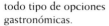

Agradable librería que cuenta con un restaurante y un café de corte informal; ofrece a su clientela una opción para disfrutar de la lectura y reunirse con los amigos. Está situada frente al Conservatorio Nacional de Música.

### Pasaje Polanco

Masaryk y Julio Verne

Es un edificio de departamentos de corte californiano que alberga boutiques de ropa para dama y caballero, mueblerías y tiendas de artesanías, además de restaurantes que ofrecen todo tipo de opciones gastronómicas.

*Conservatorio Nacional de Música*

### Hacienda de los Morales

Vázquez de Mella 525 entre Periférico y Horacio

Construida en el siglo XVII, la hacienda de San Juan de los Morales tuvo su casco en lo que hoy es este restaurante de cinco estrellas en el que la clientela puede combinar la belleza del lugar con la alta cocina mexicana e internacional. Es uno de los mejores restaurantes de la ciudad. Se requiere atuendo formal.

*Plaza Molière*

### Plaza Molière

Horacio y Molière

El edificio construido en 1997 alberga las oficinas de uno de los más importantes grupos empresariales de México junto con una tienda departamental y boutiques. Esquina de las calles Horacio y Molière. Es uno de los centros comerciales más grandes y modernos (1997) de Polanco. El conjunto, de corte moderno minimalista, alberga oficinas y comercios de primer nivel. Fue diseñado por el arquitecto Javier Sordo Madaleno.

*Iglesia de San Agustín*

### Avenida Masaryk

Aquí se localizan las más exclusivas boutiques, joyerías y otras tiendas de artículos de lujo, en locales independientes o dentro de los numerosos centros comerciales.

### Plaza Uruguay

Horacio y Hegel

Es un agradable jardín que cuenta con una fuente estilo cubista. Está, además, la estatua del general José Artigas, prócer de la República Oriental del Uruguay. La escultura en bronce fue donada por la ciudad de Montevideo en 1947.

### Monumento al Presidente Thomas G. Masaryk

Masaryk y Arquímedes

Monumento a Thomas G. Masaryk, fundador del Partido Popular Checo y primer presidente de la República de Checoslovaquia. La escultura fue donada a la ciudad de México en octubre del año 2000.

### Iglesia de San Agustín

Horacio y Julio Verne

Es una de las iglesias de corte neorrománico más importantes de Polanco. Proyectada y construida por Leonardo Noriega Stamboli y Juan Valerio Capetillo, fue terminada el 26 de julio de 1942. Destacan su sobria construcción, su amplia nave y el pasillo anterior al atrio que permite a los visitantes observar las misas.

*Plaza Uruguay*

*Iglesia de San Ignacio*

### Iglesia de San Ignacio

Horacio y Molière

Diseñada y construida por el arquitecto Juan Sordo Madaleno en 1961. De estilo moderno poligonal, los techos a dos aguas están recubiertos por azulejos amarillos de Talavera de Puebla. En el atrio, sobrio y de amplias dimensiones, destaca un enorme Cristo crucificado de bronce sostenido por cables del techo. Dignos de mención son también los vitrales de corte modernista situados a ambos lados del atrio.

### Barrio judío

En los años 40, Polanco se convirtió en una opción residencial de buen vivir, lejos del centro de la ciudad, y en el barrio predilecto de algunas minorías prósperas como la judía de origen multinacional, la libanesa y la española.

Sin ser propiamente un barrio judío, en esta zona abundan los establecimientos comerciales propiedad de ciudadanos mexicanos de religión judía que expenden mercancías de todo tipo y entre ellas las relacionadas con las tradiciones de su credo. Aquí se encuentran, entre otros giros, tiendas y restaurantes kosher debidamente certificados y supervisados por el rabinato de la ciudad.

### Sinagoga Beth-El

Horacio 1722

En pleno centro del Barrio judío, es una de las más populares entre dicha comunidad. De estilo moderno y sobrio, cuenta con todas las facilidades para llevar a cabo eventos religiosos y sociales, así como una librería y tienda de artículos religiosos.

### Monumento a Churchill

Paseo de la Reforma y Arquímedes

Escultura en bronce asentada sobre una base de cubos de concreto, que muestra al dirigente británico en una postura seria y decidida.

### Monumento a Colosio

Paseo de la Reforma y Anatole France

Este busto en bronce fue donado a la ciudad

*Galería Mexicana de Diseño*

por los Amigos de Colosio en homenaje a Luis Donaldo Colosio, político mexicano que fue asesinado durante su campaña como candidato a la Presidencia de la República en 1994.

*Winston Churchill*

### Pabellón y Plaza Polanco

Homero y Ejército Nacional

Se trata de centros comerciales que albergan tiendas departamentales, cines y áreas de entretenimiento para todas las edades, además de restaurantes y oficinas de negocios.

### Librería y tienda Jerusalem

Ejército Nacional y Anatole France

Este local ofrece a sus clientes una amplia variedad de libros y artículos relacionados con la religión judía en español, inglés y hebreo.

### Galerías de arte

El número de galerías de arte ubicadas en Polanco es muy grande. Las hay de todo tipo, desde las que exhiben obras clásicas y antigüedades hasta las especializadas en arte contemporáneo o vanguardista nacional e internacional. Las mencionadas en la lista siguiente son solamente algunas seleccionadas de entre las más importantes.

| Nombre | Domicilio |
|---|---|
| Galería Mexicana de Diseño | Anatole France 13 |
| Galería Óscar Román de Arte y Diseño | Anatole France 26 |
| Galería López Quiroga | Aristóteles 169 esquina Horacio |
| Praxis Arte Internacional | Arquímedes 175 |
| Interact | Campos Elíseos 65 |
| Galería Juan Martín | Dickens 33b |
| Christie's | Galileo 54 |
| Galería Enrique Guerrero | Horacio 1549 |
| Artnova | Hotel Presidente Intercontinental |
| Galería La Granja | Jaime Balmes 11 |
| Galería de Arte Misrachi | Lafontaine y Homero |
| Galería Arte Núcleo | Rubén Darío 281 |
| Sala de Arte Público Siqueiros | Tres Picos 29 |

# Condesa y Roma

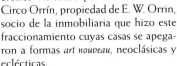

Casa Lamm, detalle de la fachada

Se dice que los nombres de las calles de la colonia Roma, una de las últimas del porfiriato (1876-1911), provienen de las poblaciones visitadas por el Circo Orrín, propiedad de E. W. Orrin, socio de la inmobiliaria que hizo este fraccionamiento cuyas casas se apegaron a formas *art nouveau*, neoclásicas y eclécticas.

En los primeros años del siglo XX, el Jockey Club compró 40 hectáreas de la antigua hacienda de la Condesa de Miravalle y ahí construyó un elegante hipódromo, inaugurado en octubre de 1910, un mes antes del comienzo de la Revolución; en consecuencia, tuvo que cerrar por falta de entradas.

Los gobiernos revolucionarios adoptaron modas con tintes nacionalistas. El *art déco* fue abrazado por artistas que le imprimieron sellos propios, con diseños prehispánicos acordes con el nuevo gusto nacional. En tal corriente arquitectónica quedó inscrita la colonia Hipódromo-Condesa, inaugurada en 1925.

A mediados del siglo XX estas dos colonias decayeron y durante el terremoto de 1985 sufrieron graves daños. Esta desgracia, paradójicamente, propició una reacción en los vecinos e inversionistas: hoy, en los dos barrios, restaurados, parece revivir el espíritu cosmopolita original. Hay numerosos restaurantes, bares, librerías, cafés, galerías y centros culturales que conforman importantes centros de reunión para residentes y visitantes.

*Una parte de la hacienda de la condesa de Miravalle* en Camino a Tacubaya, *por Casimiro Castro*

◀ *Circuito Amsterdam y avenida México, en la Condesa*

# CONDESA Y ROMA

COLONIA CONDESA

1. Circuito Ámsterdam
2. Casa Refugio Citlaltépetl
3. Avenida México (Parque San Martín)
4. Avenida México 141 y 143
5. Avenida México 187
6. Parque España
7. Centro de Estudios Plutarco Elías Calles
8. Avenida Veracruz
9. Avenida Mazatlán

COLONIA ROMA

**Avenida Álvaro Obregón**

10. Centro Cultural Casa del Poeta
11. Centro de Cultura Casa Lamm
12. Edificio Balmori
13. El Parián

**Calle Orizaba**

14. Iglesia de la Sagrada Familia
15. Casa Universitaria del Libro
16. Casa Tíbet
17. Plaza Río de Janeiro
18. Edificio Río de Janeiro
19. Plaza Luis Cabrera

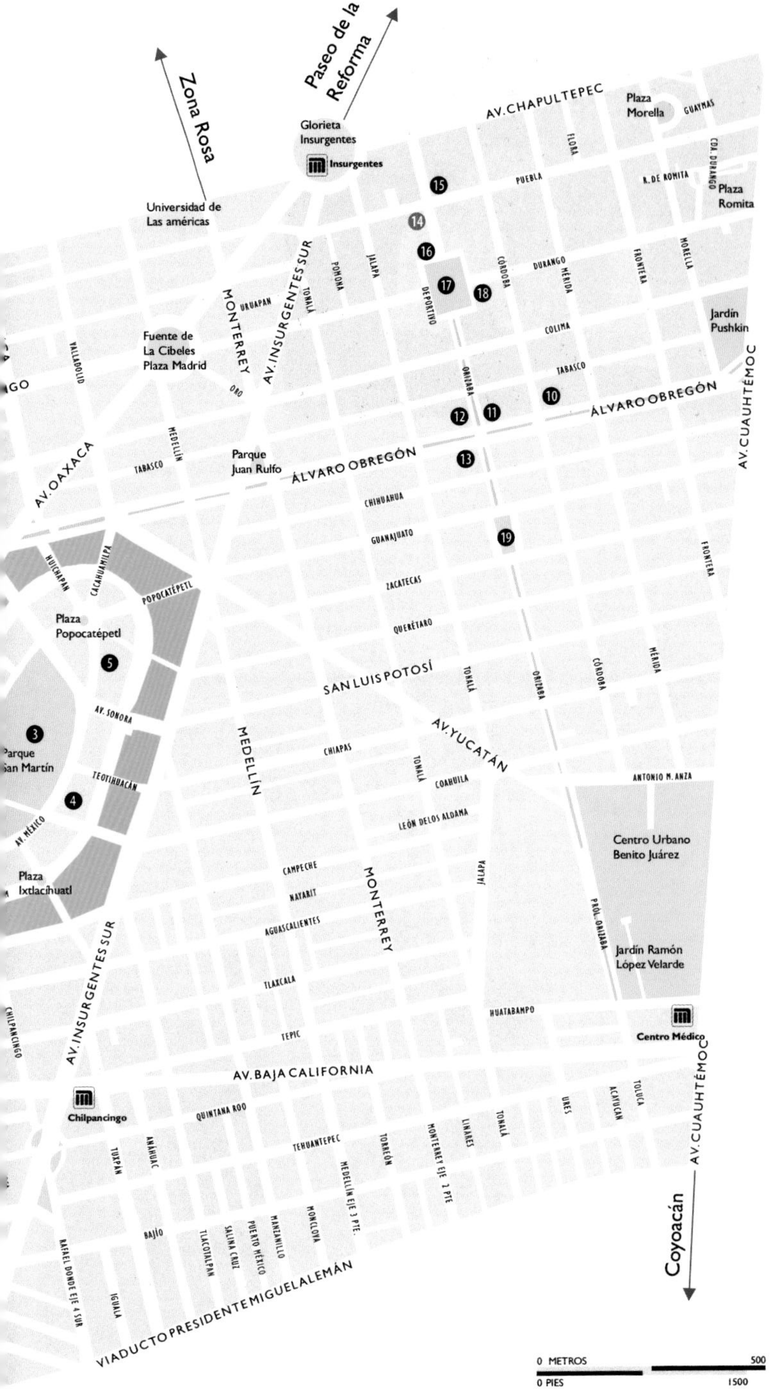
Zona Rosa
Paseo de la Reforma
Glorieta Insurgentes
Insurgentes
AV. CHAPULTEPEC
Plaza Morella
GUAYMAS
FLORA
PUEBLA
R. DE ROMITA
CDA. DURANGO
Plaza Romita
Universidad de Las américas
AV. INSURGENTES SUR
POMONA
JALAPA
TONALÁ
CÓRDOBA
DURANGO
MÉRIDA
FRONTERA
MORELLA
MONTERREY
URUAPAN
DEPORTIVO
COLIMA
Jardín Pushkin
Fuente de La Cibeles Plaza Madrid
VALLADOLID
ORO
ORIZABA
TABASCO
ÁLVARO OBREGÓN
AV. CUAUHTÉMOC
AV. OAXACA
MEDELLÍN
Parque Juan Rulfo
CHIHUAHUA
GUANAJUATO
HUICHAPAN
CACAHUAMILPA
POPOCATÉPETL
ZACATECAS
Plaza Popocatépetl
QUERÉTARO
SAN LUIS POTOSÍ
AV. SONORA
Parque San Martín
CHIAPAS
AV. YUCATÁN
TEOTIHUACÁN
COAHUILA
ANTONIO M. ANZA
LEÓN DE LOS ALDAMA
AV. MÉXICO
Centro Urbano Benito Juárez
Plaza Ixtlacíhuatl
CAMPECHE
NAYARIT
AGUASCALIENTES
PROL. ORIZABA
Jardín Ramón López Velarde
TLAXCALA
HUATABAMPO
CHILPANCINGO
TEPIC
Centro Médico
AV. BAJA CALIFORNIA
Chilpancingo
QUINTANA ROO
UNES
ACATUCAN
TOLUCA
TEHUANTEPEC
TORREÓN
MONTERREY EJE 2 PTE
LINARES
TUXPÁN
ANÁHUAC
MEDELLÍN EJE 3 PTE.
MONCLOVA
BAJÍO
TLACOTALPAN
SALINA CRUZ
PUERTO MÉXICO
MANZANILLO
Coyoacán
RAFAEL DONDE EJE 4 SUR
IGUALA
VIADUCTO PRESIDENTE MIGUEL ALEMÁN
0 METROS 500
0 PIES 1500

Glorieta Popocatépetl

## ✪ Colonia Condesa

### Circuito Amsterdam

La avenida Amsterdam forma un óvalo que corresponde con el de la pista del antiguo hipódromo. Fue diseñada para ser un agradable paseo: en su camellón central se colocaron bancas estilo *art déco*, decoradas con azulejos, se plantaron árboles a lo largo del andador central y se insertaron tres glorietas a las que se nombró como a los tres volcanes y mayores elevaciones del país: Citlaltépetl, Popocatépetl e Ixtlacíhuatl.

En la glorieta Popocatépetl se encuentra una fuente estilo *art déco* diseñada por el arquitecto José Gómez Echeverría en 1927. En los alrededores de la glorieta se encuentran varios restaurantes de gran tradición en la zona. Frente a la plaza se encuentra un agradable restaurante, bar y galería llamado Allá en la Fuente.

Un comercio de gran tradición es La Flor de Lis, famoso por sus deliciosos tamales; la casa matriz se localiza en la calle Huichapan que desemboca en esta glorieta. Otro restaurante es el Café Viena, establecido en los años 20 por un matrimonio austriaco-alemán, y que hoy se encuentra en la calle vecina de Cacahuamilpa. También ha hecho historia la pastelería La Gran Vía, fundada en 1940, que se encuentra en Amsterdam casi esquina con Sonora.

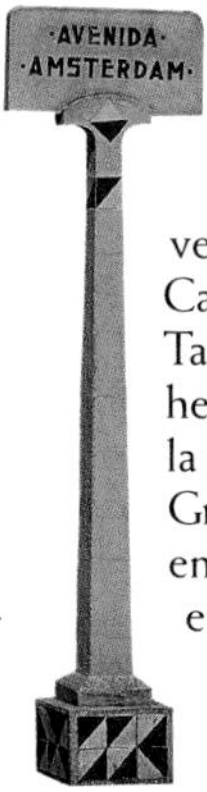


En la glorieta Citlaltépetl se colocó otra fuente, hermosa por su simplicidad: un chorro de agua al centro del amplio espejo que la recibe. Y en la glorieta Ixtlacíhuatl se encuentra una añosa palmera.

A lo largo de la avenida Amsterdam se observan los distintos estilos arquitectónicos que han hecho historia en la ciudad: casas *art déco*, funcionalistas, o de estilo colonial californiano, a las que se han sumado modernos condominios.

De entre los arquitectos que trabajaron en la construcción y diseño de la colonia Condesa, sobresalen Francisco J. Serrano y el dúo conformado por Ricardo Dantán y Juan Segura. Al primero se deben las primeras construcciones racional-funcionalistas, de líneas aerodinámicas exentas de elementos decorativos.

Glorieta Citlaltépetl

*Casa Refugio Citlaltépetl*

*Edificio La Princesa, en Ixtlacíhuatl 27*

El visitante podrá ver algunas de ellas en los números 18, 52, 62, 72, 202, 231, 323 de esta avenida oval.

Las construcciones del equipo Dantán-Segura son representativas del espíritu colonial californiano, que puede apreciarse en las construcciones que corresponden a los números 141, 154 y 266.

### Casa Refugio Citlaltépetl

La Casa Refugio Citlaltépetl abierta en 1998, forma parte de una red de escritores e intelectuales del mundo solidarizados con los escritores perseguidos en sus países. Actualmente hay 25 casas refugios en el mundo. La Casa Citlaltépetl cuenta con una librería y un restaurante. Se organizan cursos, presentaciones y lecturas de libros.

### Amsterdam 38

Inaugurado a principios de los años 30, este edificio de corte funcionalista combina líneas rectas y curvas en su estructura.

### Amsterdam 73

El edificio Niza es ejemplo de la arquitectura funcionalista, despojada totalmente de elementos ornamentales. Fue concebido en 1934 por el arquitecto Enrique de la Mora.

### Amsterdam 285

El edificio Jardines es considerado uno de los mejores ejemplos del *art déco*. Está muy deteriorado, pero en su entrada conserva un arco ochavado y bajorrelieves con motivos vegetales. Fue diseñado por el arquitecto Francisco J. Serrano e inaugurado en 1932.

### Avenida México

El parque México (parque San Martín) fue el área verde exigida en el contrato de compraventa que intentó obligar a la constructora del Hipódromo Condesa a destinar 130 mil metros cuadrados para la construcción de un parque. Tras muchas negociaciones se destinaron finalmente 88 mil m$^2$.

El parque, diseñado en estilo *art déco*, reivindica por un lado los

*La Bodega, en Amsterdam y Popocatépetl*

# PARQUE MÉXICO

**Calle Michoacán**
La calle Michoacán divide al Parque México en sus sectores norte y sur.

**Teatro al aire libre**
El teatro al aire libre Charles Lindbergh es uno de los principales atractivos

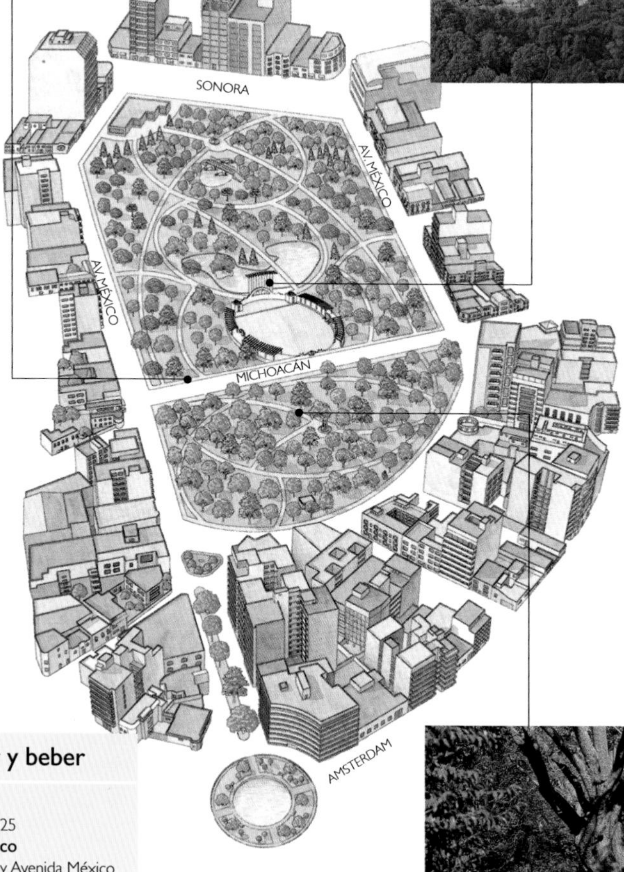


## Comer y beber

**Daikoku**
Michoacán 25
**Café México**
Michoacán y Avenida México

## Visitar

**Edificios de la avenida México**
Perímetro del parque México
**Escuela de gastronomía**
Sonora y Avenida México

**Andadores**
Durante el día, los andadores del parque México ofrecen un espacio muy agradable para el ejercicio y el esparcimiento.

*Con el paso de los años, el eclecticismo ha proliferado en las vistas de la avenida México*

ideales modernos y el culto a la tecnología, y por otro, los valores nacionalistas. Oficialmente se le llamó parque General San Martín, en honor al libertador sudamericano, el 25 de octubre de 1927, en un acto amistoso con la República Argentina. La gente siempre le ha llamado parque México. Fue diseñado por el arquitecto Leonardo Noriega y el ingeniero Javier Stávoli.

Uno de sus mayores atractivos es su teatro al aire libre, cercado por una pérgola cubierta de buganvillas; el escenario está enmarcado por cinco enormes columnas de concreto y en sus extremos hay dos pequeños camerinos, con relieves alegóricos al teatro, diseñados por Roberto Montenegro. Por la entrada principal, que divide el parque, se levanta una monumental fuente con la figura de una mujer desnuda abrazando dos cántaros de los que caen chorros de agua. El teatro recibió el nombre de Charles Lindbergh, quien el 13 de diciembre de 1927 aterrizó en el altiplano mexicano para recibir la admiración y el entusiasmo de miles de ciudadanos: manifestaciones obreras, fiestas juveniles, así como corridas de toros se organizaron en su honor.

La calle Michoacán divide el parque. En la porción sur, al centro de una plaza circular, se levanta una columna que fue reloj y radio en los tiempos en que XEB, la primera radiodifusora comercial en la ciudad, comenzó sus transmisiones. Hoy, la columna, sin reloj ni radio, es el elemento decorativo de una fuente.

En el otro extremo (norte) del parque, junto a la avenida Sonora, el arquitecto Noriega diseñó una fuente que simula el nacimiento de un río y corre entre rocas y puentes de cemento armado, para desembocar en el lago de los patos. Las bancas del parque, también de cemento, simulan pequeñas cabañas de madera.

Durante el día, el parque México ofrece múltiples opciones para pasar un buen rato. Los visitantes pueden rentar bicicletas, disfrutar los juegos mecánicos, observar los patos y su estanque o sencillamente caminar por los andadores que recorren la nutrida arboleda. Durante la noche es un buen espectáculo para los residentes que pueden verlo desde las ventanas de sus casas y que saben bien que pasear, de noche, por un parque solitario, en cualquier lugar de la ciudad, no es una buena idea.

Sobre la avenida México, que rodea al parque, se encuentran interesantes construcciones que son muestrario de los estilos arquitectónicos que predominaron entre los años 20 y 40 del siglo XX.

*Fuente de los Cántaros, en el parque México*

**Avenida México 25**

Ejemplo de la arquitectura colonial californiana del arquitecto Juan Segura, cuyas primeras obras datan de 1928. La fachada está adornada con azulejos de colores y aleros de teja.

**Avenida México 73-75**

Estas casas de estilo funcionalista fueron diseñadas por el arquitecto Francisco J. Serrano. Reúnen en una sola fachada de líneas aerodinámicas dos casas habitación.

**Avenida México 169**

En el edificio del Parque destacan la jardinera y el rodapié de granito negro en los que se refleja el espíritu *déco* de la época. Diseñado por el arquitecto Ernesto I. G. Buenrostro y el ingeniero José María Buenrostro.

**Avenida México 141 y 143**

Dos casas de estilo funcionalista, representativas de los primeros trabajos del arquitecto Luis Barragán.

*Fuente en el parque España*

*Centro de Estudios Plutarco Elías Calles*

**Avenida México 187**

El edificio Basurto, obra magistral del arquitecto Francisco J. Serrano, fue inaugurado en 1945. Tiene 14 pisos –altura inusual para aquella época–, con cuatro departamentos en cada una y, además, tres *penthouses* escalonados. Su principal característica es una escalera en espiral, que forma la columna vertebral de la construcción. No es un lugar abierto al público.

## Otros sitios de la Condesa

**Parque España**

Inaugurado en 1921 como parte de los festejos del centenario de la consumación de la Independencia. Era la explanada de acceso al antiguo hipódromo. En su ala poniente está un monumento en honor a Lázaro Cárdenas, otorgado en 1974 por la República española en el exilio. El ala norte del parque España marca el límite entre las colonias Condesa y Roma.

**Centro de Estudios Plutarco Elías Calles**
Guadalajara y Veracruz

Frente al parque España se encuentra una interesante construcción diseñada por el arquitecto Manuel Luis Stampa en 1928. Es una mansión de estilo ecléctico en la que se mezclan torreones y vitrales de tipo medieval, escaleras afrancesadas y en su interior habitaciones estilo *art déco*. Alberga los archivos históricos del ex presidente Plutarco Elías Calles y el general Joaquín Amaro.

## Avenida Veracruz

Sobre esta avenida, espectacular en primavera por sus frondosas jacarandas, se encuentra la casa que habitaron, durante los años 20, los fotógrafos Tina Modotti y Edward Weston. Hoy es galería de arte.

En Zamora casi esquina con Veracruz se encuentra el Foro Shakespeare. En Veracruz esquina con Acapulco se encuentra la Universidad Hebrea Kehilá Azkenazi, que cuenta con una sinagoga, una librería y un pequeño museo en memoria de las víctimas del régimen nazi.

En el extremo poniente de la avenida Veracruz se encuentran la estación Chapultepec del Metro y, a unos pasos, el puente acceso a la primera sección del **Bosque de Chapultepec**.

## Avenida Mazatlán

Otra de las calles que resulta un agradable paseo por la amplitud y belleza de su camellón central bordeado por construcciones entre las que todavía abundan residencias señoriales de estilo colonial californiano.

Comprende el tramo entre el Circuito Interior y la avenida Veracruz, donde cambia de nombre a Durango y continúa para internarse en la colonia Roma.

Sobre esta calle se encuentran los tradicionales helados Roxy, establecimiento fundado en los años 40 que conserva la barra y el mobiliario de la época.

En su extremo norte, la avenida Mazatlán es tangente al enorme conjunto de los departamentos Condesa, codiciados condominios de tipo inglés diseñados por Thomas Gore en los años 20 del siglo XX.

*Edificios Condesa*

*Helados Roxy*

En el perímetro de este conjunto se encuentran varios establecimientos comerciales, cafeterías y restaurantes; entre estos últimos, uno de los mejores restaurantes italianos de la ciudad.

En el tramo en que Mazatlán se convierte en la avenida Durango, en su entronque con la avenida Salamanca, ya en la colonia Roma, se encuentra un centro comercial muy grande que pertenece a la firma el Palacio de Hierro. Sobre ese predio estuvo durante muchos años una plaza de toros conocida como el Toreo de la Condesa. No quedan rastros de ella, pero entre los aficionados a las corridas de toros se conserva la

*Camellón central de la avenida Mazatlán*

memoria de ese lugar porque ahí torearon grandes figuras que con frecuencia son mencionadas.

### Avenidas Nuevo León y Tamaulipas

En el parque España convergen las avenidas Nuevo León y Tamaulipas, ambas con amplios camellones arbolados. Sobre estas calles se han asentado numerosos cafés, restaurantes y bares; en la avenida Tamaulipas hay muchos con mesas al aire libre; en la otra predominan los establecimientos cerrados. Por el intenso tránsito de vehículos

*Librería y café El Péndulo*

que hay en la zona, en prácticamente todos los establecimientos hay servicio de *valet-parking*.

Sobre la avenida Nuevo León se encuentran el restaurante y bar Nuevo León (Nuevo León 95, con estacionamiento propio), la librería y cafetería El Péndulo (Nuevo León 115) y, frente a ésta, sobre la acera opuesta, el bar Rexo, entre otros

*Av. Álvaro Obregón 206 y 208*

establecimientos donde el visitante puede hacer un alto agradable.

En su extremo sur, la avenida Nuevo León llega hasta su intersección con la avenida Insurgentes, en el puente del Viaducto. A partir de ese punto cambia su nombre por el de División del Norte, avenida muy larga que conduce al sureste de la ciudad.

La avenida Tamaulipas une los tres sectores que hoy conforman la colonia Condesa, desde el Circuito Interior hasta la avenida Sonora. Es en esta vía donde en años recientes se han establecido numerosos restaurantes y cafés que ofrecen mesas al aire libre y también espacios cerrados, en muchos casos combinados con la función de galerías de arte, que han contribuido de manera importante a que la colonia Condesa se convierta en un solicitado centro de reunión y convivencia.

## ✪ Colonia Roma

### Avenida Álvaro Obregón

En esta vía quedó plasmada la última ilusión del periodo de casi tres decenios conocido como porfiriato, así llamado por corresponder con la dictadura de Porfirio Díaz.

Sobre el amplio camellón de esta avenida hay réplicas de esculturas grecorromanas y renacentistas como la *Venus* de Milo, el *Discóbolo* y el *Baco* de Miguel Ángel, y también alguna que otra obra de escultores mexicanos como *Venus*

*Camellón central de la avenida Álvaro Obregón*

*y el amor*, de Gabriel Guerra.

A lo largo de la avenida se encuentran impresionantes mansiones de arquitectura ecléctica, estilo en el que se mezclan elementos góticos, árabes y renacentistas que dan origen a peculiares construcciones. Tras años de abandono algunas de estas casas han sido restauradas y convertidas en centros culturales. Hay asimismo un corredor de librerías de segunda mano con una oferta realmente atractiva.

Edificio Balmori

**Centro Cultural Casa del Poeta**

Álvaro Obregón 73

mar.-vie., 10-18 h.; sáb., 10-15 h.

5533-5456 y 5207-9336

www.cultura.df.gob.mx/espa/b2b059.htm

Fue la casa en que murió el poeta zacatecano Ramón López Velarde en 1921. Construida en 1918, esta casa es ejemplo de un tipo de habitación que destinaba los cuartos traseros como casa de huéspedes. Actualmente alberga el Museo López Velarde donde se realizan presentaciones de libros y se organizan talleres literarios. Cuenta con una biblioteca formada por las colecciones personales de los poetas Salvador Novo y Efraín Huerta, y con un Café-Bar llamado Las Hormigas.

Casa del Poeta

**Centro de Cultura Casa Lamm**

Álvaro Obregón 99

5525-3938 y 5514-4899

5525-3918

www.casalamm.com.mx

La enorme mansión, construida en 1911, fue mandada hacer como casa-habitación para la familia Lewis Lamm, aunque no llegaron a habitarla. Años más tarde fue rentada por el Colegio Francés de Jalisco. De 1939 a 1990 vivió aquí la familia Pérez Collante. Tras una impecable restauración, la Casa Lamm fue convertida, en 1993, en un centro cultural en el que se montan exposiciones de artes plásticas y se imparten diversos cursos, maestrías y doctorados relacionados con la historia y el arte. Cuenta con una excelente librería y un elegante restaurante llamado Las Flores del Mal.

Casa Lamm, jardín interior

*Iglesia de la Sagrada Familia*

**Edificio Balmori**
Álvaro Obregón 101-105

Tras muchos años de abandono el edificio Balmori –construido en 1922– fue tomado por artistas jóvenes que realizaron intervenciones plásticas en su fachada, para llamar la atención sobre esta construcción que estaba a punto de ser demolida. Al poco tiempo el edificio fue restaurado y sus hermosos departamentos puestos a la venta.

*Pasaje comercial El Parián*

**El Parián**
Álvaro Obregón 130

Recientemente restaurado El Parián es uno de los pocos pasajes comerciales que se construyeron en la colonia Roma. Durante muchos años abasteció de fruta y verdura a los vecinos. En su fachada sobresale un demonio de cantera tallada.

## Calle Orizaba

**Iglesia de la Sagrada Familia**
Orizaba 27

La construcción de este edificio de formas mixtas –góticas y románicas– comenzó en el año 1910 y quedó interrumpida por la Revolución, para concluirse hasta el año 1925. En su baptisterio se encuentran los restos del beato Miguel Agustín Pro.

**Casa Universitaria del Libro**
Orizaba 24

Interesante muestra del estilo ecléctico. En este caso se combinan elementos arquitectónicos de tipo mudéjar y barrocos con iconografía asturiana. Esta casona fue construida por la familia Baranda y posteriormente fue sede del Centro Asturiano. Actualmente pertenece a la Universidad Nacional y es conocida como Casa Universitaria del Libro. Periódicamente se imparten aquí cursos relacionados con la edición. En su interior se conservan hermosos vitrales estilo *art déco*.

*Casa Universitaria del Libro*

**Casa Tíbet**
Orizaba 93

La Casa Tíbet México fue abierta en 1989 como sede del Gobierno Tibetano en Exilio. Ofrece cursos en los que se dan a conocer diversos aspectos de la cultura tibetana.

*Buda, en la Casa Tíbet*

# EDIFICIO RÍO DE JANEIRO

El remate de este torreón es la causa de que la gente llame al edificio "Casa de las Brujas".

Una singular aplicación de los típicos elementos *déco* para representar un rostro y un tocado.

## Comer y beber

**Restaurante Miguel**
Córdoba 266
**El Discreto Encanto del Buen Comer**
Orizaba 76

## Plaza Río de Janeiro

Orizaba y Durango

El diseño urbanístico de la colonia Roma se planteó la existencia de un jardín central. A diferencia del zócalo pueblerino, está despojada de la presencia de poderes cívicos y religiosos. En este caso la plaza no se ubica en la arteria principal –avenida Álvaro Obregón– sino en la transversal calle Orizaba.

En la plaza Río de Janeiro se encuentra una réplica de la escultura del *David*, de Miguel Ángel, al centro de una fuente. Las construcciones que la rodean son un muestrario de los diversos estilos arquitectónicos que caracterizan a la colonia Roma.

Alrededor de la plaza se encuentran la galería OMR, la editorial Artes de México y la Librería Italiana.

## Edificio Río de Janeiro

Plaza Río de Janeiro

*Las rejas de los balcones del edificio Río de Janeiro reflejan el más puro estilo art déco*

Inspiradas en este edificio –conocido popularmente como "Casa de las Brujas"– se han escrito varias novelas. En la más reciente de ellas *Contra nadie en la batalla*, de Beatriz Graff,se narran diversas historias de amor y desamor que tienen como escenario este edificio. Carlos Fuentes la menciona en *La cabeza de la Hidra* y Sergio Pitol la eligió como habitación de un espía nazi durante la Segunda Guerra Mundial en su novela *El desfile del amor*:

*Comenzó al anochecer. El hombre empujó la puerta de metal, caminó hasta el patio central, levantó la mirada y recorrió con ella el espectáculo escuálido que ofrecía el interior de aquella construcción al borde de la ruina. Así como el edificio no correspondía al barrio, y, bien mirado, ni siquiera a la ciudad, su parte interna tampoco era coherente con el gótico falso de la fachada, con las mansardas, las ventanas en ojo de buey y los cuatro torreones.*

*Lo inunda un torrente de palabras pronunciadas 30 años atrás, de ecos de conversaciones que insisten en la elegancia, en el prestigio social de aquel inmueble, en su interior art decó diseñado en 1914 ... nadie podía imaginarse al pasar frente a esa ruina la elegancia de sus interiores, la excelente madera de sus pisos y puertas, la amplitud de sus salones, la altura de sus techos. El edificio había sido construido, igual que otro gemelo situado en las calles de Marsella, con el propósito de ofrecer un alojamiento de calidad al personal de las embajadas y legaciones extranjeras...*

*Fuente del David, en la plaza Río de Janeiro*

*Plaza Luis Cabrera*

## Otros sitios de la Roma

### Plaza Luis Cabrera

Al extenderse la colonia Roma hacia el sur, se continuó el eje formado por la calle de Orizaba; en el lado de la Roma Norte se encuentra la Plaza Río de Janeiro y, hacia el sur, la plaza Luis Cabrera, ubicada entre la calle de Guanajuato

*Sinagoga sefardí en la calle Monterrey*

y Zacatecas. Esta parte de la colonia Roma fue construida para familias de menores recursos que la aristocrática Roma Norte; en ella se encuentran construcciones más modestas.

### Construcciones art nouveau

Algunas construcciones estilo *art nouveau* sobreviven en la colonia Roma:

En el número 78 de la calle Chihuahua se encuentra una casa diseñada por la compañía de arquitectura Prunes, en donde la piedra se vuelve enredadera y recorre ondulante puertas y ventanas.

En la calle de Guanajuato esquina con Mérida hay un edificio de dos plantas con detalles *nouveau* en los frisos de las ventanas y en la herrería de sus balcones. Los departamentos están alineados a lo largo de un andador central.

### Escuela Benito Juárez

Jalapa 27

La escuela pública Benito Juárez es un edificio interesante. Fue encargada por José Vasconcelos al arquitecto Carlos Obregón Santacilia en los años 30. Se construyó sobre terrenos del antiguo panteón de la Piedad, al sur de la colonia Roma. En su biblioteca se encuentran murales de Roberto Montenegro. La construcción es catalogada dentro de la arquitectura neocolonial.

*Centro Gallego*

### Centro Gallego

Colima 194

Imponente casa señorial que funciona como restaurante en el que se disfruta la buena cocina española.

# RUTAS HACIA EL SUR DE LA CIUDAD

Torero de *J. Manila*

La traza y orientación tradicionales en la ciudad siempre han sido de norte a sur. El norte identificado con las inmediaciones de la Villa de Guadalupe y el sur con el volcán Ajusco, la delegación Tlalpan y la salida hacia la ciudad de Cuernavaca.

En este caso suponemos que el lector ha consultado los capítulos previos. Entonces, al decir "hacia el sur" tomamos como puntos de partida los que se encuentran dentro de un amplio sector propuesto en esos capítulos: el Centro Histórico, la Alameda, Paseo de la Reforma, la Zona Rosa, la primera sección de Chapultepec y las colonias Roma y Condesa. Ir hacia el sur desde esos lugares significa trasladarse a Coyoacán, San Ángel, la Ciudad Universitaria y Tlalpan, para visitar y ver, por el camino, algunos lugares interesantes. Hay muchas rutas posibles; aquí proponemos cuatro:

Avenida Insurgentes, que atraviesa la ciudad de norte a sur. De la Zona Rosa o en las colonias Roma o Condesa, esta ruta será la idónea.

Avenida Cuauhtémoc, que comienza en el límite del Centro Histórico (Bucareli) y llega hasta Coyoacán.

Avenida Universidad, que se intersecta con avenida Cuauhtémoc y termina en la Ciudad Universitaria.

Avenida Revolución, para quienes lleguen desde Chapultepec por la Calzada de Tacubaya y se dirijan hacia la Ciudad Universitaria.

Los lugares descritos están en orden geográfico, cada uno siempre un poco más al sur que el precedente.

*Años 40 del siglo XX. Antigua zona de haciendas donde se construiría, en 1953, el Teatro de los Insurgentes*

*◀ El Ajusco es la elevación que marca el sur del Valle de México*

# RUTAS HACIA EL SUR DE LA CIUDAD

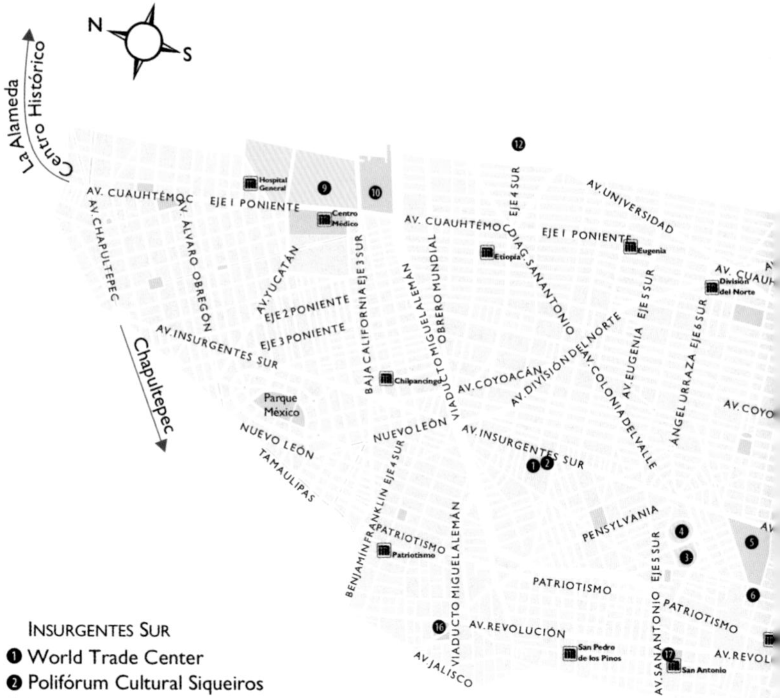


INSURGENTES SUR

1. World Trade Center
2. Polifórum Cultural Siqueiros
3. Plaza de toros México
4. Estadio Azul
5. Parque Hundido
6. Plaza Jáuregui
7. Teatro de los Insurgentes
8. Ciudad Universitaria

AVENIDA CUAUHTÉMOC

9. Centro Médico Nacional Siglo XXI
10. Antiguo Panteón Francés de La Piedad
11. Cineteca Nacional

AVENIDA UNIVERSIDAD

12. Edificios SCT y murales
13. Plaza Universidad
14. Centro Comercial Coyoacán
15. Viveros de Coyoacán

AVENIDA REVOLUCIÓN

16. Alameda de Tacubaya
17. Zona arqueológica San Pedro de los Pinos-Mixcoac
18. Estadio Olímpico Universitario

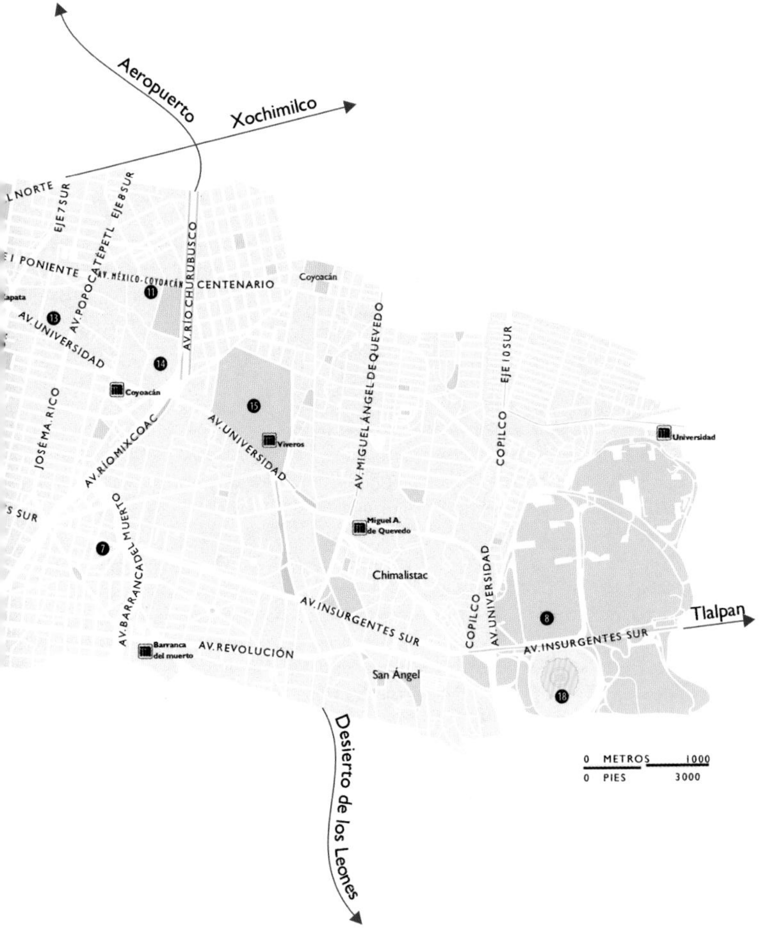
Aeropuerto
Xochimilco
Tlalpan
Desierto de los Leones
CENTENARIO
Coyoacán
Chimalistac
San Ángel
AV. UNIVERSIDAD
AV. RÍO CHURUBUSCO
AV. MIGUEL ÁNGEL DE QUEVEDO
AV. INSURGENTES SUR
AV. REVOLUCIÓN
AV. RÍO MIXCOAC
AV. BARRANCA DEL MUERTO
AV. POPOCATÉPETL
AV. MÉXICO-COYOACÁN
EJE 10 SUR
COPILCO
JOSÉ MA. RICO
Viveros
Miguel A. de Quevedo
Universidad
Barranca del muerto
0 METROS 1000
0 PIES 3000

## ✪ Insurgentes Sur

Un recorrido por esta vía lo introducirá a la vida de la gran ciudad, llena de centros financieros, de negocios, restaurantes, centros comerciales y nocturnos. En toda su extensión tiene doble sentido de circulación.

Para fines prácticos, este paseo comienza en el crucero de la avenida Insurgentes con el viaducto Miguel Alemán, en el llamado "Puente de Insurgentes", que es el límite de la colonia Roma Sur.

*El edificio del World Trade Center visto desde el poniente*

### World Trade Center

Montecito 38, colonia Nápoles
13-01 h., con reservación
5628-8300
www.wtcmexico.com/

Sobre el parque De la Lama, en 1966 nació el Hotel de México, gracias al sueño de don Manuel Suárez, empresario mexicano. Fue construido en 1974 por los arquitectos Guillermo Rosell, Juan Worner y Miguel André. El proyecto quedó inconcluso hasta 1990, cuando fue remodelado y terminado por la organización internacional WTC para inaugurarse en 1994 con su nombre actual.

Considerado uno de los más importantes edificios de la ciudad desde el punto de vista técnico, cuenta con 52 pisos y mide más de 230 m. En la parte superior se ubica un remate circular compuesto de varias plataformas; en una de ellas, giratoria, se encuentra un restaurante mirador que permite contemplar la ciudad de día o de noche, mientras se disfruta de una buena comida o un trago.

El conjunto del WTC cuenta con cines, una tienda departamental, oficinas, una torre de telecomunicaciones y un gran centro de exposiciones.

Para las personas interesadas en negocios, diseño y moda, se puede consultar el calendario del Centro Internacional de Exposiciones y Convenciones (CIEC) y asistir a uno de los diez centros de exposiciones más visitados en el mundo. Este centro se inauguró en 1995 y sus instalaciones están diseñadas para proporcionar eventos empresariales de alta calidad. Cuenta con salones, espacio para convenciones, auditorio, sala de prensa y un área de hasta 25 mil $m^2$ para las exposiciones.

*WTC: vista del Centro Internacional de Exposiciones y Convenciones*

# WORLD TRADE CENTER

**Ala norte**
En este lado del edificio se encuentran las salas de cine. Se puede entrar al conjunto por la tienda JC Penny.

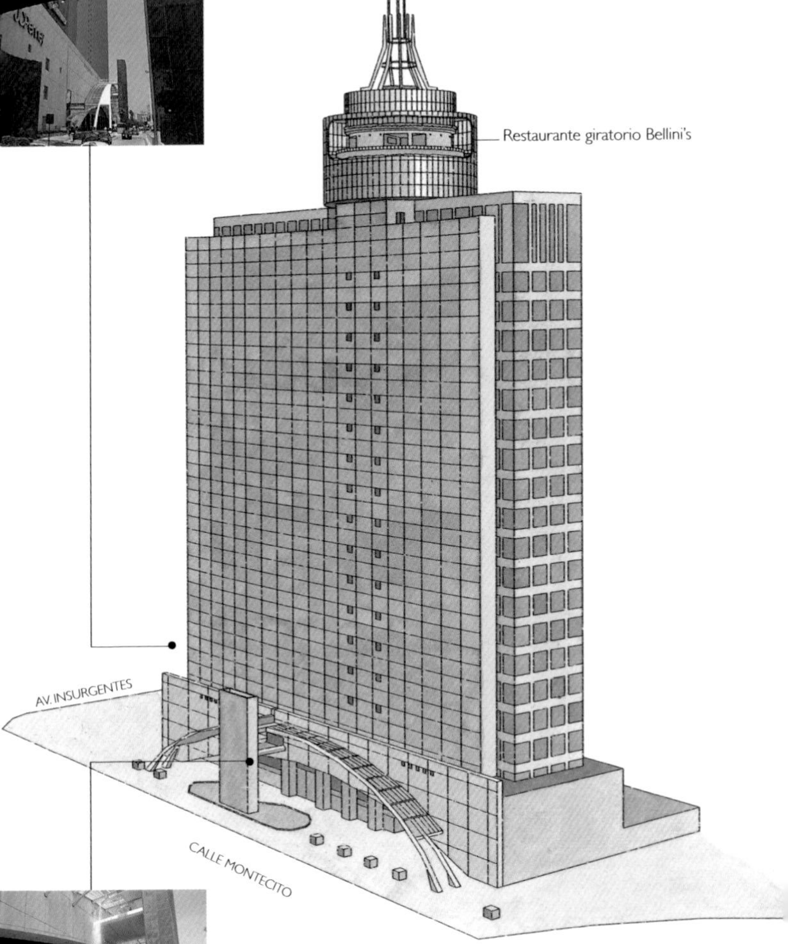

**Ala sur**
Es la entrada principal, por la calle Montecito.

*Polifórum Cultural Siqueiros*

**Polifórum Cultural Siqueiros**

Av. Insurgentes y Filadelfia

5536-4520 al 23

5236-4524

Hacer una parada o asistir a una obra de teatro en el Polifórum permite apreciar esta construcción vanguardista de base elíptica y remate octagonal, terminada en 1971 a cargo del arquitecto Guillermo Rosell, además de los murales pintados bajo la dirección de David Alfaro Siqueiros con la ayuda de Luis Arenal y Mario Orozco Rivera.

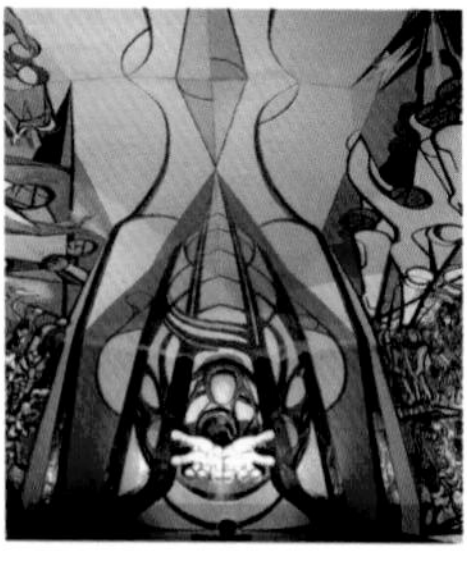

*David Alfaro Siqueiros,* La marcha de la humanidad, *detalle*

El edificio tiene varios niveles: en el primero están los almacenes; en el segundo, el Foro de la Juventud, de la Danza, del Arte Folklórico "Amalia Hernández", formado por un teatro circular con capacidad para 800 personas, y rodeado por el foro de las Artesanías; la Galería de Arte-Taller-Escuela Siqueiros y un restaurante; en el tercero, una galería de arte contemporáneo, Foro Nacional, y en el cuarto, el Foro Universal, donde se aprecia una de las obras cumbres de Siqueiros, la esculto-pintura: *La marcha de la humanidad*, mural que se extiende por una bóveda octogonal sobre paneles de asbesto-cemento con aplicaciones metálicas y de pintura acrílica que abarca 2,400 m$^2$.

*Detalle de un mural interior*

En el exterior del edificio, el muro de 25 m de largo que da hacia avenida de los Insurgentes, es un homenaje a los artistas Orozco, Rivera, Dr. Atl, Posada y Leopoldo Méndez.

Gran entrada en la monumental Plaza México

## ✪ Ciudad de los Deportes: Plaza México y Estadio Azul

La Ciudad de los Deportes surgió por el proyecto de Moisés Cosío y el empresario Neguib Simón, este último utilizó toda su fortuna en la construcción. La idea inicial incluía una plaza de toros, un estadio de futbol, una alberca, canchas de tenis y frontón, salas de bolos, cines, restaurantes y estacionamientos. En la práctica, el conjunto quedó solamente en la plaza de toros, el estadio, una sala de bolos y un estacionamiento subterráneo.

**Plaza de toros México**

Augusto Rodin 241

5311-9306 y 5611-8172

$

De esta plaza de toros se dice –como de la ciudad y otras muchas de sus partes– que al inaugurarse era la mayor del mundo; se dice asimismo que continúa siéndolo, mientras en España los madrileños aseguran que la suya es la mayor de todas. Como sea, la Plaza México sí es muy grande (oficialmente tiene lugar para 41,262 espectadores sentados, pero ha registrado entradas cercanas a 50 mil) y también muy apreciada por los aficionados a las corridas de toros.

Sobre la barda que la rodea hay muchas esculturas de toreros famosos como: Manuel Rodríguez "Manolete", Rodolfo Gaona "El Califa de León", Lorenzo Garza, Silverio Pérez, Juan Silvetti, Carlos Arruza, Juan Belmonte, Eduardo Liceaga, Luis Castro "El Soldado", Antonio Fuentes, Luis Briones Chicuelo, Manuel Granero, Luis Procuna y Rafael Persa Boni, entre otros.

La plaza fue inaugurada el 5 de febrero de 1946 con toros de San Mateo, lidiados por Luis Castro "El Soldado", Luis Procuna –quien fue herido esa tarde– y Manuel Rodríguez "Manolete".

Hay al menos dos temporadas al año: una es la de novilleros y otra, que llaman "la grande", la de matadores. Durante años recientes los empresarios han hecho un esfuerzo para que el espectáculo esté activo prácticamente todo el año.

El aficionado a la tauromaquia la pasará muy bien en este lugar, que habitualmente ofrece buenos carteles y al que suelen asistir muchos conocedores.

El visitante ocasional deberá considerar que el reglamento taurino de la ciudad de México autoriza la lidia de toros hasta la muerte. Puede ser que el espectáculo, que es muy vistoso, le agrade, pero también puede ocurrir que su parte sanguinaria le

Las corridas de toros en la Plaza México son siempre de gran cartel

provoque un disgusto. Además de corridas de toros, en este lugar se presentan, de vez en cuando, grupos musicales y otros espectáculos.

*Entrenamiento en el Estadio Azul*

### Estadio Azul

A un lado de la Plaza México
www.cruz-azul.com.mx/home.html
$

El Estadio Olímpico de la Ciudad de los Deportes, actualmente conocido como Estadio Azul, fue inaugurado el 5 de enero de 1947, con el encuentro entre los equipos Racing, de Argentina, y Veracruz, entonces campeón de la liga mexicana. Asistieron 41,700 espectadores y el marcador final fue 2 a 1 a favor del Veracruz. El inmueble fue el primero de concreto con capacidad para 60 mil espectadores.

A partir de 1956 los juegos de futbol soccer se desplazaron al estadio de la entonces nueva Ciudad Universitaria, mientras en el de la Ciudad de los

## CIUDAD DE LOS DEPORTES

**Juan Silvetti**
Nació en Guanajuato en 1893. Debutó en El Toreo de México en 1914 y en 1916 recibió la alternativa de Luis Freg, en Barcelona. Falleció en 1956.

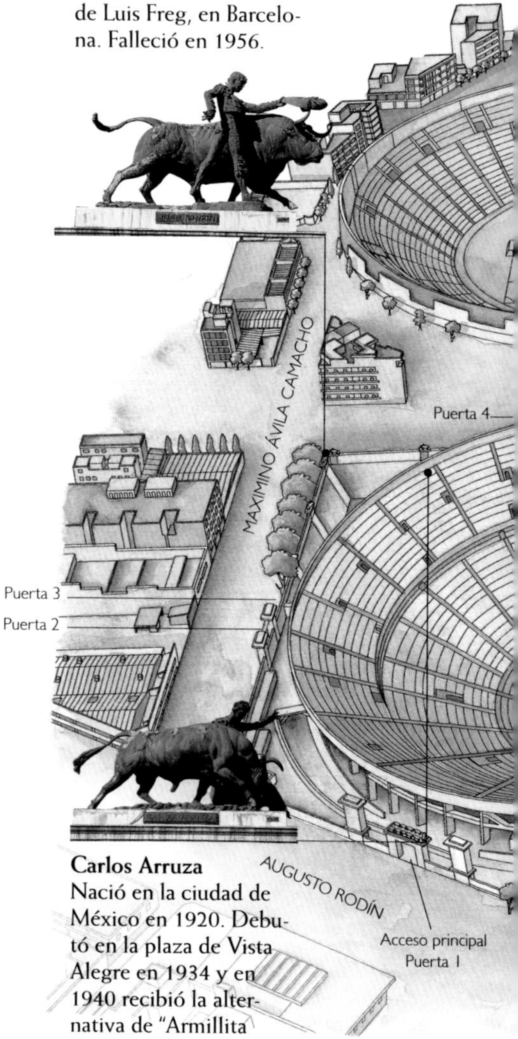


**Carlos Arruza**
Nació en la ciudad de México en 1920. Debutó en la plaza de Vista Alegre en 1934 y en 1940 recibió la alternativa de "Armillita Chico". Gran torero y rejoneador, apodado "El Ciclón". Murió en un accidente automovilístico en 1966.

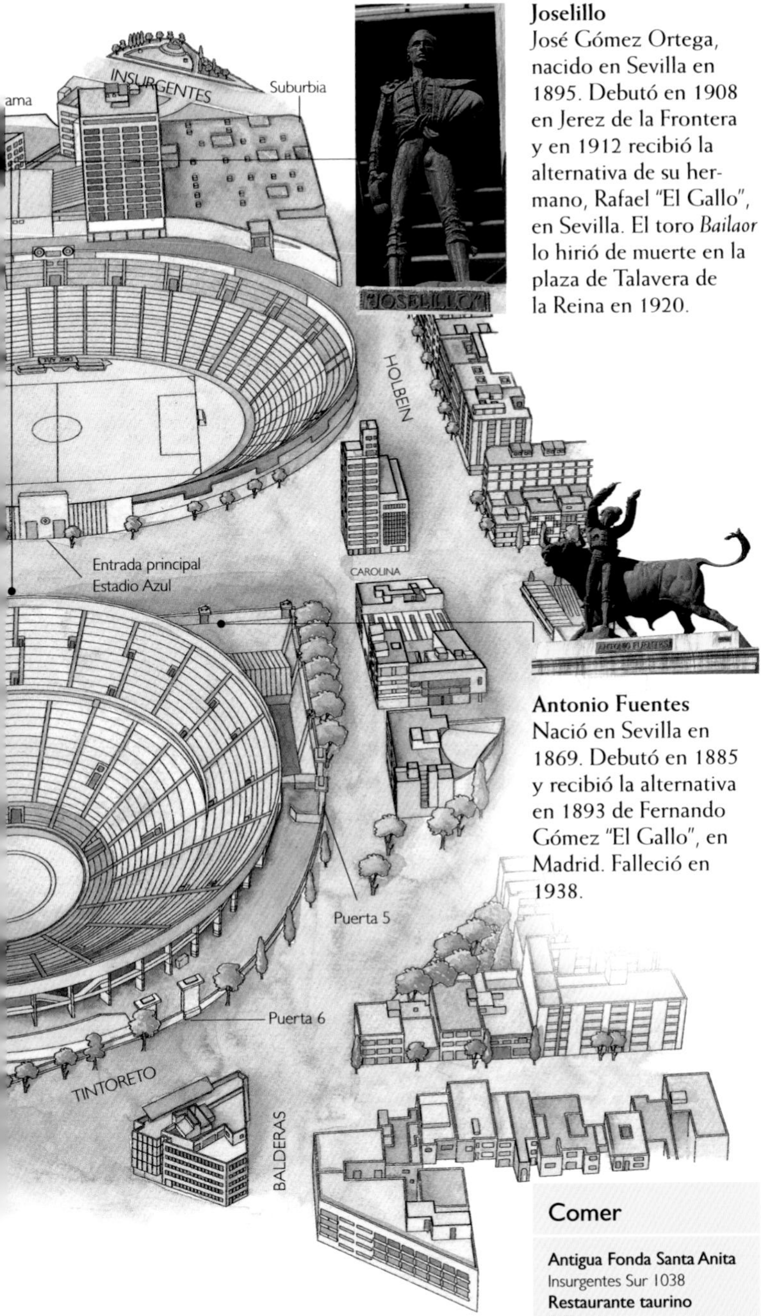


**Joselillo**
José Gómez Ortega, nacido en Sevilla en 1895. Debutó en 1908 en Jerez de la Frontera y en 1912 recibió la alternativa de su hermano, Rafael "El Gallo", en Sevilla. El toro *Bailaor* lo hirió de muerte en la plaza de Talavera de la Reina en 1920.

**Antonio Fuentes**
Nació en Sevilla en 1869. Debutó en 1885 y recibió la alternativa en 1893 de Fernando Gómez "El Gallo", en Madrid. Falleció en 1938.

## Comer

**Antigua Fonda Santa Anita**
Insurgentes Sur 1038
**Restaurante taurino El Taquito**
Holbein 213

Deportes se concentraron los de futbol americano de la liga colegial. Posteriormente el estadio sirvió como lugar de entrenamiento de soccer al club Atlante, que en 1981 lo convirtió en su sede hasta 1996, periodo en el cual recibió el nombre del Estadio Azulgrana, por los colores de ese club.

En 1996, remodelado, pasó a ser la sede del equipo Cruz Azul.

*Vista aérea del Parque Hundido*

**Parque Hundido**

Av. Insurgentes y Porfirio Díaz

(reproducciones)

En este lugar operaron, durante casi todo el siglo XIX, varias ladrilleras que, al extraer arcilla del suelo, formaron un enorme socavón. En 1893 se sembraron ahí miles de árboles –los más de ellos, pinos– que habrían de formar el bosquecillo llamado Nochebuena, que fue su primer nombre como parque público. También se le conoció como Parque de los Pinos y con su nombre oficial, que es Parque Luis G. Urbina, pero durante al menos medio siglo la gente lo ha conocido como Parque Hundido.

*Globero del Parque Hundido*

En los años 70 del siglo XX el parque fue acondicionado para mostrar a los visitantes 51 reproducciones muy bien hechas de piezas precolombinas, en seis rutas correspondientes con otras tantas regiones culturales de Mesoamérica: Altiplano, Oaxaca, mayas, olmecas, totonacas y huastecos. Se convirtió entonces en el Parque Arqueológico Luis G. Urbina, pero la gente siguió llamándole Parque Hundido.

*Reloj floral en el acceso principal al Parque Hundido*

No está cercado. Su entrada principal es por la avenida Insurgentes, donde se ve una gran escalinata rodeada por fuentes y un jardín en forma de estrella con un enorme reloj mecánico cuya carátula esta formada por plantas y flores que cambian dependiendo de las estaciones del año.

En el perímetro del Parque hay muchos restaurantes y bares. Hay también un hotel de cuatro estrellas que se cuenta entre los predilectos por los visitantes que vienen a la ciudad a hacer negocios. Está muy cerca de la Plaza de Toros México y del Estadio Azul.

**Plaza Jáuregui**

Augusto Rodin y Campana

En la plaza colonial llamada Agustín Jáuregui se puede apreciar el ex convento de Santo Domingo de Guzmán, de 1595, y un templo del mismo nombre, donde se encuentra la capilla de Nuestra Señora del Rayo. También se puede visitar la Casa de la Cultura Juan Rulfo, ex palacio municipal de Mixcoac, restaurado en 1912, y observar el mural *Nuestras raíces culturales*, de Francisco Eppens, donde aparece la cosmogonía prehispánica y la Edad Media entre los españoles.

*Teatro de los Insurgentes*

### Teatro de los Insurgentes

Insurgentes Sur 1587

5598-6894 y 5611-4253

5598-3084

Se dice que el proyecto del empresario José María Dávila, al plantear la construcción de un nuevo teatro en el un tanto despoblado sur de la ciudad de México al comienzo de los años 50 del siglo XX, a muchos pareció una locura. Él, por su parte, tenía la firme intención de construir el mayor teatro del país y, además, dedicarlo a la clase media.

El predio en cuestión estaba, a ojos de todos, demasiado lejos no sólo del centro de la ciudad sino también de muchas de las colonias donde vivía la clase media. Estaba en una zona de antiguas haciendas y rancherías que apenas comenzaban a fraccionarse con la intención de convertirlas en zonas residenciales. Indudablemente Dávila tuvo visión porque esa zona de la ciudad habría de convertirse en barrios residenciales habitados por familias de alto poder adquisitivo y, en consecuencia, su prosperidad estaba asegurada.

La obra estuvo a cargo del joven arquitecto Alejandro Prieto. De hecho, el proyecto del teatro fue su tesis profesional, que presentó en 1951. Las obras se concluyeron en 1953 y su resultado fue un teatro realmente muy grande, con 1,126 butacas. El proyecto tuvo un costo de 3.2 millones de pesos de aquel año; una verdadera fortuna.

Como parte de la idea de José María Dávila, entró en escena el artista Diego Rivera con su proyecto *El teatro en México*, que habría de adornar la fachada del teatro a todo lo largo. Se trata de un mural hecho con mosaico vítreo que representa, sobre un escenario, las figuras principales de la historia de México en calidad de actores y también un actor –Cantinflas– que aparece al centro tomando dinero de los ricos para dárselo a los pobres.

La inauguración fue el 30 de abril de 1953 con *Yo Colón*, comedia musical en dos actos con el estelar a cargo de Mario Moreno "Cantinflas".

El teatro fue remodelado en años recientes y continúa activo, hoy como parte del Grupo Televisa.

La apreciación del mural es un alto obligatorio para el visitante.

*Emiliano Zapata en un detalle de* El Teatro en México, *mural de Diego Rivera*

*Nacimiento de la Av. Cuauhtémoc en su entronque con las avenidas Chapultepec y Bucareli*

## ✪ Avenida Cuauhtémoc

Como vía urbana es muy antigua, pues se usó desde 1798 para ir desde el hoy llamado Centro Histórico hasta el centro del antiguo barrio de Coyoacán. Su primer nombre fue Paseo de Azanza, después consecutivo al Paseo de Bucareli.

Hasta los años 70 fue una avenida de doble sentido que en la mitad de su extensión tenía un camellón adornado con palmeras datileras. Fue transformada en vía rápida durante el programa de construcción de los ejes viales de la ciudad, con un solo sentido, de norte a sur.

### Centro Médico Nacional Siglo XXI

Av. Cuauhtémoc 330

Inaugurado el 15 de marzo de 1963 como Centro Médico Nacional del Instituto Mexicano del Seguro Social (IMSS). Reconstruido y remodelado después de los terremotos de 1985, que lo deterioraron gravemente. Es un enorme centro hospitalario dedicado en mayor parte a las especialidades médicas llamadas de tercer nivel. En ese terreno, por su tamaño y recursos, es el más importante del país.

De su fachada sobresale la escultura símbolo del IMSS, que representa a un águila protegiendo a una madre y a su hijo. Fue realizada por Federico Cantú. Cerca, se encuentran una monumental fuente, de Luis Ortiz Monasterio, y los relieves sobre la historia de la medicina del Hospital General, ejecutados por el pintor José Chávez Morado.

En el interior, en el vestíbulo del Hospital de Neumología, hay un mural de Luis Nishizawa. En otra sala, del Hospital de Oncología, se encuentra el mural de David Alfaro Siqueiros que representa el triunfo de la ciencia sobre el cáncer, y en el Hospital de Pediatría están las esculturas de Hipócrates y Platón hechas por E. Tamariz y el tablero esculpido por Federico Cantú.

Frente al Centro Médico hay un parque y una plaza comercial con todos los servicios.

*Centro Médico Nacional Siglo XXI*

## Antiguo Panteón Francés de La Piedad

Av. Cuauhtémoc y Viaducto

Del pueblo de La Piedad hoy sólo existe el nombre. El río homónimo se entubó en los años 40 del siglo XX con fines sanitarios. El antiguo convento dominico que estuviera a unos 800 m al sur del cauce, fue demolido y en su lugar se construyó la Octava

*Acceso al Panteón francés de La Piedad*

Delegación de Policía. El cementerio tuvo mejor suerte. Su construcción se inició en 1870 tomándose como modelo el famoso cementerio parisino Père-Lachaise. En este panteón descansan los restos de algunos de los miembros de la élite porfirista y contiene criptas construidas por famosos escultores del siglo XIX. Se saturó hace largo tiempo pero todavía funciona para los propietarios de los lotes y criptas.

## Avenidas México-Coyoacán y Centenario

Al cruzar el eje vial número 8 (José María Rico-Popocatépetl), la vía cambia de nombre a avenida México-Coyoacán, que conserva hasta su entronque con la vía Río Churubusco.

Después del crucero con Río Churubusco, la vía vuelve a cambiar de nombre y, al entrar al barrio de **Coyoacán**, se convierte en la avenida Centenario, que penetra hasta el jardín homónimo en el corazón mismo de ese antiguo barrio.

## Cineteca Nacional

Av. México Coyoacán 389

5422-1160 y 5422-1190

www.cineteca.conaculta.gob.mx/index.html

Surgió en 1974 como una institución dedicada a resguardar el acervo fílmico de México, así como a rescatar, clasificar y difundir la obra cinematográfica más destacada de México y el mundo. Es un espacio donde se proyectan películas nacionales e internacionales. Actualmente es un punto de reunión

*Acceso principal a la Cineteca Nacional*

importante de la comunidad de cine en el área metropolitana; ya que suele organizar ciclos, mesas redondas y conferencias de realizadores mexicanos y extranjeros. Cuenta con ocho salas de exhibición, un centro de investigación bibliográfica y hemerográfica especializada, librería, y otros servicios.

*Fuente de los Coyotes, en el jardín Centenario*

## ✪ Avenida Universidad

Otra de las vías bulliciosas de la ciudad, que se puede recorrer para ir al sur, es la avenida Universidad; ofrece muchas opciones en cuanto a comercios, restaurantes, grandes supermercados y plazas comerciales.

La avenida nace en el Eje Central Lázaro Cárdenas, en un punto que no tiene conexión con los paseos previamente descritos pero que es el lugar donde se encuentran los edificios de la Secretaría de Comunicaciones, donde hay algunos murales que realmente vale la pena ver.

Avenida Universidad cruza la avenida Cuauhtémoc muy cerca del final de ésta. Entonces, si el visitante usó la avenida Cuauhtémoc para dirigirse hacia el sur, al llegar a avenida Universidad tendrá que regresar hacia el norte para ir a ver los murales o bien seguir su camino hacia el sur por cualquiera de las dos vías.

*Edificio y mural de la Secretaría de Comunicaciones y Transportes*

### Edificios SCT y murales

Av. Xola, Av. Universidad y Eje Central Lázaro Cárdenas

Este conjunto arquitectónico fue levantado en 1953 para albergar las oficinas de la Secretaría de Comunicaciones y Obras Públicas (SCOP); para su construcción se utilizaron las estructuras de tres edificios y se proyectaron dos nuevos edificios, un gimnasio, la torre de telecomunicaciones y una guardería. El proyecto estuvo a cargo de los arquitectos Carlos Lazo, Raúl Cacho y Augusto Pérez Palacios, y bajo la coordinación del pintor Juan O´Gorman y los escultores Francisco Zúñiga y Rodrigo Arenas Betancourt. El resultado: 6,000 m$^2$ de fachada decorada con murales hechos de losas precoladas de mosaico de piedra. La torre central de telecomunicaciones fue inaugurada el 10 de octubre de 1968, tiene 17 pisos y una altura de 106 m; cuenta con 12 rutas de microondas que van a todo el país y con la estación de comunicaciones por satélite de Tulancingo.

### Recorrido por la avenida Universidad

Después de apreciar los murales de los edificios de la SCT (ver nota anterior), el paseante puede continuar hacia el sur por la avenida Universidad, sea que se dirija a Coyoacán o que desee ir más allá, a Chimalistac o a la Ciudad Universitaria.

Después de su complejo entronque con las avenidas Cuauhtémoc y División del Norte, la vía que nos ocupa atraviesa muchas colonias residenciales, pero a todo lo largo se mantiene como el hilo conductor de numerosos

*Conjunto SCT: Vista del edificio central*

espacios dedicados al comercio y la recreación: plazas comerciales que incluyen tiendas y restaurantes de todo tipo, salas de cine, grandes supermercados, mueblerías, bancos, lotes de autos y otros muchos establecimientos. No hay edificios notables, aunque el del diario *Reforma*, uno de los más importantes del país, llama la atención por el enorme contraste que establece con su entorno. A partir del crucero referido, la línea 3 (verde) del Metro sigue el trazo de la avenida Universidad.

*Plaza Universidad, primer mall de la ciudad fue remodelado en el 2002*

Al pasar frente a Coyoacán, a lo largo de unos 800 m la avenida enmarca los Viveros, un parque público donde se cultivan y venden toda clase de plantas de ornato y árboles cuyo principal destino es la reforestación sistemática de las zonas verdes de la ciudad. Los Viveros están abiertos desde las 8 de la mañana hasta las 6 de la tarde. Sus andadores son lugar predilecto de *joggers* y otros entusiastas del ejercicio. Hay también un espacio para el entrenamiento de aprendices de torero.

*Aprendices de toreros, en los Viveros*

Metros delante de los Viveros, la avenida entronca con la calle Francisco Sosa, camino directo hacia el centro de **Coyoacán**. Poco después, cruza la avenida Miguel Ángel de Quevedo. En el perímetro de ese crucero se encuentran varias librerías de gran prestigio. En su camino hacia el sur, la avenida Universidad bordea el barrio de **Chimalistac** y poco después llega a Copilco y a los terrenos de la **Ciudad Universitaria**, donde termina.

*La explanada de CU, vista desde el sur*

*Avenida Revolución y Altavista*

## ✪ Avenida Revolución

Para llegar a **San Ángel**, Altavista o **Ciudad Universitaria**, partiendo de Tacubaya, la avenida Revolución es la vía más rápida que corre paralela a Insurgentes; cuenta además con una línea de Metro. La Calzada de Tacubaya comunica al Bosque de Chapultepec con el barrio de Tacubaya, donde desemboca hacia las avenidas Revolución y Jalisco. Precisamente en esa disyuntiva se encuentra el edificio Ermita, de estilo *déco*, construido en 1931 por el arquitecto Juan Segura. Es un prisma de base triangular, que ocupa una manzana entera. Alberga oficinas, viviendas y, por cierto, la sala del viejo cine Hipódromo, el primero que tuvo equipo sonoro en la ciudad. Desde este punto partían los dominios del segundo conde de Miravalle, que habrían de convertirse en elegantes barrios residenciales, especialmente el de la colonia **Condesa**.

*Detalle de un balcón, en una casona señorial de Tacubaya*

La avenida Revolución divide las colonias Tacubaya y Escandón. La primera fue famosa por su belleza natural y por los muchos palacetes que construyeron ahí sus colonos. Por encontrarse sobre altos lomeríos, que jamás se inundaban, en algún momento se consideró seriamente mudar ahí los edificios de gobierno de la capital. Desde la cuarta década del siglo XX diferentes obras viales y sus consecuencias en el valor de los inmuebles transformaron este hermoso vecindario en lo que el cronista de la ciudad de México, Guillermo Tovar de Teresa, ha llamado "sitios sin elementos de identidad". Sin embargo, para el visitante que tenga ánimo de explorador, el recorrido por las calles de Tacubaya revelará algunos edificios que, debajo del tiempo polvoriento que los cubre, conservan parte de su antigua belleza. Algo muy parecido ocurre al otro lado de la avenida, en la colonia Escandón.

*Alameda de Tacubaya*

### Alameda de Tacubaya

Av. Revolución y Viaducto

Alguna vez aquí estuvo la principal plaza de Tacubaya, que lamentablemente fue reducida al mínimo precisamente cuando se construyó la avenida Revolución. Ahí se encuentra la estación del Metro Tacubaya. Sugerimos al visitante que siga de largo, porque actualmente la plaza está invadida por el comercio informal y esto hace imposible su apreciación. En todo caso es mejor desviarse hacia la avenida Parque Lira, donde se encuentran el parque homónimo y las instalaciones de la Delegación Miguel Hidalgo.

Si se continúa hacia el sur por la avenida Revolución, que es vía rápida, el siguiente punto de interés se encontrará varios kilómetros adelante, en el crucero con la avenida San Antonio.

Estadio Olímpico Universitario

### Zona arqueológica San Pedro de los Pinos-Mixcoac

Calle 20, calle Pirámide y Periférico

lun.-dom., 9-17 h.

www.cnca.gob.mx/cnca/inah/zonarq/mixcoac.html

Durante el periodo Posclásico (900 a 1521 d.C.) aquí se veneraba al dios Mixcoatl ("Serpiente de Nube", en náhuatl, y origen de la voz Mixcoac, que es el nombre del barrio que comienza a partir de este punto). Era un palacio-templo muy concurrido principalmente por danzantes y músicos del altiplano. Cuenta con un gran cuarto de forma rectangular hacia la parte sur, la plataforma, donde se celebraban las ceremonias, y la tina de baño, al suroeste del sitio. Actualmente el Centro Cultural la Pirámide cuenta con tres talleres, un foro y un teatro con capacidad para 156 personas sentadas. Se presentan diferentes espectáculos como danza y recitales musicales, con temas políticos, sociales o civiles.

Zona arqueológica de San Pedro de los Pinos

### De la antigua terminal de tranvías al Estadio Olímpico Universitario

La antigua terminal de tranvías no es, de hecho, tan antigua, pues los tranvías dejaron de utilizarse en la ciudad hace pocas décadas. Se puede mirar desde la reja y, a un costado, al otro lado de la avenida Patriotismo (Circuito Interior), está la plaza Miguel Lerdo de Tejada y en sus inmediaciones varios edificios notables, en un ambiente que da una idea de lo que fue el pacífico barrio de Mixcoac, que hoy no lo es tanto, a juzgar por la vida nocturna que ya prospera.

La avenida continúa hacia el sur, atraviesa el barrio residencial de Tlacopac, atraviesa San Ángel y termina en los terrenos de la **Ciudad Universitaria**, frente al Estadio Olímpico Universitario.

Envidia

# San Ángel y Chimalistac

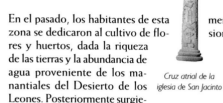

Cruz atrial de la iglesia de San Jacinto

En el pasado, los habitantes de esta zona se dedicaron al cultivo de flores y huertos, dada la riqueza de las tierras y la abundancia de agua proveniente de los manantiales del Desierto de los Leones. Posteriormente surgieron grandes haciendas dedicadas a la producción de pulque.

A finales del siglo XIX, San Ángel se convirtió en un villorrio donde las familias adineradas construyeron lujosas residencias campestres en el que entonces era un paraíso suburbano, propio para el descanso y, si acaso, para los excursionistas. Un paraíso que se incorporó apresuradamente a la ciudad gracias al ferrocarril a Cuernavaca, los tranvías y los automóviles.

En lo que hoy se conoce como Chimalistac, los frailes del Carmen establecieron un enorme huerto con más de 14 mil árboles frutales: manzanos, perales, chabacanos, duraznos y demás frutos europeos aclimatados cuidadosamente para ser distribuidos en las misiones novohispanas. Entre los árboles corrían las aguas del río Magdalena, hoy calle principal de este barrio. La colonia residencial surgió al ser fraccionadas las huertas del convento hacia fines del siglo XIX. En 1863 se publicó, en el periódico *El Siglo XIX*, el resultado de la rifa de los lotes sorteados entre los descendientes de héroes nacionales como Miguel Hidalgo, Mariano Abasolo, Francisco Primo de Verdad e Ignacio López Rayón.

Hoy en día, San Ángel y Chimalistac conforman uno de los paseos tradicionales de la ciudad. Plazas, calles empedradas, jardines, antiguas casas coloniales, se combinan con construcciones porfirianas y modernas.

San Ángel es una zona que ha adquirido un enorme empuje comercial, mientras Chimalistac continúa siendo un barrio muy apacible, esencialmente residencial.

San Ángel hacia 1935

◀ Iglesia y convento del Carmen

# SAN ÁNGEL Y CHIMALISTAC

SAN ÁNGEL

1. Corredor Altavista
2. Museo de Arte Carrillo Gil
3. Pabellón Altavista
4. Museo Casa-Estudio Diego Rivera y Frida Kahlo
5. Restaurante San Ángel Inn
6. Plaza San Jacinto
7. Bazar del Sábado
8. Casa del Mirador o del Risco
9. Parroquia y ex convento de San Jacinto
10. Museo e Iglesia del Carmen
11. Zona comercial avenida de la Paz
12. Plaza del Carmen
    Centro Cultural San Ángel
    Biblioteca de la Revolución
    Casa del marqués de Castilla
    Calle de la Amargura
13. Casa del Obispo
14. Plaza de los Licenciados
15. Plaza de los Arcángeles

CHIMALISTAC

16. Jardín de la Bombilla
17. Monumento a Álvaro Obregón
18. Calle Arenal
19. Parque Tagle
20. Plaza Federico Gamboa
    Centro de Estudios de Historia de México
    Templo de San Sebastián Chimalistac
21. Paseo del Río de la Magdalena
22. Cámara de los Secretos

Viveros de Coyoacán
Coyoacán
Mixcoac
WTC
Plaza Loreto
Museo Soumaya
Tlalpan
CU
VITO ALESSIO ROBLES
MARGARITAS
TECOYOTITLA
AV. UNIVERSIDAD
RÍO SAN ÁNGEL
ANGELINA
PEDRO L. OGAZÓN
AV. REVOLUCIÓN
JOSÉ MA. DE TERESA
ALTAVISTA
CRACOVIA
SAN CARLOS
VICENTE LOMBARDO TOLEDANO
CARLOS PELLICER
HISTORIADORES
ARENAL
ALLENDE
MIGUEL ÁNGEL DE QUEVEDO
MIGUEL ÁNGEL DE QUEVEDO
PLAZA 17 DE JULIO
SAN SEBASTIÁN
CHIMALISTAC
SANTA
CJÓN. HIPO
CJÓN. DEL NIÑO JESÚS
VIZCAINOCO
GUERRERO
CUMANÁ
JOSEFINA PRIOR
SECRETO
AV. LA PAZ
INSURGENTES
MONASTERIO
CJÓN. DEL HUERTO
CARMEN
CJÓN. DEL HUERTO
SECRETO
OXTOPULCO
LA SANTÍSIMA
AMARGURA
C.C. San Ángel
MADERO
MIRAMÓN
DR. GÁLVEZ
RAFAEL CHECA
CARMEN
PIMENTEL
PASEO DEL RÍO
AV. RÍO MAGDALENA
CALZADA OXTOPULCO
CERRO DE TUERA
AV. UNIVERSIDAD
RÍO CHICO
RELOX
CAPILLA MIRASOL
CARRIZAL
21 DE AGOSTO
VIOLETA
LORETO
PROGRESO
JOAQUÍN GALLO
VICTORIA
CUAUHTÉMOC
EJE 10 SUR
COPILCO
0 METROS 500
0 PIES 1500

# ✪ San Ángel

## Corredor Altavista

Hay una larga vía que va desde el Anillo Periférico hasta Coyoacán. El Periférico marca, al poniente, su separación del camino al Desierto de los Leones. A partir del Periférico y hasta la avenida Insurgentes, la calle se llama Altavista, y al cruzar dicha avenida se convierte en Vito Alessio Robles, que desemboca en los Viveros de Coyoacán. Altavista marca el límite norte del barrio de San Ángel.

El Corredor Altavista es la calle homónima, que se caracteriza por una gran cantidad de antiguas mansiones del siglo XIX y principios del XX, o réplicas posteriores, que con el paso del tiempo se han convertido en galerías, restaurantes, museos y tiendas de moda.

*Restaurante San Ángel Inn*

## Restaurante San Ángel Inn

Diego Rivera 50

5548-6840

Antigua hacienda de Goicochea, construida en el siglo XVIII. Durante el siglo XIX se dedicó a la producción de pulque. Un siglo más tarde, se fraccionó y dio origen a la colonia Altavista. El casco de la hacienda tuvo diferentes usos. Un tiempo alojó a la Universidad Iberoamericana; también fue un hotel donde se alojaban importantes personalidades y escritores como *madame* Calderón de la Barca y José Zorrilla. Actualmente es el restaurante San Ángel Inn, uno de los mejores de la ciudad, conocido por su alta cocina, la comodidad de sus instalaciones y también porque es lugar predilecto de personas de negocios.

*Diego Rivera,* Tres troncos *(detalle)*

*Casa-Estudio Diego Rivera, vista del estudio del artista*

## Museo Casa-Estudio Diego Rivera y Frida Kahlo

Diego Rivera y Altavista

mar.-dom., 18-18 h.

5550-1518 y 5550-11 89

5550-1004

www.cnca.gob.mx/cnca/buena/inba/subbellas/museos/diegoen.html

Diseñada por el arquitecto Juan O'Gorman en 1931, fue una de las primeras casas funcionalistas en México y la última morada de Diego Rivera donde murió en 1957. Rodeada de

*José Clemente Orozco,* Cabaret popular *en el* Museo de Arte Carrillo Gill

órganos y cactáceas, esta casa-estudio es el punto de unión de tres figuras del arte mexicano del siglo XX. Escaleras interiores y exteriores comunican el amplio estudio de Diego Rivera, que contrasta con las pequeñas habitaciones. Un puente a través de las azoteas une la casa con la de su compañera Frida Kahlo. En la actualidad se realizan exposiciones temporales.

El estudio de Rivera conserva la atmósfera de trabajo del pintor muralista, donde realizó la mayor parte de su obra de caballete. Pinceles, pigmentos, fotografías, libros y correspondencia forman parte del archivo documental del museo. Destaca la colección de enormes Judas –figuras de cartón que suelen quemarse durante las fiestas de semana santa–, una colección de piezas prehispánicas y algunos objetos personales.

## Museo de Arte Carrillo Gil

Av. Revolución 1608

mar.-dom., 10-18 h.

www.macg.inba.gob.mx/

El museo fue inaugurado en 1974 con las colecciones de Álvar y Carmen Carrillo Gil. Múltiples rampas conducen a las salas donde se exhiben de modo permanente obras de Diego Rivera, David Alfaro Siqueiros, Wolfgang Paalen, Gunther Gerzso. Destacan en sus colecciones las obras de José Clemente Orozco en las que satiriza la revolución mexicana, sus sangrientos y sórdidos escenarios. Se exhiben de forma temporal diversas exposiciones enfocadas al arte joven contemporáneo.

## Centro Cultural Helénico

Avenida Revolución 1500

5662-7535, 5662-8674

www.cnca.gob.mx/cnca/instituto/helenico.html

Cuatro espacios dedicados al el arte escénico:

El Teatro, para obras de gran producción (aforo: 460); La Gruta, para géneros dramáticos realizados por jóvenes (aforo: 100); La Capilla, edificio gótico trasladado desde Ávila, donde se exhiben pinuras de Tintoreto y Murillo; es escenario de conciertos de música clásica (aforo: 200) y El Claustro, con obras de teatro y conciertos para niños (aforo: 350).

*Centro Cultural Helénico*

# PLAZA DE SAN JACINTO

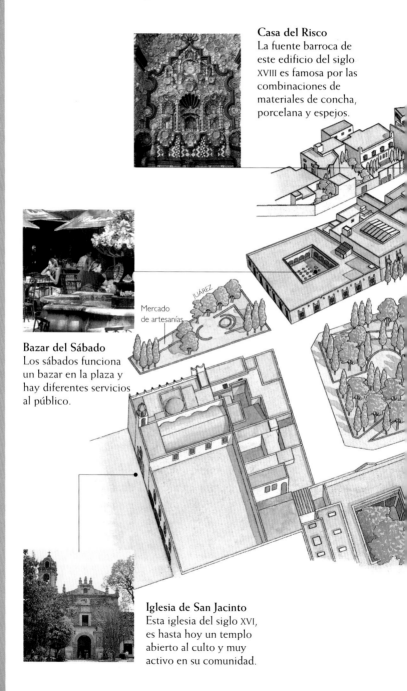

**Casa del Risco**
La fuente barroca de este edificio del siglo XVIII es famosa por las combinaciones de materiales de concha, porcelana y espejos.

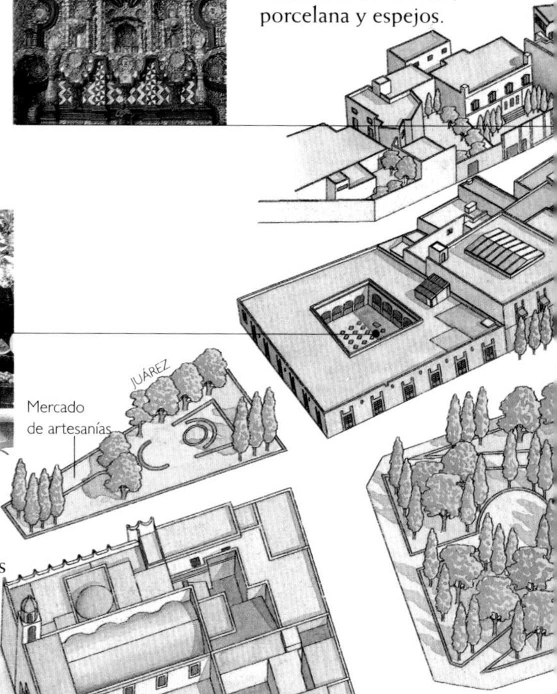

**Bazar del Sábado**
Los sábados funciona un bazar en la plaza y hay diferentes servicios al público.

**Iglesia de San Jacinto**
Esta iglesia del siglo XVI, es hasta hoy un templo abierto al culto y muy activo en su comunidad.

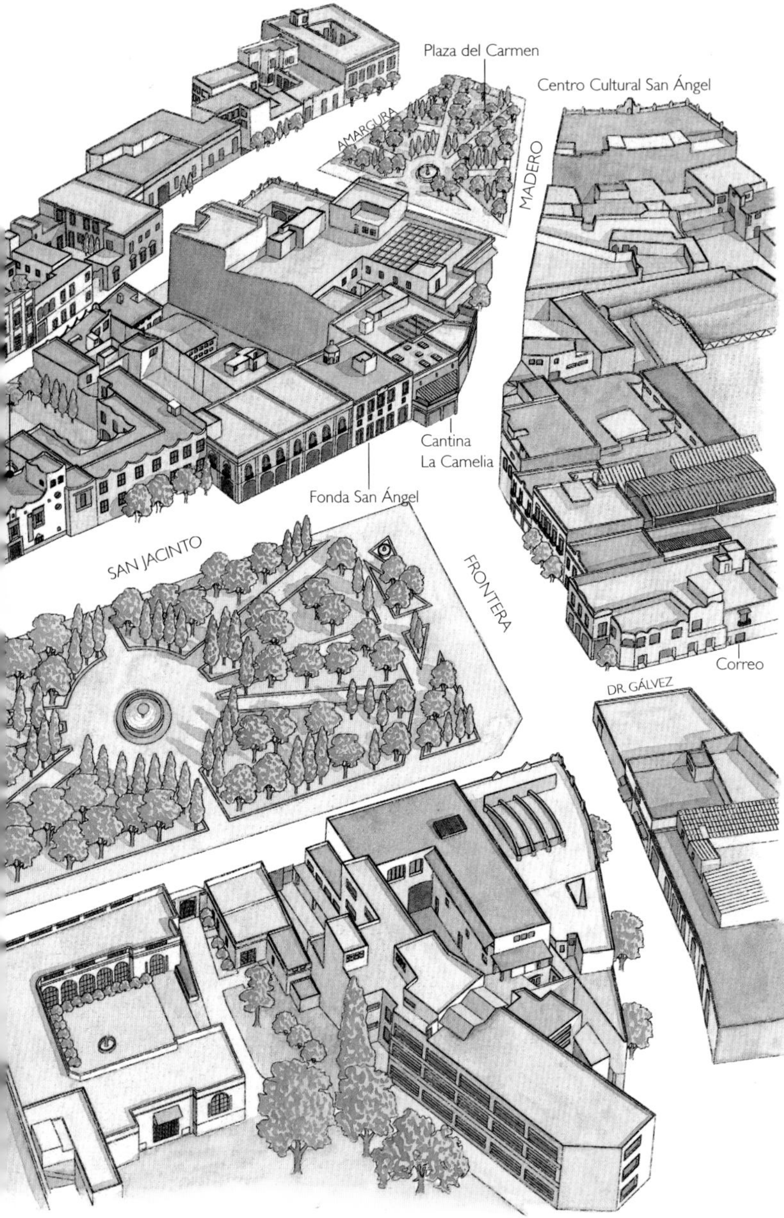


## Visitar

**Jardín del arte**
Plaza del Carmen
(sábado y domingo)

## Comer

**Bazar del Sábado**
San Jacinto 11
**Fonda San Ángel**
San Jacinto 3

### Plaza San Jacinto

Madero y Miramón

Esta plaza ofrece varias opciones al visitante. Está enmarcada por antiguas casas coloniales de interesantes detalles arquitectónicos. Algunas casonas han sido convertidas en bazares, centros culturales y museos, y otras son restaurantes que ofrecen diversas especialidades culinarias: botanas de mariscos en la cantina La Camelia (uno de los lugares de moda); comida mexicana en la Fonda San Ángel; o bien el Mamá Rumba, donde se puede comer, beber y bailar. Desde las terrazas de estos restaurantes se puede contemplar el movimiento habitual de la plaza, que ha sido por tradición el centro de la población de San Ángel. La Plaza de San Jacinto guarda cierto sabor pueblerino que la hace muy agradable. Los sábados se instala aquí un tianguis donde se encuentra todo tipo de artesanías y objetos de arte como pinturas, esculturas y antigüedades. Es un sitio muy concurrido por turistas extranjeros.

*Plaza San Jacinto*

### Bazar del Sábado

Plaza San Jacinto

Sólo sábados

Los sábados abre sus puertas una antigua casa del siglo XVII donde se venden antigüedades y artesanías directamente por los productores. En el patio de la casa funciona un restaurante de comida típica animado con música de marimbas y salterios.

### Casa del Mirador o del Risco

Plaza San Jacinto 15

Fue construida en el siglo XVIII por los marqueses de San Miguel de Aguayo. Es famosa por su fuente cubierta de azulejos, porcelanas chinas, conchas y espejos, ejemplo del gusto barroco por la exuberancia fantástica. Alberga un museo que cuenta con una colección de arte colonial mexicano y europeo, pinturas religiosas, retratos y paisajes; digna de ser visitada. Asimismo presenta exposiciones temporales de arte. En el edificio anexo se encuentra el Centro Cultural Isidro Fabela pensado como un espacio para la promoción de las diversas manifestaciones del arte, así como para la difusión de actividades académicas y culturales, donde puede consultarse la biblioteca especializada en derecho internacional, historia de México (en especial de la Revolución mexicana) y literatura universal. Una hemeroteca y una fototeca.

*Bazar del Sábado*

*Casa del Mirador o del Risco*

*Iglesia de San Jacinto*

## Iglesia y ex convento de San Jacinto

Frente a la Plaza San Jacinto

Fue edificada en el siglo XVI por frailes dominicos. Allí se preparaban los misioneros que viajaban a evangelizar las Filipinas, tuvo capacidad para cincuenta religiosos. En 1625, bajo el seudónimo de fray Tomás de Santa María, se alojó Thomas Gage quien posteriormente se fugó de Guatemala y regresó a Inglaterra para escribir sus experiencias en la colonia española. En 1596 se realizaron los festejos por la canonización de San Jacinto, convento y poblado fueron bautizados con el nombre del santo, aclamado en las batallas y trances difíciles.

Conserva un altar dorado dedicado a la virgen del Rosario, una pequeña colección de pinturas religiosas de los siglos XVII y XVIII. Su gran atrio arbolado es un apacible lugar para reflexionar. Su parroquia está abierta al culto, misas, bodas, bautizos y primeras comuniones se realizan regularmente. En el claustro se encuentran las oficinas de la VI Vicaría Episcopal.

## Casa de la Cultura Jaime Sabines

Av. Revolución 1747

En lo que fueran los aljibes del antiguo convento del Carmen, donde se capturaban las aguas del Río Chico. La Casa de la Cultura Jaime Sabines, lleva el nombre del poeta chiapaneco nacido en 1926 y muerto en 1999. Hoy se pueden visitar exposiciones y acudir a las diversas actividades culturales que allí se programan.

## Mercado Melchor Muzquis

Av. Revolución y Cuauhtémoc

En el tradicional mercado de San Ángel rodeado de arcos, se encuentra una gran variedad de puestos de frutas y verduras acomodadas vistosamente en canastas. Variedad de flores, especias aromáticas, plantas para infusiones medicinales, jarcierías con canastas, bolsas, estropajos, etc. Carnicerías, pescaderías, cremerías. Todos los comercios que hacen típicos a los mercados mexicanos. Cuenta con pequeñas fondas donde se puede saborear sabrosas e higiénicas comidas caseras.

## Plaza Loreto

Av. Revolución y Río Magdalena

Centro cultural y comercial construido en lo que fuera la antigua fábrica de papel de Loreto y Peña Pobre que funcionó como tal de 1906 hasta 1986.

*Plaza Loreto, patio interior*

Dentro de las instalaciones de la antigua fábrica se encuentran tiendas de discos, ropa, juguetes, un gimnasio, un conjunto de cines, entretenimientos infantiles.

Asimismo dentro de la Plaza Loreto se encuentra el Museo Soumaya que cuenta con la colección más grande en Latinoamérica del escultor francés Auguste Rodin, con más de 120 piezas entre las que destacan el sensual *Beso*, *Las tres sombras*, *El pensador*, *La eterna primavera*, *Eva*, *Psique mirando al amor* y *La cabeza de San Juan Bautista*, entre otras. En la misma sala se encuentran esculturas de Degas, Camile Claudell y Emile Antoine Bourdelle junto con otros escultures europeos de los siglos XIX y XX.

En la sala de arte novohispano está una colección de las llamadas "pinturas de castas" en donde se retratan las múltiples mezclas raciales y culturales que conformaron el rico mestizaje novohispano. Una muestra de pintura religiosa y de pinturas alegóricas usadas para decorar biombos, muy comunes dentro del mobiliario casero. Completan el acervo la colección de retratos mexicanos de los siglos XVIII y XIX, así como las pequeñas miniaturas de autores anónimos.

Las tres sombras *de Auguste Rodin*

**Museo Soumaya**

Plaza Loreto

mié-lun., 10:30-18:30 h.

5616-3731 y 5616-3761

55506620

www.soumaya.com.mx

Está ubicado en las instalaciones de la ex fábrica de papel Loreto, acondicionadas como centro comercial multifuncional. Alberga una colección de arte mexicano y de escultores franceses en la que destacan las esculturas de Auguste Rodin. Tiene también exposiciones permanentes de retrato mexicano de los siglos XVIII y XIX, arte novohispano y artes aplicadas. Fue fundado en 1994.

*Plaza Loreto*

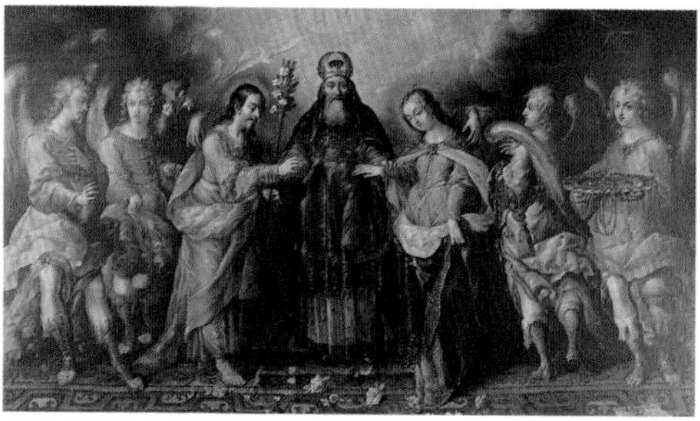

Desposorio místico *por Cristóbal de Villalpando, en el Museo del Carmen*

## Museo e Iglesia del Carmen

Av. Revolución y Monasterio
mar.-dom., 10-16:45 h.
5516-2816 y 55 16-15 04
5550-4897
www.cultura.df.gob.mx/espa/b2a004.htm

El convento del Carmen tiene la facultad de hacernos viajar por el tiempo. Su laberíntica construcción, sus gruesos muros de piedra con restos de pinturas al fresco, guardan la antigua atmósfera en que vivían los frailes carmelitas, consagrados a la vida contemplativa. Construido por fray Andrés de San Miguel, tiene cierto sabor mudéjar, azulejos sevillanos y poblanos adornan las cúpulas de la iglesia y las criptas. Allí es donde se conservan las famosas momias –descubiertas por las tropas zapatistas en 1914, cuando pensaban haber encontrado un tesoro.

El actual museo conserva una magnífica colección de pintura religiosa, con obras de Cristóbal de Villalpando, Juan Correa, Juan Becerra. Cuadros piadosos de la Virgen del Carmen que cubre con su manto a sus fieles devotos, vírgenes dolorosas, divinos pastores, retratos de Santa Teresa, fundadora de la orden carmelita que sufriera de visiones, raptos y éxtasis místicos.

En la parte alta, estrechos pasillos conducen a las celdas de los frailes, a la capilla doméstica con su hermoso altar barroco cubierto de hoja de oro, a un hermoso lavabo forrado de azulejos.

*Mobiliario barroco en la antigua sacristía*

Otra área del museo está dedicada a la "Vida cotidiana en la Nueva España" donde se muestran objetos realizados por distintos gremios de artesanos: tejedores, plateros, talladores, entre otros. Y se recrean con objetos de época, las supuestas habitaciones de una casa novohispana: la cocina, el comedor, el gabinete, salón del estrado y numerosos cuartos de las grandes mansiones.

En la que fuera sala capitular del colegio se ha instalado el auditorio Fray Andrés de San Miguel, donde se realizan coloquios y seminarios organizados por el Departamento de Estudios Antropológicos del INAH. Algunas celdas del ex convento son ocupadas por sus investigadores; además, cuenta con una biblioteca especializada en antropología, abierta al público. El templo del Carmen se mantiene abierto al culto religioso.

## Zona Comercial Avenida de la Paz

En esta calle empedrada que comunica las avenidas Insurgentes y Revolución, se encuentran buenos restaurantes que ofrecen diversas opciones de comida internacional. En la que fuera la antigua cárcel municipal –a un lado del ex convento– hay un centro comercial donde se puede comer, beber, oír música en vivo y comprar buenos libros de arte y literatura.

# IGLESIA DEL CARMEN

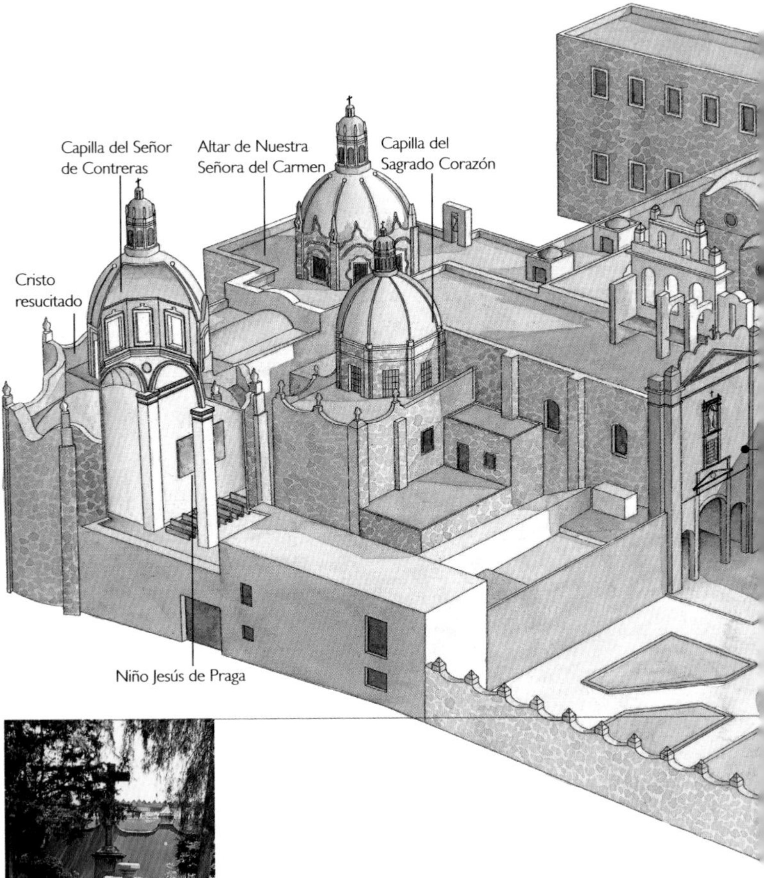

Atrio y cruz atrial

## Visitar

Colección de pintura religiosa
Exposición de momias

Acceso a la iglesia

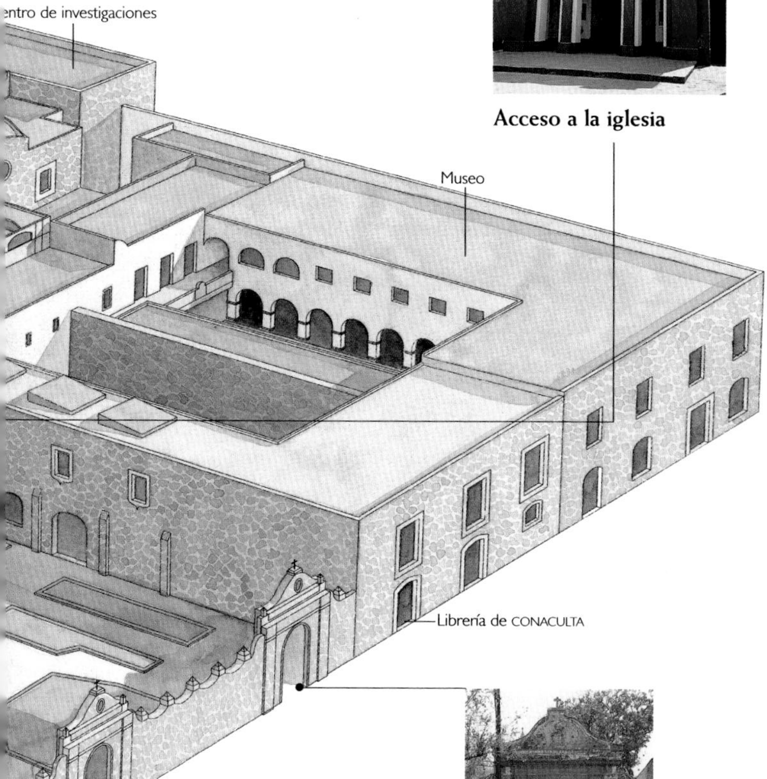

Puerta de piedra

## Comer

**Trattoria de la Casa Nuova**
Avenida de la Paz 58
**Mandarin House**
Avenida de la Paz 57

## Plaza del Carmen

Av. Revolución y Madero

A orillas de avenida Revolución, entre el Museo del Carmen y la Plaza de San Jacinto, se encuentra esta plazoleta, que marca la entrada al antiguo pueblo de San Ángel. Antiguamente aquí llegaban los tranvías que venían de Tacubaya. A su alrededor se encuentran el Centro Cultural San Ángel y la Biblioteca de la Revolución.
Los sábados en esta plaza se reúnen más de 700 pintores que ponen a la venta sus obras, en lo que han llamado el Jardín del Arte, una galería bajo el cielo.

*Centro Cultural San Ángel*

## Centro Cultural San Ángel

Av. Revolución y Francisco I. Madero

mar.-dom., 10-20 h.

5616-0503 y 5616-1254

www.cultura.df.gob.mx/espa/b2b006.htm

Tras la apertura de la avenida Revolución, se construyó esta casa que funcionaría como oficinas de la Delegación Álvaro Obregón. Actualmente se realizan en ella exposiciones en galerías, conferencias y presentaciones de libros, cuenta con un teatro con capacidad para 400 personas.

*Cruz en la calle de la Amargura*

## Biblioteca de la Revolución

Plaza del Carmen

En esta biblioteca especializada en el tema de la Revolución, se encuentra también una sala de exposiciones temporales, una cafetería y una librería.

*Plaza del Camen*

*Biblioteca de la Revolución*

## Casa del Marqués de Castilla

Plaza del Carmen 23

Bella casa del siglo XVII, que se caracteriza por estar adornada con figuras de argamasa.

## Calle de la Amargura

Saliendo de la plaza del Carmen se encuentra esta calle empedrada que nos conduce a la Plaza Juárez y a la iglesia de San Jacinto. Esta calle es una buena muestra del perfil del barrio de San Ángel y sus construcciones coloniales. En el trayecto se encuentran la librería Porrúa, la Galería Arte Contemporáneo y el

*Plaza de los Arcángeles*

callejón de la Amargura, rodeado de imponentes bardas de piedra.

**Casa del Obispo**
Plaza Juárez y callejón de la Amargura

Se trata de una mansión del siglo XVII, con amplios zaguanes y un hermoso patio. En la fachada se conservan sus almenas y un nicho en la esquina. En ella vivió el obispo Fernández de la Madrid, antes de ser desterrado por Benito Juárez en 1861.

**Plaza de los Licenciados**
Árbol e Hidalgo

Su nombre se debe a los personajes que allí vivieron en el siglo XIX. A unos pasos de la plaza, en la calle de Reina núm. 7 se conserva el antiguo portón de lo que fue el Hospital Real de los Naturales.

**Plaza de los Arcángeles**
Árbol y Frontera

Tranquilo rincón pintoresco típico de San Ángel, con una plazoleta rodeada de buganvillas que brindan un colorido espectáculo natural durante la primavera.

**Casa Blanca**
Hidalgo 43

Construida por los condes de Oploca en el siglo XVII. Cuenta la leyenda que en las noches de luna se ve la figura de doña Giomar en espera de Lope, su amado. Durante una de las invasiones norteamericanas fue cuartel de las tropas enemigas.

*Plaza de los Licenciados*

## ✪ Chimalistac

**Jardín de La Bombilla y Monumento a Álvaro Obregón**
Av. Insurgentes y Arenal

El parque de La Bombilla y concretamente la calle Abasolo marcan el límite entre San Ángel y Chimalistac; es decir, se encuentra todavía en la colonia San Ángel, pero convencionalmente, entre los habitantes de la ciudad, la avenida Insurgentes es el lindero entre los dos barrios.

A principios del siglo XX operaba en este lugar La Bombilla, un tívoli o restaurante campestre muy grande cuyos terrenos abarcaban el actual parque y una gran porción más, en dirección hacia el poniente (hacia el convento del Carmen, hoy en avenida Revolución). Era famoso, entre otras cosas, porque sus amplios jardines eran una obra de arte de Tatsugoro Matsumoto, quien fuera jardinero real en Japón.

El 17 de julio de 1928, durante un banquete en su honor, fue asesinado el general Álvaro Obregón en circunstancias que todavía no se

Jardín de La Bombilla

esclarecen completamente. La versión oficial es que José de León Toral, fanático religioso e instrumento de una conspiración, logró acceder al banquete y, diciendo ser un caricaturista, se aproximó al general so pretexto de mostrarle la caricatura del "futuro presidente"; Obregón lo permitió, los guardias se apartaron y, entonces, León Toral le disparó a quemarropa, tres veces, sobre el rostro, al grito de "¡Sólo Cristo Rey podrá gobernar en la tierra!"

En 1935, el presidente Lázaro Cárdenas inauguró en este jardín (calles Arenal y Abasolo) el monumento a Álvaro Obregón, obra del arquitecto Enrique Aragón Echegaray con esculturas de Ignacio Asúnsolo: dos estatuas labradas en granito gris representan a la agricultura y a la industria. El grupo del ala norte simboliza el pueblo en armas, y el del sur, la paz conquistada por la Revolución. En el interior hay una marca circular que precisa el lugar donde popularmente se decía que cayó muerto el general, aunque se sabe que esto ocurrió en un lugar al otro lado de la actual avenida Insurgentes, sobre la avenida de la Paz, donde se encuentra una placa que señala el sitio exacto.

### Calle Arenal

Esta pequeña calle empedrada formaba parte del antiguo Camino Real que comunicaba a San Ángel con Coyoacán.

En el núm. 40 se encuentran las oficinas del Consejo Nacional para la Cultura y las Artes, cuya Coordinación de Asuntos Internacionales organiza exposiciones, coloquios, ferias y diversos programas de intercambio cultural.

Monumento a Álvaro Obregón

### Parque Tagle

También conocido como el "Parque del Ahorcado" es un remanso verde entre Miguel Ángel de Quevedo y la calle del Arenal.

### Centro de Estudios de Historia de México

Plaza Federico Gamboa 1

lun.-vie., 9-14 y 15-18 h.

5326-5171 y 5326-5174

5661-7797

www.condumex.com.mx/cehm/index.html

Una hermosa casona del siglo XVIII acoge el Centro de Estudios de Historia de México que sostiene la empresa Condumex. Cuenta con biblioteca, hemeroteca y un importante archivo histórico con más de 75 mil volúmenes y documentos que abarcan todas las etapas de la historia de México. Su acervo abarca desde una ordenanza de Cristóbal Colón de 1493, hasta documentación sobre el momento actual. Destaca su colección de documentos y libros del siglo XVI que incluye incunables, crónicas religiosas y civiles, sermones y biografías, así como su importante colección de documentos decimonónicos.

**Plaza Federico Gamboa**

Chimalistac y Av. Miguel Ángel de Quevedo

Esta plazoleta se encuentra en el corazón del barrio de Chimalistac. Lleva el nombre del novelista que a principios del siglo XX escribiera la historia de Santa. En 1931, la historia fue llevada a la pantalla, dirigida por Antonio Moreno.

**Capilla de San Sebastián Mártir**

Chimalistac y Abasolo

Durante el periodo colonial, una epidemia invadió esta zona y los habitantes adoptaron a San Sebastián como patrono de Chimalistac, pues era protector contra epidemias y plagas. Es muy probable que el San Sebastián que se encuentra en la fachada de la capilla de San Antonio Panzacola, en **Coyoacán**, sea la imagen que originalmente tuvo el patronazgo de este templo.

La construcción actual con sus tres naves data del sigo XVII. Su

*Capilla de San Sebastián*

altar barroco fue trasladado de la iglesia de la Piedad demolida en 1940. Las pinturas que aquí se conservan son atribuidas a Miguel Cabrera.

Aquí se encuentra sepultada Chilapa, esposa del cacique Ixtolinque, señor de las tierras que hoy son Coyoacán, Chimalistac, San Ángel y el Desierto de los Leones.

**Paseo del Río de la Magdalena**

Entre los que fueron los ramales del río Magdalena –hoy en su mayor parte entubado– corría un arroyuelo que regaba los huertos de los frailes carmelitas. Hoy en día el Paseo del Río –que va de Copilco a Miguel Ángel de Quevedo– es una tranquila calle empedrada con un amplio camellón arbolado. Tres puentes antiguos cruzan el viejo cauce donde, se dice, practicaban oratoria los misioneros modulando la voz sobre el murmullo del río.

En Paseo del Río 186, en lo que fuera la antigua Quinta de la Purísima Concepción, se encuentran las oficinas de la Fundación Cultural Telmex, también conocida como la Casa de los Becarios.

**Cámara de los Secretos**

Secreto y Fresno

La acústica de esta capilla abierta, permite escuchar desde sus esquinas lo que se murmura en las otras. Su existencia se explica por la severa regla de los carmelitas que imponía largos silencios a los religiosos, aunque les permitía cuchichear a cierta distancia.

*Chimalistac, barrio esencialmente residencial*

# RÍO DE LA MAGDALENA

**Consulado Honorario de Letonia**
Se encuentra en esta hermosa casa desde 1991.

**Puente del Púlpito**
Es uno de los tres puentes construidos en el siglo XVII que aún pueden verse y el más cercano a Miguel Ángel de Quevedo.

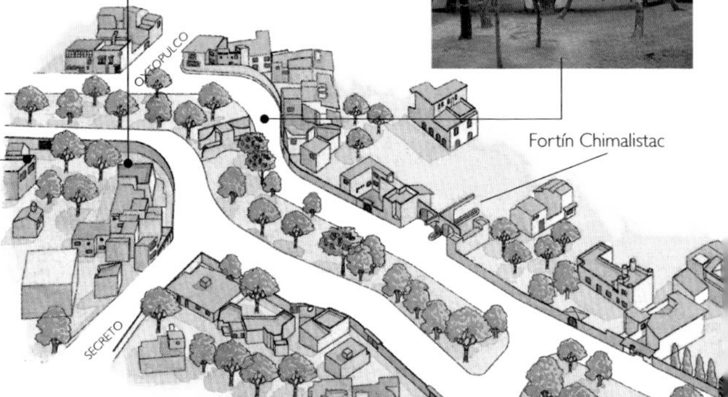

**Fundación Cultural Telmex**

**Cámara de los Secretos**
Construida en 1620, según el proyecto de fray Andrés de San Miguel, tuvo murales en su interior.

**Puente Carmen**
Este puente de arco rebajado con paseo de piedra bola, se ubica en la intersección de Río Magdalena y la calle de Carmen.

**Puente Río Chico**
A unos metros de los túneles de excavación donde fueron encontrados restos humanos de culturas arcaicas (900-500 a.C.), se encuentra este puente con arco de medio punto.

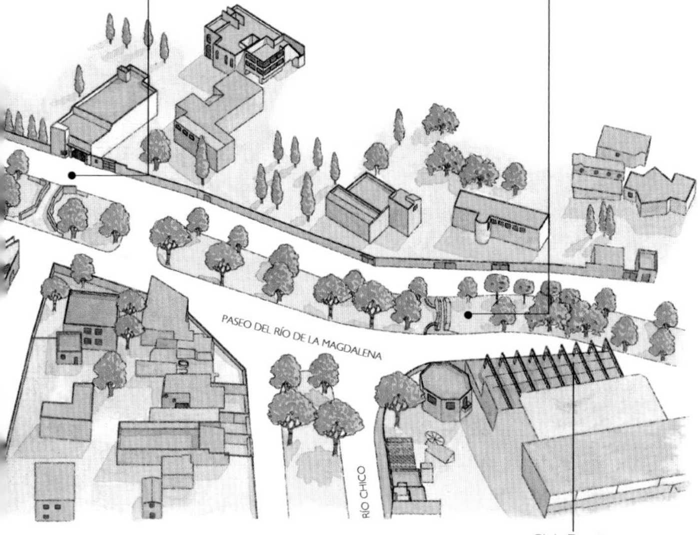

**Fuente**
La huerta del Convento del Carmen contaba con fuentes de las que apenas quedan algunos vestigios. Esta fuente –réplica de la original– se localiza en el mismo sitio en que estuvo aquélla.

# Coyoacán

"Casa de Cortés", detalle de la fachada

"Lugar de los Coyotes" o "Lugar de los que Tienen y Veneran Coyotes", en lengua náhuatl. Los habitantes de este sector de la ribera sur del lago de Texcoco fueron pueblos de etnia tecpaneca. Eran agricultores y también artistas lapidarios especializados en la talla de piedra volcánica que extraían del pedregal vecino, formado por la erupción del volcán Xitle, siglos atrás.

Cortés fundó aquí el primer ayuntamiento del valle de México. Se sabe que tuvo aquí una residencia, pero de ésta sólo quedaron vestigios que fueron trasladados al edificio del cabildo, que la gente llama Casa de Cortés aunque se construyó en 1755.

En Coyoacán se conservan algunos edificios virreinales, pero la mayor parte de los palacetes, casas señoriales y rústicas viviendas de adobe corresponden a formas del siglo XIX y no pocas son réplicas construidas durante el XX. Vecinos y autoridades se han esmerado en preservar en el barrio la apariencia de estar "congelado en el tiempo", lo que incluye mitos y anécdotas que van desde historias de aparecidos hasta hechos atribuidos a personalidades internacionales del arte y la política que han vivido en este barrio.

Si añadimos una vasta oferta cultural, gastronómica, comercial y de entretenimiento, entonces Coyoacán se convierte en uno de los lugares más atractivos de la ciudad. Impensable dejar de visitarlo.

Iglesia y puente de Panzacola (detalle), *por Francisco Romano Guillemín*

◀ *Jardín Centenario y Plaza Hidalgo, en Coyoacán*

# COYOACÁN

1. Glorieta de Miguel Ángel de Quevedo
2. Capilla de San Antonio Panzacola
3. Museo Nacional de la Acuarela
4. Plaza e Iglesia de Santa Catarina
5. Casa de la Cultura Jesús Reyes Heroles
6. Centro Cultural Los Talleres A.C.
7. Casa Diego de Ordaz
8. Jardín Centenario
9. Plaza Hidalgo
10. Iglesia de San Juan Bautista

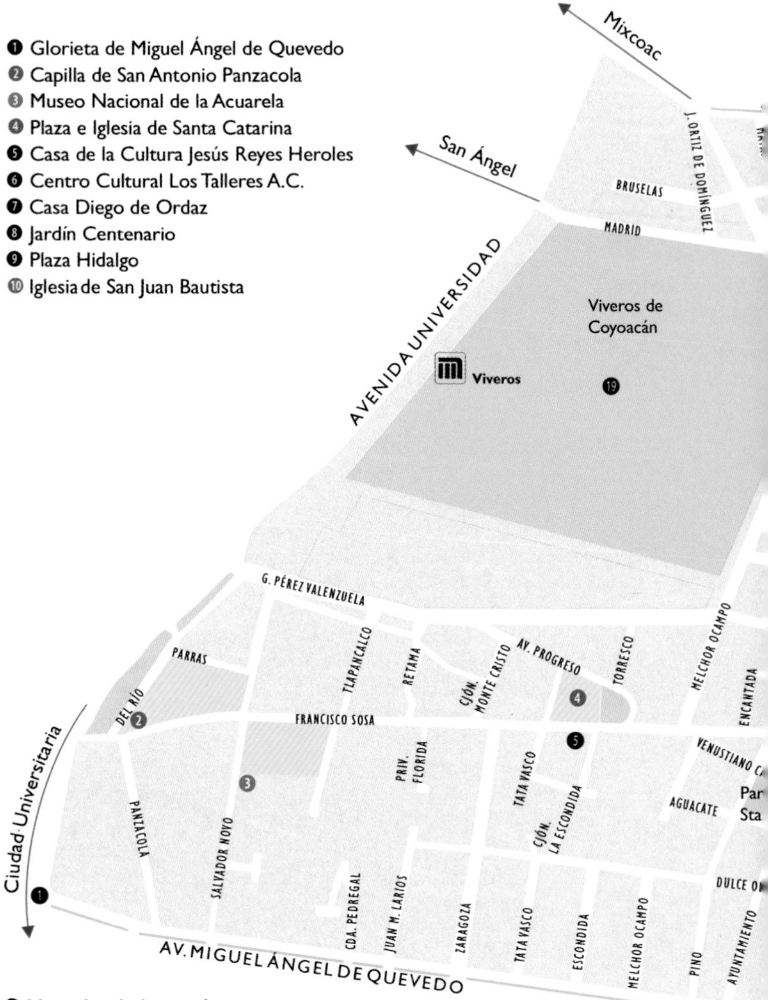


11. Mercados de Artesanías
12. Mercado de Coyoacán
13. Museo de Culturas Populares
14. La Guadalupana
15. Casa Colorada
16. Plaza e Iglesia de La Concepción
17. Museo-Casa Frida Kahlo
18. Casa de León Trotsky
19. Viveros de Coyoacán

Museo de las Intervenciones
AV. RÍO CHURUBUSCO
HURUBUSCO
Parque Allende
Preparatoria 6 UNAM
AV. MÉXICO
AV. HIDALGO
AV. MIGUEL ÁNGEL DE QUEVEDO
BRUSELAS
GUERRERO
ALDAMA
CENTENARIO
ABASOLO
VIENA
SAN PEDRO
PRIV. CORINA
BERLÍN
MADRID
ALLENDE
GÓMEZ FARÍAS
MORELOS
LONDRES
PARÍS
CORINA
AGUAYO
XICOTÉNCATL
MALINTZIN
TEJADA
PRIV. BOSQUE
2DA. CDA.
1RA. PRIV.
BELISARIO DOMÍNGUEZ
CUAUHTÉMOC
MOCTEZUMA
TRES CRUCES
F. CARRILLO PUERTO
HIGUERA
PRIV.
PRIV. ELENA
VALLARTA
FERNÁNDEZ LEAL
V. GARCÍA TORRES
ZAMORA
AVE MARÍA
REFORMA
ORTEGA
VENUSTIANO CARRANZA
IBÁÑEZ
PINO
MONDRAGÓN
HORNOS
SAN GREGORIO
TRUENITOS
ARCO
ZARAGOZA
AURORA
PRIV
CJÓN. COLIMA
CDA. A. ZAMORA
XOCHICALTITLA
SAN FRANCISCO
CJÓN. CHILPA
ESPÍRITU SANTO
CJÓN. DEL TORO
TEPALCATITLA
PACÍFICO
ASIA
ÁFRICA
EUROPA
0 METROS 500
0 PIES 1500

### Glorieta Miguel Ángel de Quevedo

Av. Universidad y Miguel Ángel de Quevedo

La avenida Universidad corre de norte a sur y Miguel Ángel de Quevedo de oriente a poniente. En su crucero hay una pequeña glorieta. El cuadrante al suroeste corresponde al barrio de **Chimalistac**. El cuadrante del noreste corresponde a las numerosas colonias que integran el barrio de Coyoacán, que no debe confundirse con la Delegación Política Coyoacán que es enorme y se extiende hasta los terrenos de la Ciudad Universitaria.

En este crucero y sus inmediaciones se han establecido algunas librerías muy bien surtidas que ofrecen, además, servicios de cafetería, presentaciones literarias, conciertos, discos, libros de segunda mano y otros productos para todos los gustos y presupuestos.

*Los coyotes, sobre la glorieta de Miguel Ángel de Quevedo*

### Accesos al centro de Coyoacán

Para el visitante que llega desde Chimalistac, el camino ideal es la calle Francisco Sosa, una de las más bellas de Coyoacán; nace en la avenida Universidad, a unos 300 m al norte de la glorieta de Miguel Ángel de Quevedo. La ruta que aquí proponemos parte de ese supuesto.

Para quienes provienen del norte, es opcional entrar por la avenida Centenario (ver **Rutas hacia el sur de la ciudad**) o por la avenida Coyoacán.

Si es el caso que el visitante proviene de la

*El centro de Coyoacán; al fondo, la iglesia de San Juan Bautista*

*El puente de Panzacola cruza el río de la Magdalena y marca el comienzo de la calle Francisco Sosa*

Central Sur de autobuses, hay varias calles de acceso que entroncan con la avenida Miguel Ángel de Quevedo, entre ellas las calles Melchor Ocampo y Tres Cruces.

**Capilla de San Antonio Panzacola**

Francisco Sosa y Av. Universidad

Sobre el antiguo Camino Real que comunicaba a Coyoacán con San Ángel se levanta esta pequeña capilla del siglo XVIII. Cuenta la leyenda que fue construida por la madre de unos contrabandistas, en agradecimiento a un favor que San Antonio había concedido a sus hijos, aunque, curiosamente, el santo que se conserva en la fachada es San Sebastián.

Al lado hay un antiguo puente que cruza el río de la Magdalena, ahora entubado casi totalmente, con la sola excepción de este tramo. Este rincón fue el predilecto de los paisajistas del siglo XIX, como Eugenio Landesio y Casimiro Castro.

**Casa de Salvador Novo**

Francisco Sosa 392

Salvador Novo, uno de los escritores mexicanos más importantes –poeta, periodista, autor de teatro, además de cronista de la ciudad de México durante los años 40 y 50– eligió este lugar para vivir. En él escribió múltiples artículos y obras de teatro que fueron presentadas en un escenario situado en la capilla de la casa; también organizaba tertulias literarias e inventaba guisos para agasajar a sus invitados.

*Casa de Alvarado*

**Casa de Alvarado**
Francisco Sosa 383

La historiadora alemana Zelia Nuttall, quien dedicó su vida al estudio de las culturas mesoamericanas, vivió en esta quinta del siglo XVIII. Ella sustituyó el nombre original de Quinta Rosalía por el de Casa de Alvarado, al suponer que había pertenecido a Pedro de Alvarado, capitán español que fue lugarteniente de Hernán Cortés durante la conquista de México. A Alvarado se atribuye haber ordenado la mantaza del Templo Mayor y asesinar a más de 600 miembros de la nobleza mexica.

En investigaciones posteriores, la misma historiadora dismintió su hipótesis, pero la casa conservó el nombre que ella le diera. Fue sede de la Fundación Octavio Paz. No está abierta al público.

**Museo Nacional de la Acuarela**
Salvador Novo 88
mar-dom., 11-18 h.
5554-1801 5554-1784
www.cultura.df.gob.mx/espa/b2a025.htm

Su acervo consta de la colección formada por el pintor Alfredo Guati Rojo. Inaugurado en 1967 en la colonia Roma por el escritor mexicano Agustín Yáñez, tras el temblor de 1985 fue trasladado a su sede actual en Coyoacán. En sus seis salas de exposición permanente se muestra el uso de la acuarela en México a lo largo de la historia. Sobresalen las obras de Manuel Ituarte, Gonzalo Argüelles, Saturnino Herrán, Félix Parra y Germán Gedovius.

**Iglesia y Plaza de Santa Catarina**
Francisco Sosa y Tata Vasco

La construcción de esta iglesia comenzó en 1650; se supone que inicialmente era una capilla abierta, pero le han hecho diversas modificaciones al paso del tiempo.

*Iglesia y Plaza de Santa Catarina, de finales del siglo XVII*

Está abierta al culto.

En esta plaza –cuentan los vecinos– hay pasadizos subterráneos que la cruzan y, además, en algunas noches se ve a un espectro, una sombra que atraviesa la plazoleta y entra en la iglesia… a pesar de que sus puertas estén cerradas.

Sobre el ala oriental de la plaza se encuentran algunos famosos merenderos como Las Lupitas (antojitos mexicanos del norte y el altiplano y algunas novedades gastronómicas muy interesantes para almorzar) y El Mesón de Santa Catarina, anexo al teatro del mismo nombre, el cual presenta obras producidas por la Universidad Nacional.

Algunas de las calles que desembocan en esta plaza forman un laberinto de vías empedradas, amplias unas y otras

*Casa Diego de Ordaz, vista del nicho*

increíblemente estrechas, que son representativas de la traza del barrio. Lo mejor es recorrerlas caminando, porque en automóvil es muy complicado.

*Centro Cultural Los Talleres, A.C.*

### Casa de la Cultura Jesús Reyes Heroles

Francisco Sosa 202

lun.-dom., 10-18 h.

5659-3937 5658-5202

Una de las mansiones más grandes de Coyoacán, perteneció por largo tiempo a la familia de don Francisco Armida. En los años 80 del siglo XX fue adquirida por el gobierno y en 1985 se integró a la red oficial de casas de la cultura. Fue dedicada a la memoria de don Jesús Reyes Heroles, estadista e ideólogo que hizo grandes aportaciones al sistema político mexicano. Aquí se realizan numerosas actividades, como obras de teatro, conciertos, presentaciones de libros, talleres de artes plásticas, danza, música, literatura, idiomas y muchos más.

### Centro Cultural Los Talleres A.C.

Francisco Sosa 29

lun.-vie., 8:30-21 h.; sáb., 9-18 h.

5658-7288 5658- 8639

www.arts-history.mx/lostalleres

En el decenio de los 80 del siglo XX, esta antigua casona fue acondicionada como galería, foro escénico, escuela de danza y de artes plásticas. Todos los fines de semana aquí se presentan funciones de danza y diversos espectáculos. Cuenta con una cafetería con vista al jardín.

### Casa Diego de Ordaz

Francisco Sosa 2

Casona del siglo XVIII, estilo mudéjar, erróneamente atribuida al conquistador español, famoso por haber escalado el Popocatépetl con el fin de extraer azufre del cráter para la fabricación de pólvora. Vale la pena observar el nicho de la esquina, elemento decorativo usual en las casas coloniales.

# COYOACÁN

**Delegación Política de Coyoacán**
Llamado popularmente Casa de Cortés, este edificio de mediados del siglo XVIII fue sede del cabildo novohispano y de la presidencia municipal de Coyoacán; hoy lo es de la Delegación Política.

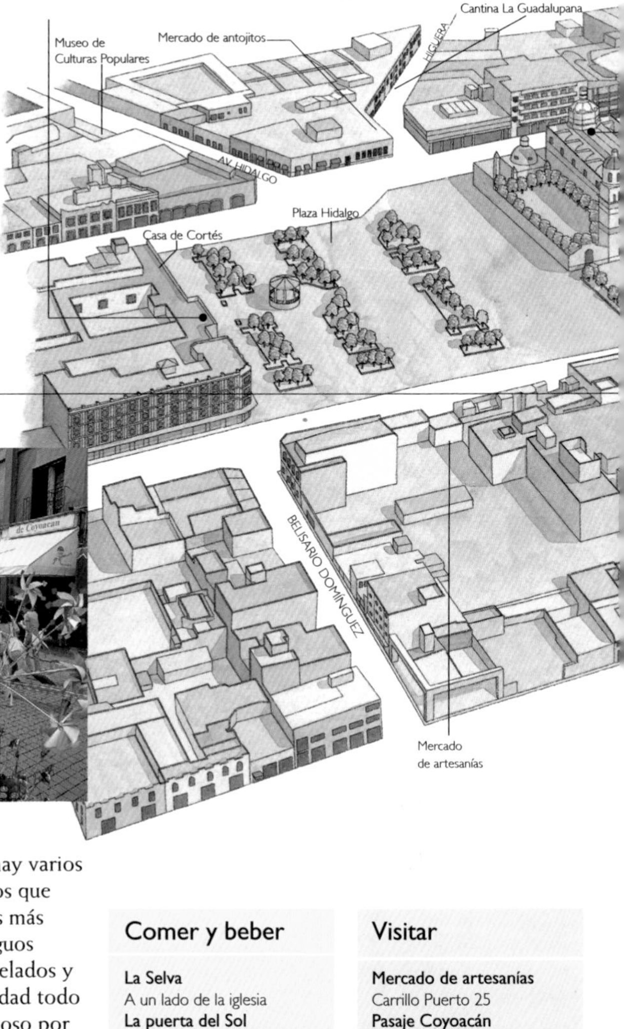

**Helados**
En Coyoacán hay varios establecimientos que aseguran ser los más famosos y antiguos expendios de helados y nieves. En realidad todo el barrio es famoso por esos productos.

## Comer y beber

**La Selva**
A un lado de la iglesia
**La puerta del Sol**
Caballocalco e Higuera

## Visitar

**Mercado de artesanías**
Carrillo Puerto 25
**Pasaje Coyoacán**
Cuauhtémoc 147

**Iglesia de San Juan Bautista**
Esta iglesia del siglo XVI es uno de los edificios más antiguos de la ciudad. Austera por fuera, por dentro exhibe notables ornamentos barrocos.

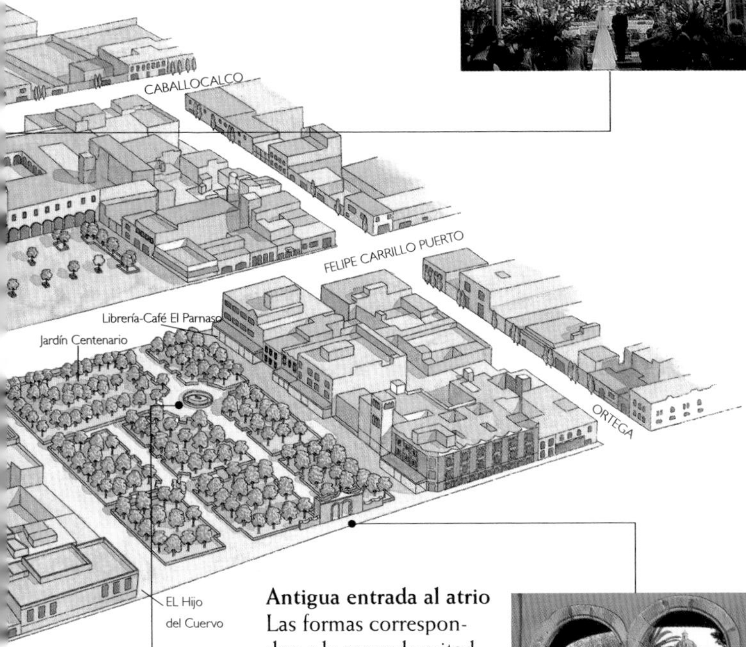


**Antigua entrada al atrio**
Las formas corresponden a la segunda mitad del siglo XIX.

**Fuente de Coyoacán**
La leyenda de los coyotes ha sufrido muchos cambios a lo largo de 500 años. Se dice que los antiguos habitantes de estos parajes casi los exterminaron y después los veneraron.

Plaza Hidalgo

**Jardín Centenario y Plaza Hidalgo**

Centenario y
Felipe Carrillo Puerto

La iglesia de San Juan Bautista fue el núcleo de este vasto terreno que conforma lo que se llama el centro de Coyoacán. La iglesia se encuentra sobre la hoy llamada plaza Hidalgo, y el que fuera su gigantesco atrio es hoy el jardín Centenario.

Al llegar por la calle Francisco Sosa, en su entronque con la calle Centenario, lo primero que destaca es precisamente la entrada del viejo atrio, de la que quedan dos arcos.

En este espacio formado por la plaza y el jardín, el visitante encontrará una increíble variedad de atractivos. Son tantos que cabe decir que hallará lo que desee y también lo que tal vez no imagine. Desde una lectura de Tarot sobre una banca, hasta un raro platillo sudamericano, una farmacia de pueblo, una moderna oficina bancaria, librerías, bares, cafés, baratijas, artesanías, criadores de perros y todo lo que se pueda comprar con una simple moneda o con billetes de alta denominación. Todas las clases sociales se mezclan en este lugar.

Desde el viernes por la tarde y hasta la noche del domingo, la actividad en esta zona es muy intensa. Millares de personas acuden a los espectáculos, los puestos de antojitos, los restaurantes, bares, cafeterías y toda clase de comercios. Los otros días de la semana hay también una gran actividad pero no tan intensa y entonces es posible pasear por el jardín, apreciar la Fuente de los Coyotes, visitar la iglesia, el quiosco de la plaza Hidalgo, comprar un libro en El Parnaso, tomar un café o comer en algunos de los restaurantes del jardín y hasta tomar un trago en El Hijo del Cuervo.

Los días 15 y 16 de septiembre se celebran aquí las fiestas por la Independencia, que son muy vistosas.

**Helados La Siberia**

Jardín Centenario 3

lun.-dom., 10:30-20:30 h.

Helados y nieves, elaborados dentro del mismo establecimiento, que han vuelto una tradición a saborear un helado a Coyoacán.

Librería-Café El Parnaso

### Librería-Café El Parnaso

Jardín Centenario 2

lun.-dom., 7-23 h.

5658-3195 y 5554-2225

Ofrece un gran número de libros clásicos y novedades editoriales. Cuenta con una cafetería al aire libre.

*La firma Sanborns restauró esta casa del siglo XIX*

### Sanborns

Jardín Centenario 5

lun.-dom., 7:30-1 h.

5659-7518 / 7651 / 7549

5659-7089 / 7268

www.sanborns.com.mx

Un importante trabajo de restauración se llevó a cabo en esta casa del siglo XIX con el fin de instalar una sucursal de dicha cadena de tiendas. No solamente se mantuvo el aspecto exterior acorde con la arquitectura característica de Coyoacán, sino que, a diferencia de otros edificios históricos que albergan tiendas o servicios, el interior también se mantuvo fiel a la visión original. Resulta de especial interés la escalera en espiral que conduce hasta el restaurante. Posee un acceso directo al mercado de artesanías que se instala los fines de semana en la calle Felipe Carrillo Puerto.

### Iglesia de San Juan Bautista

Plaza Hidalgo, frente a la calle Felipe Carrillo Puerto

Su construcción fue iniciada en el siglo XVI por los franciscanos y concluida años más tarde por los dominicos; está considerado uno de los templos más antiguos de la ciudad. Contrasta con la sobriedad de su fachada, la riqueza de su interior. Entre las nervaduras del techo, resaltan los medallones que muestran la vida de Jesucristo. A lo largo de la nave principal se aprecian altares dorados, portales de los santos que integran la Corte Celestial, y, en la capilla lateral, un retablo barroco de fines del

*Delegación Política de Coyoacán*

siglo XVII, dedicado a la advocación de la Virgen del Rosario.

A un costado de la iglesia, en el acceso al actual atrio, hay un pequeño arco estilo plateresco, con filigranas entrelazadas talladas en cantera.

### Delegación Política de Coyoacán (Casa de Cortés)

Plaza Hidalgo 1

lun.-dom., 8-20 h.

5659-6009

Hasta 1755 no había en Coyoacán ningún edificio público donde realizar las sesiones del cabildo; por lo tanto, el virrey ordenó que para tal fin se construyese esta casa, donde hoy

*Iglesia de San Juan Bautista, en la Plaza Hidalgo*

*Mercado de Coyoacán*

en día se encuentran las oficinas de la Delegación. Tradicionalmente se le llama Casa de Cortés porque aquí fueron trasladados los restos de la antigua casa del conquistador español, hoy desaparecida. La capilla del registro civil está decorada al fresco con escenas que recrean la historia local.

### Mercados de artesanías

Felipe Carrillo Puerto 25; Cuauhtémoc 147

sáb.-dom., 11-20 h.; lun.-dom., 11-20 h.

Para dar un espacio cotidiano a numerosos artesanos se han creado estos dos mercados, en los cuales no solamente se venden diversas manualidades, artesanías, joyería de fantasía y adornos para el hogar, sino también libros y revistas de segunda mano, objetos de colección y hasta mascotas.

### Mercado de Coyoacán

Allende, entre Malitzin y Xicoténcatl

lun.-dom., 10-18:30 h.

Para despertar el gusto y el olfato, basta dar una vuelta por sus pasillos. Uno tras otro se alinean los puestos de comida, antojitos, frutas, verduras, especias, moles, infusiones, flores, piñatas, ropa, zapatos, disfraces, juguetes, cestas, velas y otras curiosidades.

### Foro Cultural Coyoacanense Hugo Argüelles

Allende 36

lun.-vie., 8-20 h.; consultar cartelera

5654-0738 y 5554-6036

Cuenta con dos salas de exhibición y un auditorio para 400 personas, donde se llevan a cabo diversas actividades teatrales y musicales populares, al igual que espectáculos infantiles, como obras de teatro, títeres o narracuentos.

### Museo de Culturas Populares

Hidalgo 289

mar-jue., 10-18 h.; vie.-dom., 10-20 h.

5554-8968 y 5658-1265

5659-8346

www.cnca.gob.mx/cnca/popul/mncp.htm

Museo dedicado a las diversas manifestaciones de la cultura y creatividad populares. Cuenta con seis áreas de exhibición temporales, pero en sus patios

*Museo de Culturas Populares*

también se organizan conciertos, concursos de baile, talleres infantiles, ferias gastronómicas y artesanales, amén de diversas actividades relacionadas con las exposiciones. Cuenta con un Centro de Información y Documentación.

### La Guadalupana

Higuera 14

lun.-vie., 3-22 h.

5554-6253

"Todos los coyotes somos guadalupanos" es el anuncio de esta cantina que constituye toda una tradición en Coyoacán desde 1932.

La Guadalupana

Decora su interior un mural compuesto por los retratos de los personajes que la han visitado, como las actrices María Félix y Dolores del Río o el escritor Octavio Paz.

### Casa Colorada

Higuera 57

Una de las construcciones virreinales más antiguas del valle de México y la más antigua de Coyoacán (siglo XVII). Cuenta la leyenda que fue el hogar de la Malinche, e incluso se llegó a decir que Hernán Cortés vivió aquí con ella. Otras versiones aseguran que fue cuartel y cárcel durante los primeros años de la Conquista. Hoy es casa particular y no se permite el acceso.

*Casa Colorada*

A un lado se localiza la Casa del Teatro, foro donde regularmente se presentan obras producidas por la Universidad Nacional.

### Plaza e Iglesia de La Concepción

Presidente Carranza y Fernández Leal

El espíritu barroco del siglo XVIII se conserva en esta pequeña iglesia, popularmente conocida como La Conchita, con sus características torres campanario y fachada adornada al estilo mudéjar, con sellos y enredaderas de argamasa. En el interior conserva varios retablos de madera dorados y pinturas virreinales; se encuentra rodeada de árboles, caminos empedrados y gruesas bancas.

*Iglesia de La Concepción, conocida como La Conchita*

### Jardín Frida Kahlo

Calle Fernández Leal y Av. Pacífico

Parque creado en los 80, en donde había unos lotes baldíos. Una fuente refresca el jardín, adornado con numerosas buganvillas. Cuenta con una

*Frida Kahlo en el jardín que lleva su nombre*

*Interior del Anahuacalli*

pequeña ágora para espectáculos dominicales y un monumento en memoria de la pintora.

### Foro Cultural Ana María Hernández

Av. Pacífico 181

lun.-vie., 8-16 h.; consultar cartelera

5658-9744

En esta casa se llevan a cabo conferencias y simposios organizados por la Delegación Coyoacán, funciones de danza, de teatro, conciertos y otras actividades culturales.

### Bar El Convento

Fernández Leal 96

mié.-sáb., 17:30-1 h.

5554- 4065

Antigua casa del siglo XVII, construida por los padres Camilos, cultivadores de las rosas que dieron nombre a la actual colonia de El Rosedal. Brindó posada a los viajeros y fue hospicio para los desamparados. Actualmente es un conocido video-bar restaurante que ofrece diferentes espectáculos y conciertos.

### Corredor de restaurantes Pacífico

Av. Pacífico y Fernández Leal

Muy cerca de la Plaza de la Conchita se localizan algunos de los restaurantes más típicos de Coyoacán, como la Hacienda de Cortés o El Morral, además de varios otros especializados en comida argentina, italiana, o internacional.

*Bar El Convento*

### Centro Cultural Veracruzano Rafael Solana

Miguel Ángel de Quevedo 687

lun.-dom., a partir 13 h.; ver cartelera

5659-5759 / 4447

www.cultura.df.gob.mx/espa/b2b036.htm

Nombrado en honor al periodista y dramaturgo veracruzano, el Centro cuenta con un teatro, dos restaurantes y galerías de artes plásticas. En Mascarada / El Rincón de Lara hay comida estilo medieval y diversos espectáculos, como monólogos, comedia, música, entre otros.

*Centro Cultural Veracruzano*

### Anahuacalli

Calle del Museo 150
San Pablo Tepetlapa

mar-dom., 10-18 h.

5617-4310 5617-3797

www.diegorivera.com/visit

La Casa de Anahuac (nombre con el que se denominaba al valle de México) fue proyectada en 1964 por Diego

Rivera como museo estudio. Edificio piramidal construido con piedra volcánica, posee elementos arquitectónicos mayas y toltecas; los techos están decorados con mosaicos, técnica que Rivera exploró durante los últimos años de su vida. Se exhibe la colección privada más grande de piezas prehispánicas, integrada por figuras de Tlatilco, vasos ceremoniales y máscaras de Teotihuacán, guerreros de la cultura de Occidente y caritas sonrientes totonacas, entre otras piezas. En el estudio del pintor están en exhibición bocetos de sus murales, cuadernos de trabajo y pinturas de caballete.

Cada noviembre, se monta una espectacular ofrenda de Día de Muertos.

*Anahuacalli*

**Museo de las Intervenciones en el antiguo convento de Churubusco**

Av. Río Churubusco y Calzada General Anaya

mar-dom., 9-18 h.

5604-06 99 y 5688-7926

5604-0981

www.cnca.gob.mx/cnca/inah/museos/munaint.html

Churubusco es la castellanización de Huitzilopochco –lugar de Huitzilopochtli, deidad tutelar de los mexica–. La tradición cuenta que ahí se asentaron los descendientes de ese dios, por lo que se levantó un gran templo en su honor, solamente superado en importancia por

## ANTIGUO CONVENTO DE CHURUBUSCO

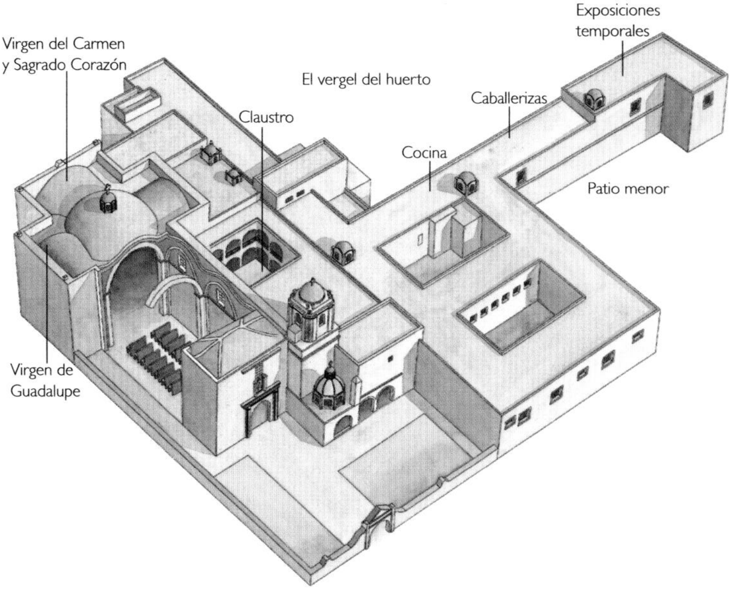

el de México-Tenochtitlán, que fue demolido tras la Conquista y reemplazado por un convento en el que preparaban a los frailes dieguinos descalzos, orden franciscana caracterizada por su austeridad, para ir a evangelizar Filipinas y Japón.

Durante la invasión de México por Estados Unidos en 1847, aquí tuvo lugar una encarnizada batalla entre los guardias nacionales y los infantes de marina estadounidenses. Se dice que pelearon hasta el último cartucho y ambos ejércitos consideraron la posibilidad de rendirse, pero al momento de fijar la tregua para negociarlo los mexicanos depusieron las armas sin saber que su enemigo estaba por hacer lo mismo. El comandante estadounidense exigió que le entregaran el parque, es decir, toda la munición que tuvieran (y que a él le faltaba) y entonces fue que el general Pedro María Anaya, cegado por un obús, pronunció su célebre frase: "Si hubiera parque no estaría usted aquí."

En memoria de la defensa de Churubusco y de otras acciones relacionadas con las diferentes intervenciones de las que México fue víctima entre 1847 y 1914, en el año 1918 el presidente Venustiano Carranza ordenó que el ex convento fuera reparado y acondicionado para albergar el Museo de las Intervenciones.

*Museo de las Intervenciones*

La exposición permanente abarca 13 salas del museo. Entre otras piezas interesantes de esta colección destacan el trono imperial de Agustín de Iturbide, armas de fuego, litografías y óleos, así como estandartes y banderas de diversos batallones del Ejército mexicano. Entre las banderas históricas hay algunas que fueron capturadas por el ejército estadounidense en 1847 y devueltas más de un siglo después por el gobierno de Estados Unidos como gesto amistoso hacia México.

La iglesia del convento fue devuelta a los franciscanos en el año 1960 y desde entonces está abierta al culto. En su interior hay algunos retablos barrocos y una colección de pintura virreinal.

**Parque Xicoténcatl**

Av. Churubusco y Xicoténcatl

Parque bardado que cuenta con juegos, fuentes y esculturas. Mediante un permiso de la Delegación Política de Coyoacán se pueden realizar fiestas infantiles.

**Escuela Nacional de Música**

Xicoténcatl 126

lun.-vie., 9-15 h. y 17-18 h.; consultar cartelera

5688- 9783 5604-1006

www.unam.mx/enmusica

La Escuela Nacional de Música fue creada por la Universidad Nacional en 1929, para impartir carreras con grado de licenciatura y disciplinas vinculadas

*Edificio administrativo del Centro Nacional de las Artes*

para músicos y compositores.

También se realizan simposios, seminarios y cursos así como conciertos y recitales a los que puede asistir el público en general.

**Centro Nacional de las Artes CENART**

Av. Río Churubusco y Calzada de Tlalpan

lun.-sáb., 11-19 h. y dom., 11-18 h.; consultar cartelera

5420-4400

www.cnca.gob.mx/in.htm

Además de ser una de las muestras más importantes de arquitectura contemporánea, reúne cinco escuelas enfocadas a la educación e investigación artísticas: la Escuela de Pintura, Escultura y Grabado, La Esmeralda; el Centro de Capacitación Cinematográfica; la Escuela Superior de Música; la Escuela Nacional de Arte Teatral y la Escuela Nacional de Danza Clásica y Contemporánea. También se crearon cuatro Centros Nacionales de Investigación, Documentación e Información especializados: el Musical, Carlos Chávez (CENIDIM); el de Artes Plásticas (CENIDIAP); el de la Danza, José Limón o CENIDI-danza; y el de Investigación Teatral Rodolfo Usigli.

Cuenta con un Centro Multimedia, en el cual se desarrollan proyectos con tecnología de punta, así como con una Biblioteca de las Artes.

El CENART incluye también importantes foros de difusión cultural, como los Teatros de la Artes, el Raúl Flores Canelo o el Salvador Novo; el Auditorio Blas Galindo, la Galería de La Esmeralda o las Plazas de las Artes, de la Danza y de la Música. Un conjunto de salas cinematográficas completa el panorama. Vale la pena revisar la cartelera para acudir a los espectáculos que aquí se programan.

*Centro Nacional de las Artes, conjunto*

*Museo-Casa Frida Kahlo*

**Museo-Casa Frida Kahlo**

Londres 247

mar-dom., 10-18 h.

5554-5999 5658-5778

www.cnca.gob.mx/cnca/inah/monuhis/fazul.html

La llamada Casa Azul, en donde nació y creció Frida Kahlo, fue convertida en museo a partir de su muerte en 1954. Dos grandes judas (muñecos de cartón o papel maché que representan los pecados capitales, a los cuales se les prende fuego el Sábado de Gloria) reciben a los visitantes de la célebre pintora, esposa de Diego Rivera.

El museo conserva algunas de sus pinturas de caballete, retratos y bodegones, varias de ellas inconclusas, así como las colecciones de piezas prehispánicas y de exvotos que apasionaron tanto a Frida como a Diego. La cocina y el comedor de la casa son ejemplo de la reivindicación del arte popular por el que ambos lucharon. Son expuestos los trajes típicos y collares que caracterizaron la vestimenta de Frida, sus cartas de amor, la cama en la que estuvo postrada tras el accidente que le fracturara la columna, así como el corsé decorado por ella misma, que usó durante tanto tiempo. En el estudio se encuentran sus pinceles, pigmentos y el caballete que le regalara Nelson Rockefeller –director del Museo de Arte Moderno de Nueva York– así como pinturas de Rivera, José María Velasco, José Clemente Orozco, Paul Klee, Wolfgang Paalen y Joaquín Clausell.

*Estudio de Frida Kahlo*

**Autobuses turísticos**

Allende y Londres
Av. Hidalgo 289
lun.-dom., 10-18 h.
www.cultura.df.gob.mx/nov/tranvia.htm

Del Museo Frida Kahlo y del Museo de Culturas Populares, salen los autobuses turísticos –simulan ser antiguos tranvías– que recorren las calles y plazas selectas de Coyoacán en viajes de aproximadamente 45 min. El servicio incluye un guía que habla español o inglés. Las salidas no son regulares sino cada vez que se reúnen al menos 20 pasajeros. (Ver también **Servicios urbanos**).

*Autobús turístico de Coyoacán*

**Casa de León Trotsky**

Av. Río Churubusco 410
mar-dom., 10-17 h.
5554-0687
5658-8732
mx.geocities.com/museotrotsky

Desterrado de la Unión Soviética por Stalin, León Trotsky encontró refugio en México y se instaló en Coyoacán en el año 1939. Fue sistemáticamente perseguido y acosado tanto por Stalin como por militantes extranjeros y mexicanos opuestos a sus ideas, y tras un atentado que sufrió en 1940, sus guardias convirtieron la casa en una fortaleza que incluyó una torre de vigilancia y una especie de garita; además, blindaron con acero las puertas de acceso a la recámara del dirigente.

Trotsky fue herido de muerte en esta casa y aquí se conservan sus restos: en el mismo jardín desde donde transmitía por radio discursos a Europa y pasaba todas las mañanas cuidando a sus conejos y cactus, están

*Casa de León Trotsky*

enterradas sus cenizas y las de su última esposa, Natalia Sedova.

En el museo se exhiben los libros, fotos y otros objetos personales de este fundador del primer Estado socialista, sin duda uno de los hombres más importantes y de mayor controversia en la historia del siglo XX. También se realizan aquí exposiciones, conferencias y eventos artísticos. En 1990 se terminó la construcción del edificio anexo donde se encuentra el Instituto del Derecho de Asilo y Libertades Públicas.

### Teatro Bar El Hábito

Madrid 13
vie.-sáb., a partir 22:30 h. según espectáculo
5659-1139 / 6305
www.elhabito.com.mx

En 1954 el escritor Salvador Novo inauguró el Teatro de la Capilla, y junto a éste, un restaurante que llamó El Refectorio. Tras la muerte de Novo, fueron abandonados, pero en la década de los 80, por iniciativa de la actriz y directora de teatro Jesusa Rodríguez, fueron rehabilitados tanto el teatro como el restaurante –hoy día restaurante bar El Hábito–. En el primero se presentan obras de teatro experimental, y en el segundo, sátiras, a la usanza del viejo teatro de revista.

### Viveros de Coyoacán

Av. Universidad, Av. México y calle Progreso
lun.-dom., 8-17 h.

A orillas de la avenida Universidad, en lo que antiguamente era el Rancho Panzacola, se encuentran unos amplios viveros forestales, donados por el que fuera Jefe del Departamento Forestal, el señor Miguel Ángel de Quevedo

*Plantas y macetas a la venta en los Viveros*

(conocido como el "apóstol del árbol" por sus esfuerzos en la defensa forestal de México) e inaugurados en 1938 por el presidente Lázaro Cárdenas.

A los viveros concurren tanto deportistas como amantes de la gran variedad de plantas de ornato que pueden adquirirse en los puestos localizados en su interior –además, anualmente se realiza un concurso de azaleas.

*Viveros de Coyoacán, un espacio recreativo para los vecinos de una decena de colonias aledañas*

10

# Ciudad Universitaria

Escudo de la Universidad Nacional Autónoma de México

El proyecto de construir una Ciudad Universitaria (CU) surgió a fines de la década de 1940; la idea principal fue reunir en un solo gran cuerpo de instalaciones las facultades, escuelas e institutos de la Universidad Nacional Autónoma de México (UNAM), que durante largo tiempo ocuparon diferentes edificios dispersos por la ciudad.

Se proyectó una construcción vanguardista con rasgos de arquitectura prehispánica que mostrara la tradición histórica mexicana; la edificación estuvo a cargo del arquitecto Carlos Lazo, y el proyecto fue elaborado por Mario Pani, Enrique del Moral y Mauricio Campos, quienes definieron su estilo racional-funcionalista.

Está situada al sur de la ciudad de México. Las rutas que conducen directamente a CU son las avenidas Insurgentes, Universidad y Revolución.

El mejor punto de acceso para fines de una visita turística es la Torre de Rectoría, ubicada sobre la avenida Insurgentes Sur. Al otro lado de la avenida se encuentra el Estadio Olímpico Universitario. Otra opción es llegar por el Metro a la estación Universidad y abordar ahí el transporte gratuito universitario.

Tiene dos circuitos: el Circuito interior (escolar), donde se encuentran los accesos a los edificios originales, y el llamado Circuito exterior, que conduce a los numerosos anexos de las facultades e institutos que ha sido necesario construir debido al crecimiento de la población universitaria durante medio siglo.

*Edificio de la Rectoría durante su construcción en 1952*

◀ *Vista aérea de Ciudad Universitaria*

# CIUDAD UNIVERSITARIA

1. Torre de la Rectoría
2. Biblioteca Central
3. Museo Universitario de Ciencias y Artes
4. Facultad de Medicina
5. Facultad de Química
6. Invernadero Faustino Miranda
7. Estadio Olímpico Universitario
8. Jardín Botánico

**Centro Cultural Universitario**

9. Biblioteca y Hemeroteca Nacionales
10. Sala Nezahualcóyotl
11. Teatro Juan Ruiz de Alarcón
12. Universum, Museo de las Ciencias
13. Espacio Escultórico

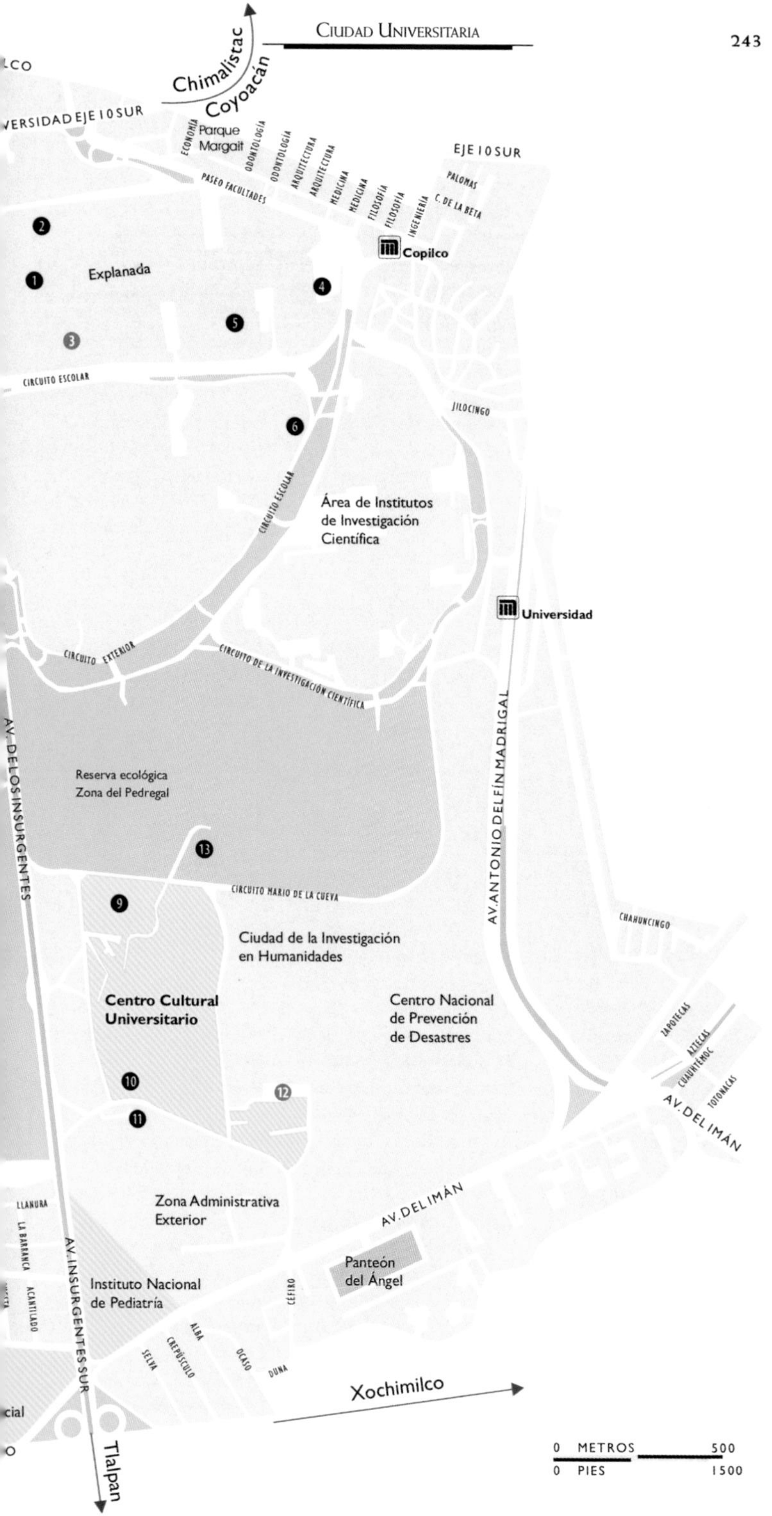
Chimalistac
Coyoacán
EJE 10 SUR
Parque Margait
ECONOMÍA
ODONTOLOGÍA
ODONTOLOGÍA
ARQUITECTURA
ARQUITECTURA
MEDICINA
MEDICINA
FILOSOFÍA
FILOSOFÍA
INGENIERÍA
PASEO FACULTADES
PALOMAS
C. DE LA BETA
Copilco
Explanada
CIRCUITO ESCOLAR
JILOCINGO
CIRCUITO ESCOLAR
Área de Institutos de Investigación Científica
Universidad
CIRCUITO EXTERIOR
CIRCUITO DE LA INVESTIGACIÓN CIENTÍFICA
AV. DE LOS INSURGENTES
Reserva ecológica Zona del Pedregal
AV. ANTONIO DELFÍN MADRIGAL
CIRCUITO MARIO DE LA CUEVA
Ciudad de la Investigación en Humanidades
CHAHUNCINGO
Centro Cultural Universitario
Centro Nacional de Prevención de Desastres
ZAPOTECAS
AZTECAS
CUAUHTÉMOC
TOTONACAS
AV. DEL IMÁN
LLANURA
LA BARRANCA
ACANTILADO
Zona Administrativa Exterior
AV. DEL IMÁN
AV. INSURGENTES SUR
Instituto Nacional de Pediatría
Panteón del Ángel
CÉFIRO
ALBA
CREPÚSCULO
SELVA
OCASO
DUNA
Xochimilco
Tlalpan
0 METROS 500
0 PIES 1500

**Transporte en CU**

lun.-vie., 6:20-22:30 h.

www.mapa.unam.mx/rutas.html

Dentro de las instalaciones de CU hay servicio gratuito de transportación que incluye tres rutas. La Ruta 1 es la del Circuito interior (25 min); la Ruta 2 es el Circuito exterior (12 min) y abarca opcionalmente al Jardín Botánico (20 min más), y la Ruta 3 corresponde al Circuito de la Zona Cultural (30 min) que puede extenderse a la Zona de la Coordinación de Humanidades (20 min más). En los tres casos el punto común es la estación del Metro Universidad, donde se encuentra el Módulo de Transporte Interno Gratuito Universitario.

**Explanada y terrazas**

La explanada principal es un enorme espacio rectangular que se extiende, de poniente a oriente, desde la Torre de la Rectoría hasta los edificios ocupados por la *Gaceta UNAM*, el auditorio Antonio Caso y varios institutos (un conjunto horizontal y un edificio elevado llamado Torre II de Humanidades). Sobre el lado norte de la explanada está, próximo a la Rectoría, el edificio de la Biblioteca Central –inconfundible por sus murales– e inmediatamente después se encuentra el conjunto de edificios de las Facultades de Derecho, Economía y Filosofía y Letras. Sobre el lado sur, la Facultad de Arquitectura, seguida por la de Ingeniería.

En esta explanada principal, que es un amplio jardín, hay varias amelgas –conocidas como "las islas"– donde se concentran las arboledas.

Más allá del conjunto de la Torre II de Humanidades comienza la segunda explanada, una vasta terraza en desnivel al fondo de la cual se encuentra la Facultad de Medicina (extremo oriental del campus); al norte, la de Odontología, y al sur, la de Química.

Los diferentes sectores se encuentran en terrazas construidas a desnivel, en una suerte de evocación de la manera como construían sus ciudades los antiguos mexicanos. Además de la Biblioteca Central, en varios edificios (conjunto de Ciencias, Facultad de Medicina) hay murales que vale la pena ver. Recomendamos al visitante que se mantenga en las explanadas y terrazas, sin entrar a los edificios escolares, y si desea tomar fotografías lo haga con equipo fotográfico sencillo (nada llamativo o costoso). Hay muchos andadores que conducen a espacios muy bellos pero un tanto solitarios que es preferible evitar si uno no forma parte de un

*Explanada de Ciudad Universitaria*

*Mural de David Alfaro Siqueiros*

grupo. Hay vigilancia en CU, pero uno debe cobrar conciencia de dos aspectos importantes: el primero es que en el campus universitario hay cientos de miles de personas (más habitantes que en muchas ciudades del país), y el segundo, que la vigilancia que corre por cuenta del personal de la UNAM no es suficiente para cubrir permanentemente las instalaciones universitarias.

## Torre de la Rectoría

Insurgentes Sur 3000

Es el edificio principal. Sobre su fachada aparece el escudo de la UNAM. Está decorado con el mural *Alegoría de la cultura,* de David Alfaro Siqueiros. Esta obra quedó inconclusa mas no por ello es menos interesante. Sobre la cara sur el mural muestra las grandes luchas del pueblo (la resistencia indígena, la lucha por la Independencia y la guerra de Reforma); sobre la cara norte, se plasma la función social de la Universidad: "La Universidad para el pueblo y el pueblo para la Universidad", donde el pintor utilizó mosaicos de cristal. La torre fue diseñada por los arquitectos Mario Pani, Enrique del Moral y Salvador Ortega para las oficinas administrativas de la institución.

## Biblioteca Central

Lado norte de la explanada principal

lun.-sáb., 8-20 h.

5622-3960 y 5622-3964

www.unam.mx/servicios/bibliotecas.html

La fachada de este edificio de dos cuerpos y diez pisos en forma de prisma rectangular, fue construido en 1950 por Juan O'Gorman, Gustavo Saavedra y Juan Martínez de Velasco; donde resaltan cuatro majestuosos murales de Juan O'Gorman decorados con piedras multicolores provenientes de diversos puntos del país. Estos murales narran 400 años de la historia nacional; al norte se evoca el México prehispánico; al sur, el colonial y virreinal; al oeste, el revolucionario; y al poniente, el moderno; en una superficie de casi 4000 m$^2$.

*Biblioteca Central*

# CIUDAD UNIVERSITARIA

Detalle de los murales de **Juan O´Gorman** en la Biblioteca Central.

**Mural de Siqueiros (detalle)**
Relacionado con la función social de la Universidad.

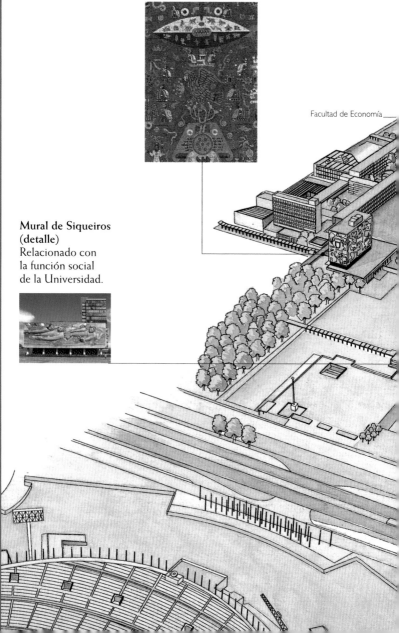

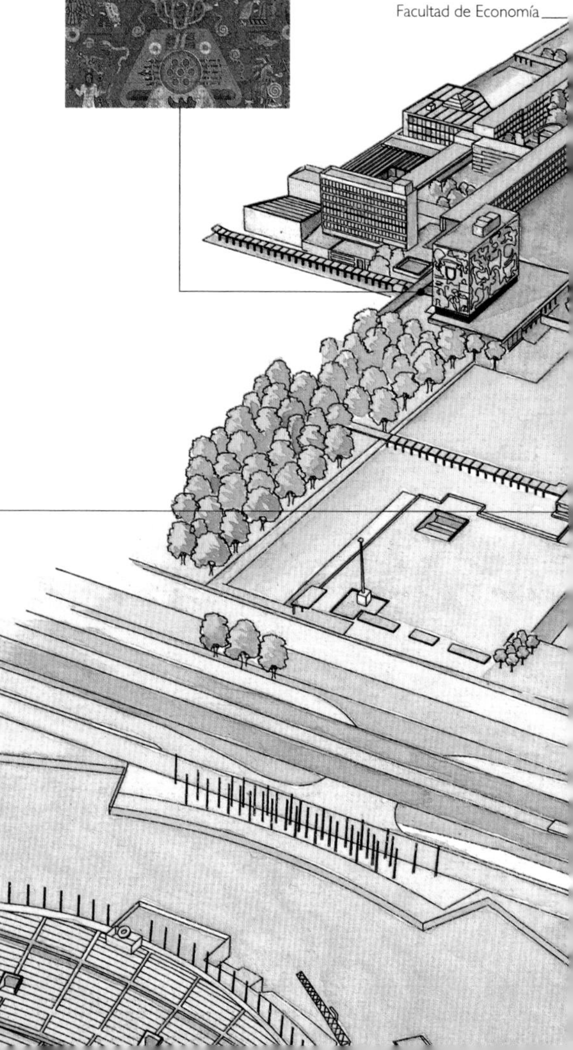

**Mural** *La vida*
**de Francisco Eppens**
La fachada de la Facultad de Medicina, representa la concepción cosmológica prehispánica.

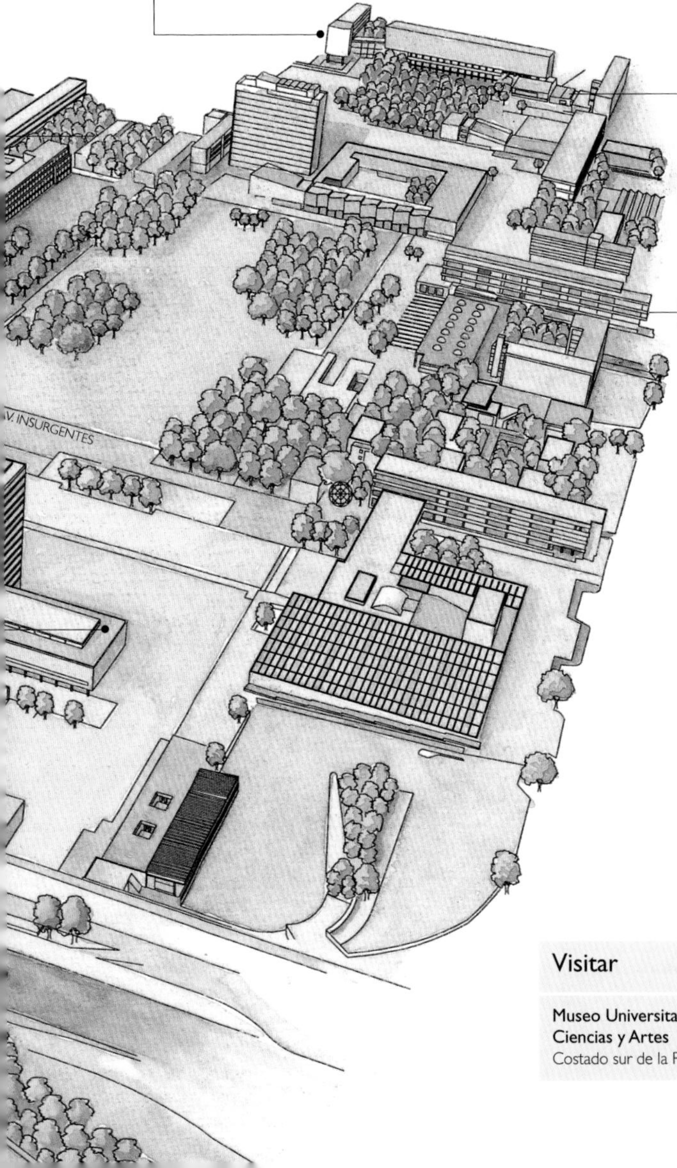


## Visitar

**Museo Universitario de Ciencias y Artes**
Costado sur de la Rectoría

**Museo Universitario de Ciencias y Artes**
Costado sur de Rectoría
mar.-dom., 10-19 h.
5665-0709
www.muca.unam.mx

El MUCA posee una extensa colección de artesanías y arte popular de distintas partes del mundo en bodega, que son patrimonio universitario; se presentan exposiciones temporales de muestras de arte contemporáneo y tecnología. Se construyó en 1960.

*Museo Universitario de Ciencias y Artes*

**Facultad de Medicina**
Segunda explanada, al oriente de la principal

La facultad fue diseñada por Ramón Torres y Roberto Álvarez Espinosa, en la cual destaca uno de los murales más impactantes de CU, creado en 1954 por Francisco Eppens en cerámica vidriada; esta obra evoca la concepción cosmológica del mundo prehispánico, simbolizada en la vida y la muerte, los cuatro elementos (agua, aire, fuego y tierra) y el mestizaje.

**Estadio Olímpico Universitario**
Insurgentes Sur 3000
Acera poniente, opuesta a la de la Rectoría

La construcción del estadio universitario comenzó en 1952 y concluyó en 1954. El proyecto estuvo a cargo de los arquitectos Augusto Pérez Palacios, Raúl Salinas Moro y Jorge Bravo Jiménez asesorados por el entrenador Roberto "Tapatío" Méndez y el profesor Jorge Molina Celis, quienes propusieron, además, el conjunto de las otras áreas deportivas de CU (estadio de pruebas, la alberca olímpica universitaria y el gimnasio, entre otras). Muy cerca del estadio, hacia el sur, está el Jardín Botánico.

El diseño del estadio está inspirado en un cráter volcánico: una elipse con un diámetro mayor de 250 m. El basamento es de roca volcánica. La fachada principal está decorada con la obra *La Universidad, la familia mexicana, la paz y la juventud deportista,* mural en altorrelieve creado por Diego Rivera con mosaico de piedra de colores; el altorrelieve simboliza la patria, la paz, la universidad y el deporte. También se pueden ubicar dos murales del mismo autor en el palco de honor.

En 1968, el estadio

*Fachada principal con el mural* La universidad, la familia mexicana, la paz y la juventud deportista, *de Diego Rivera*

*Facultad de Medicina*

fue modernizado para ser sede de los Juegos de la XIX Olimpiada. Hoy se llama Estadio Olímpico Universitario. Tiene capacidad para 56,800 espectadores. El diseño de sus 42 túneles de acceso permite que toda la gente pueda salir en un lapso de 20 minutos

El estacionamiento tiene espacio para unos seis mil automóviles, hoy día insuficiente. Se utiliza principalmente para futbol soccer; es la casa de los Pumas de la UNAM. También se utiliza durante la temporada anual de la liga mayor de futbol americano –como sede de los diferentes equipos universitarios– y, desde luego, para prácticas y competencias de atletismo.

**Jardín Botánico**

Insurgentes Sur 3000,
junto a la zona deportiva
lun.-dom., 9-16:30 h.
5622-9047 y 5622-9063
www.ibiologia.unam.mx/jardin/

Es un centro de investigación cuyo objetivo principal es fomentar la divulgación, enseñanza e investigación en botánica. Se orienta a la conservación de los recursos vegetales. Cuenta en sus colecciones con plantas endémicas, raras o en peligro de extinción, que se someten a estudio para promover su cultivo y su conocimiento.

Antes de la construcción de CU, el Instituto de Biología de la UNAM tenía sus instalaciones en la Casa del Lago,

# ESTADIO OLÍMPICO UNIVERSITARIO

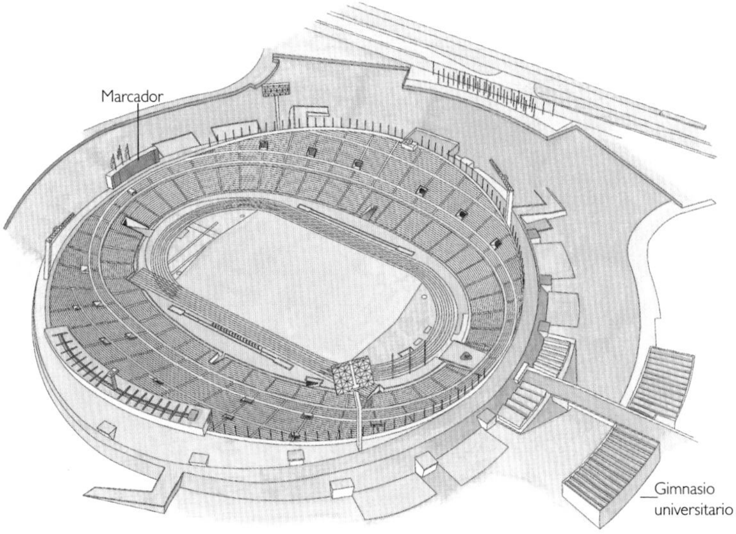

en Chapultepec. En 1959 se mudó a CU y fue entonces cuando se creó el Jardín Botánico de la UNAM. Para su diseño se consideraron dos aspectos: el modelo del jardín del doctor Faustino Miranda, ilustre botánico hispanomexicano, dedicado al cultivo y conservación de la flora mexicana, y la idea de contar con un vivero de propagación de plantas ornamentales, propuesta por el doctor Efrén del Pozo, entonces Secretario General de la UNAM.

Tiene dos secciones: el Jardín exterior, ubicado en el Circuito exterior de CU, próximo al Estadio Olímpico, y los dos invernaderos Faustino Miranda y Manuel Ruiz Oronoz, que se encuentran al otro lado de la avenida Insurgentes, en el Circuito interior; uno próximo al edificio de la Facultad de Química, y el otro al sur del mismo, junto a la Dirección de Áreas Verdes.

La distribución de las colecciones está organizada en las zonas siguientes: zona árida, zona templada y plantas útiles, en el Jardín exterior; zona cálido-húmeda, en los invernaderos Faustino Miranda y Manuel Ruiz Oronoz, y reserva ecológica del Pedregal de San Ángel, un espacio de poco menos de 147 ha, establecido en 1983, que es una extensión del Jardín exterior. Ofrece el servicio de visitas guiadas y proyección de audiovisuales, previa cita. La información detallada acerca de las colecciones está disponible en la folletería que venden en el lugar.

### Invernaderos Faustino Miranda y Manuel Ruiz Ornoz

Circuito interior, junto a la Dirección de Áreas Verdes

En la entrada se aprecia la gran variedad de especies tropicales, predominando los helechos. Después se encuentran las aráceas en sus dos tipos: trepadoras y las que crecen sobre otras (epifitas), ambas con hojas muy grandes. A la derecha se aprecian helechos arborescentes, de lento crecimiento, y junto a ellos la ceiba o pochote. Más adelante se observan varias familias de cicadáceas, ceratozamia y zamia, en peligro de extinción. En el estanque se encuentran el platanillo y el lirio de laguna. En este recorrido se encuentran el chocho, con gran cantidad de espinas, y el árbol xiloxochtl. En la roca volcánica se han adaptado varias especies de *Anthurium sp.* y de helechos. En el camellón se puede contemplar la "pata de elefante" de *Beucarnea recurvata*. Continuando por esta ruta se aprecia un paisaje de flora tropical. Enseguida se ven diferentes especies de bellas y exóticas orquídeas. En la última parada se localizan la vainilla y el cafeto.

### Jardín exterior

Circuito exterior (atrás del estadio)

Al lado izquierdo del acceso se encuentran las oficinas del área de Investigación. Más adelante está el Jardín del Desierto, que cuenta con plantas ornamentales y de las zonas semidesérticas y desérticas.

*Jardín exterior*

Al final se ubica la Unidad de Seminarios y junto a ésta una tienda de recuerdos y servicios.

En este sector se encuentra el invernadero de plantas tropicales, seguido del *Arboreum*, que es una zona boscosa que cuenta con una clasificación de mariposas. Después se ubican las plantas medicinales y al final hay una zona para la replantación de las áreas deportivas.

**Centro Cultural Universitario**

Insurgentes Sur y Circuito Mario de la Cueva, Sector sur de CU
http://difusion.cultural.unam.mx

El CCU es un enorme conjunto arquitectónico construido de 1976 a 1980 a cargo de los arquitectos Orso Núñez R. y Arcadio Artis E., para la difusión cultural y el esparcimiento, se localiza en un área abierta de piedra volcánica. Aquí se encuentran las instalaciones del Instituto de Investigaciones Bibliográficas, del que dependen la Biblioteca Nacional de México y la Hemeroteca Nacional. En el mismo conjunto están la Sala Nezahualcóyotl, el teatro Juan Ruiz de Alarcón, el Foro Sor Juana Inés de la Cruz, el Centro Universitario de Teatro, la Sala Miguel Covarrubias, la Sala Carlos Chávez, los cines José Revueltas y Julio Bracho, la librería Julio Torri y el Museo Universum. Muy cerca del CCU, sobre el Circuito

*Centro Cultural Universitario*

# JARDÍN EXTERIOR

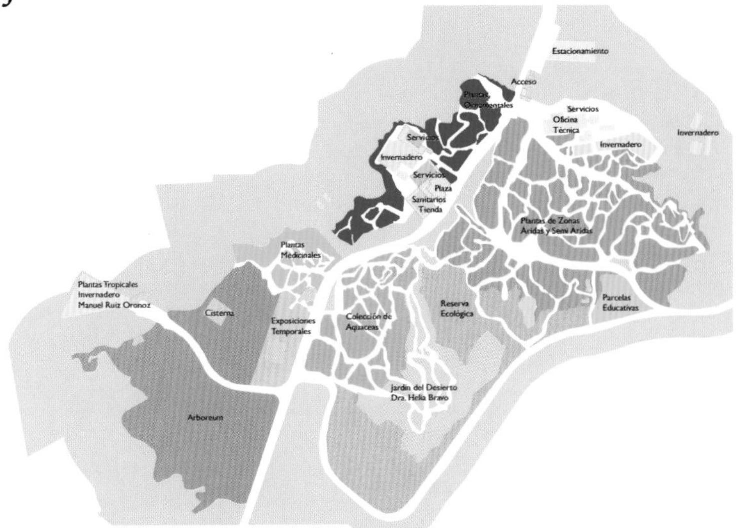

*Biblioteca y Hemeroteca Nacionales*

Mario de la Cueva y dentro del sector oriente de la Reserva Ecológica del Pedregal, está el Espacio escultórico.

**Biblioteca y Hemeroteca Nacionales**

Centro Cultural Universitario
lun.-sáb., 9-18 h.
5622-9047 y 5622-9063
http://biblional.bibliog.unam.mx/index.html

Desde 1967 ambas forman parte del Instituto de Investigaciones Bibliográficas (IIB), que administra y coordina su funcionamiento y actividades.

La Biblioteca Nacional de México pertenece al Estado; el IIB sólo se encarga de la custodia de su acervo, que es el mayor y más valioso del país. La Biblioteca ofrece orientación para la consulta personal o por vía telefónica o por correo (postal y electrónico). Para el turista quizá lo más interesante es el edificio, cuyo interior destaca por su moderna concepción arquitectónica y su decoración. Si acaso el visitante tuviese interés en consultar el catálogo, podrá hacerlo anticipadamente por Internet en la dirección telnet:/web1:web1@trapiche.bibliog.unam.mx/

Para tener acceso la cuenta es web1 y la contraseña es la misma que la cuenta. Por si acaso, antes consulte biblional.bibliog.unam.mx/bib biblioteca.html

En el Fondo Reservado de la Biblioteca se encuentran verdaderos tesoros bibliográficos. Para su consulta se requiere un trámite especial en el IIB, pero es accesible. Además de las salas de consulta, hay salas especiales, como la Fonoteca.

La Hemeroteca Nacional (biblional.bibliog.unam.mx/hem/hemeroteca.html) cuenta con el más completo repertorio de publicaciones periódicas de todo el país. Ofrece los servicios de visitas guiadas (previa cita, tel. 5622-6818) y reproducción documental. En el segundo piso de la Hemeroteca se encuentra su Fondo Reservado, que contiene publicaciones nacionales y extranjeras del siglo XVII hasta 1916. La mayor parte del acervo está microfilmado.

*Espacio escultórico*

*Teatro Juan Ruiz de Alarcón*

**Sala Nezahualcóyotl**

Centro Cultural Universitario
Taquilla: mar.-sáb., 10-14 h.; mié.-dom., 16:30-20:30 h.
5622-0709 y 5622-07113
http://cartelera.musica.unam.mx/sedes/neza.php

Inspirada en la sede de la Filarmónica de Berlín, cuenta con una excelente acústica basada en un modelo europeo no tradicional que combina maderas preciosas. Se construyó en 1976 y consta de cinco plantas sobrepuestas en forma de herradura. Tiene una capacidad para 2311 espectadores. Actualmente es la sede de la Orquesta Filarmónica de la UNAM, y en verano lo es, además, de la Orquesta Sinfónica de Minería.

*Espacio escultórico*

### Teatro Juan Ruiz de Alarcón

Centro Cultural Universitario
Según cartelera
5622-6954 y 5622-6955
http://difusion.cultural.unam.mx

Destinado a la representación histriónica de alta calidad. Se presentan obras de teatro clásico, comedia, ballet, comedias musicales y conjuntos de baile. Tiene capacidad para 430 espectadores y es la sede del Centro Universitario de Teatro, que es la escuela de arte dramático más importante de México.

### Universum, Museo de las Ciencias

Detrás del Centro Cultural Universitario
lun.-vie., 9-17 h.; sáb.-dom., 10-17 h.
5622-7287 y 5622-7288
http://universum.unam.mx

Construido sobre una superficie de 15 mil m$^2$. Es un museo interactivo enfocado a la difusión de las ciencias. Cuenta con 13 salas que abarcan temas como agronomía, alimentación, urbanismo, biodiversidad, física, geografía nacional, química, comunicaciones y astronomía, entre otros. Cuenta con modernos equipos para facilitar la interacción de los visitantes con la información. Hay visitas guiadas (previa cita) y, además, diferentes eventos artísticos y culturales.

### Espacio escultórico

Circuito Mario de la Cueva, detrás de la Sala Nezahualcóyotl

Consiste de un círculo compuesto por 64 contrafuertes gigantescos. El diseño arquitectónico responde a la idea de conjugar ecología y arte al combinar una tendencia futurista con una fuerte tradición. El resultado es un conjunto de elementos piramidales construidos sobre piedra volcánica que representan la imagen cósmica del mundo prehispánico. Cuenta con un circuito donde se exhiben esculturas contemporáneas, diseñado en 1979 por Helen Escobedo, Manuel Felguérez, Matías Goeritz, Hersúa, Sebastián y Federico Silva.

*Universum*

# TLALPAN

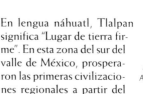

Fuente en la fachada de la Antigua Hacienda de Tlalpan

En lengua náhuatl, Tlalpan significa "Lugar de tierra firme". En esta zona del sur del valle de México, prosperaron las primeras civilizaciones regionales a partir del año 1200 a.C. Entre los años 800 y 100 a.C., en Cuicuilco se desarrolló un asentamiento con más de 20 mil habitantes, que dispersaron diferentes erupciones volcánicas ocurridas en la serranía del Ajusco entre los siglos I a.C. y II d.C., hasta el abandono total del lugar en el siglo IV.

Durante el siglo XVI formó parte del Marquesado del Valle de Oaxaca, propiedad de Hernán Cortés.

En el siglo XVII se le consideró pueblo independiente, con un gobernador y diez alcaldes. En agosto de 1645 se le dio el título de Villa de San Agustín de las Cuevas, por emitirse la cédula el día de ese santo y también por las cuevas inmediatas, tubos geológicos abiertos por la erupción del Xitle. Desde finales del siglo XVI esta zona fue sitio de recreo de los habitantes urbanos. Las familias adineradas construyeron aquí sus residencias campestres, muchas de las cuales se conservan.

Durante la guerra de Independencia, en 1815, aquí estuvo prisionero José María Morelos, en la torre de Santa Inés.

Al crearse la República, San Agustín de las Cuevas quedó integrado al Estado de México, y en 1827 se convirtió en la capital de esa entidad, como ciudad de Tlalpan. Aquí estuvo la Casa de Moneda durante dos años –de 1828 a 1830, cuando dejó de ser la capital del estado–, lapso en que troqueló 200 mil pesos en oro y 900 mil de plata. A partir de 1855 se incorporó al Distrito Federal y actualmente es la mayor de las delegaciones políticas de esta entidad.

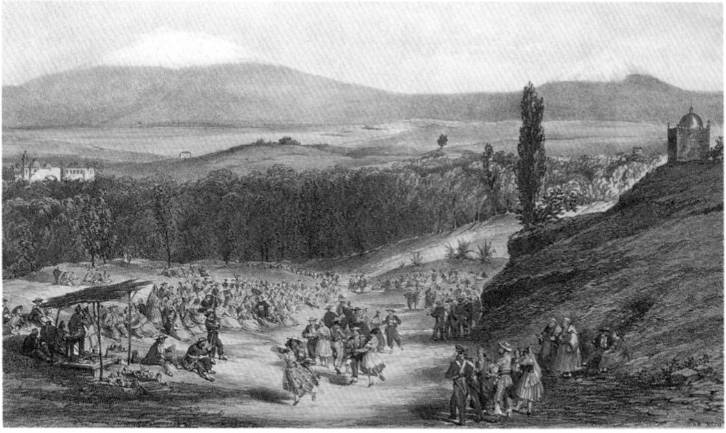

San Agustín de las Cuevas en el siglo XIX

# TLALPAN

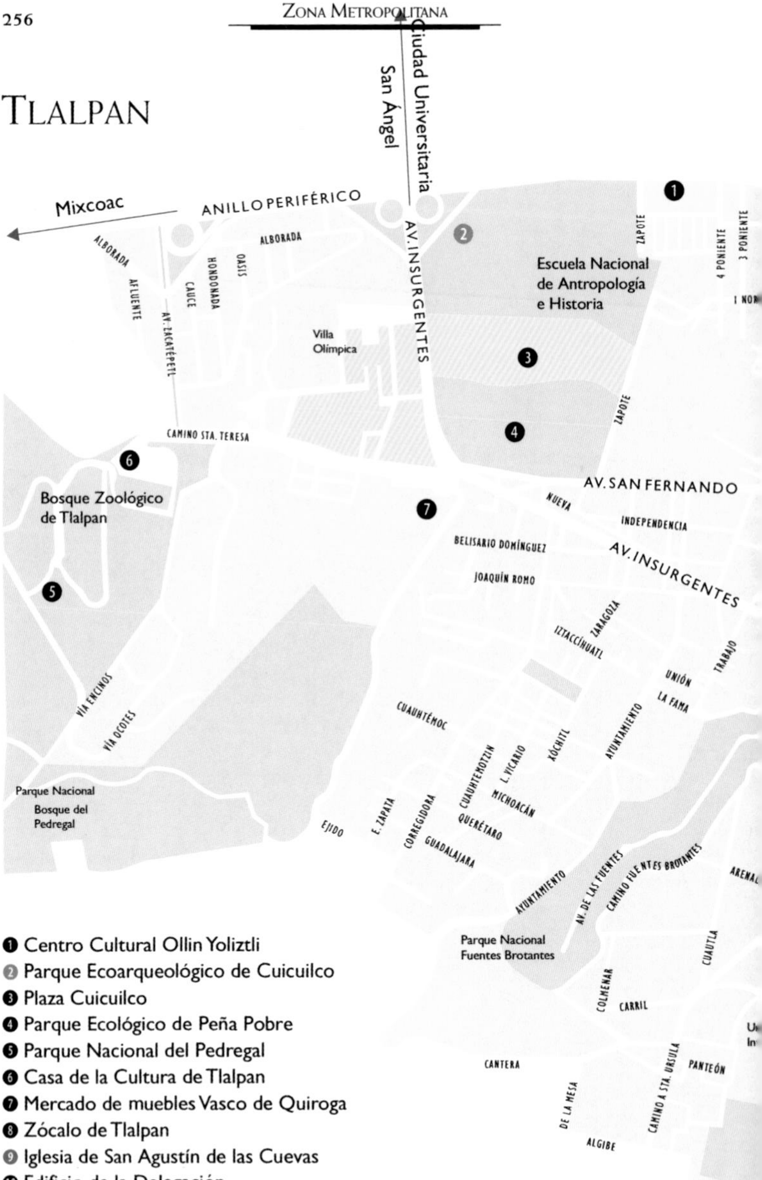


1. Centro Cultural Ollin Yoliztli
2. Parque Ecoarqueológico de Cuicuilco
3. Plaza Cuicuilco
4. Parque Ecológico de Peña Pobre
5. Parque Nacional del Pedregal
6. Casa de la Cultura de Tlalpan
7. Mercado de muebles Vasco de Quiroga
8. Zócalo de Tlalpan
9. Iglesia de San Agustín de las Cuevas
10. Edificio de la Delegación
11. Mercado de la Paz
12. Instituto Javier Barros Sierra, Casa Frissac
13. Casa Prisión de Morelos
14. Casa de Santa Anna
15. Casa del Conde de Regla
16. Casa Chata
17. Casa de Moneda
18. Universidad Pontificia de México
19. Capilla del Calvario
20. Fábrica de vidrio San Pedro

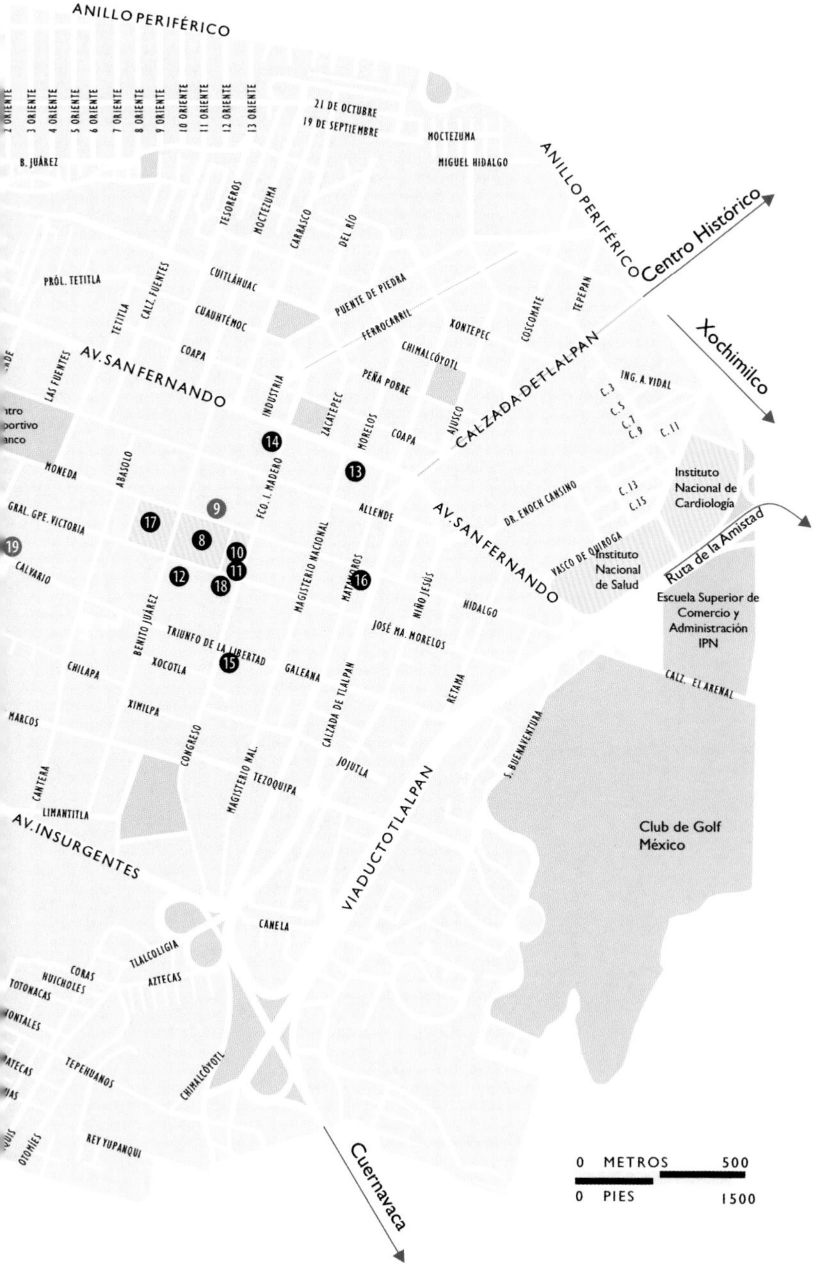
ANILLO PERIFÉRICO
21 DE OCTUBRE
19 DE SEPTIEMBRE
MOCTEZUMA
MIGUEL HIDALGO
B. JUÁREZ
TESOREROS
MOCTEZUMA
CARRASCO
DEL RÍO
PRÓL. TETITLA
CALZ. FUENTES
TETITLA
CUITLÁHUAC
CUAUHTÉMOC
COAPA
PUENTE DE PIEDRA
FERROCARRIL
XONTEPEC
CHIMALCÓYOTL
COSCOMATE
TEPEPAN
Centro Histórico
Xochimilco
LAS FUENTES
AV. SAN FERNANDO
INDUSTRIA
ZACATEPEC
MORELOS
PEÑA POBRE
COAPA
AJUSCO
CALZADA DE TLALPAN
ING. A. VIDAL
MONEDA
ABASOLO
FCO. I. MADERO
ALLENDE
DR. ENOCH CANSINO
Instituto Nacional de Cardiología
GRAL. GPE. VICTORIA
CALVARIO
MAGISTERIO NACIONAL
MATAMOROS
NIÑO JESÚS
AV. SAN FERNANDO
VASCO DE QUIROGA
Instituto Nacional de Salud
Ruta de la Amistad
Escuela Superior de Comercio y Administración IPN
HIDALGO
JOSÉ MA. MORELOS
BENITO JUÁREZ
TRIUNFO DE LA LIBERTAD
XOCOTLA
CHILAPA
GALEANA
RETAMA
CALZ. EL ARENAL
XIMILPA
MARCOS
CALZADA DE TLALPAN
CONGRESO
MAGISTERIO NAL.
TEZOQUIPA
JOJUTLA
S. BUENAVENTURA
CANTERA
LIMANTITLA
AV. INSURGENTES
VIADUCTO TLALPAN
Club de Golf México
CANELA
TLALCOLIGIA
CORAS
HUICHOLES
TOTONACAS
AZTECAS
TEPEHUANOS
CHIMALCÓYOTL
REY YUPANQUI
OTOMÍES
Cuernavaca
0 METROS 500
0 PIES 1500

### Centro Cultural Ollin Yoliztli

Periférico Sur 5141 y Zapote
Consultar cartelera
5606-7083 y 5606-4958
www.cultura.df.gob.mx/espab2b135.htm

Ollin Yoliztli ("Movimiento y vida") es un importante centro de enseñanza profesional de música y danza. Cuenta con una sala de conciertos para 1,200 personas, sede de la Orquesta Filarmónica de la Ciudad de México, así como con una pequeña sala que ofrece regularmente conciertos de música de cámara. Tiene, además, dos galerías para exposiciones temporales de artes plásticas.

*Centro Cultural Ollin Yoliztli*

### Parque Ecoarqueológico de Cuicuilco

Periférico Sur e Insurgentes Sur
lun.-dom., 9-17 h.
5606-9758
www.cnca.gob.mx/cnca/inah/zonarq/cuicuilco.html

La pirámide de Cuicuilco forma parte de un gran centro urbanístico que se desarrolló a lo largo de 600 años –700 a 100 a.C– y después declinó a raíz de varias erupciones volcánicas –la mayor de ellas fue la del *Xictli* o Xitle, ocurrida a finales del siglo IV– que obligó a los habitantes de Cuicuilco a abandonar la región.

La Cultura de los Cerros –como llaman los arqueólogos a esta parte de la cuenca de México– dio origen a los primeros asentamientos humanos en el valle. Se piensa que los habitantes de Cuicuilco y sus alrededores (unas 400 ha) fueron grupos otomíes que se volvieron sedentarios y desarrollaron obras hidráulicas de las que aún quedan restos en el cerro vecino de Zacatepetl. Se calcula que Cuicuilco llegó a tener una población de 20 mil habitantes y que la emigración de los más de ellos, en los albores de nuestra era, condujo a la fundación de Teotihuacán.

Cuicuilco, cuyo nombre es traducido como "Lugar de canto y danza" o también como "El lugar de los colores", está dedicado a Huehueteotl, "Viejo dios del fuego". Entre los vestigios de este centro ceremonial el edificio más importante es una pirámide de base circular, lo que ha sugerido su asociación con Ehécatl, dios del viento, cuyos templos solían tener esa forma.

*Pirámide de Cuicuilco*

En la base de la pirámide se encuentra una extraña construcción formada de lajas fechada hacia el año 150 a.C. En su interior se conservan dibujos de rojo cinabrio. Se considera que fue un observatorio astronómico o un temazcal que recreaba los orígenes míticos.

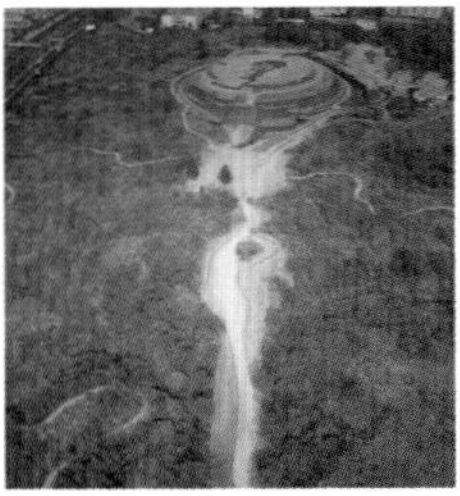

*Vista aérea de la pirámide de Cuicuilco*

Cuenta con un museo de sitio en el que se exhiben restos óseos, vasijas ceremoniales, braseros y figurillas de barro que se han descubierto durante las excavaciones arqueológicas. Como parte de la museografía hay una pintura de Jorge González Camarena sobre la erupción del Xitle.

Convergen hacia la pirámide varios senderos entre las caprichosas formaciones volcánicas; en ellos el visitante puede apreciar algunas de las plantas características del Pedregal de San Ángel: palos bobos, pirules, colorines y fauna rastrera.

Al otro lado de la avenida Insurgentes se pueden visitar otros restos arqueológicos descubiertos durante la construcción de la Villa Olímpica en 1968. Se les conoce como Cuicuilco B. Hay otros más en el entronque vecino de las avenidas Insurgentes y San Fernando.

En los solsticios y equinoccios, Cuicuilco, al igual que otros centros ceremoniales prehispánicos, es visitado por grupos de personas vestidas de blanco que se reúnen a esperar el cambio de estaciones.

## Plaza Cuicuilco

Insurgentes Sur 3500 y San Fernando 348

lun.-dom., 7-23 h.

En los que fueran terrenos de la antigua fábrica de papel Peña Pobre se encuentra hoy un centro comercial con restaurantes, cines y tiendas de moda. Los establecimientos comerciales aprovechan las viejas instalaciones fabriles y parte de la maquinaria original, a

*Capilla en Plaza Cuicuilco*

manera de decorado. La construcción de ladrillo data de principios del siglo XX y formaba parte de un amplio complejo industrial que incluía casas y escuelas para los trabajadores, además de múltiples talleres en donde se fabricaba celulosa. En la década de los años 80 las fábricas de Loreto y Peña Pobre fueron cerradas por obsoletas y contaminantes. Hoy en día el área está sujeta a rescate ecológico. Un poco tarde, si se considera que las papeleras talaron unos 200 mil árboles antes que alguien las detuviera.

*Plaza Cuicuilco*

*Casa de la Cultura de Tlalpan*

### Parque Ecológico Peña Pobre

San Fernando 765

mar.-dom., 8-18 h.

En respuesta a las demandas de los grupos ecológicos de rescatar como áreas verdes los terrenos de la fábrica de papel, se creó en 1989 este parque ecológico. Rodeada de un extenso jardín se encuentra una casa-modelo donde se muestran tecnologías alternativas: calentadores solares, diseños para reciclar el agua, la basura, etc., a la par que se ofrecen cursos sobre educación ambiental. Entre los principales atractivos se encuentra un criadero de animales de corral a cargo de una pequeña escuela Montessori, así como tiendas y restaurantes naturistas.

*Parque Ecológico Peña Pobre*

### Parque Nacional del Pedregal

Camino a Santa Teresa y Zacatepetl

lun.-dom., 5:30-17 h.

Comúnmente llamado bosque de Tlalpan, este sitio fue reforestado por los antiguos propietarios de la fábrica de papel de Peña Pobre. En el terreno volcánico del cerro de Zacayuca se sembraron pinos, oyameles, cedros, encinos y eucaliptos que dieron origen a este frondoso bosque. Es frecuentado principalmente por deportistas y familias que gustan de hacer comidas al aire libre. Cuenta con áreas de juegos infantiles. Oculta entre árboles se encuentra la pirámide de Tenantongo, que formó parte del centro ceremonial de Cuicuilco.

*Parque Nacional del Pedregal*

### Casa de la Cultura de Tlalpan

Camino a Santa Teresa y Zacatepetl

lun.-vie., 9-21 h.

5606-3839

www.cultura.df.gob.mx/espa/b2b133.htm

En la entrada al bosque de Tlalpan se encuentra la Casa de la Cultura de la delegación. Fue diseñada por el arquitecto Pedro Ramírez Vázquez, en donde combina elementos modernos y porfirianos, la fachada de la casa fue transportada de la antigua Casa de Bombas de la Condesa, construida en 1901 por el ingeniero Alberto J. Pani. En 1981 se inauguró la Casa de la Cultura, donde se realizan talleres, exposiciones y muchas más actividades.

### Mercado de Muebles Vasco de Quiroga

Insurgentes Sur y Camino a Santa Teresa

lun.-dom., 10-18 h.

Es el mercado de muebles de madera más importante del sur de la ciudad. En un laberíntico espacio hay 130 locales comerciales, donde los artesanos fabrican y venden directamente diversos tipos de muebles, camas, roperos, mesas, sillas, juguetes y algunos que otros objetos de mimbre y de ratán.

### Zócalo de Tlalpan

Moneda e Hidalgo

El primer edificio que allí se construyó fue la Iglesia de San Agustín de las Cuevas. Su extenso atrio abre sus puertas a la actual Plaza de la Constitución. Su jardín se construyó en 1872; es probable que de esa fecha daten los enormes laureles que le dan sombra y un sabor pueblerino.

El que fue palacio del Ayuntamiento –hoy oficinas de la delegación política– fue inaugurado en 1900. Aledaño al edificio de la delegación se encuentra el Mercado de La Paz y, frente a éste, La Casona, que hoy alberga las oficinas delegacionales. Desde esta casa se realizó, el

*Mercado de Muebles Vasco de Quiroga*

13 de marzo de 1878, la primera llamada telefónica en la República mexicana, desde la que fuera la antigua oficina de Telégrafos a Palacio Nacional.

En los portales se encuentran agradables restaurantes y cafeterías con vista a la plaza.

En las esquinas de la plaza con la calle Moneda se encuentra el Instituto Cultural Javier Barros Sierra, mejor conocido como la Casa Frissac, donde se organizan exposiciones y se llevan a cabo foros de cultura y discusión histórica, además de obras de teatro.

### Iglesia de San Agustín de las Cuevas

Plaza de la Constitución

lun.-sáb., 6-18 h.
dom., 6-14 h.

La iglesia de San Agustín de las Cuevas fue fundada por frailes dominicos el 28 de agosto de 1547, día de San Agustín, que se convirtió en el patrono de Tlalpan. La fachada de la iglesia es de estilo barroco; tiene dos grandes columnas salomónicas que lamentablemente han recibido un mantenimiento incorrecto. Hacia finales del siglo XIX, el altar original, dedicado a San Agustín, fue destruido por un incendio. Actualmente es un altar

*Zócalo de Tlalpan*

muy sencillo. Bajo las bóvedas del crucero están la capilla del Santísimo, la del Sagrado Corazón y la capilla de la Virgen del Rosario, que tiene un retablo barroco estípite y es lo mejor de este lugar por lo que toca a manifestaciones artísticas. En la sacristía se conserva una colección de cuadros anónimos virreinales, entre los que destaca la vida de san Juan Nepomuceno, patrono de los sacerdotes, muerto por defender el derecho del secreto de confesión. Hay también ahí una serie de esculturas de santos y vírgenes tallados en madera entre los siglos XVI y XIX.

El claustro ha perdido la mayor parte de sus formas originales, debido a varias modificaciones impropias. Conserva la fuente central, adornada con azulejos de Talavera, en muy mal estado.

**Árbol de los Patriotas**
Plaza de la Constitución

Se dice que en este árbol del jardín del zócalo de Tlalpan fueron colgados, en 1866, once patriotas que conspiraban contra Maximiliano y la invasión francesa. El jardín se construyó en 1872, pero suponemos que el árbol ya estaba ahí, frente a la iglesia de San Agustín.

*Iglesia de San Agustín de las Cuevas*

**Edificio de la Delegación**
Plaza de la Constitución
lun.-sáb., 9-18 h.
5655-6024
www.tlalpan.df.gob.mx/

Fue construido entre 1898 y 1900 con materiales entregados obligatoriamente por los pueblos circunvecinos. El pueblo de San Andrés proporcionó la cantera gris; los pueblos del Ajusco entregaron la madera con las que se hicieron techos, pisos, puertas y ventanas; los vecinos de Tlalpan hicieron los ladrillos, y los pueblos que no tenían materiales que ofrecer pusieron la mano de obra.

*Árbol de los patriotas*

Está decorado con un mural de 70 m de largo por 5 m de alto, que narra gráficamente, en siete etapas, la historia de Tlalpan. Es obra del artista Roberto Rodríguez Navarro.

**Instituto Javier Barros Sierra, Casa Frissac**
Plaza de la Constitución
mar.-vie., 11-21 h.
sáb.-dom., 11-15 h.
5485-3266 5655-4743

En el siglo XIX, el hacendado Jesús Pliego Frissac, construyó su residencia justo frente

Edificio de la Delegación

al Ayuntamiento, ya que entonces era presidente municipal. La casa tiene el típico estilo afrancesado de la época.

Según las versiones populares, esta casa fue escenario, en el siglo XIX, de algunos momentos en la vida de Chucho el Roto, famoso ladrón que robaba a los ricos para repartir el botín entre los pobres. Tal idea proviene, en parte, de que al propietario original, don Jesús Pliego, le llamaban Chucho el Rico, y de ahí surgió la historia de calleja de que en este lugar vivió su contraparte, Chucho el Roto. Es más probable, sin embargo, que todo se base en los personajes de radionovelas y películas de los años 40 y 60 del siglo XX. Lo que es cierto es que la Casa Frissac apareció en la película *Los olvidados*, de Luis Buñuel.

Casa Prisión de Morelos

La familia del ex presidente Adolfo López Mateos, quien adquirió el predio, lo prestó para que funcione como escuela bilingüe. Hoy pertenece a la Delegación Tlalpan y funciona como centro cultural, donde se imparten charlas de diversa índole, cursos monográficos, así como exposiciones artísticas, ciclos de cine-club y obras de teatro.

### Casa Prisión de Morelos

San Fernando 3

En este predio se hallaba la Torre de Santa Inés. Aquí estuvo preso, por un día (el 21 de septiembre de 1815), el generalísimo José María Morelos y Pavón, tras ser capturado en Temazcala, Puebla, durante la guerra de Independencia. De este lugar fue trasladado a San Cristóbal Ecatepec (Estado de México), donde fue fusilado.

El acontecimiento se señala con una placa conmemorativa. La leyenda tallada en piedra dice: "Esta fue tu prisión, ¡oh! gran soldado, por el crimen de habernos liberado." Hoy es un restaurante.

Casa de Santa Anna

### Casa de Santa Anna

San Fernando y Madero

En la esquina de San Fernando y Madero se encuentra una construcción que data del siglo XVII donde solía alojarse el general Antonio López de Santa Anna, cuando Tlalpan era la Prefectura del Cuartel

# ZÓCALO DE TLALPAN

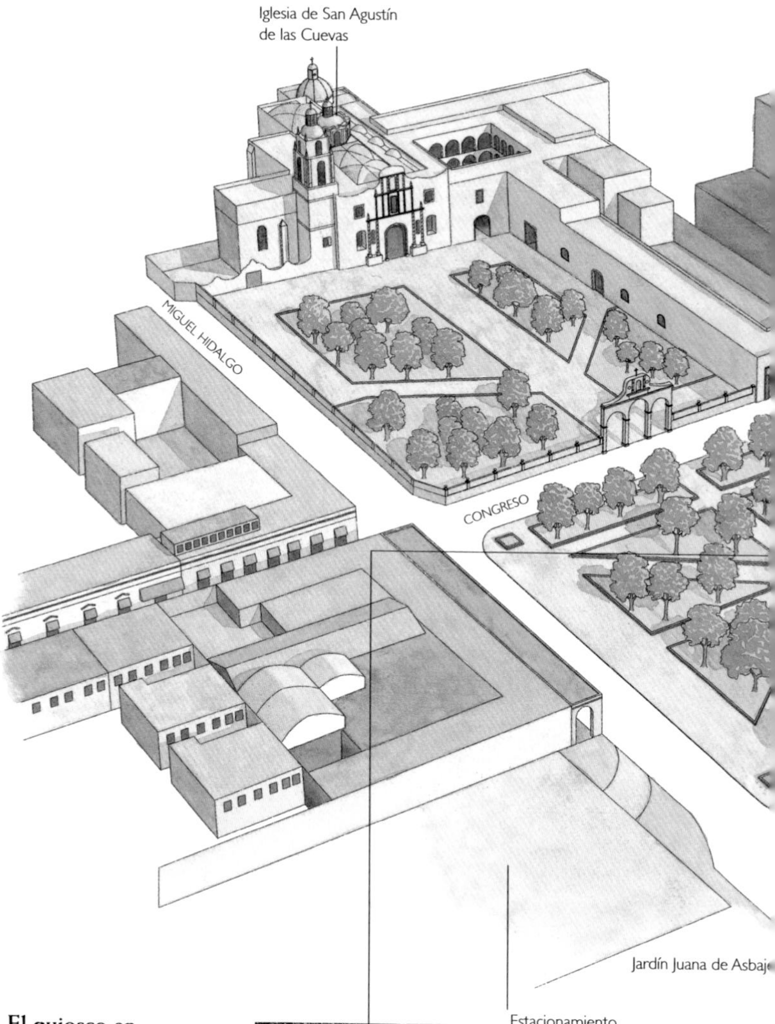


**El quiosco en el zócalo de Tlalpan**
Este quiosco del siglo XIX es el punto de encuentro alrededor del cual los fines de semana se instala un mercado de artesanías y libros viejos.

## Ver

**Historia de Talpan**
Mural de Roberto Rodríguez en el edificio de la delegación

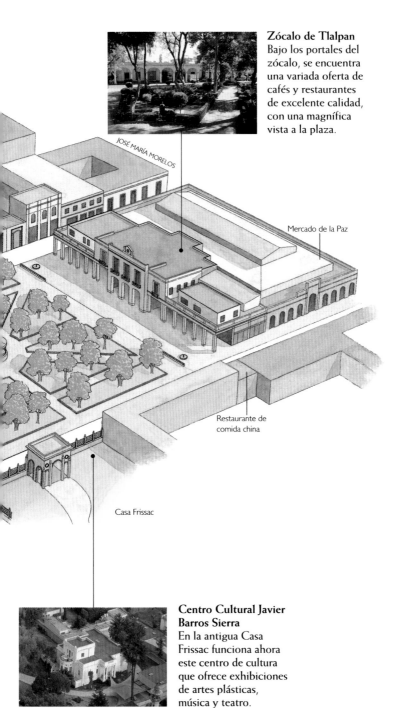

**Zócalo de Tlalpan**
Bajo los portales del zócalo, se encuentra una variada oferta de cafés y restaurantes de excelente calidad, con una magnífica vista a la plaza.

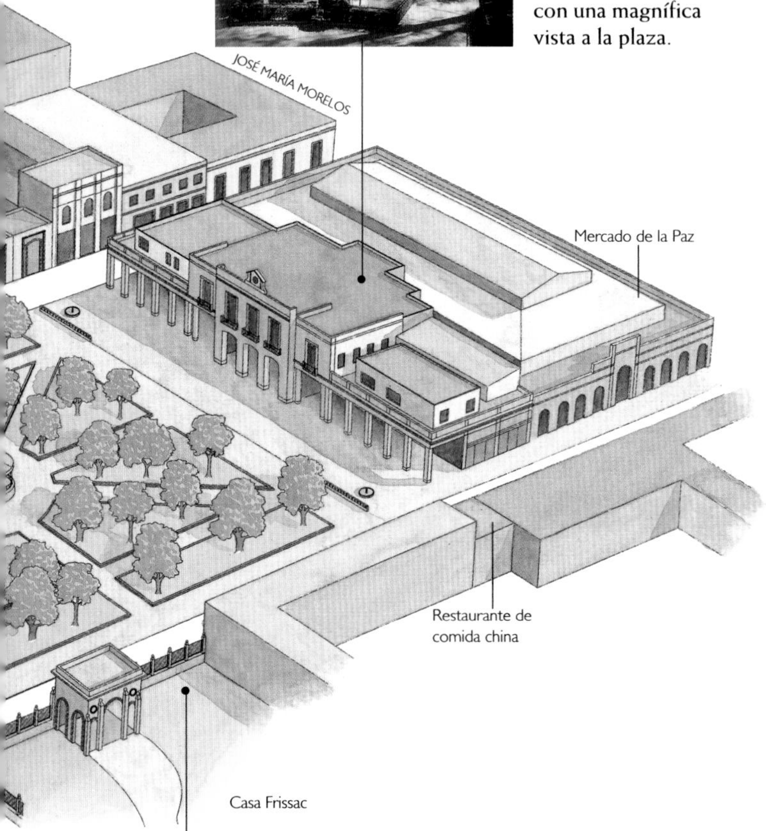

**Centro Cultural Javier Barros Sierra**
En la antigua Casa Frissac funciona ahora este centro de cultura que ofrece exhibiciones de artes plásticas, música y teatro.

del Sur, formado por Coyoacán y Xochimilco.

Santa Anna disfrutaba mucho las peleas de gallos, lo cual explica su presencia en este lugar, donde criaban los gallos de pelea que hacían famosas las ferias de San Agustín, durante el siglo XIX. Hoy son oficinas de una compañía afianzadora.

### Casa del Conde de Regla

Congreso 20 y Galeana

lun.-vie., 9-18 h.

5573-1355

La casa perteneció a uno de los más acaudalados personajes de la Colonia, en el siglo XVIII: Pedro Romero de Terreros, Conde de Regla, fundador del Monte de Piedad. La casa ha sufrido numerosas modificaciones a lo largo de 200 años, por sus diversos usos. Alguna vez fue correccional para mujeres y hoy en día se encuentran aquí las oficinas del sistema de Desarrollo Integral de la Familia (DIF).

### Mercado de la Paz

Victoria y Congreso

lun.-dom., 7-18 h.

Fue inaugurado en el año 1900. De los mercados municipales de su época, es el último que queda en pie. Funciona como cualquier otro mercado de zona, aunque tiene la peculiaridad de que en su perímetro hay varias fondas donde se puede degustar un platillo que, dicen, se inventó aquí: el famoso "caldo tlalpeño", que en una de sus recetas consiste de sopa de pollo con arroz y garbanzos, aderezada con jitomate, epazote y chile chipotle.

### Casa Chata

Hidalgo y Matamoros

lun.-vie., 10-18 h.

5655-0158 y 5655-0047

www.ciesas.edu.mx/bibdf/ciesas/cilin.htmlimagen.panochata2.mov

Esta antigua construcción del siglo XVIII ha sido usada para diversos fines. En sus inicios fue casa de campo; posteriormente fue sede del comisario de la Inquisición; durante algún tiempo fue Museo de la Charrería y en 1941 fue restaurada por el INAH. Actualmente es el Centro de Investigaciones y Estudios Superiores en Antropología

Mercado de la Paz

Social (CIESAS). El portón de la casa perteneció al antiguo colegio de San Pablo. Se le llama Casa Chata por la forma ochavada de la entrada.

### Casa de Moneda

Moneda y Juárez

De 1828 a 1830 San Agustín de las Cuevas fue capital del Estado de México. Durante esos años se instaló la Casa de Moneda, que fue cerrada por ser incosteable. Posteriormente fue utilizada como

Mercado de la Paz

cuartel y cárcel. La casa conserva sus dinteles tallados y en la esquina sureste se observa un águila bicéfala, excepcional en la arquitectura colonial americana. Hoy se encuentra ciertamente deteriorada ya que la última restauración que se le hizo fue en el año 1938. En la actualidad es sede de la escuela secundaria Miguel Hidalgo y Costilla, y la escuela para adultos Santiago Galas Arce.

*Casa de Moneda*

*Casa Chata de Tlalpan*

## Universidad Pontificia de México

Victoria 98 y Congreso

lun.-vie., 9-20 h.

55730600 55730571

www.pontificia.edu.mx/

En esta antigua casona se encuentra la heredera religiosa de la Real y Pontificia Universidad de México, que fue reabierta en 1982 por el papa Juan Pablo II y confiada al arzobispado mexicano. Se imparten cátedras de filosofía, derecho, historia y, desde luego, religión.

## Capilla del Calvario

Camino a las Fuentes Brotantes e Insurgentes Sur

lun.-dom., 9-13 h. y 14-18 h.

Al final de la calle Calvario, al poniente de la avenida Insurgentes Sur, se encuentra esta pequeña capilla construida a finales del siglo XVII. Frente a ella, durante el siglo XIX, se llevaban a cabo las grandes fiestas de Pascua de Resurrección, con alegres bailes populares y juegos de azar. Fue restaurada en 1967. Hoy da servicio regular a la comunidad tlalpeña.

*Objetos de vidrio soplado*

## Fábrica de vidrio San Pedro

Callejón Sabino y San Fernando

lun.-sáb., 10-18 h.

Casi esquina con San Fernando y la iglesia de San Pedro, se encuentra un taller donde se fabrica vidrio soplado. Es posible observar el proceso de elaboración de piezas con esa antigua técnica.

## Centro Cultural Casa de las Campanas

Victoria 75

lun.-sáb., 10-18 h.

5573-3401 5655-2938

En una antigua casa colonial, de habitaciones dispuestas sobre un patio central con la clásica fuente hispana, está este sitio donde se imparten diversos talleres de apreciación artística. Cuenta además con un excelente restaurante, con habitaciones abiertas hacia el patio.

# Xochimilco

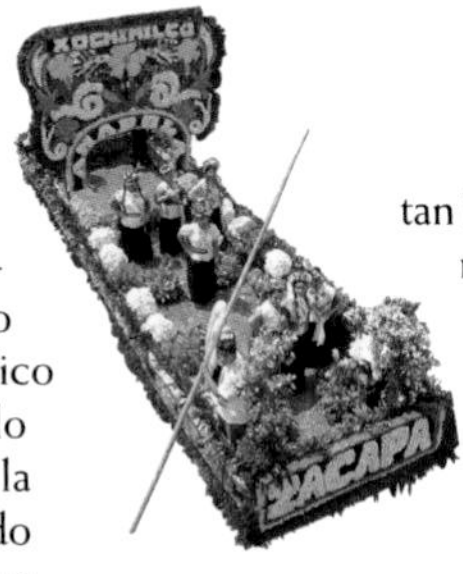

*Festival de La Flor más Bella del Ejido*

Xochimilco ("Lugar de la sementera florida", en lengua náhuatl), es el único poblado del valle de México que tiene semejanza con lo que fueron los pueblos de la cuenca lacustre en el mundo prehispánico: calles de agua y de tierra, construidas a base de chinampas o islotes artificiales.

Los pobladores nahuatlacas originales llegaron a finales del siglo XII, unos 100 años antes que los mexica, de quienes terminarían por ser tributarios en el siglo XV. Desde entonces, los xochimilcas se han dedicado al cultivo de hortalizas, plantas medicinales y de ornato, como productos principales. Esta actividad ha cambiado poco o nada a lo largo de los siglos.

Es un lugar turístico por excelencia. Todos los días y especialmente los fines de semana, millares de personas disfrutan los recorridos por la red de canales de Xochimilco, a bordo de trajineras, floridas embarcaciones impulsadas por un remero de pértiga, digamos, al modo veneciano. Desde otras embarcaciones –trajineras o chalupas– los comerciantes lugareños se las ingenian para abastecer a los visitantes con todo tipo de mercancías y servicios (comida, artesanías, música, bebidas, etc.)

Para llegar a Xochimilco en automóvil lo más práctico es utilizar el Anillo Periférico Sur. Hay varios accesos que tienen señalamientos en esa vía y que conducen a los diferentes embarcaderos. Quizá el más fácil de ver sea el que lleva al embarcadero Nuevo Nativitas.

En el barrio hay mucho que ver. Por ejemplo, el Museo Dolores Olmedo, donde se exhibe una colección de obras de Diego Rivera y Frida Kahlo.

*Paul Fischer,* Lago de Xochimilco

◄ *Chinampas agrícolas en Xochimilco*

# XOCHIMILCO

**Embarcaderos**

❶ Embarcadero Nuevo Nativitas
❷ Embarcaderos de Belén, San Cristóbal y Salitre
❸ Embarcadero de Caltongo o Aarón Sáenz
❹ Embarcadero de Cuemanco

**Barrios**

❺ Santa Crucecita Analco
❻ San Diego Tlacozpán
❼ San Esteban Tecpampa
❽ San Francisco Caltongo
❾ San Lorenzo Tlaltecpan
❿ La Santísima Chililico
⓫ San Antonio Molotlán
⓬ Xaltocán

**Otros**

⓭ San Bernardino de Siena
⓮ Jardines Morelos y Juárez
⓯ Pista Olímpica de Canotaje Virgilio Uribe
⓰ Parque Ecológico de Xochimilco
⓱ Museo Dolores Olmedo
⓲ Bosque de Santa María Nativitas
⓳ Deportivo Cráter Teoca

Canaverales
Hda. Mazatepec
Anillo Periferico
Armada de México
Tepehuanos
Canal Nacional
Jardín Tlamatlani
Embarcadero
Vaso Regulador
Lago Huetzalin
Isla de los Mitos
Canal Apatlaco
Canal Maria Candelaria
Canal Cuemanco
Enebros
Tejocotes
Pomeles
Zacatecas
Rosas
Francisco Goitia
Quince Letras
Girasol
Gladiola
Matamoros
Sabino
B. Juárez
Chicoco
Zacatecasia
Emiliano Zapata
Clavel
Pino
16 de Septiembre
Nuevo León
Francisco I. Madero
Cempoalxochitl
Josefa O. de Dominguez
Salitre
Dalia
Canal Once
Nuevo León
Prima
Nezahualcoyotl
P. Ramirez del Castillo
Cuauhtemoc
Justo Sierra
Prol. Division del Norte
Cuitlahuac
Gladiolas
Av. José Ma. Morelos
5 de Mayo
Violeta
Pensamientos
Ninfas
Azucena
Canal Santa Cruz
Canal
Selva
Jazmín
Galeana
Rio de la Presa
Camelia
Clavel
H. Galeana
Canal Axomulco
Canal de Santa Cruz
Madreselva
Gardenia
Ciclamen
Central
Mercado
Embarcadero
Camino Nativitas
Bugambilia
Azalea
Madreselva
Canal 27
Manantiales
Prol. Cuauhtemoc
Colizandalia
Prol. D. Peña
Azalia
M. D. Peña
San Jeronimo
Tlaxochitl
Cocoxochitl
1
2
3
4
5
6
7
8
9
10
11
12
13
14
15
16
18
19

*Trajineras de Xochimilco con sus típicos adornos florales*

## Embarcaderos

Lo más popular de los atractivos turísticos de Xochimilco son sus paseos en trajinera por los canales. Los días de la semana son importantes al visitar este lugar: si lo que se desea es disfrutar del paisaje acuático, las aves, los árboles ahuejotes y los cultivos en chinampas, lunes a jueves son los idóneos. Si, por lo contrario, la intención es integrarse al festivo espíritu popular, los fines de semana (el viernes incluido) son la mejor opción. Todo es cuestión de llegar a uno de los embarcaderos, cerrar el trato con el dueño o administrador de la embarcación, y a partir de ese punto los lugareños se encargarán del resto. La gente de Xochimilco es muy hospitalaria y servicial.

Los embarcaderos tradicionales se encuentran ubicados en los barrios centrales. Aquí mencionaremos solamente los más conocidos, accesibles y seguros.

### Embarcadero Nuevo Nativitas

Calzada Xochimilco-Tulyehualco

Las trajineras que se estacionan en este embarcadero recorren el canal que va de Nativitas a Caltongo. Dan servicio diurno y nocturno; este último supone que los visitantes han preparado su "lunada" y hasta lo que en México se llama una "parranda", aunque los lugareños siempre les harán notar los límites de la misma. Tiene un amplio estacionamiento. Durante el día están en servicio un mercado de alimentos y otro de artesanías.

*Trajineras*

*Vendedora de comida y flores*

Durante la noche hay servicio de comida y bebidas directamente en las trajineras. En este lugar hay un módulo de información turística.

### Embarcaderos de Belén[1], San Cristóbal[2] y Salitre[3]

[1] Barrio de Belén, cerca de la calle Nezahualcóyotl
[2] Entre el embarcadero de Belén y Francisco I. Madero
[3] Entre Francisco I. Madero y Nuevo León

El de Belén, construido en 1960, se encuentra muy cerca de la terminal Embarcadero del Tren Ligero, en el pueblo de Belén Acampa.

El de San Cristóbal se construyó en 1980 y fue

*Canales*

remodelado y ampliado en 1982.

El de Salitre está próximo a una antigua construcción –tipo fortaleza del siglo XVI– donde se producía sal. Se construyó entre 1922 y 1923 por orden del general Álvaro Obregón.

Estos tres embarcaderos son ideales para los visitantes que lleguen en transporte público al centro histórico de Xochimilco.

### Embarcadero de Caltongo o Aarón Sáenz

Calle Nuevo León

Es el embarcadero más concurrido. Construido en 1940, lleva el nombre del barrio en el que antiguamente se encontraban las casas de los caciques de Xochimilco. Desde este embarcadero se llega a la laguna de Atahualtengo, la más importante en la región en el mundo prehispánico, ya que aquí se cargaban las flores y verduras que partían rumbo a Tenochtitlán y Tlatelolco.

### Embarcadero de Cuemanco

Parque Ecológico de Xochimilco

Inaugurado en 1993, es el de mayor amplitud. Las trajineras salen a recorrer la zona ecológica y chinampera, por lo que no se permite el acceso a las embarcaciones con comida, grupos musicales o artículos para vender, pero hay un mercado de artesanías. Su estacionamiento es muy grande. En noviembre, con motivo del Día de Muertos, se lleva a cabo la representación de la leyenda popular de La Llorona en una isleta de la laguna de Tlitac, a la cual se puede llegar desde aquí.

*Embarcaderos*

**La Llorona**

Según lo refiere Luis González Obregón en su obra *Las calles de México*, la versión popular de esta leyenda del siglo XVI dice que en los años siguientes a la Conquista, los habitantes de la ciudad se recluían en sus casas después de la *queda* que tocaban las campanas de la primera catedral de México. Al entrar la noche, el espectro de una mujer vestida de blanco recorría las calles mientras gritaba, de manera sobrecogedora, "¡Ay, mis hijos!, ¡mis pobrecitos hijos!" Este mito, cultivado en numerosos lugares del país, fue estudiado y documentado por fray Bernardino de Sahagún, de cuyas notas se deduce que tal conseja popular tuvo su raíz histórica en una reacción ante la Conquista: de tristeza, por parte de los indígenas, y de culpa, por parte de los conquistadores. La mujer doliente era Cihuacóatl o Tonantzin, "Nuestra Madre" en la religión mexica. Sahagún atribuyó el mito a las señales que supuestamente los antiguos mexicanos creían que anunciarían el gran desastre (la Conquista). Una de tales señales era la de una mujer que clamaría: "¡Oh, hijos míos, que ya ha llegado vuestra destrucción!", o bien "¡Oh, hijos míos!, ¿dónde os llevaré para que no os acabéis de perder?" A casi 500 años de esas estimaciones, cabe pensar que la leyenda fue harto conveniente a los fines de los conquistadores, para apaciguar a los levantiscos.

### Barrios

La Delegación Xochimilco es enorme y, a la vez, un nicho singular. El tiempo ha cambiado algunas costumbres, pero se conserva una porción importante de las ancestrales en los antiguos barrios, que suman 17 locaciones con sorprendente independencia cultural y tradicional.

Históricamente, cada barrio tuvo una especialidad diferente. Hoy en día esto es un tanto flexible, mas persiste el orgullo ancestral de todas y cada una de las comunidades.

Los de San Juan Tlatenchi hacen enormes arcos florales que adornan las fiestas de los Santos Patronos. San Francisco Caltongo tiene la tradición de la carpintería, mientras San Marcos Tlaltepetlalpan y la Concepción Tlacoapa la de los lapidarios y escultores.

*Capilla de Santa Crucecita Analco*

*Fachada del ex convento de San Bernardino*

Los de San Pedro Tlalnahuac son herreros, mientras los de La Asunción Colhuacatzinco son tejedores de tule, vara y petates, mientras en San Antonio Molotlán hacen hilados. Además, cada barrio tiene, a partir de su parroquia, una celebración característica, por no abundar en sus mitos y leyendas.

### Santa Crucecita Analco

En este barrio se celebra la Fiesta del Tularco desde hace 300 años. La palabra *Analco* significa "Al otro lado del agua", en lengua náhuatl. Hay numerosos poblados que llevan este nombre en diferentes entidades federativas. Un caso que vale la pena mencionar es el del antiguo barrio de Analco, en Guadalajara, Jalisco.

La capilla de Santa Crucecita Analco es un edificio manierista de 1687. Es de las más pequeñas de Xochimilco. Alrededor de ella se cuentan historias curiosas, como que en la parte inferior del retablo principal se encuentra escondida una puerta que da acceso al mundo de los muertos, al antiguo Mictlán, y también que el nivel del agua de su pozo jamás baja, sin importar cuánta agua se saque de él.

### San Diego Tlacozpán

"Lugar de la tierra amarilla", uno de los barrios más pequeños de Xochimilco y el último en construir una capilla, aunque cabe aclarar que se trata de un edificio colonial. En este barrio destaca también la Quinta Guanajuato o Castillo de San Diego, peculiar casa *art déco* construida sobre una chinampa.

### San Esteban Tecpampa

Tecpampa adquirió su nombre ("Lugar del palacio") debido a que aquí se encontraban templos y palacios prehispánicos. También se han hallado fósiles de mamuts y mastodontes. Su capilla está dedicada a San Esteban porque se dice que cuando sus habitantes conocieron la historia de este mártir abrazaron la fe católica.

### San Francisco Caltongo

Uno de los barrios más antiguos y grandes de Xochimilco, destacado por sus artesanías y floricultura, fue construido sobre chinampas, mismas sobre las cuales había palacios y casas pertenecientes a los caciques. Irónicamente, Caltongo significa "Lugar de las casuchas". La austera capilla fue erigida por franciscanos.

### La Guadalupita Xochitenco

En este lugar –"A la orilla de las flores"– se estableció el embarcadero más importante del siglo XVI, para la comunicación entre Xochimilco y la ciudad de México. La fiesta principal del año es el 12 de diciembre, día de la Virgen de Guadalupe.

### San Lorenzo Tlaltecpan

Barrio cuyas casas antiguamente eran fabricadas con cañuelas entrelazadas, bloques de adobe y árboles de ahuejote. A sus habitantes se les conoce como "lecheros" por el gran número de establos que hay. Su capilla es del siglo XVII.

### La Santísima Chililico

"Donde abundan los chilares". Como en otros barrios, hay restos de templos prehispánicos; en este caso se trataba de recintos donde se resguardaban los tributos que se entregarían a los mexica de Tenochtitlán.

En Chililico también se aparece La Llorona (ver el recuadro, líneas atrás), según otra de las versiones más populares: aquí es descrita como una mujer mestiza de gran belleza que, ciega de despecho cuando su amante español la abandonó, asesinó a sus tres hijos para después vagar eternamente como alma en pena, aterrando a quien escuche sus desgarradores gritos.

### San Antonio Molotlán

Entre sus principales tradiciones están las danzas de los concheros y de los chinelos. Esta última simboliza la victoria de los cristianos contra los moros. En la tradición culinaria de este barrio destacan diversos tipos de tamales, como los *chalchiuatamalli* (de salsa de chile y tomate verdes), los *elotamalli* (dulzones, de maíz tierno y fresco), los *huaxtamalli* (preparados a base de habas guisadas) y los *elailli* (de frijol).

### San Bernardino de Siena

Miguel Hidalgo y Pino

Barrio famoso por la iglesia del mismo nombre, erigida en honor a ese santo que, se dice, intercedió ante Dios por la salvación de los indígenas y dio su vida por amor a su fe. El ex convento de San Bernardino de Siena está enclavado en el corazón del pueblo de Xochimilco. Es muy probable que el templo y el claustro se construyeran sobre las ruinas de

*Retablo de San Bernardino de Siena*

un antiguo *teocalli* o templo de los antiguos mexicanos. La iglesia se terminó en 1590. Los franciscanos fundaron la Casa de Estudios de Arte y Teología, donde, el estudio de la lengua náhuatl, indispensable para facilitar la evangelización, era parte obligatoria en las cátedras. Martín de la Cruz y Juan Badiano, indígenas xochimilcas, escribieron y dibujaron el tratado de herbolaria doméstica y medicinal que lleva su nombre (*Códice Badiano*). En la fachada del convento se encuentran elementos arquitectónicos platerescos, como son los círculos de piedra que enmarcan la entrada. En el interior de la iglesia se conserva un magnífico retablo del siglo XVI —uno de los pocos que se conservan de ese siglo— con pinturas de Baltazar de Echave y esculturas de Luis de Arciniega que al igual que la sillería del coro son valiosas.

*Quiosco del Jardín Morelos*

## Jardines Morelos y Juárez

Jardín Morelos y Miguel Hidalgo

Frente al ex convento de San Bernardino se encuentran las explanadas que forman la plaza mayor o zócalo* de Xochimilco. En este punto se encuentra la terminal de autobuses. Los fines de semana se organizan conciertos populares al aire libre.

*Procesión de chinelos*

## Xaltocán

Durante la Colonia, Xaltocán ("Lugar de tuzas y arena") era un rancho donde, se cuenta, apareció milagrosamente una imagen de la Virgen María. Fue donado al convento de San Bernardino de Siena, luego pasó a manos de particulares y finalmente se convirtió en vecindario.

## Fiestas y ferias

Entre las fiestas más importantes se encuentra el culto al Niñopán o Niño Dios, cuyo nombre puede tener dos raíces: Niño Padre o Niño del lugar, con la terminación pan, en náhuatl. La imagen está tallada en madera de colorín. En orden rotario, queda en custodia de una familia de Xochimilco, que la recibe junto con sus armarios llenos de ropa y juguetes. Esto ha ocurrido desde hace 127 años. Al Niñopán se le festeja especialmente durante la fiesta de La Candelaria (2 de febrero), día en que cambia el mayordomo que custodió al Niño Padre de Xochimilco por todo un año (el mayordomo o "mozo mayor de Dios" es el encargado de coordinar la celebración de las fiestas tradicionales). Él también se encarga de financiar las fiestas en honor del Niñopán, entre las que se cuentan las posadas, el día de navidad –cuando sale en una procesión sobre una alfombra de flores–y el día de los Santos Reyes Magos, cuando la imagen es agasajada con regalos. El Niñopán forma parte de un arraigado sincretismo religioso que congrega a la comunidad xochimilca.

* Llamar "zócalo" a las plazas municipales o plazas de armas o plazas mayores es solamente una costumbre que proviene de la Plaza Mayor de la ciudad de México (ver también el capítulo **Centro Histórico**), donde alguna vez hubo, en efecto, el zócalo de un monumento que nunca se construyó pero que permaneció tanto tiempo a la vista que se convirtió en un punto de referencia, por lo que los ciudadanos dieron en llamar "Zócalo" a toda la plaza.

Es tan venerado y custodiarlo se tiene por un honor tan alto que quienes desean ser mayordomos lo solicitan ¡hasta con más de 30 años de anticipación! La lista de espera va más allá del año 2036.

Otra fiesta que reúne a la comunidad es la de la Virgen de la Dolorosa o Virgen de los Dolores, que se celebra en el barrio de Xaltocán durante 15 días del mes de febrero. La fecha es movible: se anuncia el sábado posterior a la fiesta de La Candelaria, pero la fiesta comienza hasta el sábado siguiente.

En el barrio de Santa Crucecita Analco es la fiesta del Tularco –llamada así porque se coloca una portada de tule, adornada con flores y papel de china, en el frontispicio de la capilla– entre el 15 y el 22 de julio. Los *mayordomos* del barrio de San Francisco Caltongo ofrendan un enorme arco floral, en solicitud de una buena cosecha.

**Ferias**

Por otra parte, se realizan diversas ferias en las que se dan a conocer los productos locales y se realizan diversas actividades como exposiciones, venta de artesanías, jaripeos, bandas musicales, competencias deportivas, bailes populares o juegos mecánicos.

En febrero se realiza, en Tulyehualco, la Feria de la Alegría y el Olivo, (producto muy importante para esta zona).

Desde 1529 se celebra, en el caluroso mes de abril, la Feria de la Nieve. Estas nieves son famosas porque su receta no ha cambiado –o tal dicen– desde los tiempos coloniales, y también porque, a tono con la modernidad, quienes las elaboran aseguran que sus ingredientes son 100% naturales, sin conservadores químicos. Hay desde la típica nieve de limón hasta los sabores más extraños, como betabel, brandy, pétalos de rosa, chicharrón de cerdo en salsa verde u ostiones.

*Festival de La Flor más Bella del Ejido*

El certamen más vistoso es, sin duda, el concurso de belleza llamado "La Flor más Bella del Ejido", cuyo origen se remonta al culto prehispánico a Xochiquetzalli, Diosa de las Flores. Se lleva a cabo en abril.

En el pueblo de Santiago Tepalcatlalpan, la Feria del Maíz y la Tortilla ocurre en mayo. La degustación de gorditas, atoles, tlacoyos, huaraches y demás antojitos elaborados a base de maíz es el atractivo principal para los visitantes.

En julio, Santa Cruz Acalpixca organiza la Feria del Dulce Cristalizado: más de 40 variedades de cocadas, dulce de calabaza, camote, palanquetas y otros dulces típicos conforman el tema principal.

**Fiestas de los barrios**

| Barrio | Fecha |
|---|---|
| La Asunción Colhuacatzinco Atlitic | agosto 5 |
| La Concepción Tlacoapa | diciembre 8 |
| San Pedro Tlalnáhuac | junio 29 |
| Rosario Nepantlatlaca | octubre 7 |
| San Juan Tlatenchi | junio 24 |
| San Marcos Tlaltepetlalpan | abril y julio 25 |
| San Cristóbal Xal-Lan | julio 25 |
| Santa Crucecita Analco | julio 21 y 28 |
| San Diego Tlalcozpan | noviembre 13 |
| San Esteban Tecpampa | diciembre 25 |
| San Francisco Caltongo | octubre 4 |
| La Guadalupita Xochitenco | diciembre 12 |
| San Lorenzo Tlaltecpan | agosto 10 |
| La Santísima Chililico | junio 2 y julio 25 |
| San Antonio Molotlán | junio 13 |
| San Bernardino de Siena | mayo 20 |
| Xaltocán | sábado posterior a la Candelaria |

*Canal de Cuemanco*

*Parque Ecológico de Xochimilco*

Casi todos los habitantes de este pueblo se dedican a la producción de dulces y se les considera los más hábiles reposteros del valle de México desde hace más de un siglo.

Los productores de flores y los amantes de la jardinería también se dan cita en julio para la Feria de las Flores en el Mercado de Flores y Hortalizas de Cuemanco.

En el pueblo de Atocpan, desde 1977 el mes de octubre es escenario de delicias gastronómicas, ya que se puede saborear una gran variedad de moles: verde, rojo, almendrado, pipianes o adobo, durante la famosa Feria del Mole.

### Pista Olímpica de Canotaje Virgilio Uribe

Anillo Periférico Sur
lun-vie., 9-18 h.
5676-1219 / 1321

Conocido popularmente como Canal de Cuemanco, se inauguró durante los Juegos Olímpicos en 1968. En este canal artificial con 2200 m de largo y 125 m de ancho, se puede practicar remo, canotaje y kayak. Cuenta con áreas verdes, canchas para juegos de pelota y lugares para patinar o andar en bicicleta.

### Parque Ecológico de Xochimilco

Periférico Sur s/n
mar-dom., 9–18 h.
5673-8061 / 7890 / 7653

Es el resultado del plan de rescate ecológico de Xochimilco; 230 hectáreas cuya quinta parte son espejos de agua: lagos, ciénagas y canales donde se reúnen aves migratorias y especies originales de la cuenca de México. El Parque

*Mercado Xóchitl*

tiene una zona recreativa con juegos infantiles, alquiler de bicicletas y un tren escénico; un jardín botánico con especies autóctonas; una reserva natural exclusiva para aves (garzas, zanates, patos), y el Jardín Xochitla, con ocho hectáreas de cultivos en chinampas. A la entrada se encuentra un mirador desde el cual se puede apreciar una gran extensión del parque y la espectacular vista de los volcanes. En el Centro de Información hay exposiciones, tienda de artesanías y un cibercafé.

### Mercado Xóchitl

Parque Ecológico Xochimilco

A raíz del proyecto de rescate ecológico de Xochimilco, se inauguró este mercado de plantas y flores, donde se vende una gran variedad de especies. Cruzando el Anillo Periférico se encuentra el Parque Ecológico Xochimilco donde se aprecia el horizonte con el antiguo lago.

### Museo Dolores Olmedo

Av. México 5843
mar-dom., 10-18 h.
5555-5495 / 1016
www.arts-history.mx/museos/mdo/home.html

En este museo se exhibe el acervo particular de

Dolores Olmedo, (1908-2002) conocida filántropa. Esta colección es la más importante de obras de caballete de Diego Rivera (137), e incluye 25 obras de Frida Kahlo, entre las que se encuentran algunas tan famosas como *Autorretrato con changuito, La columna rota* y *Unos cuantos piquetitos*. De Angelina Beloff, grabadora e ilustradora rusa, quien fuera la primera esposa de Diego Rivera, se exhiben 43 ilustraciones para los cuentos de Hans Christian Andersen y Jack London.

Se exhiben, además, 600 piezas prehispánicas, una colección de muebles y objetos virreinales y otra, de arte popular (cerámica, lacas, judas, máscaras, entre otras).

El museo se encuentra en lo que fuera la antigua hacienda forrajera de La Noria, construcción del siglo XVII. En sus jardines se cultivan plantas de origen mexicano como dalias, magueyes y tejocotes, y deambulan pavorreales, guajolotes y perros xoloitzcuintles (única especie canina autóctona).

**Bosque de Santa María Nativitas**

Calzada Xochimilco-Tulyehualco

Poco antes de la cadena montañosa que marca el límite entre el Distrito Federal y el estado de Morelos, se encuentra el bosque de Santa María Nativitas. Aquí se pueden alquilar caballos, hacer días de campo y comer los deliciosos antojitos que se ofrecen. Frente al bosque se encuentra el Mercado Madreselva (mercado de plantas de Nativitas), en el pueblo de Santa María Nativitas, donde los productores de plantas de ornato venden gran diversidad de

*Diego Rivera,* El joven de la estilográfica, *(detalle) Museo D. Olmedo*

especímenes, además de macetas, abonos. En cada compra, añaden sabios consejos acerca de cómo cuidar la planta elegida.

**Museo Arqueológico de Xochimilco**

Tenochtitlán y La Planta, Santa Cruz Acalpixcan

mar-dom., 10-17 h.

2157-1757

Se inauguró el 22 de marzo de 1980, en lo que fuera una antigua planta de bombeo de agua de finales del siglo XIX. Ahí se exhiben unas seis mil piezas encontradas en la zona.

Muy cerca, en el barrio de Santa Cruz Acalpixcan, se extiende una zona arqueológica en la que hay vestigios prehispánicos descubiertos a fines del siglo XIX. Muchos de ellos se encuentran aún cubiertos, pero se pueden apreciar restos de lo que fue un importante centro ceremonial, un observatorio, un adoratorio y habitaciones sacerdotales. Especialmente interesantes son las doce piedras talladas con motivos cosmogónicos. Se dice que en el cerro de Cuilama los xochimilcas realizaban cada 52 años (*xiuhmolpilli* o siglo en su calendario), la ceremonia del Fuego Nuevo.

**Deportivo Cráter Teoca**

Camino a San Bartolomé Xochimilco, cerca de Av. Hombres Ilustres

Interesante deportivo construido en el extinto cráter del volcán Teoca. Cuenta con canchas de futbol, frontón, gimnasios y otras instalaciones deportivas. Se encuentra entre el pueblo San Bartolomé Ximulco y Santa Cecilia Tepetlapa. Es un lugar para los vecinos más que para los turistas, cuyo interés se concentra en la identificación del cráter.

# Otros lugares de interés

*Altar de la Virgen de Guadalupe en la Colegiata*

Los capítulos anteriores conforman el espacio turístico tradicional de la ciudad: zonas fácilmente accesibles y dotadas con todos los servicios deseables para atender a los visitantes de la manera más espléndida. Hay otros sectores de la ciudad que son interesantes por su historia, arquitectura, diversiones o la simple posibilidad de escapar momentáneamente del paisaje urbano y entrar en contacto con la naturaleza sin realmente salir de la megalópolis.

El primer caso es la Villa de Guadalupe, donde está el santuario más importante de la ciudad. En la Basílica se encuentra la imagen de la Virgen de Guadalupe, venerada por millones de católicos mexicanos y de otros países de América.

Quienes deseen ver algunas de las manifestaciones más sorprendentes de la arquitectura mexicana contemporánea tendrán que visitar Santa Fe, lugar de grandes contrastes.

¿Un paseo campestre? El Desierto de los Leones y la Marquesa ofrecen espacios muy agradables, y los Dinamos, además de su belleza natural, opciones interesantes para excursionistas y alpinistas.

El moderno Hipódromo de las Américas es un lugar donde los aficionados a las carreras de caballos pueden pasar una tarde muy agradable. Ha sido totalmente remodelado para convertirlo en uno de los espacios más modernos de la capital del país.

Hay también edificios y plazas que pueden ser de gran interés para quienes deseen conocer con mayor detalle esta urbe gigantesca. Por ejemplo, el Archivo General de la Nación, el Estadio Azteca, el Palacio Legislativo, Santa María de la Ribera y otros espacios dignos de verse.

*Plazuela de Buenavista a finales del siglo XIX*

◀ *Ex convento carmelita en el Parque nacional del Desierto de los Leones*

# VILLA DE GUADALUPE

**Atrio de las Américas**
Cada año, todos los meses, cientos de miles de devotos acuden a la Villa de Guadalupe.

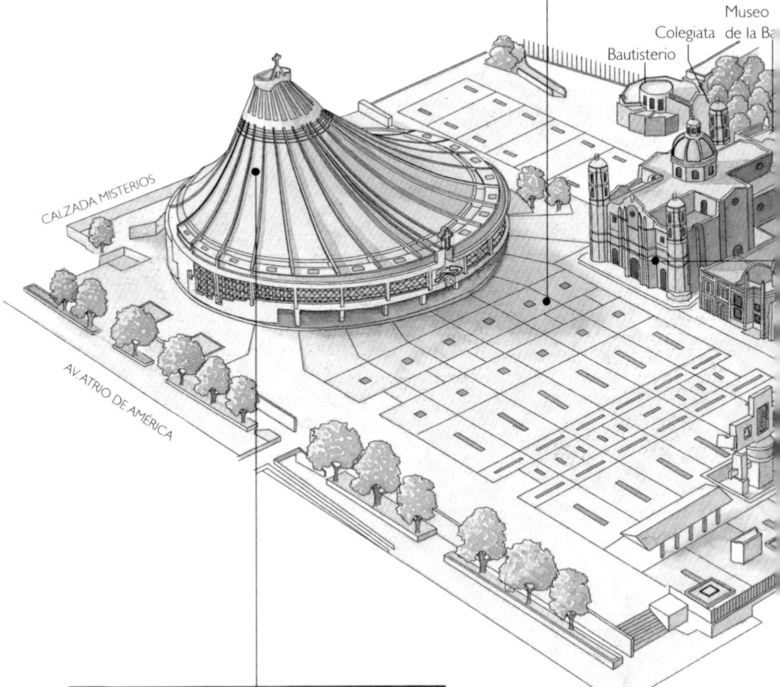

**Basílica de Guadalupe**
El interior de la Basílica está diseñado para unas 20 mil personas y pueden realizarse simultáneamente diferentes ceremonias.

**Concheros**
El 12 de diciembre es el día de la Virgen de Guadalupe; sin embargo, es frecuente encontrar a los concheros en diferentes ceremonias a lo largo del año.

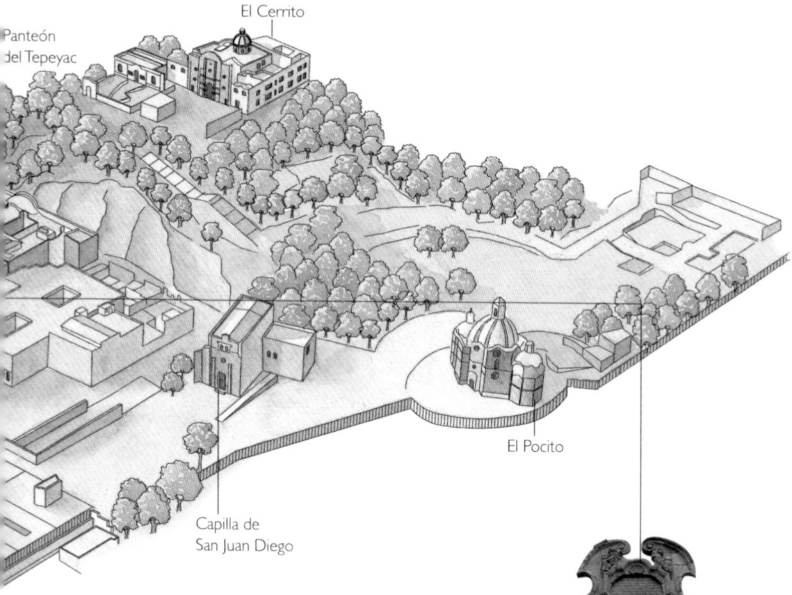


## Visitar

Capilla de San Juan Diego
El Cerrito
Panteón de la Villa

## Comer y beber

**El Cerro de la Silla**
Montevideo 481
(a 5 min de La Villa)
**Toks**
Calzada de Guadalupe 192

**Colegiata**
La Colegiata es la basílica original, del siglo XVI. En su portada hay una placa conmemorativa.

## ✪ Villa de Guadalupe

En el mundo prehispánico esta zona estaba separada de Tenochtitlán por un ancho brazo del lago de Texcoco, pero estaba comunicada por tierra con Tlatelolco. El lugar más destacado era el cerrillo del Tepeyac.

Durante los casi 700 años que han transcurrido entre la fundación de México-Tenochtitlán y el presente, el Tepeyac se ha caracterizado por ser un lugar dedicado al culto religioso. Aquí estuvo el templo de Tonantzin ("Nuestra Madre"), diosa de la tierra, regidora del nacimiento y de la muerte, esposa y complemento de Totahtzin ("Nuestro Padre"). Estas dos divinidades conformaban a Ometeotl, el dios dual creador del Universo y en la religión de los antiguos mexicanos se les consideraba los padres del resto de los dioses y en primer lugar de Tezcatlipoca y Quetzalcóatl.

El templo de Tonantzin fue demolido inmediatamente después de la Conquista y reemplazado hacia 1533 por la primera ermita dedicada a la Virgen de Guadalupe, que dio nombre al poblado que surgió en torno del santuario.

Después de la Revolución, el barrió cambió oficialmente de nombre a Villa Gustavo A. Madero y hoy es sede del despacho de la delegación política homónima. Sin embargo es preciso aclarar que el cambio oficial no afectó al nombre tradicional y los habitantes de la ciudad jamás han dejado de llamarle Villa de Guadalupe.

Para llegar a la Villa el camino más directo es por la Calzada de Guadalupe, prolongación de Paseo de la Reforma hacia el norte. Para salir de la Villa puede utilizarse la Calzada de los Misterios (hacia Tlatelolco) o bien la avenida Insurgentes.

*Calzada de los Misterios*

### Calzada de los Misterios

Comunicaba a la ciudad de México con la Villa de Guadalupe, que fue suburbio hasta el tercer decenio del siglo XX. En el presente es una calle más de la ciudad, que se extiende por muchos kilómetros más allá de la Villa, hacia el norte.

A lo largo de esta calzada, entre Tlatelolco y la Villa de Guadalupe, se construyeron 15 monumentos dedicados a los misterios de la fe. Se conservan ocho de ellos referidos a la Anunciación, la Visitación, la Adoración de los reyes, la Presentación al templo, Jesús ante los doctores, la Oración del huerto, la Flagelación y la Coronación de la Virgen. Los monumentos están construidos sobre un basamento alto en el que se dispusieron dos cuerpos: uno se destinó a un relieve que aludía a cada misterio, con dos pares de columnas distintas para cada una de las edificaciones. En el segundo cuerpo se colocó siempre un relieve con la imagen de la Virgen de Guadalupe encerrado por un marco de línea quebrada. Sobre él, un frontón abierto da paso a las esculturas de un santo. En las caras laterales se dispusieron dos nichos que se supone contenían esculturas que representaban personajes del *Antiguo Testamento*.

*En cinco ocasiones el papa Juan Pablo II ha dicho misa en este lugar*

# BASÍLICA DE GUADALUPE

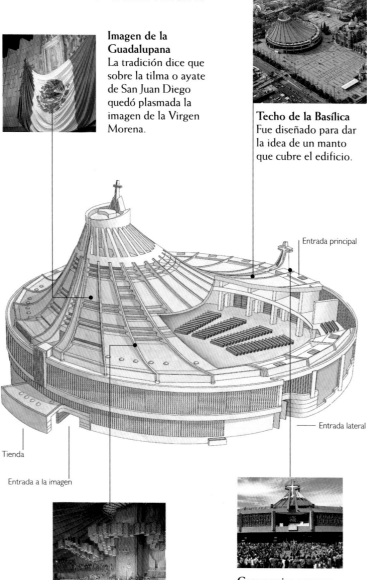

**Imagen de la Guadalupana**
La tradición dice que sobre la tilma o ayate de San Juan Diego quedó plasmada la imagen de la Virgen Morena.

**Techo de la Basílica**
Fue diseñado para dar la idea de un manto que cubre el edificio.

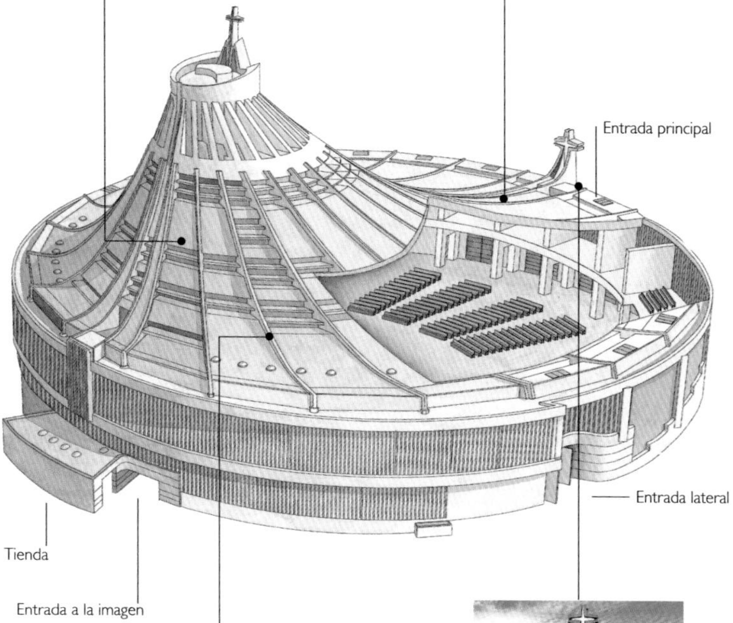

**Altar Mayor**
Detrás del amplísimo presbiterio, de moderno diseño.

**Ceremonias magnas**
En algunas ceremonias el balcón del acceso principal se usa para decir desde ahí la misa frente a unas 40 mil personas.

### Basílica de Guadalupe

lun.-dom., 6-20 h.
www.esmas.com/virgendeguadalupe/inicio.html

Se construyó entre 1974 y 1976 según el proyecto de los arquitectos Pedro Ramírez Vázquez, Alejandro Schoenhofer, fray Gabriel Chávez de la Mora y Javier García Lascuráin. Su espacio interior fue diseñado para recibir simultáneamente hasta 20 mil feligreses; también se pueden oficiar varias ceremonias a la vez. Su planta circular está cubierta por una cúpula en forma de manto.

La imagen de la Virgen de Guadalupe se puede observar desde cualquier punto de la iglesia. Mide 1.22 x 1.83 m y se encuentra dentro de un gabinete de alta seguridad que en uno de sus lados tiene un vidrio que permite la exhibición hacia una banda electromecánica justo debajo del altar.

La moderna arquitectura utiliza como materiales mármol y madera en trazos geométricos, además de lámparas votivas colgadas del techo. La iluminación natural se recibe desde un numeroso conjunto de vitrales con motivos religiosos y desde las siete puertas de acceso con cristales de colores en el círculo exterior.

*A la izquierda, la Colegiata, y a la derecha, la parroquia de Capuchinas*

En las ceremonias magnas, la explanada se convierte en una capilla abierta para más de 40 mil asistentes; los oficios se conducen desde un balcón central exterior que surge de la base de una gran cruz; se le llama Capilla Papal, porque en ella dijo misa Juan Pablo II.

### Edificio del siglo XVI (Colegiata)

A un lado de la Basílica

Ubicada en el costado norte de la explanada llamada de Las Américas, esta iglesia alojó la imagen guadalupana desde finales del siglo XVII hasta 1976. Su construcción (1695-1709) se atribuye a Pedro de Arrieta y corresponde con el estilo denominado barroco rico, caracterizado por el empleo de materiales diversos y recursos ornamentales refinados. El edificio está formado por tres cuerpos construidos en tezontle, una piedra volcánica ligera y roja, abundante en el valle de México, y cuatro torres con pequeñas cúpulas cubiertas de azulejo. La portada está decorada con relieves de angelitos. No está abierto al público debido a que tiene severos daños estructurales.

*Iglesia de Santa María de Guadalupe, "Capuchinas"*

### Iglesia de Santa María de Guadalupe "Capuchinas"

Atrio de la Basílica de Guadalupe

lun.-dom., 9-19 h.

Para dar atención a los numerosos peregrinos se hizo necesaria la presencia de las religiosas capuchinas, por lo que en 1782 se otorgó el permiso para la construcción del convento al lado derecho de la Colegiata. El edificio neoclásico es obra del arquitecto Ignacio Castera. Iglesia y convento quedaron terminados en el año de 1787, bajo la advocación de Santa Coleta. El convento funcionó hasta 1863, después fue hospital y asilo de pobres. Durante algún tiempo funcionó allí la escuela "Carlos María de Bustamante". En 1980 el edificio, que estaba muy inclinado debido al hundimiento, fue renivelado por el ingeniero Manuel González Flores mediante pilotes de control. Hoy ha dejado de ser convento para constituirse en parroquia.

### Capilla de San Juan Diego

Atrio de la Basílica de Guadalupe

lun.-dom., 9-18 h.

En agosto de 2002 el papa Juan Pablo II puso fin, si no a la controversia, sí a la discusión entre los propios católicos, en torno a la existencia histórica de Juan Diego, al canonizarlo en la Basílica de Guadalupe. Esta capilla barroca, varias veces reformada a lo largo del siglo XX, ha sido dedicada al nuevo santo que, se dice, vivió aquí durante sus últimos años.

### El Pocito

Atrio de la Basílica de Guadalupe

lun.-dom., 8-19 h.

La Capilla del Pocito está al pie del Cerro del Tepeyac y al oriente del santuario; es llamada así por el pozo que se encuentra en el interior. Se construyó en el siglo XVIII y fue restaurada en el siglo XIX. Lamentablemente, sus frescos barrocos se encuentran deteriorados por la humedad.

*El Pocito, siglo XVIII*

### El Cerrito y Panteón

Cerro del Tepeyac

lun.-dom., 8-18 h.

Uno de los paseos más concurridos en La Villa conduce al llamado El Cerrito; por medio de dos rampas, una oriental y otra occidental, se puede subir a la capilla y al panteón. El primer acceso se debe al arquitecto Francisco Antonio Guerrero y Torres e inicia cerca de la capilla de El Pocito. Ahí mismo se levanta una columna rematada por una imagen de la Virgen de Guadalupe para señalar el lugar del árbol de casahuate donde la tradición ubica una de las apariciones. La rampa occidental fue construida por Juan José Mariano de Montúfar y llega a la entrada del Panteón del Tepeyac. En el interior se aprecia un púlpito de madera con las apariciones de la Virgen y siete murales

*Conjunto escultórico* La ofrenda *en* El Cerrito

del artista potosino Fernando Leal con los temas de *La doctrina de Santiago Tlatelolco, La primera aparición de la Virgen a fray Juan de Zumárraga, La curación de Juan Bernardino, El milagro de las rosas, La aparición en el obispado* y *La gloria* en la bóveda.

*Museo de cera*

**Museo de cera**

Misterios 880

lun.-dom., 9:30-20 h.

5781-9455

En las inmediaciones de la Basílica está este pequeño museo de cera con una galería de personajes populares (actores y actrices de cine), escenas de películas famosas y temas relacionados con las apariciones de la Virgen de Guadalupe.

**Museo de la Basílica de Guadalupe**

Atrio de la Basílica

mar.-dom., 10-18 h.

Alberga una colección importante de arte religioso, compuesto de obras de marfil de los siglos XVII y XVIII, esculturas de madera policromada y estofada que se han restaurado en el taller de la iglesia, y valiosos lienzos de pintores destacados como Cabrera, Villalpando, Correa, Arteaga y Echave y otros muchos, anónimos. Del convento de las madres capuchinas ubicado a un lado se rescataron muebles de madera pulida. A lo largo del pasillo se conservan centenares de ex votos y ofrendas de toreros.

**Cruz atrial**

Atrio de la Basílica

Esta monumental cruz labrada en piedra representa la medida del tiempo por el hombre. En ella se encuentran, del lado sur, un reloj de sol, mientras que en el costado norte se ha representado la Piedra del Sol o Calendario Azteca. En la fachada oriente, un reloj de manecillas marca la hora junto a las campanas y campanillas que llaman a misa. En la fachada poniente, cada hora, se abre el carillón para contar, por medio de autómatas, la aparición de la Virgen a Juan Diego. La cruz atrial original, con los símbolos de la Pasión, se exhibe en el patio del Museo de la Basílica de Guadalupe. Perteneció al atrio de la Segunda Ermita Guadalupana, erigida por el segundo obispo de la Nueva España, fray Alonso de Montúfar. La gran cruz estuvo frente a la capilla de indios y siglos después en el altar principal de ésta como si fuera una capilla abierta.

La Anunciación, *por Baltasar de Echave, Museo de la Basílica*

*Vista del oriente del valle, desde Santa Fe; a la izquierda del edificio, el Iztaccíhuatl; a la derecha, el Popocatépetl*

## ✪ Santa Fe

Al suroeste de la ciudad se encuentra Santa Fe, originalmente llamada Acaxúchitl, "Lugar de la flor de caña de maíz". Fue poblada por otomíes, nahuas y tepanecas. Fundado hacia 1532 por Vasco de Quiroga, inspirado en la Utopía de Tomás Moro, el Pueblo-Hospital de Santa Fe recibió tal nombre en honor al lugar de España donde Cristóbal Colón recibió los títulos y obligaciones de sus descubrimientos. Su propósito era el de dar asistencia médica, social y espiritual a los indios, huérfanos, enfermos y viejos, además de crear talleres para la enseñanza de oficios. Todo ello sobre la base del trabajo comunitario. Durante casi 350 años los pueblos indígenas fueron beneficiados con este proyecto, que tuvo una modificación importante en 1776, cuando el gobierno virreinal construyó la Real Fábrica de Pólvora, alrededor de la que se reorganizaron las actividades del pueblo.

En el siglo XX, Santa Fe se convirtió en "reserva territorial", utilizada para depósito de basura. En la década de los 80 se proyectó su urbanización, que inició con la construcción de múltiples vialidades y edificios monumentales.

**Parque arquitectónico e industrial de Santa Fe**

Zona entre Vasco de Quiroga y Prolongación Reforma

Actualmente Santa Fe se caracteriza por el moderno conjunto de edificios corporativos que destacan por su lujo y dimensiones.

La Universidad Iberoamericana fue uno de los primeros edificios construidos en esta zona (1981-1987). El diseño incluyó elementos arquitectónicos mexicanos como son los taludes y un patio en dos niveles. Sus autores son Rafael Mijares, Francisco Serrano y Pedro Ramírez Vázquez.

Otro edificio vanguardista es el Centro Corporativo Bimbo, realizado en 1993 por Gustavo Eichelmann y Gonzalo Gómez Palacio, que destaca por el equilibrio logrado entre los espacios exteriores e interiores, por su funcionalidad y por el mármol mexicano colocado con grapas.

También encontramos el corporativo IBM (1995-1997), diseñado por Nuño MacGregor. Consta de un cuerpo de cinco pisos rodeado de jardines y cuatro sótanos de estacionamiento en una superficie de 7,500 m$^2$.

Los apartamentos Tomás Moro hechos de concreto aparente, sobresalen por su excelente manufactura y su manguetería de aluminio color vino, realizados por Francisco Serrano y Susana García Fuertes de 1988 a 1991.

A partir de 1991 la construcción de edificios se ha incrementado notoriamente. El más reciente es el Expo Santa Fe México, que es uno de los centros de exposiciones más grandes de América Latina y presenta innovaciones tecnológicas.

*Corporativo Bimbo*

# EDIFICIO CALAKMUL

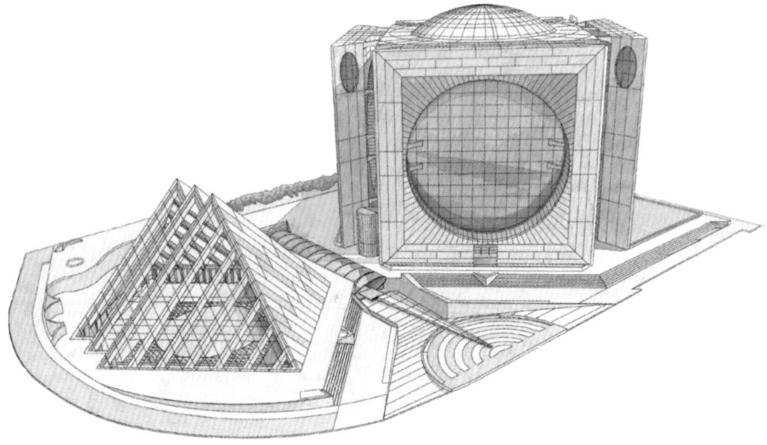

**Edificio Calakmul**
Obra del arquitecto Agustín Hernández, se le considera entre los edificios notables de la arquitectura mexicana moderna.

### Edificio Calakmul

Vasco de Quiroga 3000

El Centro Corporativo Calakmul, construido de 1989 a 1996, es una obra de arte y uno de los edificios más interesantes de México. Merecedor de la mención de Honor en la V Bienal de Arquitectura Mexicana en 1988, fue diseñado por el arquitecto Agustín Hernández Navarro, quien define su obra como: "Unión de tierra y cielo, materia y espíritu... ¡Realidad virtual! ¡Un cubo que contiene una esfera!"

El cuerpo central es un cubo que tiene ventanas circulares en cada una de las caras; éstas están duplicadas para crear un espacio entre las aristas. Uno de sus mayores atractivos es que la luz y los reflejos durante el día y la noche crean efectos muy interesantes y vistosos, entre otros el de una esfera contenida dentro del cubo.

No está abierto al público ni se permite tomar fotografías adentro.

### Pueblo de Santa Fe

Galeana e Hidalgo

Este poblado mantiene su peculiaridad en su organización y, al igual que la antigua comunidad indígena, la administración está en manos del párroco y las decisiones y administración de fondos se realizan a través de la mesa directiva, nombrada por el pueblo. La marginación sigue siendo una constante salvo que actualmente no cuentan con un proyecto social.

Las festividades que sobresalen son el 14 de septiembre, fundación del pueblo; el 14 de marzo, la fecha luctuosa de Vasco de Quiroga, y el 4 de octubre, día de San Francisco y natalicio de Gregorio López, primer escritor de medicina natural.

### Centro Comercial Santa Fe

Prolongación Paseo de la Reforma s/n y Vasco de Quiroga 3800

lun.-dom., 11-20 h.

5259-3175

Este centro fue proyectado como parte esencial de la urbanización de Santa Fe, y cumple con un papel estructural en el desarrollo de esta zona; de hecho, el lugar destinado para su construcción fue el predio que ocupaban los antiguos basureros de Santa Fe, que recibían la mayoría de los desechos de la ciudad. La construcción estuvo a cargo de la firma Sordo Madaleno y Asociados, que concluyó en 1993 un monumental conjunto compuesto de tres niveles con plazas centrales, tiendas departamentales, boutiques, afamados restaurantes, espacios infantiles tales como la Ciudad de los Niños y el Piccolo Mondo, cines y cuatro niveles de estacionamiento.

## Desierto, Dinamos y Marquesa

La Sierra de las Cruces marca el límite suroeste del valle de México. Es una zona boscosa formada por tres parques nacionales: los Dinamos, el Desierto de los Leones y La Marquesa, donde subsisten cientos de especies vegetales y animales exclusivas de la cuenca de México.

En el pueblo de Magdalena Contreras se encuentra el Parque Nacional de los Dinamos, una cañada rodeada de encinos, cedros y oyameles entre los que desciende el río de la Magdalena (ver también **Chimalistac**). Su nombre proviene de las plantas hidroeléctricas construidas ahí a fines del siglo XIX, que alimentaban a las fábricas de tela y papel asentadas en esa zona. El Segundo Dinamo es visitado por alpinistas que gustan de escalar rocas basálticas, de las que sobresale la llamada La Pared.

El Desierto de los Leones es también una buena opción alternativa para realizar excursiones y días de campo, además de visitar un convento carmelita del siglo XVI.

Adyacente al Desierto de los Leones está La Marquesa, con 1,760 ha de bosques. Entre los atractivos del lugar se encuentran numerosos criaderos de truchas, para los aficionados a la pesca.

*Dinamos de Contreras*

### Foro Cultural de la Magdalena Contreras

Camino Real a Contreras 27

lun.-dom., 9-20 h.

5645-1219

En lo que fuera la antigua fábrica de hilados y tejidos de algodón La Magdalena, se encuentra hoy el Foro Cultural Contreras.

La construcción se remonta a los primeros años del siglo XVII, y es representativa de los antiguos obrajes virreinales que movían sus maquinarias con la

*Dinamos de Contreras*

energía generada por el cauce de los ríos Eslava y Magdalena. Es triste observar que tras unos kilómetros del nacimiento del río, al llegar al pueblo de Contreras corren inmundas aguas por su cauce. En el Foro Cultural se encuentra una Biblioteca, Galerías, Audiorama y un Ágora. El acceso al foro está debidamente señalado a lo largo del camino a Contreras.

### Iglesia parroquial María Magdalena Contreras

Córdoba y José Moreno Salcido

lun.-dom., 6-18 h.

En el centro del pueblo de Contreras se encuentra una pequeña iglesia del siglo XVII, adornada de argamasa y con retablos dorados en su interior. En el atrio arbolado, se encuentra una capilla abierta con una réplica de la imagen de Jesucristo en la Cruz, traída de España a mediados del siglo XVII por el fundador de la fábrica de La Magdalena. Cuenta la leyenda que la imagen del Nazareno era transportada año con año, durante la semana santa, al convento del Carmen en San Ángel; un día la imagen se negó a regresar, adquiriendo un gran peso; debido a esto tuvieron que dejarla en el convento de El Carmen, lugar en el cual permanece hasta nuestros días y donde se le construyó una capilla a finales del siglo XIX.

*Iglesia parroquial de Contreras*

### Parque del Desierto

Camino al Desierto de los Leones s/n

lun.-dom., 10-17 h.

El bosque del Desierto de los Leones fue declarado Parque Nacional en 1917, por el presidente Venustiano Carranza. Cuenta con 1867 ha de encinos, pinos y oyameles. El bosque ha sobrevivido a pesar de la constante expansión de la ciudad y de sus crecientes necesidades de abastecimiento, madera, carbón, espacio, pero consciente también de la necesidad vital de salvaguardarlo, como fuente de oxígeno, así como en otros tiempos lo fue del agua.

El Desierto de los Leones ha sido desde principios del siglo XX un lugar de descanso y esparcimiento; tras largas caminatas, paseos a caballo y grandes aventuras se llegaba al viejo convento. Recuerda Alfonso Reyes:

*[...] el viaje al Desierto de los Leones [...] resultaba una excursión atlética para fin de semana, y suponía una cadena de peripecias: tranvía eléctrico de México a Tacubaya [...] tranvía de mulitas entre Tacubaya y Santa Fe, donde en el camino, conductor, cobrador y viajeros solían bajarse del vehículo para perseguir conejos a pedradas; y luego un buen trecho de marcha a pie que no dejaba de ser penoso, y más si se considera que había que cargar con mochila o bolsa de bastimentos para comer en el campo. Y todavía era menester pernoctar entre las ruinas del convento de Cuajimalpa, a fin de disfrutar un poco el aire silvestre, perfumado de pino y cedro, y recobrar fuerzas para el regreso.*

*Casi dos mil hectáreas de bosque en el parque del Desierto*

El paraje conocido como La Venta –donde convergen los caminos al Desierto de los Leones y La Marquesa– era un antiguo mesón para los viajeros a Toluca, que garantizaba a los huéspedes que estarían a salvo de asaltos. Los arrieros la llamaban Venta de la Pila, porque ellos y sus animales tenían acceso libre al abrevadero. Hoy en día, los fines de semana se instalan aquí, puestos de antojitos para atender a los visitantes del Desierto de los Leones.

A Contadero, hoy suburbio, llegaban los arrieros y comerciantes que vendían sus productos en la capital de la República, provenientes de Michoacán, Guanajuato, Jalisco y el Estado de México. En el Contadero se efectuaban las operaciones de compra y venta.

Hoy en día el bosque del Desierto de los Leones es un lugar de paseos; entre los senderos hay cabañas abiertas con mesas, bancos de madera y asadores. Se puede visitar el ex convento, el río y los fines de semana el Centro Ecológico Educativo que cuenta con un criadero de venados cola blanca.

### Convento del Desierto

Camino al Desierto de los Leones s/n
mar.-dom., 10-17 h.
5812-329 y 5812-2991

El convento del Desierto de los Leones fue fundado por la orden de los carmelitas descalzos a principios del siglo XVII. Fue construido bajo la dirección de fray Andrés de San Miguel, sabio carmelita de quien se conocen disertaciones astronómicas acerca de la cantidad de cielos observables y el primer tratado de arquitectura novohispano; fue también un destacado diseñador de obras hidráulicas.

El monasterio tenía como objetivo alejar a los monjes del bullicio humano, allí realizaban prácticas místicas: votos de silencio, ayuno y autoflagelación.

La palabra "desierto" proviene de los monjes que –al igual que Jesucristo– se aislaban en el desierto para meditar. En este caso el desierto resulta ser un hermoso bosque de coníferas. El apelativo de los Leones es probable que venga de una amarga disputa legal por estos terrenos, entre unos carmelitas de apellido León y Juan Patiño Ixtolinque, el heredero del Señor tepaneca de Coyoacán, quien tuvo que viajar a España reclamando sus derechos, pero no pudo gozar del fallo a su favor, por encontrarse sospechosamente preso hasta su muerte. Otro de los miembros de la familia Ixtolinque fue recluido 22 años en una celda carmelita por no convencer a su

*Ex convento carmelita del Desierto de los Leones*

*Huerto*

familia de ceder esa propiedad a la orden religiosa. La primera época de la construcción del convento fue concluida el 2 de julio de 1611, día en que comenzó a practicarse de modo formal la vida religiosa en el convento. En el siglo XVIII, a causa del temblor de 1722 y el incendio de 1739 se destruyeron algunas partes del convento, razón por la que fue edificado nuevamente. Su arquitectura es austera, despejada de ornamentos que distrajeran a los monjes de la meditación. La vida conventual se caracterizó por sus celdas autosuficientes, cada una con su propia hortaliza para sustentarse. En 1780 los frailes

# EX CONVENTO DEL DESIERTO

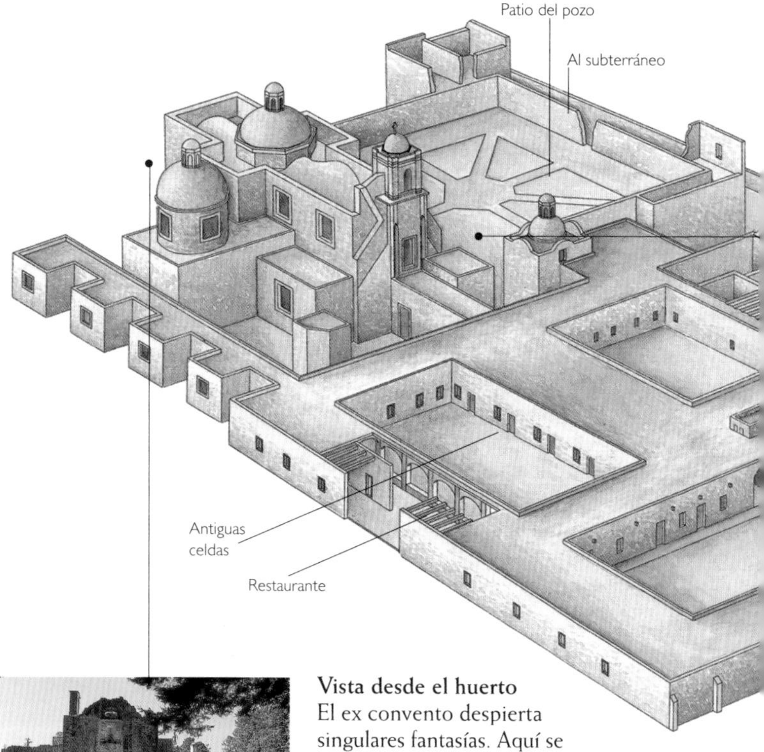

**Vista desde el huerto**
El ex convento despierta singulares fantasías. Aquí se han filmado varias películas y el lugar todavía se utiliza para ceremonias sociales cuando las adolescentes cumplen 15 años de edad.

se mudaron al convento de Nixcongo en el Estado de México.

En las ruinas del ex convento se pueden visitar las pequeñas celdas distribuidas a lo largo de un pasillo con un patio central, la peluquería, los baños. Uno de los lugares más frecuentados son los oscuros túneles, sobre los que hay dos posibles hipótesis: una dice que eran las catacumbas del convento y otra que eran instalaciones hidráulicas.

La capilla principal se encuentra en ruinas ya que en el año de 1845, se instaló allí una fábrica de vidrio, fachada de lo que realmente era una fábrica clandestina de armas.

Otro de los atractivos del ex convento es la Capilla de los Secretos, llamada así por la acústica que permite escuchar los murmullos. Cabe resaltar la belleza y cuidado de los hermosos jardines y de lo que fuera el antiguo huerto.

En el interior del ex convento se encuentran dos restaurantes que ofrecen alternativas culinarias.

**Claustro**
Vista desde el pozo, hoy convertido en un estanque.

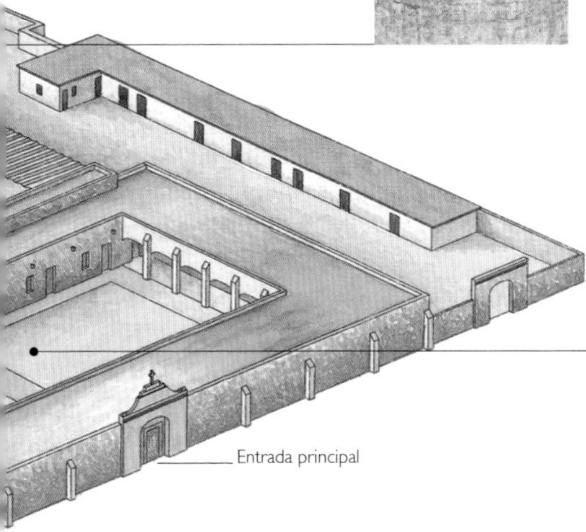

**Jardín interior**

## Visitar

Capilla de los secretos
Catacumbas

## Comer y beber

Restaurante del ex convento
Zona de antojitos

Paseo por senderos

**Paseo de las Ermitas**

Parque del Desierto de los Leones

En los alrededores del convento y entre el bosque se encuentran dispersas ermitas destinadas por los monjes a la meditación y en las que se alojaban los frailes durante la cuaresma y el adviento. La palabra ermita remite a los ermitaños, hombres solitarios que se retiraban a orar en las montañas.

Las ermitas de San José, Santa Bibiana y Getsemaní fueron construidas en 1608; la Virgen de la Soledad es del año de 1609; San Alberto, de 1610; Santa Teresa y San Juan, de 1611; Santa María Magdalena, de 1612, y El Calvario y San Elías de 1613.

Dentro del Parque Nacional se encuentran vestigios de un muro llamado Barda de la Excomunión, de aproximadamente 16 km. En la entrada estaba escrita la excomunión que el papa Clemente VIII había formulado contra toda mujer que se atreviera a franquear el recinto.

**Paseo de los Senderos**

Parque del Desierto de los Leones

Para los corredores y amantes del ciclismo de montaña hay rutas de terracería y tezontle; los más aventurados pueden acampar en el bosque entre aves, ardillas y conejos. Sin embargo, a pesar de la vigilancia, se recomienda tener precaución porque se trata de parajes solitarios.

**Puntos de convivencia familiar**

Alrededores del Convento y Paseo de las Ermitas

A lo largo del camino que atraviesa el bosque del Desierto de los Leones, se encuentran pequeñas cabañas, abiertas a los cuatro vientos, dispuestas con mesas, bancas de madera y asadores para hacer agradables días de campo. Hay además cuatro albergues contiguos a las cabañas, para refugiarse del frío. Es recomendable llegar temprano ya que estos lugares suelen ocuparse rápidamente, especialmente en fin de semana.

Diferentes vistas del Paseo de las Ermitas y del ex convento

## ✪ Otros lugares interesantes

Hay varios lugares próximos a los referidos en los paseos principales que recomienda esta guía. Cerca de Tlatelolco, al poniente, se encuentra Santa María la Ribera, una antigua colonia residencial del porfiriato. Al sur de Tlatelolco está Buenavista, donde se localiza la estación del ferrocarril y, muy cerca, el Museo del Chopo.

Al poniente de Polanco se encuentra el Hipódromo de las Américas, el mejor lugar para quienes gustan de apostar en las carreras de caballos.

Al oriente del Centro Histórico está el Palacio Legislativo y no lejos el Archivo General de la Nación.

En el sector oriental de la ciudad, rumbo a la salida hacia Puebla, de paso puede visitarse el Palacio de los Deportes. También en esa dirección está la Central de Abasto, que no es un sitio turístico pero sí un mercado colosal que abastece a la tercera ciudad más poblada del orbe.

En el sur de la ciudad, durante el recorrido por Tlalpan, el visitante puede dar un rodeo por Santa Úrsula para ver el monumental Estadio Azteca.

*Hipódromo de las Américas*

### Hipódromo de las Américas

Avenida Industria Militar s/n

jue.-dom., 15:30-20:30 h.

5387-0600.

www.hipodromo.com.mx

El Hipódromo de las Américas comenzó a operar en 1943 y ha funcionado hasta hoy sin otra interrupción que la del lapso entre 1996 y 2000, durante el cual el Gobierno Federal reasignó la concesión. Los nuevos concesionarios crearon un proyecto de grandes dimensiones: además del hipódromo y sus ya tradicionales restaurantes y salones, construyen un hotel de 800 cuartos y el mayor centro de convenciones de América Latina, en una edificación de 450 m de largo, que incluye un auditorio y un salón de fiestas para 2,500 personas. Fue reinaugurado durante la temporada 2000.

Las tribunas, de diseño italiano, admiten tres mil espectadores en la sección preferente y cuatro mil en la general. Cuenta con servicios de comida rápida, restaurantes, ventanilla de apuestas, diversos comercios relacionados con la actividad hípica como el centro de apuestas *Sports Book* y servicios sanitarios.

El Hipódromo de las Américas es un espacio muy agradable para adultos, donde pueden hacerse apuestas legales al alcance de cada bolsillo. La carrera más importante del año es el Handicap de las Américas, que se celebra en junio, con caballos de tres años de edad o mayores.

### Quiosco de Santa María la Ribera

Santa María la Ribera y Salvador Díaz Mirón

El quiosco morisco de Santa María la Ribera fue proyectado por José Ramón de Ibarrola para una exposición internacional celebrada en Nueva Orleáns en 1884. Para su traslado se desplegó un impresionante contingente que ocupó un tren con 27 vagones. En 1890 se trasladó a la Alameda Central de la ciudad de México, donde se usó como escenario para sorteos de la Lotería Nacional, y en 1908 fue llevado a la Alameda de la colonia Santa María la Ribera. Actualmente es un centro de reunión y de actividades culturales.

### Museo del Chopo

Enrique González Martínez 10
mar.-vie., 10-19 h.
5546-5484 y 5546-849
www.chopo.unam.mx

El edificio que alberga al museo es *art nouveau* y llegó a México procedente de Alemania para ser armado entre 1903 y 1905. Durante décadas fue conocido como Palacio de Cristal. De 1913 a 1964 albergó al Museo Nacional de Historia Natural. En 1973 la Universidad Nacional Autónoma de México promovió su rescate después de nueve años de abandono y lo restauró para convertirlo en un centro

*Quiosco en Santa María la Ribera*

*Museo del Chopo, fachada*

de difusión del arte y la cultura universitaria. En 1975 nació así el Museo Universitario del Chopo, y desde entonces alberga exposiciones de fotografía y pintura, así como talleres y muestras de cine.

### Palacio Legislativo

Av. Congreso de la Unión 66
lun.-vie., 9-14 h.
www.cddhcu.gob.mx

El Palacio Legislativo de San Lázaro fue inaugurado en 1981. La vida parlamentaria de México tiene lugar en este recinto donde antes estuviera ubicada la antigua estación de ferrocarriles de San Lázaro. La construcción se inició en 1979, según el proyecto de los arquitectos Pedro Ramírez Vázquez, Jorge Campuzano y David Suárez. En 1989 un incendio acabó con el recinto de la Cámara de Diputados. Después de los intensos trabajos de remodelación, los diputados regresaron al Palacio en 1992. Cuenta con biblioteca y un Museo Legislativo.

### Archivo General de la Nación

Eduardo Molina y Albañiles s/n
lun.-vie., 8:15-15 h.
5133-9900
www.agn.gob.mx

El edificio donde hoy se encuentra el AGN fue originalmente una cárcel que Porfirio Díaz hizo construir a partir de 1885 y que entró en funcionamiento en septiembre de 1900. En teoría, la que el dictador ordenó construir sería una "cárcel modelo". Llamado Palacio de Lecumberri, con el paso del tiempo la población dio en llamarle Palacio Negro, mas no por el color de sus muros sino por las tragedias que éstos encerraban. Hasta 1976 fue la cárcel preventiva del Distrito Federal, y a partir de 1977, por decreto del presidente, se convirtió en la sede del Archivo.

Aunque remodelado, el edificio conserva en principio las formas que lo caracterizaron alguna vez como una prisión muy bien diseñada. A pesar de los tesoros documentales, los espacios y muros todavía dejan ver y sentir el horror que fue este lugar en el que las crujías se convirtieron en salas de consulta y las celdas en los lugares donde se almacenan los documentos.

## Palacio de los Deportes

Río Churubusco y Añil

según actividad

5237-9999

$

Diseñado por los arquitectos Félix Candela, Antonio Peyrí Maciá y Enrique Temborrel, fue inaugurado en 1968 en el marco de la XIX Olimpiada. Su construcción tiene una planta circular totalmente cubierta por una bóveda metálica mixta, con una techumbre que le sirve de fachada de 160 m. La pista de competencias tiene un diámetro de 80 m. Las tribunas desmontables tienen capacidad para 5,852 personas; las medias, para 7,086 y las altas para 6,840. Fue restaurado como lugar de conciertos en 1993.

*Palacio de los Deportes*

*Central de abasto*

## Central de Abasto

Canal Churubusco y Canal Apatlaco

lun.-dom., 24 h.

5694-3514 y 5694-0683

www.ceda.df.gob.mx

Es el núcleo de comercialización de productos perecederos más grande de América Latina. Abastece diariamente en un 80% a la ciudad de México. Los locales que la conforman son varios miles (3,189 para flores, 1,764 bodegas para frutas y legumbres y 418 para abarrotes).

Diariamente se comercializan ahí hasta 22 mil toneladas de productos. Diseñada por Abraham Zabludovsky, inició sus operaciones en noviembre de 1982, con el objetivo de sustituir al antiguo Mercado de la Merced.

## Estadio Azteca

Calzada de Tlalpan 3465

según actividad

5617-8080

www.esmas.com/estadioazteca

$

Es el estadio más grande del país, con capacidad para recibir a unos 110 mil espectadores. El edificio fue planeado por el arquitecto Pedro Ramírez Vázquez en los años 60 del siglo XX. La construcción de la última fase del diseño estuvo a cargo de Rafael Mijares Alcerra. Durante cuatro años se trabajó en su construcción, que requirió siete millones de horas-hombre y de 100 mil toneladas de concreto. El juego de inauguración fue el 26 de mayo de 1966, entre México y Turín. Ha sido sede principal de dos campeonatos mundiales (1970 y 1986). Casi todas las semanas del año hay juegos de futbol soccer en este escenario. Ocasionalmente también se celebran aquí juegos de futbol americano, conciertos y eventos especiales.

*Estadio Azteca*

# Paseos por el Estado de México

Detalle del Templo de Quetzalcóatl

El Estado de México tiene al menos un centenar de atractivos turísticos. De entre los muchos posibles, hemos seleccionado dos recorridos que el visitante puede hacer a partir de la ciudad de México en un solo día.

El municipio de Teotihuacán toma su nombre de una antigua ciudad que alcanzó el auge entre los siglos IV y VIII. Un recorrido completo por Teotihuacán puede tomar más de un día, pues en verdad hay mucho que ver en esa zona arqueológica, una de las más importantes de México y del mundo. Es una buena idea combinar la visita con un recorrido previo por el **Museo Nacional de Antropología** (ver página 140 y siguientes), para percibir con mayor claridad los alcances de esa extraordinaria cultura mesoamericana.

Muy cerca de Teotihuacán, en el municipio de Acolman, se encuentra el Museo del ex convento de San Agustín de Acolman, un típico monasterio-fortaleza del siglo XVI. Además de su valor arquitectónico, ofrece una interesante colección de pintura. En el mismo municipio está Tepexpan, donde se exhiben los restos óseos humanos más antiguos hasta hoy encontrados en México.

A menos de una hora del centro de la ciudad de México, rumbo hacia Querétaro, se encuentra Tepotzotlán, pueblo colonial con edificios de gran valor. En ese lugar está el Museo Nacional del Virreinato, cuya colección es de las más valiosas que hay en el país.

Muy cerca de Tepotzotlán está Tula, población del estado de Hidalgo. En ese lugar se encuentra el antiguo centro ceremonial tolteca, que corresponde con el primer gran asentamiento de esa civilización.

*La Calzada de los Muertos desde la Pirámide de la Luna*

*◀ Singular efecto visual entre los taludes y terrazas de la pirámide del Sol y la silueta de las montañas*

# TEOTIHUACÁN

**Templo de Quetzalcóatl**
Detalle característico del templo, que representa a Quetzalcóatl, la Serpiente Emplumada.

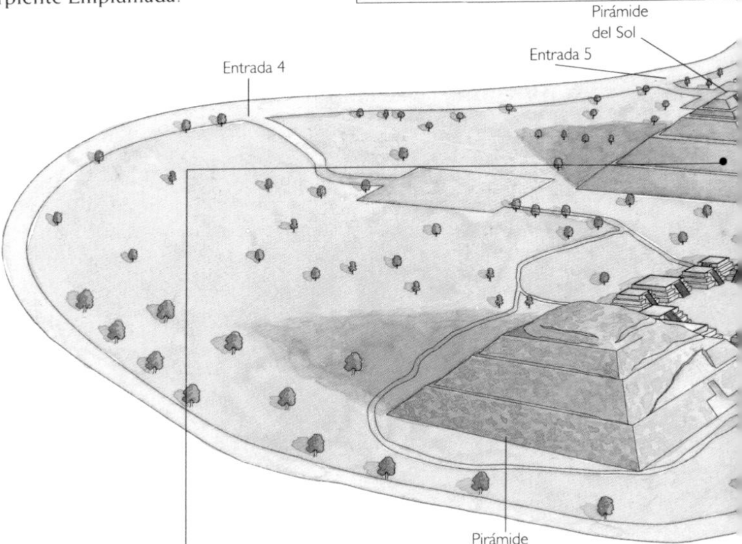

**Pirámide del Sol**
Tiene una altura de casi 70 m y es la edificación más grande de su época (100-650).

**Ciudadela**
Superficie de 160 mil $m^2$ rodeada por una estructura cuadrangular llamada Gran Plataforma.

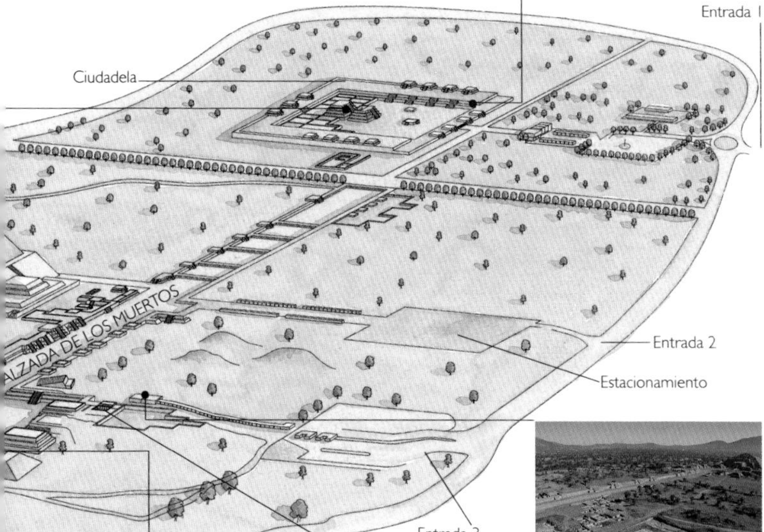

**Calzada de los Muertos**
Avenida principal de la ciudad, vista desde la Pirámide del Sol hacia la Pirámide de la Luna. Tiene una longitud de 4 km.

**Palacio de Quetzalpapalotl**
Bajorrelieve en el Patio de los Pilares.

## Teotihuacán, Acolman y Tepexpan

En Teotihuacán floreció una de las principales culturas mesoamericanas, cuyos vestigios conforman hoy una zona arqueológica que se cuenta entre las más importantes del mundo. Se localiza a 50 km al noreste del Distrito Federal, en el municipio de Teotihuacán, al que se llega por la moderna autopista federal 132, México-Pirámides. Este sitio arqueológico, donde sobresalen las pirámides del Sol y de la Luna, revela el esplendor de una ciudad preindustrial con una sorprendente urbanización.

En el municipio de Acolman, a menos de 20 min de Teotihuacán, se encuentra el ex convento de Acolman, fundado en 1539 por monjes agustinos que realizaron una ardua labor de evangelización en esta región. Se trata de un típico convento-fortaleza del siglo XVI y en su interior hay una valiosa colección de pintura.

A pocos kilómetros de Acolman, en el mismo municipio, está el Museo de Tepexpan, donde se exhiben los restos fósiles del hombre más antiguo encontrado en la altiplanicie mexicana.

El recorrido puede realizarse en un día si se sale de la ciudad de México antes de las 11:00 h. Para llegar a Teotihuacán en transporte público, puede abordarse un autobús en la Central Camionera del Norte, o bien en la terminal del Metro Indios Verdes. Salen cada media hora a partir de las 8:00 de la mañana.

**Teotihuacán, zona arqueológica**

Municipio de Teotihuacán, Estado de México

lun.-dom., 7-18 h.

(01 594) 956-0052 / 76

www.inah.gob.mx/zoar/htme/za00914.html

Los mexica conocieron la ciudad siglos después que fue abandonada, saqueada e incendiada. Podría decirse que cuando los mexica llegaron al Altiplano, Teotihuacán ya era una zona arqueológica, si bien cabe aclarar que muchos de los pueblos que poblaban el valle eran descendientes de los antiguos teotihuacanos. Los mexica supusieron que se trataba de un cementerio de reyes que, al morir, se transformaban en dioses; por

*Vista aérea de Teotihuacán*

*La pirámide del Sol desde la Plaza de la Luna*

esa razón le llamaron Teotihuacán, cuyo significado en náhuatl es "Lugar donde los hombres se convierten en dioses", y nombraron Miccaotli o Calzada de los Muertos a la larga avenida que atraviesa la ciudad.

Hay muchas fuentes históricas y legendarias que se refieren a la construcción de la ciudad y su posterior abandono, pero se sabe que su periodo se ubica entre los años 100 a.C. y 750. El estudio riguroso y sistematizado del valle de Teotihuacán se inició a principios del siglo XX y tuvo sus mayores logros con las investigaciones de Manuel Gamio a partir de 1917. Puede deducirse –por los temas y motivos decorativos plasmados en su pintura mural– que el pueblo teotihuacano fue teocrático.

En su momento de mayor esplendor, la ciudad abarcó cerca de 20 km$^2$, en los que se erigieron construcciones residenciales, habitacionales y sacerdotales que albergaron aproximadamente a 200 mil personas. En ese tiempo, Teotihuacán era el centro poblacional más importante de Mesoamérica. La exploración y estudio de la zona continúa hasta la actualidad. El descubrimiento más reciente, en la segunda mitad del año 2002, fue una estructura que, piensan los arqueólogos, pudiera ser una tumba real en la pirámide de la Luna.

**Leyenda del Quinto Sol**

Según la religión mexica, tras cuatro intentos fallidos los dioses se reunieron en Teotihuacán para crear ahí un sol eterno, de una vez y por todas. Era condición que un dios se sacrificase para convertirse en el nuevo Sol y otro más para convertirse en la Luna. Tecciztecatl, el de los Caracoles Marinos, se ofreció para ser el astro rey pero ninguno quería aceptar el papel menor de la Luna. Entonces los dioses se fijaron en Nanahuatzin, un dios repulsivo porque su cuerpo estaba cubierto por bubas o llagas, aunque tenía corazón de oro. Nanahuatzin aceptó, y entonces los dioses construyeron dos adoratorios: para Tecciztecatl uno muy grande y suntuoso (la pirámide del Sol) y otro menor para Nanahuatzin (la pirámide de la Luna). Cada uno debía ayunar y purificarse durante trece días para después arrojarse a una enorme hoguera que los dioses principales encendieron sobre la calzada central de la ciudad. Al llegar el momento del sacrificio, Tecciztecatl titubeó cuatro veces sin atreverse a saltar al fuego, mientras Nanahuatzin lo hizo al primer intento; entonces Tecciztecatl no tuvo otro remedio que saltar también. Detrás de ambos dioses, se arrojaron al fuego un águila y un ocelote. Transcurridos 13 días, al comenzar el decimocuarto el águila salió de la hoguera llevando en el pico un gran globo luminoso, e inmediatamente después salió un ocelote que llevaba entre sus garras otro globo, igual al primero. Al ver esto, Quetzalcóatl decidió que no era sensato tener dos soles; además, recordó el titubeo de Tecciztecatl y por ello tomó a un conejo por las orejas y lo arrojó con gran fuerza contra el segundo globo, que perdió tamaño y brillo, además que la imagen del conejo quedó estampada por siempre sobre su rostro. A continuación, los dioses principales decidieron que el alimento del nuevo Sol tendría que ser la sangre y por ello ordenaron a Ehécatl, dios del viento, que sacrificara a los otros dioses presentes y con su sangre alimentara al Quinto Sol.

*La Ciudadela*

*Ciudadela*

Complejo arquitectónico que cubre una superficie de 160 mil m$^2$, rodeado por una estructura cuadrangular llamada Gran Plataforma sobre la que se asientan 15 basamentos piramidales. Es considerada el centro rector y administrativo, donde habitaron sacerdotes y gobernantes. Frente al Templo de Quetzalcóatl se ubica un Altar de Sacrificios, que

*Templo de Quetzalcóatl*

consiste de cuatro escalinatas que representan a los cuatro elementos aristotélicos (tierra, sol, aire y agua), en la interpretación de un pueblo que jamás tuvo contacto con los europeos.

*Templo de Quetzalcóatl*

Se encuentra dentro de la Ciudadela. Es denominado así por la ornamentación de cabezas de serpientes emplumadas, que emergen de lo que parece una flor de once pétalos. Son representaciones de Quetzalcóatl –cuyo nombre significa precisamente Serpiente Emplumada–, uno de los cuatro hijos del dios dual Ometeotl, creador del Universo. Entre los teotihuacanos, la serpiente emplumada simbolizaba las aguas terrestres, por lo que en el templo se pueden ver también conchas y caracoles marinos.

Este templo fue descubierto accidentalmente durante las excavaciones arqueológicas. Al parecer, sus propios constructores lo demolieron parcialmente y luego lo cubrieron con otra estructura.

*Pirámide de la Luna*

*Calzada de los Muertos*

Es la avenida principal de la ciudad y tiene una orientación de 15° 30′ al este del norte astronómico. Casi todas las construcciones tienen una orientación similar a esta calle, cuya longitud es de 4 km y su anchura, de 45 m. Los templos y palacios que la limitan identifican las áreas político-administrativas y cívico-religiosas. Las áreas habitacionales se ubican en la periferia de la ciudad. Comienza en la Ciudadela y termina en la Plaza de la Luna, inmediata a la pirámide homónima.

*Pirámides del Sol y de la Luna*

La pirámide del Sol, construida entre los años 100 y 650, fue el edificio más grande de su época, después superado solamente por la pirámide de Cholula. Tiene una altura de casi 70 m y un volumen del orden de un millón de m$^3$. Su núcleo es de adobe y originalmente estuvo cubierta con estuco. El sol se oculta precisamente frente a ella y la luz cenital la ilumina de lleno. El aspecto que muestra actualmente corresponde a su penúltima fase constructiva

–Teotihuacán creció sobre sí misma durante nueve siglos– y estudios recientes revelan un error en la reconstrucción de esta pirámide que muestra cinco niveles, cuando originalmente sólo tenía cuatro. Su base mide casi lo mismo que la pirámide de Keops en Egipto: 225 m por lado.

*Pirámide del Sol*

La pirámide de la Luna tiene una altura de 46 m pero su cúspide truncada está al mismo nivel que la del Sol, pues fue construida sobre un terreno más elevado. Es la estructura sobresaliente de la Plaza Mayor o Plaza de la Luna. Considerada el más impresionante concepto arquitectónico de Teotihuacán, por la simetría de sus edificios, la utilización de los espacios y debido a su posición estratégica en el trazo urbano. Se le considera uno de los lugares sagrados más importantes. Es más antigua que la del Sol y se piensa que pudo corresponder a un periodo matriarcal del pueblo teotihuacano.

*Palacio de Quetzalpapalotl*
Es el edificio más importante y lujoso de la ciudad donde, se cree, habitó algún supremo sacerdote. El color rojo –que fue el más usado en la decoración de toda la ciudad– puede apreciarse en las partes bajas de este edificio. Los pilares del patio principal, conocido precisamente como Patio de los Pilares, muestran bajorrelieves con la representación de Quetzalpapalotl –el dios Quetzal-Mariposa– acompañado de símbolos acuáticos. Debajo de este palacio se encuentra la estructura más antigua del conjunto, a la que se llega por un túnel, conocida como Templo de los caracoles emplumados. Otro pasillo desemboca al Palacio de los Jaguares. En ambas estructuras pueden apreciarse magníficos ejemplos de la pintura mural teotihuacana.

*Otros lugares de interés*
Además de los mencionados hay varios aspectos más de la ciudad teotihuacana que pueden ser admirados: Patio con pisos de mica, el Mural del Puma y las zonas habitacionales de Tepantitla, Tetitla, Zacuala, Yayahuala y Atetelco. El visitante podrá complementar su visión del inicio, esplendor y decadencia de la cultura teotihuacana en el museo de sitio y el Museo de la Pintura Mural.

Se recomienda empezar el recorrido por la Puerta 1 y salir por la Puerta 3. Enfrente de ésta se ubica el Museo de la Pintura Mural, al cual se tiene acceso con el mismo boleto de la zona arqueológica. Al término de esta visita, afuera del museo se toma un taxi colectivo al centro de San Juan Teotihuacán, donde está el paradero de microbuses que conducen al ex Convento de Acolman.

*Palacio de Quetzalpapalotl*

# EX CONVENTO DE SAN AGUSTÍN DE ACOLMAN

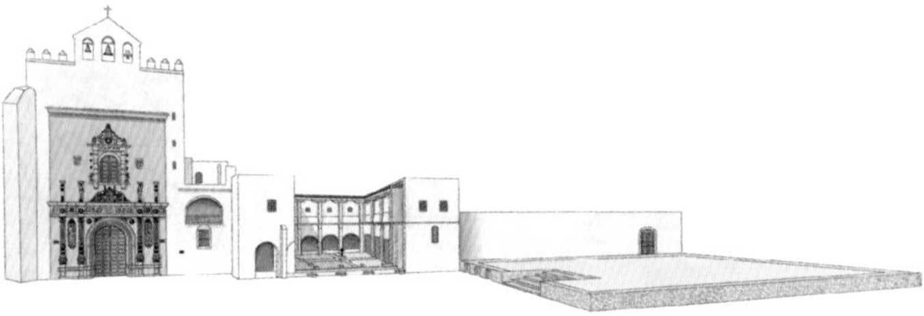

**Acolman**

**Ex convento de San Agustín de Acolman**

Calzada de los Agustinos s/n

lun.-dom., 9-18 h.

$

Fundado en 1539 por la orden religiosa de los agustinos. Es considerada la primera obra plateresca de carácter religioso en la Nueva España y la mejor muestra de este estilo en México, por la perfección de sus proporciones y el delicado trabajo de cantería realizado por manos indígenas.

En 1939, el convento de Acolman –hoy catalogado como monumento colonial– quedó bajo la protección del Instituto Nacional de Antropología e Historia y, a partir de 1950, el inmueble y su patrimonio –pintura mural, pintura de caballete, textiles, cerámica, escultura, mobiliario y objetos litúrgicos– han sido objeto de varias restauraciones. Por ejemplo, pueden apreciarse, en el ábside, murales dispuestos en fajas horizontales divididas por una ornamentación vegetal, en las que se observan las figuras de frailes, obispos, cardenales, papas, profetas y sibilas. Todas son figuras monumentales pintadas en blanco, negro y naranja, tomadas de modelos europeos del Renacimiento. En ambos claustros, el chico y el grande, todavía se observan numerosos fragmentos de pintura mural que reproducen escenas de la vida de Cristo, así como frisos epigráficos pintados en ambas plantas y en las celdas.

*Una tradición del siglo XVI*

**Posadas y piñatas**

Fue en Acolman donde nació la tradición de "Las Posadas", fiesta que, en la actualidad, se celebra en todo el país.

El origen de este festejo se remonta al año de 1587, cuando fray Diego de Soria obtuvo una bula del Papa Sixto V para realizar en la Nueva España, en la Iglesia de Acolman, las llamadas "misas de aguinaldo", del 16 al 24 de diciembre de cada año. Estas fechas coincidían con la festividad prehispánica del nacimiento de Huitzilopochtli –dios tutelar mexica, deidad de la guerra– y pretendían atraer a los indígenas a la iglesia y alejarlos de sus creencias.

Según fray Juan de Grijalva, las misas de Acolman fueron las primeras que se "cantaron" en la Nueva España. Con el paso del tiempo derivaron en las actuales posadas donde, hasta nuestros días, se sigue rompiendo la piñata, que es una olla de barro forrada con papel de colores, cuya forma más tradicional es la estrella de siete picos, que representan los pecados capitales; dentro de la olla se depositan frutas y colaciones (dulces típicos decembrinos), que simbolizan los placeres mundanos; la persona con los ojos vendados que intenta romper la piñata representa la lucha del bien contra el mal, de la fe contra las bajas pasiones y la tentación. La gente motiva al participante con una canción, cuyo estribillo dice: "¡Dale, dale, dale!, ¡no pierdas el tino, porque si lo pierdes, pierdes el camino!"

Asimismo, alberga un importante acervo de iconografía religiosa y arte sacro de los siglos XVI a XVIII. Al salir del ex convento de Acolman, a unos cuantos metros, en la carretera a Tepexpan se toma el microbús para ir al museo de ese lugar. Es recomendable pedir al conductor que haga alto en "el Crucero". Al descender del vehículo en este lugar, 200 m a la derecha está el museo de Tepexpan.

### Tepexpan, museo prehistórico

Autopista México-Teotihuacán km 11

mar.-dom., 10-17 h.

(01-594)-957-0223

M E

En Tepexpan –palabra náhuatl que significa "Sobre las peñas"–, en febrero de 1947, el investigador Helmut de Terra descubrió un esqueleto humano incompleto, acostado boca abajo, en el lecho seco del antiguo lago de Texcoco. Los huesos encontrados, según la prueba del radiocarbono 14, datan de hace poco más de 11 mil años. A estos restos óseos se les conoce como el "Hombre de Tepexpan", aunque en realidad corresponden a una mujer adulta de aproximadamente 1.68 m de estatura, con cráneo de rasgos primitivos. Es el de mayor antigüedad entre todos los restos óseos –humanos o de mamíferos superiores– encontrados en el país.

El museo fue construido sobre el lugar donde se realizó el hallazgo. Además de los fósiles humanos, ahí se muestra un vasto panorama de la prehistoria en el valle de México. Se exhiben osamentas de mamut, además de lascas, obsidianas y algunas piezas de sílex tallado.

Una vez concluido el recorrido, en "el Crucero" donde llegamos para ir al museo, se aborda el autobús de regreso a la ciudad de México.

El trayecto de regreso dura aproximadamente 30 min y el destino es la terminal de camiones situada en las afueras de la estación de Metro Indios Verdes, correspondiente a la línea 3.

*Murales al fresco en San Agustín de Acolman*

**Recomendaciones**

- Use ropa cómoda y zapatos bajos y cerrados.
- Lleve un suéter u otra prenda abrigadora porque hacia la tarde baja la temperatura.
- Use sombrero o visera para protegerse del sol.
- Lleve poca carga en el bolso o mochila; el recorrido es largo.
- Lleve y/o consuma solamente agua o bebidas embotelladas.
- Si desea comprar reproducciones de piezas teotihuacanas, hágalo en la tienda del museo de sitio. Lo que se vende afuera es artesanía, aunque, viéndolo desde otra perspectiva, muchas de las piezas que venden los lugareños difieren de las otras solamente en tiempo; las artesanías están hechas del mismo material que sus antepasados.
- En Teotihuacán, al terminar el recorrido por el sitio arqueológico, se puede comer en alguno de los restaurantes que se ubican cerca de la Entrada 2, o en el centro de San Juan Teotihuacán, antes de seguir el recorrido hacia Acolman.
- En el caso de Acolman, afuera del ex convento hay puestos de antojitos típicos como tlacoyos (masa de maíz rellena de frijoles, requesón o habas, cubierta de salsa verde o roja, queso rallado y cebolla); sopes (pequeña tortilla más gruesa que la común, untada con frijoles y cubierta de salsa verde o roja, lechuga, cebolla y queso rallado) y quesadillas (empanada de maíz o una tortilla doblada, rellena de guisados mexicanos como picadillo, carne deshebrada, chicharrón, flor de calabaza, hongos y varios más); valga aclarar que esos expendios no tienen control sanitario.

# MUSEO NACIONAL DEL VIRREINATO

**Antesacristía**
Aguamanil labrado en piedra, siglo XVII.

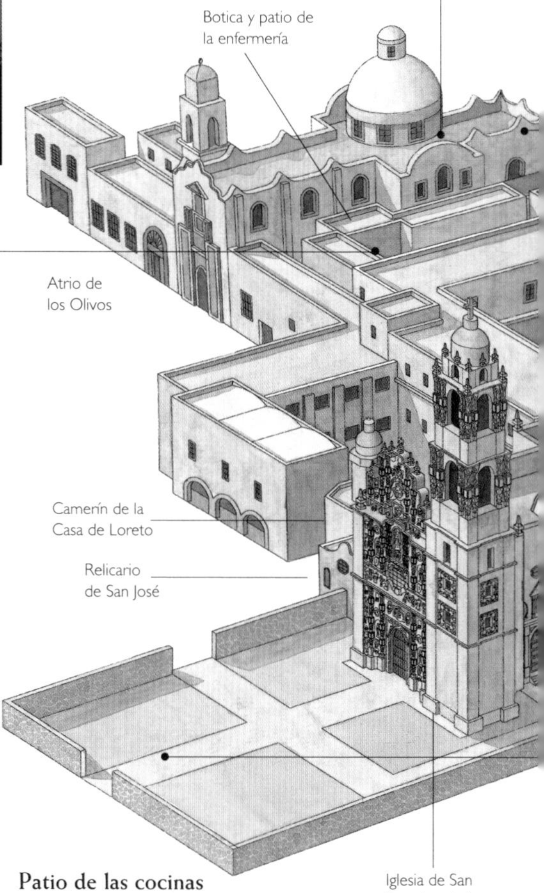

**Patio de las cocinas**
Conserva el acueducto y la fuente octagonal donde se recolectaba el agua para los servicios domésticos.

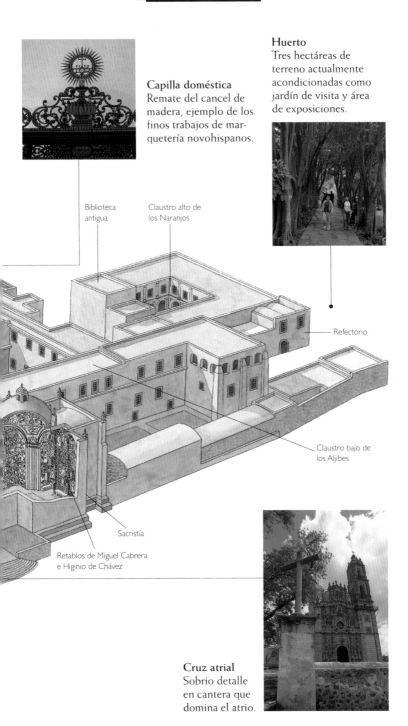

**Capilla doméstica**
Remate del cancel de madera, ejemplo de los finos trabajos de marquetería novohispanos.

**Huerto**
Tres hectáreas de terreno actualmente acondicionadas como jardín de visita y área de exposiciones.

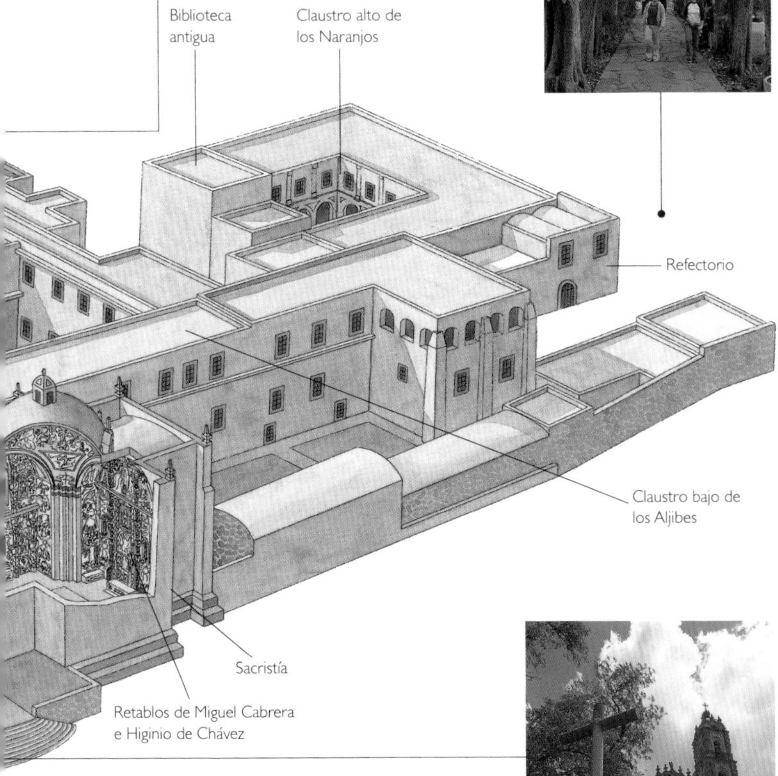

**Cruz atrial**
Sobrio detalle en cantera que domina el atrio.

*Atrio e iglesia de San Francisco Javier*

## ✪ Tepotzotlán y Tula

Tepotzotlán fue asentamiento de grupos otomíes y teotihuacanos. Durante el auge mexica fue sometido por el señorío de Cuautitlán, que en 1521 fue conquistado por los españoles. El poblado dependió del convento de San Francisco de Cuautitlán hasta 1580, cuando pasó a manos de los jesuitas, que lograron gran prosperidad en la región hasta su expulsión de Nueva España en 1767. Las construcciones de Tepotzotlán son joyas del arte colonial. Restauradas a partir de 1964, forman un conjunto muy apreciado por estudiosos y turistas.

La antigua Tollan-Xicocotitlán fue el primer asentamiento de la civilización tolteca. Aunque mencionada en numerosos documentos prehispánicos, su ubicación fue origen de mitos y leyendas hasta los años 40 del siglo XX, cuando los arqueólogos lograron ubicarla en las inmediaciones de la actual ciudad de Tula de Allende.

Tepotzotlán es un municipio del Estado de México y Tula uno del estado de Hidalgo. En automóvil, es posible visitar ambos lugares en un solo día, si se sale temprano de la ciudad de México. En otro caso, conviene pernoctar en Tepotzotlán para ir a Tula al día siguiente.

Tepotzotlán se localiza a una hora del centro de la ciudad de México, viajando por la autopista México-Querétaro (km 41). Por la misma vía, en el km 69, está la desviación hacia Tula; el recorrido entre Tepotzotlán y Tula es de unos 30 minutos.

### Tepotzotlán

En lengua náhuatl, Tepotzotlán significa "Junto al Jorobado", nombre que probablemente se refiere a su ubicación frente a elevadas montañas que asemejan jorobas. Durante la Conquista, el señorío de Cuautitlán –del que dependía Tepotzotlán– hizo frente a los españoles, que lo conquistaron en 1521, tras la caída de Tenochtitlán.

La evangelización de esa región quedó en manos de los frailes franciscanos, que fundaron el convento de San Francisco de Cuautitlán, del cual dependió el pueblo de Tepotzotlán hasta que el arzobispado decidió cederlo a los jesuitas, en 1580.

Los jesuitas continuaron la labor de los franciscanos y aprendieron las lenguas ñahñu (otomí), náhuatl y mazahua que se hablaban en la región. Dos años después de su llegada establecieron el primero de los tres colegios que harían de Tepotzotlán uno de los centros culturales más importantes de la Nueva España: el Colegio de San Martín, para la educación de los hijos de indios principales. Le siguieron el Colegio de Lenguas, para jesuitas, y el Colegio de San Francisco Javier, destinado a la formación de jóvenes novicios que ingresaban a la Compañía de Jesús.

El Colegio de San Francisco Javier, fundado en 1586, fue el que dio arraigo a los jesuitas en Tepotzotlán, y durante 187 años fue el lugar de donde egresó la mayoría de los jesuitas del territorio novohispano. Además de haber sido uno de los centros educativos más importantes, fue uno de los colegios de la Compañía de Jesús con mayor número de tierras, ranchos y haciendas. Con la expulsión de los jesuitas de las colonias españolas en 1767 –debido a las reformas borbónicas del rey Carlos III–, el inmueble fue abandonado y así permaneció por largos periodos. En 1933 fue nacionalizado y clasificado como monumento histórico, y en 1964 fue restaurado y convertido en un museo con características poco comunes: el Museo Nacional del Virreinato. El visitante encontrará un tesoro artístico e histórico, resguardado por un recinto que, por sí mismo, es también una joya arquitectónica.

*Detalle de la cúpula y la torre*

Un doble museo que a lo largo de sus numerosas salas va narrando una historia a través de sus objetos, sus obras artísticas y sus propias paredes. Tres siglos de arte, cultura y vida cotidiana reunidos en un espacio físico, construido entre los siglos XVII y XVIII, que ha trascendido la barrera del tiempo.

**Museo Nacional del Virreinato**

Plaza Hidalgo 99

mar.-dom., 9-18 h.

5876-0245 / 2771

www.inah.gob.mx/muse1/html/muse141.html

Pertenece al Instituto Nacional de Antropología e Historia (INAH). Fue creado para la conservación, investigación, exhibición y difusión de las expresiones artísticas y culturales de la época colonial. Gran parte de su acervo procede de lo que fuera el Museo de Arte Religioso de la Catedral Metropolitana. Al recorrerlo se puede conocer la historia del edificio y sus fundadores; admirar la iglesia de

*Retablo en la iglesia de San Francisco Javier*

Exvoto a San Miguel, *de Cristóbal de Villalpando, 1710*

San Francisco Javier con sus retablos barrocos, y las obras pictóricas realizadas para este recinto por afamados artistas de la época; asimismo disfrutar de sus patios, jardines, claustros y capillas, que evocan los tiempos en que este edificio alojó a maestros y alumnos de la Compañía de Jesús. Algunos espacios y aspectos a destacar durante la visita al museo son:

*Iglesia de San Francisco Javier*
Es uno de los pocos templos barrocos novohispanos del siglo XVIII, que conserva su arquitectura original, así como el total de sus pinturas y esculturas. Fue construido de 1670 a 1682. Entre 1750 y 1758 el maestro tallador Higinio de Chávez realizó los nuevos retablos ordenados por el rector Pedro Reales. Las bóvedas de tres de ellos fueron decoradas por Miguel Cabrera entre 1755 y 1756, con murales al temple. Entre los temas pintados por Cabrera destaca el milagro de Guadalupe, con una serie que hace referencia a las apariciones de la Virgen María al indio Juan Diego (ver también el capítulo Otros lugares de interés, Basílica de Guadalupe).

En 1762 se construyeron la fachada actual y la torre. Las pechinas que sostienen la cúpula fueron decoradas en el siglo XVII con imágenes de los cuatro principales santos jesuitas: San Francisco de Borja, San Estanislao de Kotska, San Ignacio de Loyola, y San Luis de Gonzaga. Según la fuente de esta nota (INAH), esas pinturas fueron descubiertas hasta 1993, durante los trabajos de restauración.

*Claustro bajo de los Aljibes*
Espacio que aloja la exposición permanente del museo distribuida en 22 salas que se extienden hasta una parte del Claustro Alto de los Naranjos. Abarca desde los antecedentes de la conquista de México en 1521 hasta las primeras causas de descontento social que desembocaron en el movimiento insurgente de 1810.
El México colonial es recorrido a través de esculturas, pinturas, cerámicas, orfebrería, mobiliario y otros objetos, con información contenida en documentos, maquetas y cuadros cronológicos.
Hay salas dedicadas a temas específicos de este periodo como: los Talleres Conventuales, escuelas de artes y oficios donde los frailes enseñaban a los indígenas a producir objetos diversos, principalmente imágenes religiosas; las Monjas Coronadas y la vida conventual femenina; los Gremios Novohispanos, agrupaciones de artistas y artesanos especializados, formados a partir de la creación de los talleres conventuales, y los Fundadores de la Compañía de Jesús, colaboradores de San Ignacio de Loyola en la consolidación de esta orden en América.

*Capilla doméstica*
Fue construida en 1604 y remodelada en el siglo

*Pasillo de la Capilla doméstica*

XVIII. Recibe este nombre porque fue del uso exclusivo de los residentes del colegio, principalmente los novicios. Destaca en el vestíbulo un cancel de madera torneado y taraceado (incrustado con hueso y maderas diversas). Los muros laterales sostienen esculturas estofadas de santos, ángeles y vírgenes. En el presbiterio puede apreciarse un retablo barroco estípite elaborado en el siglo XVIII, y en la techumbre decorada con yesería policromada, los escudos de las seis primeras órdenes religiosas que llegaron a México.

Altar de la Capilla doméstica

*Patio de las cocinas*
Pertenecía a las áreas de servicio del colegio. Conserva una fuente octagonal cuya función era recibir agua del acueducto de la huerta para los servicios domésticos. En la parte alta de los muros contiguos a este patio se aprecian dos relojes de sol, elaborados en piedra durante el siglo XVIII, ambos aún con numeración y sólo uno con varilla de señalización.

*Huerto*
Durante la estancia de los jesuitas se plantaron hortalizas, flores, árboles frutales y plantas medicinales. Actualmente las más de tres hectáreas de terreno han sido acondicionadas como jardín de visita y espacio para exposiciones. Se llega a esta área atravesando un corredor decorado por pinturas murales al temple, que escenifican escenas campestres, probablemente del siglo XIX. La huerta conserva su antigua caja de agua.

*Las colecciones*
• Cerámica y porcelana. Hay ejemplos de mayólica o talavera de Puebla, entre los que destacan piezas de vajillas o azulejos. También se conservan objetos de porcelana oriental de tres tipos: la de China, elaborada para su mercado interno; la del mismo país, fabricada especialmente para los mercados de Europa e Iberoamérica, y la Imari, de manufactura japonesa.
• Esculturas. Sobresalen las tallas en madera policromada y estofada. Las piezas barrocas destacan por la riqueza de las vestimentas, el movimiento de los cuerpos y el uso de ojos de

Patio de los Naranjos

vidrio, lágrimas de cristal y dientes naturales para lograr mayor expresividad en los rostros. Las piezas en marfil, las más de ellas traídas de Filipinas, conforman por sí mismas una de las colecciones más valiosas del país.
• Lacas. Conjunto de piezas realizadas del siglo XVII al XX, en los principales centros productores del virreinato novohispano: Pátzcuaro, Michoacán; Olinalá, Guerrero, y Chiapa de Corzo, Chiapas.
• Libros. La ex biblioteca jesuita tiene alrededor de 3,500 volúmenes impresos en Nueva España y Europa entre los siglos XVI

Pechina de San Ignacio de Loyola

*Talleres novohispanos*

*Vestido confeccionado en seda brocada y listada, siglo XVIII*

al XIX. La temática es fundamentalmente eclesiástica y los más de ellos están en latín. Sus encuadernaciones son en piel o pergamino y algunos tienen cubiertas de madera. El museo resguarda también libros de coro utilizados en las ceremonias religiosas, con partituras de los más importantes maestros de capilla de la Catedral Metropolitana.

• Metales. Piezas de hierro forjado, casi siempre cincelado y calado. Se conservan chapas, llaves, estribos, espuelas y baúles. Cabe destacar los elementos de hierro integrados al edificio, como la cruz afiligranada y el barandal de la torre de la iglesia de San Francisco Javier. Las armas de fuego y armaduras constituyen una de las colecciones más extensas de su tipo en México. Destacan armas de fuego con culatas incrustadas con hueso y marfil, espadas de los siglos XVI y XVII, armaduras de torneo y piezas sueltas como yelmos, cascos y corazas.

• Mobiliario. Se puede apreciar la evolución estilística del mueble en Nueva España, a través de trabajos renacentistas, barrocos y neoclásicos. Respecto a las técnicas decorativas, sobresalen la taracea o marquetería y la laca. El cancel de la Capilla doméstica es un ejemplo de la primera; de la segunda, se exhiben piezas novohispanas y orientales traídas al virreinato por el *Galeón de Manila*, también conocido como la *Nao de China*.

• Orfebrería. Está conformada principalmente por objetos de uso religioso como cálices, copones, relicarios, custodias, candeleros, cruces e incensarios, y otros de uso civil como tijeras, cigarreras o cajitas. Casi todo fue realizado en plata dorada, apegándose a las técnicas, materiales y estilos de la época.

• Pinturas. Son ejemplo del arte pictórico desarrollado durante los tres siglos del virreinato. Esta colección reúne las firmas más representativas y muestra las principales técnicas de la época: óleo sobre madera, tela y lámina de cobre, y temple sobre tela.

*Armadura en hierro forjado, siglo XVI*

• Plumaria. Obras de tradición prehispánica, entre las que destacan el Cristo bendiciendo, del siglo XVI, copiada seguramente de alguna estampa europea, y el San Juan Bautista y Nuestra Señora de la Salud. En ambas se combinan la plumaria y el óleo.

• Textiles. Se compone básicamente de ornamentos religiosos o ternos para los oficios litúrgicos: capas pluviales, dalmáticas, casullas, estolas, manípulos, bolsas de corporales, paños cubre cáliz y otros. Son de hechura hispana y novohispana; hay pocos del lejano Oriente. Algunos vestidos y trajes civiles complementan esta colección.

• Vidrios. Cuenta con piezas de vidrio blanco, cuyos principales centros de fabricación fueron Francia, Alemania, Inglaterra y España; a este vidrio también se le conoce como de ramilletes, por su decoración basada en ramos de flores policromadas. Hay también piezas de vidrio azul marino y añil, así como otras del tipo transparente, decorado con motivos policromos y dorados.

*Templo de Tlauizcalpantecuhtli*

## Tula, un paseo por el bosque de tules

Entre los años 700 y 900, en el que hoy es el municipio de Tula de Allende, estado de Hidalgo, surgió la civilización tolteca, producto de la fusión de grupos chichimecas y nonoalcas. Se supone que el caudillo Mixcoatl, que conquistó una enorme región del Altiplano, fue el padre de Ce Ácatl Topiltzin Quetzalcóatl, fundador y primer gobernante (925-950) de la ciudad de Tollan, que en náhuatl significa "Lugar de tules" (*toltecatl* significa "Habitante de Tollan"). Durante casi 250 años, esta ciudad fue el principal centro comercial, minero y manufacturero de la altiplanicie mexicana, hasta que fue destruida e incendiada por otomíes y chichimecas en el año 1168. Tiempo después llegaron ahí los mexica, en su larga migración desde el noroeste, y se piensa que el contacto que tuvieron con los tolteca que permanecieron en la región fue decisivo para convertirlos en un pueblo civilizado.

### La leyenda de Quetzalcóatl

Ce Ácatl Topiltzin ganó el nombre de Quetzalcóatl durante su ejercicio como gobernante y sacerdote principal de ese dios en Tollan. Su desgracia, planeada por sacerdotes rivales, del culto a Tezcatlipoca, fue que éstos lograron engañarlo para que se embriagara con pulque y, además, rompiera vergonzosamente la regla de celibato, pues la contraparte fue su propia hermana. Tan grave falta le obligó a abdicar y a exiliarse. Junto con sus seguidores, viajó hacia el sureste, donde fue reconocido como Kukulkán, voz maya para Quetzalcóatl.

Jamás murió: un día se embarcó en las costas del Golfo y, mar adentro, se convirtió en el Lucero de la Mañana, no sin antes prometer que regresaría en algún año Ce Ácatl (1-Caña). Cinco y medio siglos después, en 1519 (año 1-Caña según el calendario mexica), se presentaron los españoles y esto atemorizó a los mexica, que se consideraban sucesores de los tolteca.

A partir de la conversación entre Hernán Cortés y Moctezuma, referida por Bernal Díaz del Castillo, queda claro que los mexica no sentían temor supersticioso hacia los españoles ni pensaban que alguno de ellos pudiera ser el dios que regresaba, pero es un hecho que la promesa de Ce Ácatl Topiltzin Quetzalcóatl dejó honda huella en la cultura mexicana. En tiempos modernos, algunos caudillos y no pocos políticos han invocado esa imagen para decorar sus procedimientos y lograr sus fines.

*Pilar del templo. Detalle de la cabeza*

Los mexica siempre consideraron a los tolteca como un pueblo culturalmente superior. La zona que los arqueólogos han identificado con los vestigios de Tollan, se encuentra a 2 km de la ciudad de Tula, ubicada a 90 min de la ciudad de México.

## Zona arqueológica

Carretera Tula-Tlahuelpan km 2
lun.-dom., 10-17 h.
(01-773)-732-0705
www.arts-history.mx/tula/home.html

La extensión original de Tollan fue de aproximadamente 5 $km^2$ y llegó a ser casi de 12 $km^2$ hacia el año 1150, con una población calculada en 60 mil habitantes para la ciudad y áreas circunvecinas. La Plaza Principal estaba circundada por templos, pirámides, palacios y juegos de pelota. Los edificios principales son:

*El Edificio B o Templo de Tlahuizcalpantecuhtli*
Conocido como Señor de la Casa del Alba o Lucero de la Mañana. Es una pirámide cuadrada, de 10 m de altura. Ahí se ubican los colosos incorrectamente llamados "atlantes", o gigantes de Tula, monolitos de 4.8 m de altura, labrados en piedra basáltica, que custodian la parte superior del templo y que se piensa formaron parte de las columnas que sostuvieron el techo del adoratorio de Quetzalcóatl y representan a su ejército.

Coatepantli o Muro de las serpientes

Colosos de Tula, mal llamados "atlantes"

Palacio quemado

*Palacio quemado*
Funcionó como lugar de reunión de los consejos que asesoraban al rey o como salas de justicia para los jueces de la ciudad. Aquí se encuentran los restos más significativos del arte tolteca: grabados en piedra que muestran a los jefes con collares y brazaletes en manos y tobillos, en una banqueta adornada por una procesión de 13 personajes. Los vestigios muestran las evidencias del daño causado por un incendio.

*El Coatepantli o Muro de las serpientes*
Construcción decorada con almenas en forma

*Edificio C, el mayor de la zona arqueológica*

de caracol, que simbolizan el renacer de Quetzalcóatl cada mañana.

*Edificio C*

Es la estructura más grande, con una base de 1,424 m$^2$ y 10 m de altura. Se trata de un edificio de carácter religioso.

*Juego de pelota*

Es muy parecido al juego de Chichén Itzá o, mejor dicho, éste se le asemeja, ya que es posterior. Originalmente la Plaza Principal estuvo rodeada por tres estructuras como ésta, donde se realizaban encuentros de naturaleza ritual y sacra.

**Museo Jorge R. Acosta**

Museo de sitio

mar.-dom., 9-17 h.

www.hidalgo.gob.mx/atractivos_turisticos/arqueologia.asp

Ubicado a un costado de la zona arqueológica ofrece un vasto panorama del esplendor de la cultura tolteca y su recorrido constituye el punto de partida ideal o el complemento adecuado para conocer el sitio arqueológico. El visitante puede adquirir aquí réplicas de piezas toltecas, además de folletos y libros acerca de esa cultura. El museo lleva el nombre de uno de los más destacados arqueólogos mexicanos, que participó en las excavaciones de este lugar, en las de Palenque, en Chiapas, y Tzintzuntzan, en Michoacán, entre otros muchos lugares.

*Juego de pelota*

**A Tula en transporte público**

En la Central de Autobuses del Norte se aborda un camión de la línea Autobuses del Valle del Mezquital, y en la terminal de Tula se toma otro con destino a Pachuca, el cual pasa por la zona arqueológica. El recorrido por ésta y el museo de sitio se realiza en hora y media o dos horas. Ahí se cuenta con área de convivencia, para consumir los alimentos que uno lleve. También hay un restaurante-cafetería. En toda la zona se ofrecen a la venta réplicas de piezas arqueológicas, elaboradas por expertos artesanos, cuyos talleres están autorizados para ello.

El regreso es semejante: afuera de la zona arqueológica se toma un microbús o taxi que vaya al centro de Tula, se pide la bajada en la Clínica del Seguro y a una calle está la terminal de autobuses.

# Taxco y alrededores

Detalle, iglesia de Santa Prisca

Taxco, municipio del estado de Guerrero, se encuentra próximo al límite entre esa entidad y el estado de Morelos, a 72 km hacia el sur de Cuernavaca. Durante la Colonia fue uno de los más ricos y famosos reales de minas, por sus yacimientos de plata, que aún no se agotan. Hoy es un poblado pintoresco, esencialmente turístico, y punto de partida para conocer una pequeña zona con numerosos atractivos naturales e históricos.

El recorrido propuesto incluye localidades de tres estados –Morelos, Guerrero y México–, cercanas entre sí. Entre Cuernavaca y Taxco se atraviesa una zona cañera que a la vista se pierde en el infinito. Por el camino, pequeñas desviaciones conducen a varias haciendas que hoy son centros culturales o balnearios: Temixco, Santa Catarina Chiconcuac y Palo Bolero. Hay también dos lugares muy atractivos: Xochicalco –más cercano a Cuernavaca que a Taxco–, una importante zona arqueológica, y Cacahuamilpa, próximo al límite interestatal, donde están unas grutas espectaculares.

A 55 km de Taxco –o 32 km desde Cacahuamilpa– se encuentra, en el Estado de México, Ixtapan de la Sal, famoso por sus aguas termales, y a unos 40 km, enclavado en la sierra, está Malinalco, donde hay un antiguo centro ceremonial mexica. Finalmente, muy cerca de Malinalco está Chalma, lugar de peregrinos.

De Taxco en adelante, se trata de internarse en viejos y sinuosos caminos que van uniendo poblaciones enclavadas en las laderas de las sierras y en los valles, entre ríos y montañas, y que abarcan un periodo que cubre gran parte de la historia de México.

Zona arqueológica de Xochicalco

◀ La ciudad de Taxco vista desde el aire

*Taxco, pintoresco poblado en desniveles*

## Taxco

El origen de esta población se relaciona con la minería desde que los indios tlahuica y chontales, entre otros, se asentaron en la zona hacia mediados del siglo XIV. Se llamaba entonces Tetelcingo. La población explotaba rudimentariamente los yacimientos de plata y estaño. Este último fue el motivo de que Hernán Cortés ordenara la conquista de la región, por tratarse de un componente del bronce para los cañones.

A unos 4 km hacia el sur de aquella población estaba un asentamiento de mayor importancia: Tlaxco. Se cree que Cortés tomó ese nombre por confusión, que luego degeneró en Taxco, para referirse a Tetelcingo.

Taxco es un pueblo minero típico, que creció en torno de las vetas minerales, sin una traza previa. Primero las casas de los trabajadores, los almacenes y los hornos de fundición. Más tarde vinieron los palacios de los dueños de las minas, las iglesias, los conventos y las plazas, de modo abigarrado, chueco, en distintos niveles, lo cual le da una gracia muy especial a todo el conjunto.

### Ciudad de Taxco

La riqueza minera de México propició el emplazamiento de ciudades entre cañadas y montañas, terrenos extraños y difíciles para la arquitectura.

*Las casas* –describe Manuel Toussaint– *se acomodan en el terreno quebrado, buscando sus mejores posibilidades* [...] *La ciudad está constituida por un rompecabezas de bloques, pasillos, escaleras, encrucijadas, que dan un encanto peculiar y único a estas ciudades mineras* [...] *Su tipo de casa es variadísimo: muy pocas pueden contar con un patio, pero aquí eso no es preciso; más se estiman los miradores, con arcos orientados hacia lo más bello del panorama.*

El Taxco actual es una ciudad muy original y pintoresca, de casas blancas con tejados rojos, donde resulta grato perderse entre calles y callejones que suben y bajan dando vueltas, estrechándose o dilatándose para desembocar en plazas irregulares rodeadas de edificaciones de muy distintos méritos, pero respetuosas todas del estilo general.

*Taxco y sus callejones*

Taxco cuenta con la infraestructura suficiente para atender a turistas de todas las posibilidades económicas. Otro tanto sucede en el comercio de artículos de plata, que es uno de los atractivos de la ciudad, ya que puede encontrarse una variedad de productos dentro de un amplio rango de precios.

Los sitios de interés recomendados se encuentran reunidos alrededor de la plaza principal (Plaza Borda); acaso alguno en una calle aledaña. Detrás de la parroquia de Santa Prisca, en una calle que baja, se encuentra un mercado ambulante de artesanías: indios de la región que se han instalado de manera provisional a vender sus productos.

### Iglesia de Santa Prisca

Plaza Borda

lun.-dom., 6-18 h.

Decir que esta iglesia es una joya de estilo barroco que refulge en el centro de Taxco, no basta para elogiarla. Los estudiosos la señalan como un ejemplo de edificación armónica de lo heterogéneo y algunos dicen que se ciñe majestuosa a su entorno tal y como éste se ciñe a ella. Es el centro de la ciudad y punto de referencia desde donde se le mire. Calificar una construcción como el edificio más bello de "todos los de su tipo" es habitualmente un error conceptual o, al menos, algo muy difícil de sostener, pero Santa Prisca quizá lo facilite, porque al observarla es difícil dejar de retener la respiración, con místico respeto.

Para los ricos mineros coloniales, la construcción de iglesias representaba una opción fiscal muy interesante, ya que la Corona veía con buenos ojos todo aquello que ayudase a la labor evangelizadora y consentía en que su costo se dedujera del Quinto Real. Además, para los acaudalados dueños de minas, patrocinar tales obras significaba adquirir poder y prestigio en sus comunidades.

El caso de José de la Borda fue, sin embargo, diferente. Este hombre, francés de origen, inmensamente rico, se propuso construir un templo de gran belleza sin aspirar a la fama, al grado que prohibió expresamente que su nombre y el de sus colaboradores fuesen incluidos en las inscripciones. En consecuencia, aunque el paso del tiempo dejó filtrar el nombre del patrocinador –su hijo, Manuel de la Borda, fue el presbítero del lugar–, el del verdadero arquitecto quedó velado y, durante muchos años, la obra se atribuyó incorrectamente a Diego Durán Berruecos. Por fortuna, hace pocos años y tras una larga investigación, fue puesto en claro, sin lugar a dudas, por el Dr. Efraín Castro Morales ("Cayetano de Sigüenza, un arquitecto novohispano del siglo XVIII", en *Santa Prisca restaurada*; Instituto Guerrerense de Cultura, A.C., México, 1990).

*Venta de artesanías*

*Al fondo, Santa Prisca*

### El arquitecto

Según escritura del 22 de marzo de 1751, José de la Borda nombró al maestro arquitecto Cayetano de Sigüenza para dirigir la obra. Participaron asimismo otros maestros de ese arte, como Miguel Espinosa de los Monteros, fiador de Cayetano de Sigüenza y maestro mayor de la Catedral de México. Cayetano de Sigüenza (1715-1778),

*Iglesia de Santa Prisca*

*Altar mayor*

hijo de vizcaínos, nació en el barco que trajo a sus padres a México. De adulto fue vecino de la ciudad de México, donde reposan sus restos, en el Sagrario Metropolitano.

Uno de los aspectos más interesantes de este edificio es que José de la Borda tenía el proyecto en su mente y en gran medida dirigió él mismo las obras del arquitecto. De hecho, impuso como condición que aceptaba el enorme gasto que suponía la construcción del templo con la condición de que ningún clérigo o seglar interviniese en las decisiones. A decir de los estudiosos, la hipótesis de la participación de De la Borda cobra solidez al observar los tres cuerpos de la fachada, cuyas formas corresponden a diferentes momentos del barroco que sólo pueden estar juntos gracias a cierto capricho del constructor. La construcción básica terminó en 1759. Su restauración completa, en 1988, se hizo según el proyecto del arquitecto Ricardo Prado Núñez.

### Altar mayor

El retablo del altar mayor es obra de Isidoro Vicente de Balbás, hijo adoptivo de Gerónimo de Balbás, creador del Retablo de los Reyes y el Altar del Perdón, en la Catedral Metropolitana de la ciudad de México. Decir que se trata de un retablo barroco sería insuficiente, mientras describir con propiedad sus formas y compleja iconografía resulta un reto digno de un especialista muy versado. Excede el alcance de esta guía, así que nos limitaremos a invitar al visitante a que lo disfrute. En el remate superior la imagen es la de Dios Padre que bendice a los fieles. Las dos puertas en la base del retablo conducen a la escalerilla hacia el manifestador; en el pasillo hay pinturas relativas al tema de la Eucaristía.

### Sacristía

La elegancia de este espacio salta a la vista. Una prueba más de la probable dirección de José de la Borda es que las formas arquitectónicas de este recinto presentan también diferencias con las del resto del templo, aunque esto no era raro en las sacristías de los templos coloniales. En este lugar se encuentran 14 lienzos del pintor Miguel Cabrera, todos ellos relativos a la vida de la Virgen.

*Lienzos de Miguel Cabrera en la sacristía*

# SANTA PRISCA

**Detalle de una de las torres**

**Entrada principal**
Vista interior de la nave, la puerta y el coro alto.

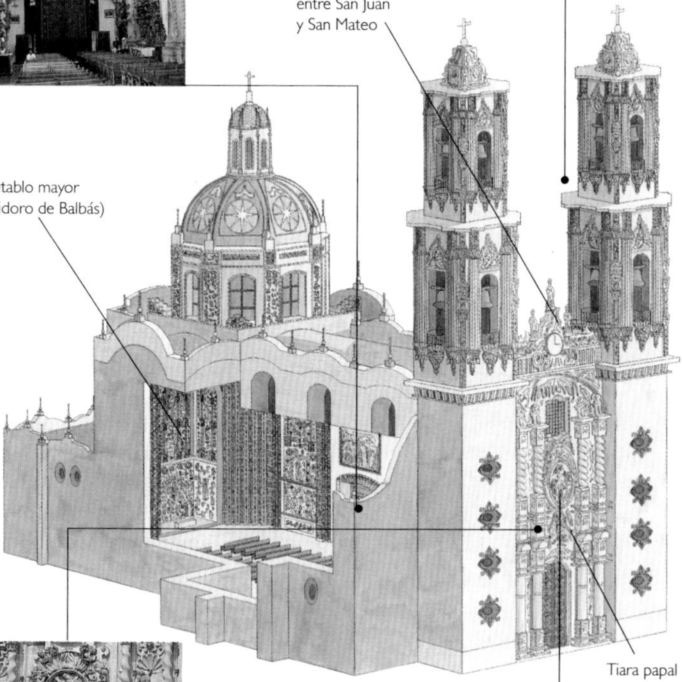

**Portada barroca**

## Visitar

**La Sacristía y su colección de pintura**
**Museo de Arte Sacro**
Detrás de la parroquia

## Comer y beber

**Cielito Lindo**
Plaza Borda 14

**Centro Cultural Taxco Casa Borda**

Plaza Borda 1
mar.-dom., 9-18 h.
(01-762)-622-6617
622-6617
centroculturaltaxco@prodigy.net.mx

En la plaza principal de Taxco se encuentra la que fuera casa de José de la Borda y hoy es sede del Centro Cultural Taxco (Instituto Guerrerense de Cultura), que organiza festivales, concursos (Concurso Nacional de la Plata), conciertos y exposiciones, entre otras actividades.

Al edificio se le conoce también como Casa de los Verdugo, familia de la esposa de José de la Borda (su hijo se llamó Manuel de la Borda y Verdugo).

El museo tiene 14 salas en las que se exhiben obras de arte sacro y civil.

*José de la Borda*

**José de la Borda (1699-1778)**

Emigrante franco-español que llegó a Taxco en 1716 para trabajar en la mina La Lajuela, que su hermano Francisco explotaba desde 1708. Algunos autores mencionan que ambos emigraron a América por problemas religiosos y quizá fue por ello que cambiaron su apellido original, Goiraux, por uno español. No hay documentos que así lo demuestren.

José aprendió de su hermano el negocio de la minería, más como administrador que como minero, y hacia 1720 comenzó a trabajar sus propias minas. Algunos autores le atribuyen habilidades como ser inventor de maquinaria y métodos nuevos que le permitieron rescatar minas inundadas. No hay prueba de ello, pero a juzgar por los resultados sí fue un talentoso administrador que logró alcanzar niveles de productividad hasta entonces nunca vistos en Nueva España. Explotó minas en Taxco, Real del Monte, Chontalpa, Zacatecas, Pachuca y Guanajuato, entre otros lugares.

Se le describe como hombre de inmensa fortuna, pero esto tuvo algunos matices. Se sabe que hubo un momento en el que sus minas de Taxco, tras aportarle la increíble suma de 12 millones de pesos (gran parte de ella invertida en Santa Prisca), dejaron de producir y De la Borda llegó a la ruina. Lo mismo le ocurrió con otras vetas que se agotaron y hubo un momento en que sus deudas estuvieron a punto de llevarle a prisión, pero finalmente halló, en Zacatecas, una veta que dio 20 millones de pesos. Gracias a ello rehizo su fortuna.

Por otra parte ha sido descrito como un hombre generoso que retribuía a sus trabajadores de manera desusada en aquel entonces y que hizo numerosas obras piadosas. Le atribuyen el lema "Dios da a Borda y Borda da a Dios".

Ya viejo, se retiró a Cuernavaca, donde murió.

Su obra más importante fue la iglesia de Santa Prisca.

**Museo de Arte Sacro Virreinal**

Juan Ruiz de Alarcón 12
mar.-dom., 10-18 h.
(01-762)-622-5501
www.gattostock.com/SERVICIOS/fotorep/ventanas/mexico/musvirreinal.html

Al edificio se le conoce también como Casa de Villanueva o Casa Humboldt.

La casa fue construida por Juan de Villanueva en el siglo XVIII, época del auge minero y económico de Taxco. Su estilo arquitectónico corresponde al barroco mexicano, pero su fachada, decorada con estuco al estilo mudéjar, le otorga originalidad respecto a otras construcciones contemporáneas y oculta los desniveles interiores, propios de las construcciones que debían ceñirse a las características del terreno.

Durante muchos años se le llamó Casa Humboldt porque en 1803 se hospedó aquí el

*Casa Humboldt*

barón Alexander von Humboldt, viajero, explorador y naturalista que realizó una obra monumental sobre la geografía, la fauna y la flora del territorio de la América española.

En sus doce salas, el museo resguarda, entre pinturas, curiosidades, mobiliario y otros diversos objetos de la época colonial, una colección de objetos de arte sacro virreinal encontrados en el tapanco de la iglesia de Santa Prisca y en la parroquia de San Sebastián, durante la restauración realizada en 1988.

*Museo de la Platería*

### Museo de la Platería

Plaza Borda 1, Patio de las Artesanías

mar.-dom., 9-18 h.

(01-762)-622-0658

Dentro del Patio de las Artesanías se encuentra este museo fundado y mantenido por Antonio Pineda, conocido diseñador platero tabasqueño.

Aquí se exhiben fotografías y documentos relativos a la historia de la platería en la ciudad, parte de las obras más notables de la orfebrería realizada en Taxco desde los años 30 y unas cuantas piezas antiguas de autores anónimos.

Lamentablemente muchas de las piezas de vajillas antiguas que se conocen por referencias documentales como obras de arte, fueron fundidas y vendidas por su peso en plata, cuando sus dueños pasaban por épocas económicas difíciles.

Desde que en 1931, William Spratling fundó el taller de orfebrería en plata Las Delicias, los orfebres de la ciudad celebraron cada año el Día del Platero, en el aniversario de su fundación. En 1953 se declaró oficialmente esa fecha como la de la Feria Nacional de la Plata. En el marco de la feria, que ahora se realiza durante la última semana de noviembre, se efectúa un concurso nacional de platería, cuyas piezas ganadoras son exhibidas en este museo.

### Museo William Spratling

Porfirio A. Delgado 1

mar.-dom., 10-17 h.

(01-762)-622-1660

www.cnca.gob.mx/cnca/nuevo/diarias/051198/muswilli.html

William Spratling fue un norteamericano que vino a México en 1929 como corresponsal del *New York Herald Tribune*, para escribir un libro

*Museo Spratling*

por encargo, acerca de la vida rural mexicana. La obra, *Pequeño México*, se publicó en 1932 y fue un éxito.

Spratling no regresó más a Estados Unidos y con el tiempo se convirtió en el impulsor más importante de la industria de la joyería de plata en Taxco, población que en aquel entonces ya estaba casi deshabitada.

Con el fin de obtener recursos para vivir en México, Spratling organizó a joyeros de Iguala y los llevó a Taxco para que realizaran diseños en plata más elaborados que los que tradicionalmente se hacían; así fundó su primer taller llamado La Aduana. Más tarde organizó un taller con 40 trabajadores, Las Delicias, en donde realizaban piezas de imitación de lo europeo y otras originales que en ocasiones él mismo diseñaba. No en vano todas estas iniciativas le valieron el reconocimiento como creador de la industria platera de Taxco.

La casa de Spratling, el actual museo que lleva

su nombre, contiene su colección privada de arte y antigüedades precolombinas, y una sección dedicada a la historia de la minería en el estado. Ofrece el servicio de visitas guiadas.

*Iglesia de Fray Bernardino de Siena*

### Ex convento de Fray Bernardino de Siena

Plaza del Ex Convento s/n

El monasterio y la iglesia fueron construidos por los franciscanos descalzos de la provincia de San Diego, dieguinos, hacia 1595. Estos misioneros fueron siempre muy humildes en la construcción de sus edificios y en el caso de éste, además, nunca lo concluyeron según su traza original.

El edificio era muy pobre y José de la Borda intentó durante varios años reconstruirlo. Realizó varias mejoras, pero en 1805 un incendio lo destruyó casi por completo. En 1824 fue reconstruido (algunas fuentes dicen que tal ocurrió bajo la dirección de Manuel Tolsá). En su interior hay numerosas pinturas entre las que destacan, en el altar mayor, las del artista Bernabé Sánchez.

## Grutas de Cacahuamilpa

28 km al noreste de Taxco, carretera México-Acapulco

lun.-dom., 10-17 h.

(01-762)-622-1525

www.arts-history.mx/2001/semanario/096-20020726.html

En el camino de Taxco hacia Ixtapan de la Sal, por la sinuosa carretera que permite internarse en la sierra, hay acceso a dos accidentes geográficos muy peculiares: se trata de dos largas cadenas de grutas naturales que penetran en los cerros de tipo calcáreo, por la acción de las corrientes y las filtraciones de agua.

Primero están las de Cacahuamilpa ("Sementera del cacahuate", en lengua náhuatl) a 1,105 m de altitud. Son las más grandes y espectaculares del país. Más adelante, unos 12 km antes de llegar a Tonatico, están las grutas de la Estrella a 1,505 m de altitud. Por lo común estas grutas son referidas de manera independiente. Pero probablemente el fenómeno geológico sea el mismo y se trate en realidad de dos entradas a las mismas cavernas, dado que las dos se encuentran en la misma sierra, a pocos kilómetros de distancia y son cruzadas por los mismos ríos subterráneos: el Chontalcuatlán y el San Jerónimo, ambos afluentes del río Amacuzac, que a su vez es uno de los que confluyen en el Balsas.

Las grutas de Cacahuamilpa fueron descubiertas en 1834. Se dice que Manuel Suárez de la Peña, rico comerciante del pueblo de Tetecala, se ocultó en las grutas debido a un asunto judicial. Tiempo después regresó a su pueblo y describió lo que había visto, y a partir de entonces las grutas comenzaron a ser visitadas. El Parque Nacional de Las Grutas de Cacahuamilpa se estableció en 1936, para la recreación y conservación de la flora, la fauna y los ecosistemas comprendidos dentro de los 16 km$^2$ protegidos.

*Entrada a las grutas de Cacahuamilpa*

Formaciones calcáreas

A los guías lugareños les gusta contar la historia de que "Se cree que las grutas llegan hasta la costa del Pacífico y prueba de ello es que en la entrada de Cacahuamilpa se hallaron los restos de un explorador de apellido Raleigh que, proveniente del extremo opuesto, no alcanzó a salir porque sufrió un accidente fatal metros antes de la boca de la caverna; entonces, su perro salió a pedir ayuda y fue así como se descubrieron las grutas". Son, en efecto, extensas (12 km o quizá un poco más), pero no hay prueba alguna de que continúen hasta la costa o cosa parecida. En cuanto al explorador Raleigh y su "tumba"...

Interior de la gruta

### Servicios y... leyendas

La parte abierta al público tiene una longitud de 2 km y está cubierta por una calzada de cemento con luces de seguridad. En la entrada a las grutas todavía venden los ya tradicionales bastones de carrizo, instrumentos que hace largo tiempo, cuando aún no construían la calzada de cemento, eran muy útiles para no resbalar.

Los grupos entran regularmente cada hora, acompañados por un guía. El recorrido dura aproximadamente dos horas, si uno hace todos los altos previstos en el itinerario.

Hay tantas leyendas acerca de este lugar que, además de la vista espectacular e imponente de unos 20 salones naturales, con bóvedas que alcanzan entre 24 y 85 m de altura, quizá lo más divertido sea escuchar las historias que cuentan los guías e imaginar las figuras que a lo largo de más de medio siglo han "descubierto" en las formaciones calcáreas, a las que iluminan mediante lámparas de mano.

Desde 1982, periódicamente se celebran aquí conciertos, en una sala adaptada para ello en uno de los salones. Esto ocurre habitualmente durante las Jornadas Alarconianas, festival cultural en honor del escritor Juan Ruiz de Alarcón, oriundo de Taxco.

# XOCHICALCO

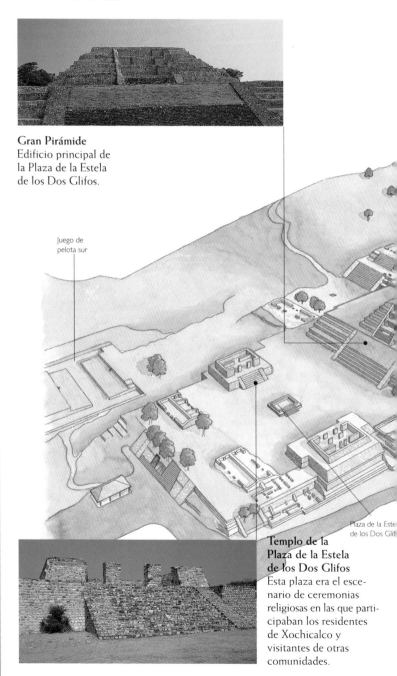

**Gran Pirámide**
Edificio principal de la Plaza de la Estela de los Dos Glifos.

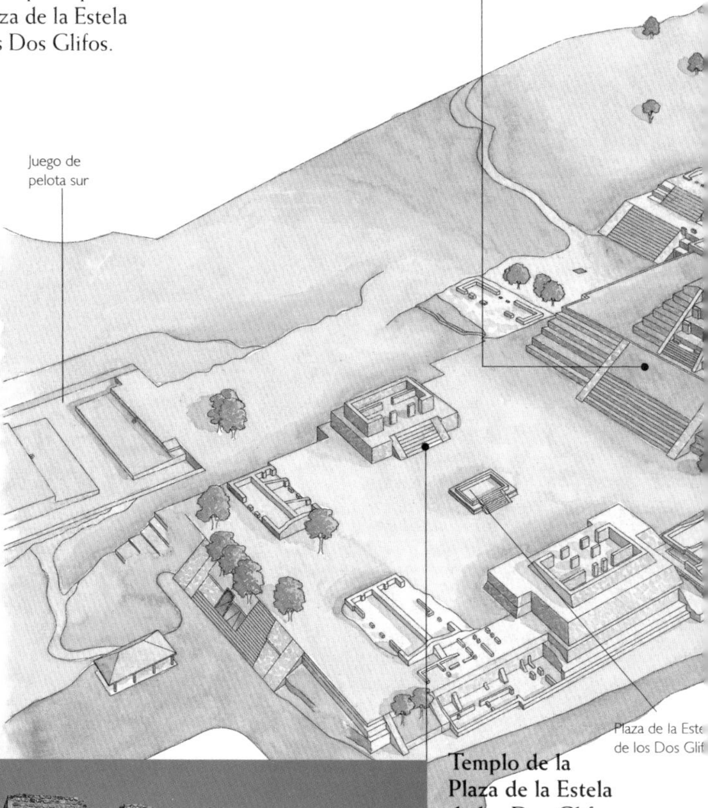

**Templo de la Plaza de la Estela de los Dos Glifos**
Esta plaza era el escenario de ceremonias religiosas en las que participaban los residentes de Xochicalco y visitantes de otras comunidades.

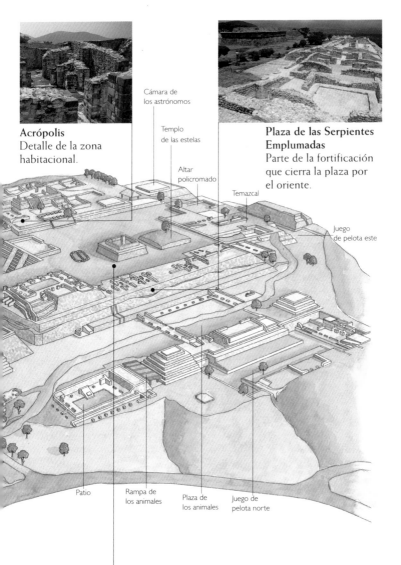

**Acrópolis**
Detalle de la zona habitacional.

**Plaza de las Serpientes Emplumadas**
Parte de la fortificación que cierra la plaza por el oriente.

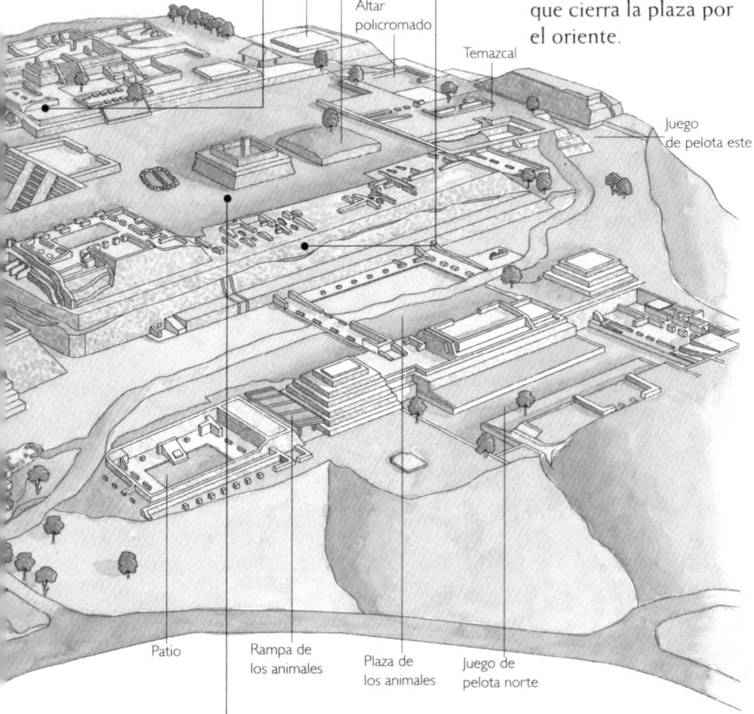

**Pirámide de las Serpientes Emplumadas**
Se le considera el edificio más importante de este sitio arqueológico. En las formas de sus relieves se identifican los símbolos de tierra (serpiente), agua (caracoles), viento y cielo (plumas) y fuego (crestas).

*Museo de sitio*

## ✪ Xochicalco

Municipio de Miacatlán, Mor., a 36 km de Cuernavaca (Por la carretera federal 95 o por la Autopista del Sol hasta Alpuyeca. Desviación a Miacatlán. A 8 km, segunda desviación: 4 km hasta la zona arqueológica)

lun.-dom., 10-17 h.

www.inah.gob.mx/zoar/htme/za01405.html

"En el lugar de la casa de las flores", en náhuatl. Es la mayor de las zonas arqueológicas del estado de Morelos y, desde el año 1999, fue declarada Patrimonio Cultural de la Humanidad. Se encuentra en lo alto del cerro Xochicalco, a 36 km de la ciudad de Cuernavaca.

Xochicalco se sitúa entre los años 650 y 900 y su auge fue consecutivo al de Teotihuacán. Por las formas y la época, la presencia tolteca en esta región debió ser decisiva.

El cerro de Xochicalco, pequeña elevación de unos 150 m sobre el terreno adyacente, fue acondicionado mediante terrazas, muros de contención y fosos, en la que parece una búsqueda de integración con la naturaleza.

Entre los restos más notables están: el Adoratorio de la Estela de los Dos Glifos, cuya piedra rectangular colocada al centro perpetúa la celebración del primer siglo indígena en Xochicalco; la Rampa de los animales, que es un sendero hecho con losas que representan animales; un salón cuyo techo fue reconstruido según el modelo que sugerían los vestigios; el juego de pelota, y desde luego, las obras de escultura y cerámica expuestas en el Museo de sitio. Cabe señalar que éste, inaugurado en 2001, es un buen ejemplo de la museografía moderna, cuya arquitectura se enlaza de manera acorde con el paisaje.

### Pirámide de las Serpientes Emplumadas

Es el edificio más importante de la zona. Su nombre proviene precisamente de las dos grandes serpientes emplumadas y ondulantes, labradas en cada uno de sus lados. Entre los meandros de las serpientes aparecen personajes lujosamente vestidos y signos del fuego. Estos elementos de influencia mayoide y otros, como guerreros y signos calendáricos, sugieren la posibilidad de que el monumento conmemorara una reunión de sacerdotes en ocasión del Fuego Nuevo, que era el rito efectuado cada 52 años para celebrar el nuevo ciclo de vida.

### El Observatorio o Cámara de los Astrónomos

En el cerrillo hay una perforación de unos 8 m de profundidad por 50 cm de diámetro, que va de la superficie hacia el interior de una cueva. Es probable que tuviese relación con observaciones astronómicas aplicadas a fines mágicos, ya que los días 14 y 15 de mayo y 28 y 29 de julio, cuando el Sol pasa por el cenit, los rayos solares que penetran, producen un intenso haz que, si uno interpone la mano, alcanza a distinguir los huesos.

## ✪ Ixtapan de la Sal

Ciudad popular desde los años 30 del siglo XX por sus manantiales de aguas termales, cuyo color varía en diferentes periodos del año. Su análisis demuestra 13 minerales y gran riqueza en calcio, sodio y litio. Cerca del borbollón principal, el agua sale a temperaturas entre 27 y 42 grados Celsius. Al igual que otros muchos manantiales termales, los de Ixtapan gozan de la fama de tener "enormes propiedades medicinales".

*Parque recreativo Ixtapan*

En 1939, la familia San Román –una de las más ricas del Estado de México–, construyó el primer balneario turístico, aprovechando las aguas termales provenientes de los manantiales. A la construcción original se han agregado nuevas y modernas instalaciones para formar un enorme parque deportivo y recreativo que, entre sus atractivos, cuenta con: albercas termales, albercas de olas, canchas deportivas, chapoteaderos, una laguna artificial, un tren que recorre las instalaciones y un centro especial para masajes.

## ✪ Malinalco

[1]A 40 km de Ixtapan de la Sal o 95 km de Taxco o 72 km de Cacahuamilpa
[2]A 99 km de la ciudad de México por la carretera Toluca-La Marquesa, Tenango del Valle, Jajalpa y desviación hacia Malinalco

Enclavado en la región de la sierra del Estado de México, en un fértil valle acotado por montañas, el pueblo de Malinalco es un lugar rico en historia, arquitectura prehispánica y tradiciones.

En Malinalco está una zona arqueológica única en su especie en Mesoamérica. Otro atractivo es un convento agustino del siglo XVI donde hay pinturas muy interesantes. En el poblado el visitante podrá observar fiestas y costumbres portadoras de remotas mezclas culturales.

Se puede decir que es un pueblo verde. Las casas de adobe y sus tejados parecen crecer entre jardines y huertos a su vez rodeados por la abundante vegetación silvestre.

Malinalco casi no ha cambiado desde su traza, realizada hacia mediados del siglo XVI por frailes agustinos para los que, a decir de los cronistas, fue fundamental organizar primero el pueblo y después proceder al adoctrinamiento. Bajo su dirección se nivelaron los terrenos y se trazaron calles y calzadas rectas entre el centro y el perímetro del poblado. Siempre según la idea del conjunto, asignaron solares para construir los edificios públicos.

La importancia de Malinalco en el arte virreinal proviene tanto del convento agustino como de las ocho capillas de barrio que todavía existen y que siguen funcionando bajo el sistema de mayordomía.

En los últimos años Malinalco se ha convertido en uno de los destinos favoritos de fin de semana para gente de la ciudad de México. De ello dan muestra las hermosas casas de descanso y los buenos restaurantes donde se acostumbra servir la trucha.

*Zona arqueológica de Malinalco*

*Casa de los Guerreros Águila*

## Zona arqueológica

mar.-dom., 10-17 h.
www.inah.gob.mx/zoar/htme/za00912.html

En las afueras del pueblo, a unos 125 m más de altitud, en el Cerro de los Ídolos, se localiza uno de los más importantes centros ceremoniales de los mexica. El nombre original del cerro fue Cuauhtinchán o "Morada de hombres fuertes y valerosos", en lengua náhuatl. Es uno de los conjuntos arquitectónicos más impresionantes de esa cultura: edificios monolíticos, excavados y labrados directamente en la roca de los cerros. El *Cuauhcalli* o Casa de los Águila es el edificio principal y mejor conservado: un aposento circular que contiene figuras de águilas y ocelotes, todo en una sola pieza a base de vaciado de la roca del cerro. En este recinto sagrado se ordenaban los Guerreros Águila (*Cuauhtli*, señores de la nobleza que llegaban a ser sacerdotes o comandantes del ejército o ambas cosas).

## Museo Universitario Dr. Luis Mario Schneider

La zona arqueológica de Malinalco no cuenta con un museo propio de sitio. Sin embargo, en la calle empedrada que conduce a la pirámide, se encuentra el Museo Universitario Dr. Luis Mario Schneider, creado por la Universidad del Estado de México en mayo de 2001 y desde entonces auspiciado por esa casa de estudios.

Debe su nombre al de un académico argentino que vivió largo tiempo en Malinalco y que participó activamente en la vida comunitaria al apoyar todo tipo de iniciativas culturales y sociales.

El museo tiene como tema la historia de Malinalco y reúne varias colecciones de documentos, mapas, obras de arte, plantas y piezas prehispánicas halladas en la zona arqueológica.

Es particularmente interesante y valiosa la maqueta museográfica, a escala real, de la pirámide principal de Malinalco, ya que por razones de seguridad ya no se permite el acceso a la original.

La museografía, de excelente calidad, y la atención impecable que recibe el visitante, hacen de este museo excelente complemento de la visita a la zona arqueológica.

## Convento agustino

Plaza de armas
mar.-dom., 10-18 h.
www.adopteunaobradearte.com/estados/edomex/mali.htm

Desde lo alto se observa en Malinalco la traza regular en cuyo centro domina el convento agustino, una construcción austera y ruda en comparación a otros conventos que erigieron los agustinos.

No quedan rastros, si acaso hubo, de capillas pozas, capilla abierta o cruz atrial. El retablo pintado por el artista flamenco Simón de Pereyns en 1568, desapareció; y de la jardinería, a la que se

*Pueblo de Malinalco*

sabe que eran muy afectos los frailes, sólo quedan las crónicas documentadas y su evocación a través de los murales al fresco y al temple que, valga como compensación, son un verdadero agasajo para quienes gustan de la pintura colonial. Son en verdad exquisitas.

Lo que se perdió no habrá de ser obstáculo para el visitante, que podrá disfrutar de este convento-fortaleza construido entre 1540 y 1568, llamado Convento de la Transfiguración de Malinalco, dedicado a San Salvador. La iglesia fue transformada y conserva las formas que le dieron durante el siglo XIX.

*Convento de la Transfiguración de Malinalco*

**Mercado de artesanías**

mié., 10-18 h.

Además del mercado municipal, que funciona como abastecedor para otros pueblos pues concentra productos agrícolas y artesanales de la región, los miércoles es día de plaza o tianguis. Llegan vendedores de otros lugares con toda índole de mercancías y productos naturales, artesanales e industriales.

## Chalma

Sitio de peregrinaciones desde hace cientos de años, Chalma es un pequeño pueblo cercano a Malinalco.

El santuario dedicado al Santo Señor de Chalma, a quien se atribuye la realización de grandes milagros, es una iglesia plateresca del siglo XVII construida en el fondo de una cañada, de tal suerte que la calle principal por la que se accede genera la sensación de estar bajando por el torrente de un río.

Como sitio sagrado de peregrinación, su historia se remonta a tiempos anteriores a la Conquista. Era un lugar sagrado para los indígenas, que adoraban a Oztoteotl, dios de la cueva. Los misioneros agustinos aprovecharon esa situación y fundaron ahí un convento. El primer milagro del Señor de Chalma fue, según la Iglesia, aparecer en este lugar para hacer pedazos el ídolo de Oztoteotl y sustituirlo por su propia imagen: un Cristo tallado en madera oscura (que por eso es también llamado Cristo Negro de Chalma).

La tradición indica al peregrino que la visita debe iniciarse unos kilómetros antes de Chalma, donde se encuentran un ahuehuete centenario y un manantial a los que la fe y el imaginario colectivo también han dotado de poderes milagrosos. Así, el ritual inicia con un baño en estas aguas sagradas, luego se danza a la sombra del árbol, se ciñe la cabeza con una corona de flores (que venden para el efecto en el lugar) y se camina hacia el santuario.

*Santuario del Santo Señor de Chalma*

# Necesidades del viajero

| Hoteles<br>Dólares por noche | Restaurantes<br>Pesos por una comida | Bares<br>Pesos por una copa de tequila |
|---|---|---|
| $ = 30-40 | $ = 65 | $ = 40-60 |
| $$ = 40-80 | $$ = 65-200 | $$ = 60-80 |
| $$$ = 80-120 | $$$ = 200-300 | $$$ = 80-100 |
| $$$$ = +120 | $$$$ = +300 | $$$$ = +100 |

Claves

| | | |
|---|---|---|
| $ Costo | Centro de negocios | Música |
| Alberca | E Estacionamiento | Tarjetas de crédito bienvenidas |
| ¥ Cambio de divisas | G Gimnasio | V Valet Parking |

## Paseos por la ciudad

### Centro Histórico

#### Hoteles

*Gran Hotel Ciudad de México*
16 de Septiembre 82
Metro Zócalo
5510-4040 5510-4040
www.granhotel.com.mx
124 habitaciones
E $ $ $

*Holiday Inn Zócalo*
5 de Mayo 61 Metro Zócalo
5521-2121 5521-2122
www.holidayinnzocalo.com.mx
110 habitaciones
E $ $ $

*Hotel Catedral*
Donceles 95 Metro Zócalo
5521-6183 5512-4344
www.hotelcatedral.com.mx
116 habitaciones
E $
¥

*Hotel Gillow*
Isabel la Católica 17
Metro Isabel la Católica
5510-8585 5512-2078
103 habitaciones
$

*Hotel Ritz*
Madero 30 Metro Allende
5518-1340 5518-3466
www.hotelritz.com.mx
121 habitaciones
$

*Hotel Majestic Best Western*
Madero 73 Metro Zócalo
5521-8600 5512-6262
www.majestic.com.mx
85 habitaciones
E $ $
¥

*Hotel Capitol*
Uruguay 12 Metro
San Juan de Letrán
5518-1750
5521-1149
www.hotelcapitol.com.mx
75 habitaciones
$

#### Restaurantes

*Restaurante Prendes*
16 de Septiembre 10
lun.-dom. 13-19 h.
5512-0100
5512-0100
Mexicana internacional
V $ $ $ $

*Restaurante La Nueva Ópera*
5 de Mayo 10 y Filomeno Mata
lun.-sáb. 13-24 h.;
dom. 13-18 h.
5512-8959 5512-8959
Internacional y cantina
V $ $ $ /
$ $

*Hostería de Santo Domingo*
Belisario Domínguez 70-72
lun.-sáb. 9-22:30 h.;
dom. 9-21:30 h.
5510-1434 5510-1434
Mexicana
V $ $

*La Catedral del Tequila*
Bolívar 41
lun.-mié. 13-20 h.;
jue.-sáb. 13-03 h.
5512-9706 5512-9706
Mexicana
$ $

*La Esquina del Pibe*
Bolívar 51
lun.-sáb. 13-23 h.;
dom. 13-20 h.
5518-4290 5518-4290
Argentina
$ $

*Restaurante Taurino El Taquito*
Del Carmen 69
lun.-dom. 10-20 h.
5526-7699 5529-5685
Mexicana

*Restaurante Casa Rosalía*
Eje Central Lázaro Cárdenas 46
lun.-dom. 13-19:30 h.
5512-3187 5512-3187
Mexicana

*La Casa de las Sirenas*
Guatemala 32
lun.-jue. 8-03 h.; dom. 9-19 h.
5704-3273 5704-3273
Mexicana

*Restaurante Casino Español*
Isabel la Católica 31
lun.-dom. 13-18 h.
5521-8894 5518-3865
Española e internacional

*Al Andaluz*
Mesones 171
lun.-dom. 8-20 h.
5522-2528 5522-2528
Árabe

*El Cardenal*
Palma 23, entre Madero y 5 de Mayo
lun.-sáb. 8-20 h.; dom. 9-20 h.
5521-8815 5521-8815
Mexicana

*Restaurante Los Girasoles*
Plaza Manuel Tolsá
lun.-sáb. 13-24 h.; dom. 7-19 h.
5510-0630 5510-0630
Mexicana

*Café Tacuba*
Tacuba 28
lun.-dom. 8-23:30 h.
5518-4950 5510-8855
Mexicana

*Restaurante Danubio*
Uruguay 3
lun.-dom. 13-22 h.
5512-0912 5521-0976
Internacional, pescados y mariscos

*Taquería Beatriz*
Uruguay 30
lun.-dom. 9-16:45 h.
Tacos de guisados

## Bares, baile

*Salón Tenampa*
Plaza Garibaldi 12
dom.-jue-13-03 h.; vie.-sáb. 13-04 h.
5526 6176
5526 6176
www.salontenampa.com /

## Librerías

*Librería de Cristal*
5 de Mayo 10 E
5521-9697 5512-6869
www.cristal.com.mx

*Librería Porrúa*
Argentina 15
5702-4934 5702-4317
www.porrua.com

*American Bookstore*
Bolívar 23
5512-0306 5518-6931
www.americanbookstore.org

*Librerías de Ocasión*
Donceles 48 y 81 A
5510-9012 5512-3790
Libros usados

*Librería Selecta*
Donceles 79
5512-6677 5512-6677
Libros usados

*Saldos y Descontinuados*
Eje Central Lázaro Cárdenas 123
5521-1377 5518-6132
Libros usados

*Librería Esotérica Yug*
Gante 6 Local 7
5510-9364 5553-4414
www.yug.com.mx

*The New Option Bookstore*
Gante 6, Locales 1, 3 y 5
5518-2484 5512-7874

*Sanborns Bocker*
Isabel La Católica 35
lun.-dom. 7-01 h.
5510-9399 5510-9316
www.sanborns.com.mx

*Sanborns Azulejos*
Madero 4
lun.-dom. 7-01 h.
5510-9613
5512-7882
www.sanborns.com.mx

*Librería Zaplana*
Palma Sur 22 A
5512-9725 5512-9725

*Sanborns Centro Histórico*
Tacuba 2
lun.-dom. 7-01 h.
5521-1558 5521-0583
www.sanborns.com.mx

## Tlatelolco y Zona Norte

### Librerías

*Sanborns Peralvillo*
Calzada Adelina Paty 17
y Calzada de la Ronda
lun.-dom. 7-01 h.
5583-0944 5583-0991
www.sanborns.com.mx

*Sanborns Buenavista*
Insurgentes Norte 70
lun.-dom. 7-01 h.
5591-0444 5566-1269
www.sanborns.com.mx

*Sanborns Lindavista*
Montevideo 313
lun.-dom. 7-01 h.
5752-0837 5754-7863
www.sanborns.com.mx

*Sanborns Ticomán*
Othón de Mendizábal 409
lun.-dom. 7-01 h.
5752-8061 5752-8730
www.sanborns.com.mx

*Distribuidora Noriega*
Politécnico 1848
5586-3836 5752-1490

*Fondo de Cultura Económica*
Politécnico y Wilfrido Massieu
5119-1192 5119-1192
www.fce.com.mx

*Casa del Libro*
Ticomán 480
5586-5083 5586-7544
www.casadellibro.com.mx

## La Alameda

### Hoteles

*Hotel de Cortés Best Western*
Hidalgo 85 Metro Hidalgo
5518-2181 5518-2181
www.hoteldecortes.com.mx
29 habitaciones

*Hotel Bamer*
Juárez 52 Metro Hidalgo
5521-9060 5510-1793
111 habitaciones

*Sheraton Centro Histórico*
Juárez 70 Metro Hidalgo
5518-2494 5518-2491
www.sheratonmexico.com/

*Hotel San Francisco*
Luis Moya 11 Metro Bellas Artes
5521-8960 5510-8831
www.sanfrancisco.com.mx
140 habitaciones

*Hotel Best Western Estoril*
Luis Moya 93 Metro Salto del Agua
5518-0374 5518-0374
www.bestwestern.com/best.html
125 habitaciones

### Restaurantes

*Tampico Club*
Balderas 33
lun.-sáb. 8-20 h.; dom. 8-18 h.
5518-5749 5518-5749
Internacional

*Restaurante Cuatro Mares*
Dolores 27 A, B y C
lun.-sáb. 11-23 h.;
dom. 11-22 h.
5510-4675 5510-4675
China

*Restaurante El Hórreo*
Dr. Mora 11
lun.-dom. 10-23 h.
9112-8560 9112-8560
Española

*Restaurante Lincoln*
Revillagigedo 24
lun.-sáb. 8-20 h.; dom. 8-18 h.
5510-1468 5510-1468
Internacional

### Librerías

*Librería de Cristal*
Eje Central Lázaro Cárdenas 5
5512-3232 5512-6265
www.cristal.com.mx

*Librería Porrúa*
Juárez 16
5521-2830 5702-4574
www.porrua.com

*Librería Bellas Artes*
Juárez 18
5510-2276 55183755

*Librería del Sótano*
Juárez 20
5512-7507 5512-3408
www.elsotano.com.mx

*Gandhi Bellas Artes*
Juárez 4
5510-4231 5512-4360
www.gandhi.com.mx

*The New Option Bookstore*
Rosales 6
5512-0648 5512-0648

*Librería Metamorfosis*
Rosales 1, Locales 7 y 8
5535-2610 5535-2610
Libros usados

# Paseo de la Reforma y Zona Rosa

## Hoteles

*Marco Polo*
Amberes 27 Metro Insurgentes
5207-1893 5533-3727
www.marcopolo.com.mx
74 habitaciones

*Royal Zona Rosa*
Amberes 78 Metro Insurgentes
5228-9918 5514-3330
www.royal-zonarosa.com.mx
162 habitaciones

*Plaza Florencia*
Florencia 61 Metro Insurgentes, Metro Sevilla
5242-4700 5242-4785
www.plazaflorencia.com.mx
142 habitaciones

*Galería Plaza*
Hamburgo 195 Metro Sevilla
5230-1717 5207-5867
www.brisas.com.mx
439 habitaciones

*Hotel Casablanca*
Lafragua 7 Metro Revolución
5705-1300 5705-4197
www.hotel-casablanca.com.mx
271 habitaciones

*Century*
Liverpool 152 Metro Insurgentes
5726-9911 5525-7475
www.century.com.mx
142 habitaciones

*Krystal Zona Rosa*
Liverpool 155 Metro Insurgentes
5228-9928 5211-2571
www.krystal.com.mx
302 habitaciones

*Calinda Genéve*
Londres 130 Metro Insurgentes
5080-0800 5080-0833
www.hotelescalinda.com.mx
270 habitaciones

*Misión Zona Rosa*
Nápoles 62 Metro Insurgentes
5533-0535 5533-1589
www.hotelesmision.com.mx
50 habitaciones

*Gran Meliá México Reforma*
Paseo de la Reforma1
Metro Hidalgo
5128-5000 5128-5050
www.solmelia.com
429 habitaciones

*Hotel Imperial Reforma*
Paseo de la Reforma 64
5705-4911 5703-3122
www.adnet.com.mx/imperial
65 habitaciones

*Fiesta Americana Reforma*
Paseo de la Reforma 80
5140-4100 5140-4155;
www.fiestamexico.com
610 habitaciones

*Sevilla Palace*
Paseo de la Reforma 105
Metro Revolución
5566-8877 5703-1521
www.sevillapalace.com.mx
413 habitaciones

*Aristos*
Paseo de la Reforma 276
5211-0112 5514-3543
www.aristoshotels.com
365 habitaciones

*Sheraton María Isabel*
Paseo de la Reforma 325
5242-5555 5207-0684
www.sheraton.com
755 habitaciones

*Marquis Reforma*
Paseo de la Reforma 465
5229-1200 5229-1238
www.marquisreformahl.com.mx
208 habitaciones

*Four Seasons*
Paseo de la Reforma 500 Metro Chapultepec, Metro Sevilla
5230-1818 5230-1817
www.fourseasons.com
240 habitaciones

## Restaurantes

*Mesón del Perro Andaluz*
Copenhague 26
lun.-sáb. 13-01 h.
5514-7480 5207-6854
Española

*Konditori*
Génova 61
lun.-dom. 7-24 h.
5511-2300 5525-7462
Internacional

*Focolare*
Hamburgo 87
lun.-vie. 7:30-24 h. sáb. 13-23 h.
5207-8257 5207-8257
Mexicana

*Fonda del Refugio*
Liverpool 166
lun.-sáb. 13-24 h. dom. 13-22 h.
5525-8128 5525-8128
Mexicana

*Cícero-Centenario*
Londres 195
lun.-sáb. 13-01 h.
5525-6130 5525-6130
Internacional

*Bellinghausen*
Londres 95
lun.-dom. 13:19 h.
5207-4978 5208-9843
Internacional

*La Habana*
Morelos y Bucareli, próximo a Paseo de la Reforma
lun.-sáb. 8-23 h.; dom. 8-22 h.
5546-0255 5546-0255
Cubana

*Luaú*
Niza 38
lun.-jue. 12-22 h.; vie.-sáb. 12-24 h.; dom. 12-21:30 h.
5525-7474 5511-7184
China

*Sep´s París*
París e Insurgentes, próximo a Paseo de la Reforma
lun.-dom. 8-23 h.
5546-1812 5546-1812
Internacional

*Anderson´s*
Paseo de la Reforma 382
lun.-sáb. 13-12:30 h.; dom. 13-18 h.
5208-3220 5208-3220
Internacional

*La Lanterna*
Paseo de la Reforma 458
lun.-sáb. 13-22 h.
5207-9969
Italiana

*Les Moustaches*
Río Sena 88-A, próximo a Reforma
lun.-sáb. 13-24 h.
5533-3390 5207-7149
Francesa

## Librerías

*The New Option Bookstore*
Antonio Caso 127 PB
5705-4071 5705-4071

*Sanborns Antonio Caso*
Antonio Caso 202
lun.-dom. 7-01 h.
5592-5266 5592-5262
www.sanborns.com.mx

*Sanborns Niza*
Hamburgo 70
lun.-dom. 7-01 h.
5533-0715 5533-1694
www.sanborns.com.mx

*Sociedad Bíblica de México*
Liverpool 65 PB
5533-5570 5533-4298
www.so.biblicademexico.com.mx

*Sanborns Génova*
Londres 70
5525-4338 5525-4119
www.sanborns.com.mx

*Librería Nuevos Horizontes*
Niza 23
5533-2215 5533-2215

*Librería de Cristal*
Niza 23 B
5525-3223; 5208-5838
www.cristal.com.mx

*Sanborns Reforma*
Paseo de la Reforma 45
lun.-dom. 7-01 h.
5705-5722 5705-5487
www.sanborns.com.mx

*Sanborns Tíber*
Paseo de la Reforma 333
lun.-dom. 7-01 h.
5208-5252 5525-5950
www.sanborns.com.mx

*Sanborns Diana*
Paseo de la Reforma 506
lun.-dom. 7-01 h.
5211-6451 5211-5811
www.sanborns.com.mx

*Centro Cultural Latinoamericano*
Río Amazonas 11
5546-8378 5535-0897

*The New Option Bookstore*
Rosas Moreno 152
5705-3332 5705-0585

## Chapultepec y Polanco

### Hoteles

*J. W. Marriott Ciudad de México*
Andrés Bello 29 Metro Auditorio
5999-0000 5999-0001
www.marriotthotels.com/mexjw
299 habitaciones

*Nikko México*
Campos Elíseos 204
Metro Auditorio
5283-8700 5280-9191
www.nikkohotels.com
744 habitaciones

*Presidente Inter-Continental*
Campos Elíseos 218
Metro Auditorio
5327-7700 5327-7787
www.intercontinental.com
659 habitaciones

*Camino Real México*
Mariano Escobedo 700
Metro Chapultepec
5263-8888 5263-8889
www.caminoreal.com
714 habitaciones

*Fiesta Americana Grand Chapultepec*
Mariano Escobedo 756
Metro Chapultepec
2581-1500 2581-1501
203 habitaciones

*Hotel Residencia Polanco*
Newton 272 Metro Polanco
5203-9144 5203-9144
www.residenciapolanco.com
23 habitaciones

*Hotel Habita*
Presidente Masaryk 201
Metro Polanco
5282-3100 5282-310
www.hotelhabita.com
36 habitaciones

### Restaurantes

*Daruma*
Alejandro Dumas 97 B
lun.-jue. 13-23 h.; vie.-sáb. 13-23:30 h.; dom. 13-22 h.
5282-1065 5282-1065
Japonesa

*Angus*
Boulevard Manuel Ávila Camacho 1
lun.-dom. 13-24 h.
5580-6865 5580-6865
Carnes

*Sir Winston Churchill's*
Boulevard Manuel Ávila Camacho 67, entre Paseo de la Reforma y Palmas
lun.-sáb. 13-01 h.
5280-4826 5280-4842
Internacional

*Los Almendros*
Campos Elíseos 164
lun.-sáb. 8-23 h.; dom. 8-22 h.
5531-6646 5203-4643
Yucateca

*Otro Lugar de la Mancha*
Esopo 11
lun.-vie. 8-22 h.; sáb.-dom. 9-22 h.
5280-4826 5280-4826
Internacional

*Restaurante del Lago*
Lago de Chapultepec, segunda sección
lun.-vie. 13-24 h.; sáb. 9-24 h.; dom. 10:30-16:30 h.
5515-9586 5515-4507
Mexicana contemporánea

*Meridiem*
Margen norte del Lago Mayor
lun.-sáb. 7:30-23 h.; dom. 7:30-18 h.
5273-4499 5273-3599
Internacional

*La Hacienda de los Morales*
Vázquez de Mella 525
lun.-dom. 13-24 h.
5096-3054 5096-3054
Internacional

### Bares, baile

*Hard Rock Café*
Campos Elíseos 290
lun.-dom. 13-02 h.
5327-7120 5327-7120
Música afroantillana diversa

*X-IT*
Presidente Masaryk 336
lun.-dom. desde 17 h.
5281-0761 5281-3436

*VIP*
Presidente Masaryk 393
jue.-sáb., a partir 23 h.
5281-1235 5281-1235
Discoteca

### Librerías

*Cafebrería El Péndulo*
Alejandro Dumas 81
5280-4111 5280-4209
www.pendulo.com

*Sanborns Polanco*
Ejército Nacional 353
lun.-dom. 7-01 h.
5254-3053 5254-3286
www.sanborns.com.mx

*Sanborns Pabellón Polanco*
Ejército Nacional 980
lun.-dom. 7-01 h.
5557-0712 5557-0487
www.sanborns.com.mx

*Casa del Libro*
Hegel 307, Locales G y H
5255-3713 5255-3714
www.casadellibro.com.mx

*Sanborns Masaryk*
Hegel 345
lun.-dom. 7-01 h.
5255-4241 5203-4626
www.sanborns.com.mx

*Librería Porrúa*
Molière 222
5702-2660 5283-7200
www.porrua.com

*Librería Esotérica Yug*
Newton 43-C
5281-2814 5281-2814
www.yug.com.mx

*American Bookstore*
Schiller 144-A
5250-3668 5531-9447
www.americanbookstore.org

## Condesa y Roma

### Hoteles

*Parque Ensenada*
Álvaro Obregón y Morelia
Metro Niños Héroes
5208-0052 5208-0476
www.hotelensenada.com
132 habitaciones

*La Casona*
Durango 280 y Cozumel
Metro Sevilla
5286-3001 5211-0871
www.hotellacasona.com.mx
29 habitaciones

*Marbella*
Frontera 205
Metro Hospital General
5264-8016 5264-7620
www.hotelmarbella.com
150 habitaciones

*Benidorm*
Frontera 217 Metro
Hospital General
5584-9899 5574-8743
www.benidorm.com.mx
200 habitaciones

### Restaurantes

*Agapi Mu*
Alfonso Reyes 96
mar.-sáb. 13:30-23:30 h.;
dom. y lun. 13:30-18 h.
5286-1384 5286-1942
Griega

*Pasta Jazz*
Alfonso Reyes y Saltillo
lun.-mié. 13:30-23 h.;
jue.-sáb 13:30-01 h.
5271-9207 5271-9207
Italiana

*Fonda Garufa*
Michoacán 93
lun.-sáb. 13:30-01 h.;
dom. 13-23 h.
5286-8295 5286-8295
Pastas italianas y cortes argentinos

*Creperie de la Paix*
Michoacán 103 y Vicente Suárez
lun. 9-22 h.; mar.-jue. y dom.
9-23:30 h.; vie. y sáb. 9-01 h.
5286-0049 5286-0049
Francesa, crepas y pastas

*La Gloria*
Vicente Suárez 41-D
dom.-mié. 13-24 h.;
jue.-sáb. 13-01 h.
5211-4185 5211-4857

*Guría*
Colima 152
lun.-dom. 13:30-19 h.
5207-8191 5207-8191
Española

*La Bodeguita del Medio*
Cozumel 37 y Durango
lun.-sáb. 13:30-02h.;
domingo13:30-12 h.
5553-0246 5553-0211
Cubana

*Andramari*
Durango 43
lun.-dom. 8-19 h.
5514-3387 5511-8594
Internacional

## Librerías

*El Armario Abierto*
Agustín Melgar 25
5286-0895 5553-2369
www.elarmarioabierto.com

*El Hallazgo*
Coahuila 52
5264-3692 5264-3692
Libros nuevos y usados

*Sanborns Pabellón Cuauhtémoc*
Cuauhtémoc 287
lun.-dom. 7-01 h.
5574-6731 5574-1725
www.sanborns.com.mx

*Sanborns Tabasco*
Insurgentes Sur 239
lun.-dom. 7-01 h.
5511-9407 5511-0431
www.sanborns.com.mx

*El Hallazgo, Librería de lo Viejo*
Mazatlán 30, Local 3
5211-6393 5211-6393
Libros nuevos y usados

*Cafebrería El Péndulo*
Nuevo León 115
5286-9493 5286-4538
www.pendulo.com

*La Gran Pirámide*
Nuevo León 287
5516-6000 5516-6000
www.lagranpiramide.8k.com

*Librería Italiana*
Plaza Río de Janeiro 53
5511-6180 5208-8127
www.libreriaitaliana.com.mx

*Librería Esotérica Yug*
Puebla 326-6
Cafetería
5553-3872 5211-2714
www.yug.com.mx

*Sanborns Palacio*
Salamanca 74
lun.-dom. 7-01 h.
5533-3240 5533-3241
www.sanborns.com.mx

*Sanborns Plaza Insurgentes*
San Luis Potosí 214 e Insurgentes
lun.-dom. 7-01 h.
5584-9192 5584-0434
www.sanborns.com.mx

*Librería Internacional*
Sonora 206
5265-1165 5265-1164

# Rutas hacia el sur

## Recorrido por la avenida Insurgentes

## Hoteles

*Diplomático*
Insurgentes Sur 1105
5563-6066 5563-6120
www.eldiplomatico.com.mx
141 habitaciones

*Beverly*
Nueva York 301
5253-6065 5682-0751
www.hotelbeverly.com.mx
79 habitaciones

## Restaurantes

*Bellini*
Montecito 38, Piso 45 WTC
lun.-sáb. 13-01 h.;
dom. 13-23:30 h.
5628-8304 5628-8325
Internacional

*Suntory*
Torres Adalid 14 y Magdalena
lun.-sáb. 13-23 h.;
dom. 13-20 h.
5536-9432 5536-9432
Japonesa

*Cambalache*
Insurgentes Sur 1384
lun.-dom. 13-23 h.
5534-5858 5534-5858
Cortes argentinos

*Arroyo*
Insurgentes Sur 4003
lun.-dom. 18-20 h.
5573-4211 5573-4211
Mexicana

## Librerías

*Sanborns Insurgentes*
Insurgentes Sur 421
lun.-dom. 7-01 h.
5574-7302 5574-7745
www.sanborns.com.mx

*Sanborns San Antonio*
Insurgentes Sur 882
lun.-dom. 7-01 h.
5686-7277 5543-2299
www.sanborns.com.mx

*Sanborns Galerías Insurgentes*
Parroquia 179
lun.-dom. 7-01 h.
5534-7626 5534-4144
www.sanborns.com.mx

*Librería de Cristal*
Félix Cuevas 209 y Búfalo
5524-3565 5524-3533
www.cristal.com.mx

*Casa del Libro*
Barranca del Muerto 40
5663-0052 5663-1224
www.casadellibro.com.mx

*American Bookstore*
Insurgentes Sur 1188
5575-2372 5575-7901
www.americanbookstore.org

*Sanborns Del Valle*
Insurgentes Sur 1266
lun.-dom. 7-01 h.
5575-6149 5575-3169
www.sanborns.com.mx

*Sanborns Centro Insurgentes*
Insurgentes Sur 1605
lun.-dom. 7-01 h.
5662-7087 5662-6051
www.sanborns.com.mx

*Casa del Libro*
Insurgentes Sur 2047
5662-1298 5662-1298
www.casadellibro.com.mx

## Recorrido por la avenida Cuauhtémoc

### Hoteles

*Lisboa*
Cuauhtémoc 273
Metro Hospital General
5574-7088 5564-9862
100 habitaciones

*California*
Baja California 7 y Cuauhtémoc
Metro Centro Médico
5574-4320 5584-1242
www.hotelmex.com/hotelcalifornia
138 habitaciones

### Restaurantes

*Restaurante-Bar La Rambla*
Cuauhtémoc 12
lun. y mar. 10-22h.;
mié.-dom. 10-24 h.
5588-0143 5588-0143
Española y mexicana

*Restaurante-Cantina La Ribera*
Cuauhtémoc 140
lun.-vie. 13-23h.;
sáb. 10-22h.; dom. 10-20 h.
5578-6816 5578-0912
Internacional, cabrito

### Librerías

*Sanborns Cuauhtémoc*
Cuauhtémoc 242
lun.-dom. 7-01 h.
5588-2055 55880488
www.sanborns.com.mx

*Librería Nuevos Horizontes*
Cuauhtémoc 767
5523-5240 5669-1454

*Sanborns Xola*
Xola 1856
lun.-dom. 7-01 h.
5538-9008 5538-0625
www.sanborns.com.mx

*Saldos y Descontinuados*
Parroquia 906
5524-9381 5224-9381

*Librería Carlos Cesarman (Editorial Pax México)*
Cuauhtémoc 1430
5688-5032 5605-7600
www.editorialpax.com

## Recorrido por la avenida Universidad

### Hoteles

*Royal Plaza*
Parroquia 1056 entre
Cuauhtémoc y Universidad
Metro División del Norte
5605-8943 5688-2229
www.hotelroyalplaza.com.mx
132 habitaciones

*Suites Coyoacán*
Coyoacán 1909 a una cuadra de
Universidad Metro Coyoacán
5534-8353 5534-4013
www.suitescoyoacan.com
19 suites

### Restaurantes

*Fonda Hipocampo -Bar Sixtino*
Universidad 645 y Pilares
dom.-mié. 10-23 h.;
jue. y sáb. 10-02:30 h.
5688-7202 5688-7202
Mexicana

*Deigo Restaurante Bar*
Pestalozzi 1238
mar.-sáb., 13-22 h.;
dom., 13-19 h.
5605-6317
Japonesa

### Librerías

*Fondo de Cultura Económica*
Universidad 985
5524-8933 5524-8933
www.fce.com.mx

*Sanborns Universidad*
Universidad 1000
lun.-dom. 7-01 h.
5604-4634 5604-4224
www.sanborns.com.mx

*Sanborns Churubusco*
Coyoacán 1209
lun.-dom. 7-01 h.
5605-4818 5605-4758
www.sanborns.com.mx

*Librería Internacional*
Filosofía y Letras 34
5658-9070 5554-8043

### Recorrido por la avenida Revolución

### Hoteles

*Flamingos Plaza*
Revolución 333
5627-0220 5515-4850
www.flamingos.com.mx
252 habitaciones

*Holiday Inn Trade Center*
Revolución 583
5278-9950 5272-2183
184 habitaciones

### Librerías

*Librería Zaplana*
Revolución 34
5515-3997 5511-7726

*Sanborns Patriotismo*
San Antonio 256
lun.-dom. 7-01 h.
5615-5169 5615-7726
www.sanborns.com.mx

## San Ángel y Chimalistac

### Restaurantes

*Clavo y Canela*
Av. de La Paz 39
lun.-dom. 13-17:30 h.
5550-4338 5550-4338
Mexicana mestiza

*Mandarin House*
Av. de La Paz 57
lun.-sáb. 13-23:30 h. ; dom. 13-19 h.
5616-4410 5616-4395
China

*Trattoria de la Casa Nuova*
Av. de la Paz 58
mar.-dom. 8-24 h.
5616-2288 5616-4209
Italiana

*San Ángel Inn*
Diego Rivera 50 y Altavista
lun.-sáb. 13-01 h.;
dom. 13-22 h.
5616-2222 5616-0973
Internacional

*La Cava*
Insurgentes Sur 2465 y Eje 10 Sur
lun.-sáb. 13-01 h. dom. 13-18 h.
5550-1106 5550-3801
Internacional

*Fonda San Ángel*
Plaza San Jacinto 3
lun.-sáb. 9-24 h.; dom. 9-22 h.
5550-1106 5550-1942
Mexicana

*La Casona del Elefante*
Plaza San Jacinto 9
5550-7926
Hindú

### Bares, baile

*Cantina San Ángel*
Insurgentes Sur 2146
vie.-sáb. a partir 22 h.
5661-2292 5661-2292

*Bar Bedha*
Insurgentes Sur 2380
vie.-sáb. 22-04 h.
5661-6690 5661-6690

*Alebrije*
Plaza Loreto
jue.-sáb. a partir 22 h.
5616-5304 5616-5304
Club nocturno

*Mamá Rumba*
Plaza San Jacinto 23
mar.-sáb. 21-04 h.
5550-8090 5550-8090
Música caribeña

*Nueva Orleáns*
Revolución 1655
mar.-dom. a partir 20 h.
5550-1908 5550-1908

### Librerías

*Sanborns Loreto*
Altamirano 46
lun.-dom. 7-01 h.
5616-3267 5616-3939
www.sanborns.com.mx

*La Bouquinerie*
Camino al Desierto de los Leones 40
5550-2307 5550-2800
www.libreriafrancesa.com

*Sanborns Altavista*
Camino al Desierto de los Leones 52
lun.-dom. 7-01 h.
5616-3687 5616-5814
www.sanborns.com.mx

*Sanborns San Ángel*
Insurgentes Sur 2105
lun.-dom. 7-01 h.
Tel 5550-1033 5550-4762
www.sanborns.com.mx

*Las Sirenas*
La Paz 57, Local 22
5550-3112 5550-2383

*La Torre de Viejo*
Miguel Ángel de Quevedo 97
5661-1266 5661-1266
Libros usados

*Fondo de Cultura Económica*
Miguel Ángel de Quevedo 115
5480-1801 5480-1804
www.fce.com.mx

*Librería Gandhi*
Miguel Ángel de Quevedo 121
5661-0911 5484-2732
www.gandhi.com.mx

*Librería Gandhi*
Miguel Ángel de Quevedo 134
5661-0911 5484-2741
www.gandhi.com.mx

*La Balanza Benito Juárez*
Revolución 1818
5550-4978 5550-4978

## Coyoacán

### Hoteles

*Hotel Real del Sur*
División del Norte 3640
Tren Ligero Registro Federal
5610-4256 5617-1035;
www.realdelsur.com.mx
115 habitaciones

### Restaurantes

*El Tizoncito*
Aguayo 3
dom.-jue. 12-2:30 h.; vie.-sáb. 12-3:30 h.
5554-7712 5554-7712
Antojitos mexicanos

*El Morral*
Allende 2
lun.-dom. 8-22 h.
5554-0298 5659-0168
Mexicana

*Churrascos*
Asia 10 y Pacífico
mar.-sáb. 13-23 h.; dom.-lun. 13-22 h.
5658-2315 5658-2327
Argentina

*Hacienda de Cortés*
Fernández Leal 70
lun.-dom. 9-21 h.
5659-3741 5659-0903
Mexicana tradicional

*El Convento*
Fernández Leal 96
mar.-sáb. 13-01 h.; dom.-lun. 13-24 h.
5554-4065 5554-4065

*Mobeli*
Francisco Sosa casi con Centenario
jue.-sáb. 7:30-23:30 h.; lun.-mié. y dom. 7:30-22:30 h.
5554-6221 5554-6221
Mexicana

*El Tajín*
Miguel Ángel de Quevedo 687
lun.-dom. 13-19 h.
5659-5759 5659-4447
Mexicana veracruzana

*Los Danzantes*
Plaza Jardín Centenario 12
lun.-dom. 13:30-23:30 h.
5658-6054 5658-6054
Mexicana

## Bares, baile

*El Mesón del Buen Tunar*
Jardín Centenario 4 (callejón)
lun.-dom. 9-23 h.
Cervecería

*El Hijo del Cuervo*
Jardín Centenario 17
Variable entre 16-23 h.
5658-7824 5659-5196

*Bar La Bóveda*
Centenario 60
vie. y sáb. 21-05 h.
5658-8105 5658-8105

*Realidad*
División del Norte 3640
Tren Ligero Registro Federal
jue.-sáb. desde 21 h.
5610-4256 5610-4256
Discoteca Hotel Real del Sur

## Librerías

*Nalanda Libros*
Centenario 16
5554-7522 5659-2698
www.nalanda.com.mx

*El Parnaso de Coyoacán*
Felipe Carrillo Puerto 2
5659-5757 5659-5696

*Nueva Librería Italiana*
Francisco Sosa 77
5658-0707 5658-0707
www.libreriaitaliana.com.mx

*Casa de Esperanza*
Londres 221
5554-0750 5659-4428

*Librería del Sótano*
Miguel Ángel de Quevedo 209
5554-9833 5659-6266
www.elsotano.com.mx

*Clío*
Miguel Ángel de Quevedo 783 PB
5659-2701 5554-4589
www.clio.com.mx

*Sanborns Centenario*
Parque Centenario 5
lun.-dom. 7-01 h.
5659-7549 5659-7089
www.sanborns.com.mx

*Librería Esotérica Yug*
Tres Cruces 92
5658-5991 5658-5991
www.yug.com.mx

# Ciudad Universitaria, Tlalpan y Ajusco

## Hoteles

*Radisson Paraíso*
Cúspide 53, frente a Perisur
5606-4211 5606-4006
www.radisson.com
236 habitaciones

*Royal Pedregal*
Periférico Sur 4363,
cerca de Perisur
5449-4000 5645-7964
www.hotelesroyal.com.mx
314 habitaciones

## Restaurantes

*Antigua Hacienda de Tlalpan*
Calzada de Tlalpan 4619
lun.-sab. 12-01 h.;
dom. 12-19 h.
5573-9933 5573-9933
Internacional

*Ambrosía Gourmet & Deli*
San Fernando 649, Local 49
dentro de Plaza Cuicuilco
mar.-dom. 9-21 h.; mié.-sáb.
9-23 h.
5666-8599 5666-8599
Internacional

## Librerías

*Sanborns Hospitales*
Ajusco 3 y Calzada de Tlalpan
lun.-dom. 7-01 h.
5665-5657 5665-6339
www.sanborns.com.mx

*Librería Horus*
Calzada de Tlalpan 4500
5573-3834 5573-3834

*Sanborns Plaza Cuicuilco*
Insurgentes Sur 649
lun.-dom. 7-01 h.
5665-5614 5575-9167
www.sanborns.com.mx

*Sanborns Fuentes Brotantes*
Insurgentes Sur 3996
lun.-dom. 7-01 h.
5513-1311 5573-7608
www.sanborns.com.mx

*Sanborns Perisur*
Periférico Sur 4690
lun.-dom. 7-01 h.
5573-7308
5573-7308, ext. 106
www.sanborns.com.mx

*Librería Porrúa*
Periférico Sur 4690
5447-1600 5447-1600
www.porrua.com

*Cafebrería El Péndulo*
Periférico Sur 4690, Local 402
5606-1866 5606-3114
www.pendulo.com

*Casa del Libro*
Periférico Sur 5550, Local 27
5528-6177 5528-7506
www.casadellibro.com.mx

*La Balanza*
San Fernando 459
5666-1766 5528-0610

## Xochimilco

### Librerías

*Sanborns Galerías Coapa*
Calzada del Hueso 3122
y Canal de Miramontes
lun.-dom. 7-01 h.
5677-2113 5684-9312
www.sanborns.com.mx

*Librería Xochipilli*
Cuauhtémoc 128
5653-4806 5653-4806

*Sanborns Xochimilco*
Guadalupe I. Ramírez 318
lun.-dom. 7-01 h.
5675-8830 5641-0058
www.sanborns.com.mx

## Otros lugares de interés (Santa Fe)

### Librerías

*Sanborns Galerías Reforma*
Carretera México Toluca 1725
lun.-dom. 7-01 h.
5259-0116 5259-5170
www.sanborns.com.mx

*Sanborns Santa Fe*
Centro Comercial Santa Fe
lun.-dom. 7-01 h.
5259-0127 5259-0127
www.sanborns.com.mx

*Librería Gandhi Ibero*
Prolongación Paseo de la Reforma 880
5292-3181 5292-1394
www.gandhi.com.mx

*Cafebrería El Péndulo*
Vasco de Quiroga 3800, Local 303
5259-7604 5259-7604
www.pendulo.com

## Otros hoteles

### Aeropuerto

*JR Plaza Aeropuerto*
Boulevard Puerto Aéreo 390
Metro Terminal Aérea
5785-5200 5784-3221
124 habitaciones

*Aeropuerto Plaza*
Boulevard Puerto Aéreo 502
Metro Terminal Aérea
5133-6600 5762-9934
www.posadas.com.mx
311 habitaciones

*Marriott Aeropuerto*
Boulevard Puerto México 80
Metro Terminal Aérea
3003-0033 3003-0034
www.marriotthotels.com/mexap
600 habitaciones

*Hilton Aeropuerto México*
Cap. Carlos León s/n, nivel 4
Metro Terminal Aérea
5133-0505 5133-0500
www.hilton.com
129 habitaciones

*Holiday Inn Plaza Dalí*
Viaducto Río de la Piedad 260
Metro Santa Anita
5768-2020 5552-0895
www.holidayinnmex.com.mx
150 habitaciones

### Santa Fe

*Novotel México Santa Fe*
Antonio Dovalí Jaime 75
9177-7700 9177-7701
www.accor-hotels.com
148 habitaciones

*Sheraton Suites Santa Fe*
Guillermo González
Camarena 200
5258-8500 5258-8501
www.sheraton.com
194 habitaciones

## Calzada de Tlalpan

*Cibeles*
Calzada de Tlalpan 1507
5672-2244 5672-2244
www.hotelcibeles.com.mx
225 habitaciones

*Vía Veneto*
Calzada de Tlalpan 1561
5604-8944 5604-3014
www.hotelviaveneto.com
64 habitaciones

# PASEOS MÁS ALLÁ DE LA CIUDAD

## Estado de México
## Teotihuacán

*Club Med Teotihuacán-Villas Arqueológicas*
Circuito Arqueológico
San Juan Teotihuacán
[01-594]-956-0909
956-0244
www.teotihuacan.info.com
43 habitaciones

*Quinto Sol*
Hidalgo 26, Barrio Purificación
[01-594]-956-1881
956-1904
www.hotelquintosol.com.mx
38 habitaciones

*Restaurante La Gruta*
Zona Arqueológica, Puerta 5, a un costado de la Pirámide del Sol
lun.-dom. 11-19 h.
[01-594]-956-0127
956-0104
Mexicana

## Tepotzotlán

*Posada de San José*
Plaza Virreinal 13, San Martín, frente al Museo del Virreinato
(Zona Metropolitana) 5876-0835 5876-0520
14 habitaciones

## Tula, Hidalgo

*Hotel SPA Real del Bosque*
Cerrada Jacarandas 122, San Marcos
[01-773]-732-5351
www.tulaonline.com/resortrealdelbosque
25 habitaciones

*Restaurante-Bar Los Negritos*
Héroes de Chapultepec 2
lun.-sáb. 09-22 h.
[01-773]-732-3743
Mexicana

## Morelos

## Cuernavaca

*Hotel Las Mañanitas*
Ricardo Linares 107
[01-777]-314-1466
318-3672
www.lasmananitas.com.mx

*Villa del Conquistador*
Paseo del Conquistador 134
[01-777]-313-1188
313-2365
www.conquistador.com.mx

*Hotel El Mirador*
Nardo 202, Rancho Cortés
[01-777]-317-4000 al 04
17-4154
www.hotelmiradorcuernavaca.com
200 habitaciones

*Posada Tlaltenango*
Eucaliptos 77
[01-777]-313-2525
313-0395
www.posadatlaltenango.com.mx

## Tepoztlán

*Hotel SPA Posada del Valle*
Camino a Meztitla 5
[01-739]-395-0521
395-1947
www.posadadelvalle.com

*Hotel Tepoztlán*
Calle de las Industrias 6
[01-739]-395-0522
395-2810
www.tourbymexico.com/htepoztlan

### Taxco

*Posada de la Misión*
Cerro de la Misión 32, Centro
[01-762]-622-0063 y 622-4063
www.posadamision.com
123 habitaciones
G $ $ $ $

*Hotel Monte Taxco*
Fraccionamiento Lomas de Taxco s/n
[01-762]-622-1800
622-1428
www.montetaxco.com.mx
156 habitaciones
G E $ $ $ $

*Hotel Hacienda del Solar*
Pasaje del Solar S/N
[01-762]-622-0323
622-0587
www.bestwestern.com
23 habitaciones
E $ $ $ $

*Cielito Lindo*
Plaza Borda 14
lun.-vie. 10-23 h.
[01-762]-622-0603
Mexicana
$ $

*El Adobe*
Plazuela de San Juan 13 Altos
lun.-vie. 8-23 h.
[01-762]-622-1416
Regional mexicana
$ $ $

*El Campanario*
Benito Juárez 45 Altos 5
lun.-vie. 14-23 h.
[01-762]-622-6966
Argentina y mexicana
E $ $ $

## Para niños y familias

### Zona norte

*Planetario Luis Enrique Erro, IPN*
Wilfrido Massieu s/n
Zacatenco Lindavista
Niños hasta 12 años, lun-vie. 11 y 12:30 h.; mayores, mar-vie. 14 y 17 h.; sáb., menores de 12 años, 11, 12:30, 14, 15:30 y 17 h.; mayores, 18 h.; dom., menores de 12 años, 10, 11, 14 y 17 h.; mayores, 18 h.
5729-6000 ext. 54688
$
Sala de proyección (pantalla gigante, esférica), de películas sobre temas astronómicos. Los programas están diseñados específicamente con objetivos didácticos para cada tipo de público en función de la escolaridad, de ahí la diversidad de horarios y funciones que ofrecen.

Inaugurado en 1967, fue el primer gran planetario de México y actualmente es el más visitado del país. Desde entonces, sus instalaciones y tecnología se han modernizado constantemente.

Cuenta con una sala de proyecciones para 400 personas, una cúpula pantalla de 20 m y un pasillo perimetral con un mural de 80 m sobre la historia de la astronomía.

*Divertido*
Boulevard Manuel Ávila Camacho 758
Anillo Periférico Norte
lun-vie., 10-18 h.; sáb.-dom. 10-20 h.
$
Feria de juegos mecánicos, espectáculos y juegos de habilidad y destreza. Tiene unos 30 juegos: desde los clásicos carritos chocones hasta los más modernos, como el *Space Mountain*. Todos están correctamente clasificados para ser usados según la edad y estatura de los visitantes.

*Funny Land*
Politécnico 2063, Zacatenco
mié-dom., 13-20 h.
5752-2887
$
Centro de entretenimiento para niños. Cuenta con pista para patines de ruedas, juegos de destreza, carritos, brincolines inflables, alberca de pelotas, toboganes y algunos otros entretenimientos. También tiene venta de alimentos y bebidas y cuenta con servicio de seguridad para que los niños de 8 años en adelante puedan permanecer solos en el lugar.

### Zona centro

*QI*
Ámsterdam 317
Hipódromo Condesa.
lun-jue., 6-23 h.; vie., 6-22 h.; sáb., 8-18 h.; dom., 9-16 h.
5564-6406
www.q-i.com.mx
$

Centro que ofrece promover el desarrollo y el bienestar físico y espiritual de los usuarios a través de diversas instalaciones y técnicas deportivas (que anuncian como los mayores avances del mundo occidental en la materia) combinadas con algunas disciplinas tradicionales orientales, tales como yoga, meditación, chi kung y otras.

Es de particular interés el muro para escalamiento que se puede observar al fondo del edificio: tiene 10.5 m de altura y más de 20 m lineales con nueve rutas diferentes dependiendo del nivel de capacitación del usuario.

Las instalaciones son lujosas: están dentro de un edificio de cuatro pisos construido ex profeso, con gran cantidad de aparatos mecánicos para gimnasia, levantamiento de pesas, bicicletas, medidores de ritmo cardiaco, salones para clases, centro médico, cafetería y solarium, entre otros servicios.

## Zona centro poniente

### *Papalote, Museo del Niño*

Ver nota en el capítulo **Chapultepec y Polanco**.

### *Planeta Azul*

Bosque de Chapultepec,
2ª sección
(entrada por Constituyentes)
lun-vie., 9-17:30 h.; sáb.-dom., 10-18:30 h.
5515-9444 extensiones 13 a 25
$

Ofrece varios atractivos con intenciones didácticas: recorrido, con efectos especiales, por el interior del cuerpo de dos réplicas gigantes: una mujer y una perra; talleres de manualidades y cocina; exhibición de 28 copias robotizadas de dinosaurios a escala real y películas sobre los mismos animales, entre otras diversiones.

### *Zoológico de Chapultepec*

Ver nota en el capítulo **Chapultepec y Polanco**.

### *La Feria (Chapultepec Mágico)*

Ver nota en el capítulo **Chapultepec y Polanco.**

### *El Rollo*

Bosque de Chapultepec,
3ª sección
(entrada por Constituyentes)
sáb.-dom., 10-18 h.
$

Parque acuático, o balneario, para niños y adultos, que cuenta con chapoteaderos, alberca de olas, toboganes, tubos con agua para deslizarse y arenero entre otras atracciones. Tiene instalaciones sanitarias con agua caliente, y áreas para comer. Es un balneario popular con instalaciones adecuadas y promociones constantes.

### *Atlantis*

Bosque de Chapultepec,
3ª sección
(entrada por Constituyentes)
sáb.-dom., 10-18 h.
5277-7583
$

Parque de diversiones cuyo mayor atractivo es la posibilidad de nadar con delfines (por terapia o placer), previa cita telefónica y pago de una tarifa por persona. Es el único lugar que anuncia este servicio en la ciudad.

Por lo demás, se trata de un parque modesto con juegos mecánicos para niños pequeños y un acuario, dentro de una especie de gruta marina, que muestra algunas especies de peces y animales marinos. Los fines de semana hay espectáculos de lobos marinos, delfines, aves amaestradas y fuentes danzantes.

## Zona sur

### *Universum*

Ver nota en el capítulo **Ciudad Universitaria**.

### *Six Flags (antes Reino Aventura)*

Carretera Picacho al Ajusco 1500 (Km 1.5)
lun-dom., 10-20 h.
5728-7222
$

Centro recreativo construido en las faldas del volcán Ajusco, en un paisaje de bosques de encinos. Se encuentra dividido en seis áreas llamadas "pueblos", donde se dispone de diferentes juegos y servicios y cuyas ambientaciones corresponden con los nombres: pueblo suizo, pueblo polinesio, etc.

Hay juegos mecánicos para diferentes edades, gustos y umbrales de tolerancia al vértigo (desde el tranquilo carrusel hasta "El Escorpión", que conduce a la gente en un carro a alta velocidad por caminos que trazan rizos completos). Hay espectáculos teatrales, de animales y de imágenes virtuales; también hay simuladores electrónicos y todos los servicios necesarios: médicos, bancos, alquiler de sillas de ruedas y de carriolas, tiendas, restaurantes y otros.

Los precios son internacionales –elevados para los visitantes nacionales–, pero el lugar da para reír, asustarse, mojarse y cansarse lo suficiente como para que, quienes gustan de estas diversiones, lo disfruten.

### *Parque Ecológico Xochimilco*

Ver nota en el capítulo **Xochimilco**.

### *Parque Ecológico Loreto y Peña Pobre y El Manantial*

San Fernando 765
Próximo a la zona arqueológica de Cuicuilco
mar-dom., 8-18 h.
5665-7483

Ubicado en una antigua fábrica de papel, este sitio se convirtió en área de reserva ecológica desde 1987, y se destinó para la realización de diversas actividades y talleres infantiles: modelado con plastilina, pintado y decoración de objetos, teñido de playeras, elaboración de pan, clases de iniciación musical, repujado y arte con hojas de maíz, creación de juguetes con productos naturales, y otros.

Una de las atracciones más interesantes del parque es la Casa Ecológica Autosuficiente, también conocida como la Casa Solar, que es un modelo de vivienda con mecanismos diseñados para optimizar el uso de recursos energéticos.

Ver también la nota del capítulo Tlalpan.

### *Pista de patinaje en hielo*

Contreras 300, San Jerónimo Lídice
mar.-mié., 11-15 h. y 17-19:30 h.; jue., 11-15 h. y 16-18:30 h.; vie., 11-21 h.; sáb., 11:30-21 h.; dom., 11:30-20 h.
5683-1625 y 5683-1929
$

## Diferentes sectores

### *Piccolo Mondo*

Centros comerciales Santa Fe, Plaza Cuicuilco, Plaza Sears Insurgentes, Plaza Loreto y Pabellón Polanco
5257-1889; 5574-6902; 5616-4758; 5395-2635
$

Centros de entretenimiento y diversión para niños pequeños principalmente. Ofrecen áreas de juego para desarrollar destrezas físicas y capacidades creativas: alberca de pelotas, areneros, pista de patinetas, inflables, túneles, puentes, laberintos, áreas de manualidades y áreas de computación, entre otras atracciones.

### *La ciudad de los niños*

Vasco de Quiroga 3800
Centro Comercial Santa Fe
lun-jue., 9-19 h.; vie., 9-20 h.; sáb.-dom., 10-15 y 16-21 h.
5261-1020
$

Como su nombre lo indica, se trata de una especie de ciudad a escala que recrea, a través de unos 50 pabellones (patrocinados por las empresas que representan), el funcionamiento de servicios públicos y privados, fábricas, tiendas, medios de comunicación y de transporte, etc., donde los niños pueden jugar a ser mayores.

El concepto es interesante porque ofrece a los niños la posibilidad de "trabajar" y obtener ganancias por ello. El dinero no es verdadero, pero lo pueden gastar ahí mismo, realizando compras o pagando por otro servicio.

Dado que se encuentra en uno de los centros comerciales más grandes de la ciudad, es una buena opción para que los niños se diviertan mientras sus padres van de compras.

Se recomienda llegar con anticipación porque se forman filas largas. Los niños de 2 a 7 años deben estar acompañados por un adulto; de 8 a 16 años se pueden quedar solos (hay medidas de seguridad). Ideal para niños entre 7 y 10 años.

# Golf

La ciudad de México y sus alrededores ofrecen numerosos campos de golf para los amantes de este deporte considerado el cuarto entre los favoritos del mundo. Los clubes donde se practica son generalmente privados y los asistentes, cuando no son miembros, deben acudir como invitados de un socio, aunque también los hay abiertos a todo el público. En ambos casos el jugador deberá pagar el costo del *Green fee*.

La Federación Mexicana de Golf, A.C. proporciona diferentes servicios a los clubes afiliados. A través de su Comité de Torneos Nacionales, trabaja para la organización y celebración de eventos. Asimismo apoya a clubes ubicados en destinos turísticos

Enlistamos a continuación algunas de las opciones de la ciudad y sus alrededores: ubicaciones y servicios que ofrecen los clubes, principales características de los campos, así como lugares de práctica, que podrían ser de interés para los visitantes.

## Distrito Federal

### *Club Campestre de la Ciudad de México*

Inaugurado en 1902
Calzada de Tlalpan 1978, Country Club
Cerrado los lunes
5689-8011 5549-3978
prosecretaria@correoweb.com
Tipo de campo: Plano
Pasto en *fairways*: *Kikuyo Grass*
Pasto en *greenes*: *Bent Grass*
*Green fee* entre semana $
*Green fee* fin de semana $
Sólo socios o invitados por socios
Cuenta con 18 hoyos, restaurante, bar, *tee* de práctica, carritos, marcaje de yardas, campo privado, tienda del pro, clases de golf.

### *Club de Golf Coral, A.C*

Inaugurado en 1973
Constituyentes 561, América
Cerrado los lunes
5972-0276; Fax 5972-0343
Tipo de campo: Ondulado
Pasto en *fairways*: *Kikuyo*
Pasto en *greenes*: *Bent Grass*
*Green fee* entre semana $
*Green fee* fin de semana: $ $
Abierto al público en general.
Cuenta con 18 hoyos, restaurante, bar, *tee* de práctica, carritos, marcaje de yardas, campo privado, tienda del pro, clases de golf.

### *Club de Golf México*

Inaugurado en 1949
Glorieta Sur 64, San Buenaventura, Tlalpan
Cerrado los lunes
5487-2000 5487-2001
golfger@prodigy.net.mx
Tipo de campo: Semiplano
Pasto en *fairways*: *Kikuyo Grass*
Pasto en *greenes*: *Poa Annua-Bent*
*Green fee* entre semana $
*Green fee* fin de semana $ $
Sólo socios o invitados por socios
Cuenta con 18 hoyos, restaurante, bar, *tee* de práctica, carritos, marcaje de yardas, campo privado, tienda del pro, clases de golf.

### *Club de Golf Rancho Avándaro*

Inaugurado en 1980
Anatole France 139, Polanco
Cerrado los lunes
5282-0845 5280-0092
desaravan@prodigy.net.mx
Tipo de campo: Semiplano
Pasto en *fairways*: *Kikuyo Grass*
*Green fee* entre semana $
*Green fee* fin de semana $ $
Sólo socios o invitados por socios
Cuenta con 18 hoyos, restaurante, bar, carritos, campo privado, tienda del pro, clases de golf.

## Estado de México

Club de Golf Bellavista
Inaugurado en 1961
Valle Verde 52, Calacoaya, Atizapán, Méx.
Cerrado los lunes
5360-3501 5398-0503
club@prodigy.net.mx
Tipo de campo: Plano
Pasto en *fairways*: *Kikuyo Grass*
Pasto en *greenes*: *Penn Cross Grass*
*Green fee* entre semana $
*Green fee* fin de semana $ $
Sólo socios o invitados por socios
Cuenta con 18 hoyos, restaurante, bar, *tee* de práctica, carritos, marcaje de yardas, campo privado, tienda del pro, clases de golf.

### *Lomas Country Club*

Inaugurado en 1994
Club de Golf Lomas 1, Fraccionamiento Lomas Country Club, Huixquilucan, Méx.
Cerrado los lunes
5291-3863 5291-3863
gerencia@lomascountryclub.com.mx
Tipo de campo: Ondulado
Pasto en *fairways*: *Kikuyo Grass*
Pasto en *greenes*: *Penn Cross & Bent Grass*
*Green fee* entre semana $
*Green fee* fin de semana $$
Sólo socios o invitados por socios
Cuenta con 18 hoyos, restaurante, bar, *tee* de práctica, carritos, marcaje de yardas, campo privado, tienda del pro, clases de golf.

### *Club Campestre Chiluca*

Inaugurado en 1974
Del Club 1, Residencial Chiluca, Atizapán, Méx.
Cerrado los lunes
5308-1700 5308-3006
*Email:* jmartin@chiluca.com.mx
Tipo de campo: Montañoso
Pasto en *fairways*: *Kikuyo Grass*
Pasto en *greenes*: *Bent Grass*
*Green fee* entre semana $
*Green fee* fin de semana $$
Sólo socios o invitados por socios
Cuenta con 18 hoyos, restaurante, bar, *tee* de práctica, carritos, marcaje de yardas, campo privado, tienda del pro, clases de golf.

### *Club de Golf La Hacienda*

Inaugurado en 1962
Ex Hacienda San Mateo Tecoloapan, Atizapán, Méx.
Cerrado los lunes
5379-0033; Fax 5379-1029
lahacienda@mail.internet.com.mx
Tipo de campo: Plano
Pasto en *fairways*: *Kikuyo*
Pasto en *greenes*: *Penn Cross*
*Green fee* entre semana $
*Green fee* fin de semana $$
Sólo socios o invitados por socios
Cuenta con 18 hoyos, restaurante, bar, *tee* de práctica, carritos, marcaje de yardas, campo privado, tienda del pro, clases de golf.

### *Club de Golf Chapultepec*

Inaugurado en 1928
Conscripto 425, Lomas Hipódromo, Naucalpan, Méx.
Cerrado los lunes
5589-1200 5589-2620
golfchap@data.net.mx
Tipo de campo: Semiondulado
Pasto en *fairways*: *Kikuyo*
Pasto en *greenes*: *Bent & Poa Annu*
*Green fee* entre semana $
*Green fee* fin de semana $$
Sólo socios o invitados por socios
Cuenta con 18 hoyos, restaurante, bar, *tee* de práctica, carritos, marcaje de yardas, campo privado, tienda del pro, clases de golf.

### *Madeiras Country Club*

Inaugurado en 1977
Domicilio conocido en Lago de Guadalupe, Cuautitlán, Méx.
Cerrado los lunes
5877-0678 5877-0676
Tipo de campo: Semiplano
Pasto en *fairways*: *Kikuyo Grass*
Pasto en *greenes*: *Bent Grass*
*Green fee* entre semana $
*Green fee* fin de semana $$
Abierto para público en general
Cuenta con 18 hoyos, restaurante, bar, *tee* de práctica, carritos, marcaje de yardas, campo privado, tienda del pro, clases de golf.

### *Club de Golf Valle Escondido*

Inaugurado en 1972
Club de Golf s/n, Atizapán, Méx.
Cerrado los lunes
5308-1100; Fax 5308-2422
vallecuatro@iwm.com.mx
Tipo de campo: Ondulado
Pasto en *fairways*: *Kikuyo Grass*
Pasto en *greenes*: *Penn Cross Grass*
*Green fee* entre semana $
*Green fee* fin de semana $$
Sólo socios o invitados por socios
Cuenta con 18 hoyos, restaurante, bar, *tee* de práctica, carritos, tienda del pro, clases de golf.

## Morelos

### *Club de Golf de los Tabachines*

Inaugurado en 1973
Autopista México-Acapulco Km 93.5, Cuernavaca, Mor.
Cerrado los lunes
[01-777]-314-3999; Fax 318-1188
gerenciataba@infosel.net.mx
Tipo de campo: Semiplano
Pasto en *fairways*: *Kikuyo Grass*
Pasto en *greenes*: *Bermuda Grass*
*Geen fee* entre semana $
*Green fee* fin de semana $$
Abierto a todo el público
Cuenta con 18 hoyos, restaurante, bar, *tee* de práctica, marcaje de yardas, campo privado, tienda del pro, clases de golf.

### *Club Campestre Cocoyoc*
Inaugurado en 1976
Autopista la Pera-Cuautla, entronque Cocoyoc
Fraccionamiento Lomas de Cocoyoc, Atlatlahuacán, Mor.
Cerrado los martes
5356-1140 5356-1132
glfcoyoc@prodigy.net.mx
Tipo de campo: Semiondulado
Pasto en *fairways*: *Kikuyo Grass*
Pasto en *greenes*: *Penn Cross Bent*
*Green fee* entre semana $
*Green fee* fin de semana $ $
Abierto a todo el público

Cuenta con 18 hoyos, restaurante, bar, *tee* de práctica, carritos, marcaje de yardas, campo privado, Campo turístico, tienda del pro, clases de golf.

### *Club de Golf Santa Fe*
Inaugurado en 1974
Autopista del Sol, Alpuyeca Km 22.5
Fraccionamiento Santa Fe, Xochiltepec, Mor.
Cerrado los martes
7391-5862 7391-5863
lascolinas@prodigy.net.mx
Tipo de campo: Ondulado
Pasto en *fairways*: *Bermuda Grass*
Pasto en *greenes*: *Bermuda Grass*
*Geen fee* entre semana $
*Green fee* fin de semana $ $
Abierto a todo el público

Cuenta con 18 hoyos, restaurante, bar, *tee* de práctica, marcaje de yardas, campo privado, tienda del pro, clases de golf.

## Guerrero

### *Nueve Hoyos en el Cielo*
Fraccionamiento Lomas de Taxco s/n, Taxco, Gro.
Toda la semana
2622-1300 2622-1300
Tipo de campo: Ondulado
Pasto en *fairways*:
Pasto en *greenes*:
*Green fee* entre semana $
*Green fee* fin de semana $ $
Abierto a todo el público
Cuenta con 9 hoyos, restaurante, bar, *tee* de práctica, carritos, marcaje de yardas, campo privado, tienda del pro, clases de golf.

## Asociaciones y tiendas de golf

### *Federación Mexicana de Golf, A.C*
Lomas de Sotelo 1112, Lomas de Sotelo
5395-3245 5580-2263

### *Golf Iberoamérica*
Organizador de Torneos de Golf en México
Barletta@Barbews.com
Global Golf (Tienda)

### *Equipo, asesoría, accesorios y reparación*
Moliere 115, Polanco
5281-1720 y 5280-6257
globalgolf@globalgolf.com.mx
www.globalgolf.com.mx

## Lugares de práctica

### *Gold Champion*
Peñapobre 39, Toriello Guerra, Tlalpan, D.F.
lun.-vie. 8-22 h.; sáb.-dom. 8-20 h.
5666-3510
$

### *La Práctica*
Periférico Sur 4293, Jardines de la Montaña
lun.-vie. 7-22 h.
5630-2267
$

### *Par Tres*
Carreteraco 92, Parque San Andrés Coyoacán
lun.-vie. 7-22 h.; sáb.-dom. 9-15 h.
5689-7455
$

# Servicios urbanos

Autobús turístico

La ciudad de México ofrece a residentes y visitantes todos los servicios imaginables en una gran metrópoli. Algunos de ellos, aparentemente redudantes, deben su multiplicidad a las necesidades de una población gigantesca distribuida en un área del orden de 4,000 km$^2$.

El servicio telefónico está unificado para toda la zona metropolitana; es decir, el DF y los municipios conurbados del Estado de México. Con los autotransportes y los servicios de vigilancia no ocurre lo mismo. Hay algunos transportes metropolitanos que circulan continuamente entre el DF y el Estado de México, pero con respecto a los taxis cada entidad tiene sus propios reglamentos y tarifas. Con los servicios de vigilancia ocurre lo mismo: la jurisdicción de las policías preventiva y judicial de cada entidad termina en los límites geográficos de las mismas; sólo las policías federales pueden actuar indistintamente en todo el territorio nacional.

Casi todos los bancos en México son de cobertura nacional.

Teléfono público para tarjeta

## ✪Comunicaciones

### Teléfono

La red telefónica nacional está unificada bajo la compañía Teléfonos de México, conocida como Telmex, de capital privado.

En la telefonía alámbrica, hay un servicio mixto: las llamadas locales se hacen, sin excepción, mediante la red de Telmex, pero las de larga distancia pueden hacerse a través de diferentes proveedores, al igual que en el caso de la telefonía celular, donde hay numerosas compañías que brindan sus servicios, sea mediante una renta mensual o a través de tarjetas de débito, las cuales es posible adquirir en múltiples lugares de la ciudad.

### Casetas públicas

Todas las casetas de la ciudad pertenecen a la red de Telmex y operan mediante tarjetas que pueden comprarse en tiendas, puestos de revistas, farmacias y, desde luego, en las oficinas de Telmex. En muchos establecimientos, incluyendo diversas papelerías, se prestan servicios de teléfono y fax públicos.

### Números telefónicos

Con excepción de algunos números de emergencia o información, todos los teléfonos del país tienen ocho dígitos. En las llamadas de larga distancia nacional se antepone la clave correspondiente LADA.

| Números de servicio | |
|---|---|
| Larga distancia nacional por operadora | **020** |
| Hora exacta | **030** |
| Despertador | **031** |
| Directorio telefónico nacional | **040** |
| Reparación de equipos Telmex | **050** |
| Larga distancia internacional por operadora | **090** |

### Internet

Hay muchos proveedores de enlace a Internet –aunque todos usan la red de Telmex– pero como estos equipos están aún fuera del alcance económico de muchas familias, los servicios públicos son populares y muy abundantes en la ciudad. Los hay en muchísimos lugares, en especial en grandes papelerías y, sobre todo, en cafeterías que funcionan como Cafés–Internet o "Cibercafés", cuyas tarifas son muy razonables.

### Telégrafos

5711-1089, 5629-1166 / 67

www.telecomm.net.mx

El principal proveedor de este servicio es Telecomm Telégrafos, perteneciente al gobierno federal, con poco menos de 90 oficinas en la ciudad.

Además del servicio básico, ofrece acceso público a internet, fax público y giros nacionales e internacionales, comunicación satelital y videoconferencias.

### Servicio Postal Mexicano (SPM)

5709-2062

www.sepomex.gob.mx

Servicio del gobierno Federal que maneja toda correspondencia con porte oficial.

Además, brinda servicios como seguro postal, guarda de correspondencia, alquiler de apartados postales, servicio de mensajería, giros postales y promoción filatélica.

## Seguridad

México es un país de muy antigua civilización y los más de sus habitantes son personas cordiales y hospitalarias, sin importar su

*Buzón de servicio postal*

condición social. No obstante, en una ciudad como ésta, cualquier cosa puede ocurrir, en cualquier lugar y cualquier momento, como sucede en toda gran urbe del planeta.

Así que nunca sobra tener algunos conocimientos básicos acerca de los aparatos y sistemas de seguridad del lugar que visitamos.

#### POLICÍAS

*La ley*

En los Estados Unidos Mexicanos debe haber solamente dos tipos de cuerpos policiacos, ambos pertenecientes al Poder

*Policía de turismo*

*Policía federal preventivo*

*Policía preventivo vialidad*

Motociclista de vialidad

Patrulla de policía preventiva

Patrulla de policía judicial

Ejecutivo: la Policía Preventiva y la Policía Judicial,cuyas jurisdicciones pueden ser federales, estatales o municipales (los grupos paramilitares privados están prohibidos por la Constitución mexicana; los particulares pueden contratar vigilantes para proteger sus inmuebles y personas, pero éstos no tienen fuero alguno y deben acudir a las autoridades preventivas).

En el orden federal tenemos a la Policía Federal Preventiva (PFP) –que incluye a la Federal de Caminos– y a la Judicial Federal, que abarca varios cuerpos especializados.

En el orden estatal hay también dos cuerpos: la Policía Estatal (preventiva) y la Policía Judicial de cada entidad, con atributos similares a los federales pero jurisdicción restringida a los límites políticos de cada estado. En el orden municipal, hay solamente Policía Preventiva; los casos judiciales competen a la Judicial Estatal.

La Policía Preventiva se ocupa de la vigilancia del orden público y su labor se refiere a las sanciones administrativas (notificación de multas) o, dado el caso, llevar a los infractores ante el Ministerio Público, único organismo autorizado por la ley para presentarles ante un juez. La Policía Judicial depende del Ministerio Público (Procuraduría de Justicia, de cada estado o federal); su función es la investigación de casos denunciados o perseguidos de oficio y la aplicación de órdenes judiciales de aprehensión y detención.

En México ninguna persona puede ser detenida por la Policía Judicial sin la orden expresa de un juez, a menos que se le sorprenda en flagrante comisión de delito o alteración evidente del orden público que ponga en peligro a los ciudadanos.

*Cuerpos de vigilancia en la ciudad de México*

El Distrito Federal (D.F.) se divide en 16 zonas o delegaciones, cuyos aparatos de vigilancia están al cargo de la Secretaría de Seguridad Pública (SSP), perteneciente al gobierno del Distrito Federal (GDF) –al cual también están subordinadas todas las delegaciones–:

• Policía preventiva, con uniforme azul. Autorizados para detener a personas que en flagrancia cometan ilícitos, pero no les está permitido infraccionar ni realizar atribuciones de vialidad. A ella pertenecen varios

Elemento del Cuerpo de Bomberos

grupos especializados:

a. Motopatrullero Preventivo.
b. Policía Femenil Preventiva (labores de vialidad e inspección ecológica)

• Policía preventiva vial, con uniforme caqui. Control del tránsito vehicular, pero llegado el caso, pueden realizar las mismas funciones que la policía con uniforme azul. Incluye a la Policía Femenil Vial, autorizada para detener vehículos que contaminen.

• Policía montada. Patrullan a caballo, habitualmente por parques y jardines. Tienen todas las atribuciones de la policía de uniforme azul y se les utiliza en la prevención de la delincuencia cuando hay actos masivos en las calles.

• Policía auxiliar, con uniforme azul (más oscuro que el de la preventiva). Patrullan, en autos, bicicletas o a pie, las calles de los barrios.

• Policía bancaria e industrial, con uniforme azul oscuro. Cuerpo de la Policía Preventiva que protege los bienes, valores e integridad física de las instalaciones del sector público, bancario, comercial e industrial, al igual que de sus ocupantes. Están autorizados para remitir presuntos responsables ante el Ministerio Público.

*¿Qué hacer?*

• Policía turística. Protegen y atienden a los visitantes. Son bilingües (español e inglés) y se distinguen por portar los logotipos de los paseos urbanos.

• Policía Federal Preventiva, con uniforme gris característico. Oficiales con un entrenamiento especial, paramilitar. Su principal propósito es combatir la delincuencia y el crimen organizado.

• Cuerpo de granaderos. Cuando se requiere gran rudeza para proteger a la ciudadanía.

*La realidad*

La policía de la ciudad de México sufrió, durante largo tiempo, mucho desprestigio. Antes, quizá merecido; sin embargo, en el presente, si usted, como visitante o residente de la ciudad, no infringe las leyes, descubrirá que todos los oficiales de los distintos cuerpos serán amables y serviciales, harán su mejor esfuerzo por orientarlo y tomarán cualquier riesgo para protegerlo.

*Tren Ligero*

*Recomendaciones prácticas*

• Recuerde que se encuentra en una de las ciudades más grandes y pobladas del mundo.

• Cuide sus pertenencias y no haga ostentación de las mismas.

• Si sale a caminar o a hacer ejercicio, consulte al personal del hotel, para informarse de los espacios más seguros.

• De noche, camine por calles transitadas y bien iluminadas.

• Si viaja en automóvil, asegure las puertas y mantenga los vidrios cerrados.

• En la calle, no acepte ni remunere servicios no solicitados.

• En caso de alguna urgencia, acuda a cualesquier oficiales de policía preventiva, sin importar de qué corporación sean.

• Recuerde que todo servidor público tiene la obligación de portar y mostrar una credencial oficial que lo identifique plenamente.

## ✪ TRANSPORTE

Hay muchas formas para viajar por la ciudad de México; sin embargo, una gran parte de la población aprovecha los beneficios de la compleja red de transporte público y concesionado.

### Sistema de transporte colectivo Metro

lun-vie., 5-12:30 h.; sáb., 6-1:30 dom., 7-12:30 h.
5709-1133, ext. 5051 o 5052

El "Metro" (como se le conoce popularmente) de la ciudad de México es uno de los diez más extensos y concurridos del mundo. El costo del boleto es realmente accesible y permite realizar cuantos transbordos se desee, siempre y cuando uno no salga de la estación (a la calle). Aunque en horas pico, en estaciones importantes o de transbordo se reúnen enormes concentraciones de gente, lo cual puede resultar muy incómodo, en forma normal es rápido, limpio y eficiente. En muchas estaciones existen módulos de asistencia y en todas, mapas de zona.

Paradero de autobuses

### Autotransportes urbanos de pasajeros

Los autobuses pertenecientes a la Red de Transporte de Pasajeros (RTP), de color naranja, son los más económicos; operan más de 500 unidades en 113 rutas.

El transporte público concesionado está compuesto de alrededor de 500 autobuses –pintados de colores e incluso con publicidad –, casi 23,000 minibuses ("peseros") y 4,000 vagonetas o "combis", los cuales cubren más de treinta rutas. Los precios varían según la distancia recorrida, pero se mantienen en un rango razonable.

Autobús urbano

Microbús o pesero urbano

Microbús o pesero ecológico

El Tren Ligero (una línea de 18 estaciones) y 400 trolebuses conforman el sistema de transporte eléctrico, cuyos precios son fijos y muy accesibles.

Los horarios de servicio cambian de una ruta a otra, pero generalmente comienzan temprano por la mañana y terminan alrededor de las 22 o 23 horas, con excepción de los fines de semana o días festivos,

**Números de emergencia**

| | |
|---|---|
| Policía del Distrito Federal y Cruz Verde | **060** |
| Policía Judicial | **061** |
| Cruz Roja | **065** |
| Bomberos | **068** |
| Locatel* | **5658-1111** |
| Comisión de Derechos Humanos | **5229-5600** |
| Patrullas de Auxilio Turístico | **5250-8221** |
| Policía Federal de Caminos | **5677-2227** |
| Policía Federal Preventiva | **01-800-440-3690** |
| Procuraduría Federal del Consumidor** | **5568-8722** |
| Emergencias (sólo teléfonos celulares) | **911** |

* Apoyo, orientación e información acerca de cualquier problema, duda o queja

** Orientación en caso de abusos por parte de comerciantes o prestadores de servicios en los que generalmente inician un poco más tarde y acaban más temprano.

### Taxis

Radiotaxis 5516-6020, 5519-7690 y 5560-1122

Hay 120 mil taxis en el Distrito Federal, entre libres y de sitio; en su mayoría autos compactos, pero hay diversos modelos, para más de tres pasajeros.

Los libres se encuentran prácticamente en donde sea. Los más son de color verde o blancos con franjas rojas. En cuanto a los de sitio, suelen ser más caros pero también más seguros; son de color coral o guinda. Es posible encontrarlos en muchos lugares de la ciudad; por ejemplo, casi siempre hay un sito afuera de las principales estaciones de Metro. Además, muchos hoteles le ofrecen ese servicio y tanto el aeropuerto como las terminales de autobuses cuentan con módulos especiales dentro de sus instalaciones, en los que se puede contratar un taxi autorizado (se paga por adelantado y cobran según la zona de destino) para que usted esté protegido.

### Terminales de autobuses foráneos

Ticketbus, reservación / compra de boletos 5133-2424

Hay cuatro opciones para los autobuses de pasajeros que arriban o parten de la ciudad de México: al norte de la ciudad, afuera de la estación Autobuses del Norte (línea cinco o amarilla del Metro), está la Terminal Central del Norte; al sur, en metro Tasqueña, perteneciente a la línea dos o azul, la Terminal Central del Sur; al oeste, la Terminal Central Poniente, junto a la estación Observatorio de la línea rosa (uno) del subterráneo. Al este, en la estación San Lázaro –también línea uno–, la Terminal TAPO.

### Alquiler de automóviles

La ciudad ofrece 103 arrendadoras de autos, entre ellas renombradas compañías internacionales, para encontrar la opción que se ajuste a su gusto y presupuesto.

### Recomendaciones prácticas

- Siempre utilice taxis de sitio, radiotaxis, los que le recomiende su hotel, o bien, los autorizados por el aeropuerto o terminal de autobuses. Algunos autos particulares dan servicio de taxi, pero no poseen autorización oficial así que es mejor no arriesgarse.
- Tome en cuenta que las tarifas de transporte son diferentes en el Estado de México.
- Si le gusta pasear en bicicleta, un parque o centro deportivo son el mejor lugar para hacerlo. Las calles de la ciudad de México no son adecuadas para ciclistas, dado que no existen carriles especiales para ellos.
- En las terminales de autobuses no pierda de vista su equipaje ni acepte ayuda de personas que no estén uniformadas o no lleven identificación especial.

*Taxi del aeropuerto*

*Taxi libre*

*Taxi de sitio*

*Radio taxi*

# Embajadas y consulados

| País | Nombre oficial | Dirección |
|---|---|---|
| Alemania | República Federal de Alemania | Lord Byron 737, Polanco |
| Angola | República de Angola | Schiller 503, Polanco |
| Arabia Saudita | Reino de Arabia Saudita | Palmas 2075, Lomas de Chapultepec |
| Argelia | República Argelina Democrática y Popular | Sierra Madre 540, Lomas de Chapultepec |
| Argentina | República Argentina | Blvd. Ávila Camacho 1, 7° piso, Lomas de Chapultepec |
| Australia | Comunidad de Australia | Rubén Darío 55, Polanco |
| Austria | República de Austria | Sierra Tarahumara 420, Lomas de Chapultepec |
| Bélgica | Reino de Bélgica | Musset 41, Polanco |
| Belice | Belice | Bernardo de Gálvez 215, Lomas de Chapultepec |
| Bolivia | República de Bolivia | Insurgentes Sur 263, 6° piso, Roma |
| Brasil | República Federativa del Brasil | Lope de Armendáriz 130, Lomas de Virreyes |
| Bulgaria | República de Bulgaria | Paseo de la Reforma 1990, Lomas de Chapultepec |
| Canadá | Canadá | Schiller 529, Polanco |
| Chile | República de Chile | Andrés Bello 10, 18° piso, Edificio Fórum, Polanco |
| China | República Popular de China | Av. San Jerónimo 217-B, La Otra Banda |
| Chipre | República de Chipre | Sierra Gorda 370, Lomas de Chapultepec |
| Colombia | República de Colombia | Paseo de la Reforma 379, 5° piso, Cuauhtémoc |
| Corea | República de Corea | Lope Díaz de Armendáriz 110, Lomas de Chapultepec |
| Corea | República Popular Democrática de Corea | Eugenio Sue 332, Polanco |
| Costa Rica | República de Costa Rica | Río Po 113, Cuauhtémoc |
| Cuba | República de Cuba | Presidente Masaryk 554, Polanco |
| Dinamarca | Reino de Dinamarca | Tres Picos 43, Polanco |
| Ecuador | República del Ecuador | Tennyson 217, Polanco |
| Egipto | República Árabe de Egipto | Alejandro Dumas 131, Polanco |
| El Salvador | República de El Salvador | Temístocles 88, Polanco |
| España | Reino de España | Galileo 114, Polanco |
| Estados Unidos | Estados Unidos de América | Paseo de la Reforma 305, Cuauhtémoc |
| Filipinas | República de Filipinas | Sierra Gorda 175, Lomas de Chapultepec |
| Finlandia | República de Finlandia | Monte Pelvoux 111, 4° piso, Lomas de Chapultepec |
| Francia | República Francesa | Campos Elíseos 339, Polanco |

| Horario | Teléfonos | Correo electrónico |
|---|---|---|
| lun-vie 9-12 h. | 5283-2200 Fax: 5281-2588 | www.embajada-alemana.org.mx/ |
| | | info@embajada-alemana.org.mx |
| lun-vie 9-15 h. | 5545-5883 Fax: 5545-2733 | www.palanca-negra.org/mailto: |
| lun-vie 9-15 h. | 5251-0789, 5596-0173; | saudiemb@prodigy.net.mx |
| | Fax: 5251-8587 | |
| lun-jue 8:30-15:30 h. | 5520-6950 / 8656 Fax: 5540-7579 | embjargl@jwm.com.mx |
| vie 8:30-14:30 h. | | |
| lun-vie 9-17 h. | 5520-9430 / 9431 Fax: 5540-5011 | embajadargentina@prodigy.net.mx |
| lun-jue 8:30-17:15 h. | 15531-5225 Fax: 5203-8431 | www.immi.gov.au/ |
| | | dima.businesscentre.act@immi.gov.au |
| vie 8:30-14:15 h. | 5251-9792 / 1606 Fax: 5245-0198 | www.embajadadeaustria.com.mx |
| lun-vie 9-12 h. | | austria@mail.internet.com.mx |
| lun-vie 8:30-13:30 h. | 5280-0758 Fax: 5280-0208 | ambelmex@mail.internet.com.mx |
| lun-vie 9-13:30 h. | 5520-1274 / 1346 Fax: 5520-6089 | embelize@prodigy.net.mx |
| lun-vie 10-16 h. | 5564-5415 / 5298 ext. 19 | embajada@embol.org.mx |
| | Fax: 5564-5415 / 5298 ext. 19 | |
| lun-vie 9-12 h. | 5520-4523 / 8432 / 7500 | embrasil@enlaces.com.mx |
| | Fax: 5520-4929 | |
| lun-vie 9-15 h. | 5596-3283 / 3295 Fax: 5596-1012 | www.bulgaria.com |
| | | ebulgaria@yahoo.com |
| lun-vie 9-12:30 h. | 5724-7900 Fax: 5724-7981 | www.canada.org.mx |
| | | general@canada.org.mx |
| lun-vie 9-14 h. | 5280-9681 / 9682 / 9689 | echilmex@prodigy.net.mx |
| | Fax: 5280-9703 | |
| lun-vie 9-14:30 h. | 5550-0823, 5616-0609 | www.embajadachina.org.mx |
| | Fax: 5616-0460 | embochina@adetel.net.mx |
| lun-vie 8-15 h. | 5202-7600 / 3096 Fax: 5520-2693 | chipre@att.net.mx |
| lun-vie 9-17:30 h. | 5525-4562 Fax: 5308-2876 | www.colombiaenmexico.org |
| lun-vie 9-13 h. | 5525-4562 / 7160 Fax: 5208-2876 | emcomex@intranet.com.mx |
| y 15-17 h. | | |
| lun-vie 9-13 h. | 5203-0019 Fax: 5586-0357 | dprkoreaemb@prodigy.net.mx |
| lun-vie 9-17 h. | 5525-7764 al 66 Fax: 5511-9240 | embcrica@redint.com |
| lun-vie 10-14 h. | 5280-8202 / 8039 Fax: 5280-0839 | www.embacuba.com.mx/ |
| | | embajada@embacuba.com.mx |
| lun-jue 8:30-16 h.; vie | 5255-4145 / 3405 / 3339; | www.danmex.org |
| 8:30-13 h. | Fax: 5545-5797 | mexamb@um.dk |
| lun-vie 9-15 h. | 5545-3141 Fax: 5254-2442 | mecuamex@adetel.net.mx |
| lun-vie 9-14 h. | 5281-0823 / 0698 Fax: 5282-1294 | embofegypt@prodigy.net.mx |
| lun-vie 9-16 h. | 5281-5725 / 5723 Fax: 5281-5725 | embesmex@webtelmex.net.mx |
| | / 5723 ext. 24 | |
| lun-vie 9-15 h. | 5282-2974 / 2982 Fax: 5281-8227 | embaes@prodigy.net.mx |
| lun-vie 8:30-17:30 h. | 5080-2253 Fax: 5080-2892 | www.usembassy-mexico.gov/ |
| | | embeuamx@pd.state.gov |
| lun-vie 9-13 h. | 5202-8456 / 9360 Fax: 5202-8403 | ambamex@att.net.mx |
| y 15-17 h. | | |
| lun-jue 8-16 h.; | 5540-6036 al 38; Fax: 5540-0114 | http://www.finlandia.org.mx/ |
| vie 8-14:15 h. | | finmex@prodigy.net.mx |
| lun-jue 8:30-14:30 h. | 9171-9700 Fax: 9171-9703 | ssltmexico@hotmail.com |
| y 15:30-19 h. | | |

| País | Nombre oficial | Dirección |
|---|---|---|
| Grecia | República Helénica | Sierra Gorda 505, Lomas de Chapultepec |
| Guatemala | República de Guatemala | Explanada 1025, Lomas de Chapultepec |
| Haití | República de Haití | Córdoba 23-A, Roma |
| Holanda | Reino de Holanda | Av. Vasco de Quiroga 3000, 7° piso, Santa Fe |
| Honduras | República de Honduras | Alfonso Reyes 220, Hipódromo Condesa |
| Hungría | República de Hungría | Paseo de las Palmas 2005, Lomas de Chapultepec |
| India | República de la India | Musset 325, Polanco |
| Indonesia | República de Indonesia | Julio Verne 27, Polanco |
| Irán | República Islámica del Irán | Paseo de la Reforma 2350, Lomas Altas |
| Irak | República de Iraq | Paseo de la Reforma 1875, Lomas de Chapultepec |
| Israel | Estado de Israel | Sierra Madre 215, Lomas de Chapultepec |
| Italia | República Italiana | Paseo de las Palmas 1994, Lomas de Chapultepec |
| Jamaica | Jamaica | Schiller 326, 8° piso, Polanco |
| Japón | Japón | Paseo de la Reforma 395, Cuauhtémoc |
| Líbano | República Libanesa | Julio Verne 8, Polanco |
| Malasia | Federación de Malasia | Calderón de la Barca 215, Polanco |
| Marruecos | Reino de Marruecos | Paseo de las Palmas 2020, Lomas de Chapultepec |
| Nicaragua | República de Nicaragua | Prado Norte 470, Lomas de Chapultepec |
| Nigeria | República Federal de Nigeria | Paseo de las Palmas 1875, Lomas de Chapultepec |
| Noruega | Reino de Noruega | Blvd. Virreyes 1460, Lomas de Chapultepec |
| Nueva Zelandia | Nueva Zelandia | José Luis Lagrange 103, 10° piso, Polanco |
| Palestina | Palestina | Lope de Vega 146, 5° piso, Polanco |
| Panamá | República de Panamá | Horacio 1501, Polanco |
| Paquistán | República Islámica de Paquistán | Hegel 512, Chapultepec Morales |
| Paraguay | República del Paraguay | Homero 415, 1° piso, Polanco |
| Perú | República del Perú | Paseo de la Reforma 2601, Lomas de Chapultepec |
| Polonia | República de Polonia | Cracovia 40, San Ángel |
| Portugal | República Portuguesa | Alpes 1370, Lomas de Chapultepec |
| Reino Unido | Reino Unido de la Gran Bretaña e Irlanda del Norte | Río Lerma 71, Cuauhtémoc |

| Horario | Teléfonos | Correo electrónico |
|---|---|---|
| lun-jue 8:30-15:30 h.; vie 8:30-14 h. | 5596-6333 / 6038 Fax: 5251-3001/ 0211 | www.grecemb@prodigy.net.mx |
| lun-vie 9-14 h. y 15-17 h. | 5520-9249 Fax: 5202-1142 | embaguate@mexis.com |
| lun-jue 9-15 h.; vie 9-14:30 h | 5511-4505 Fax: 5533-3896 | ambadh@mail.internet.com.mx |
| lun-jue 8:30-13 h. y 14-17 h.; vie 8:30-13:30 h. | 5258-9921 Fax: 5258-8138 | nlgovmex@nlgovmex.com |
| lun-vie 10-15 h. | 5211-5747 Fax: 5211-5425 | enhonmex@prodigy.net.mx |
| lun-vie 8:30-15 h. | 5596-1822 Fax: 5596-2378 | secretaria@embajadadehungria.com.mx |
| lun-vie 9-17 h. | 5531-1002 / 1050 Fax: 5254-2349 | indembmx@prodigy.net.mx |
| lun-vie 9-13 h. y 14-17 h. | 5280-6363 Fax: 5280-7062 | kbrimex@prodigy.net.mx |
| lun-vie 8:30-16:30 h. | 5596-5771 / 5399 / 5576 Fax: 5251-0731 | iranembmex@attglobal.net |
| lun-vie 9-14 h. | 5596-0933 Fax: 5596-0254 | www.mfa.gov.il/ embisrael@prodigy.net.mx |
| lun-jue 9-16h.; vie 9-14 h. | 5201-1500 / 1505 Fax: 5201-1555 | www.embitalia.org.mx |
| lun-vie 9-12:30 h. | 5596-2472 / 3655 Fax: 5596-7710 | info@embitalia.org.mx |
| lun-jue 9-17 h.; vie 9-15 h. | 5250-6804 al 06 Fax: 5250-6160 | embjamaica.mex@infosel.net.mx |
| lun-vie 9:30-13:30 h. y 15:30-18:30 h. | 5514-5459 / 4507 Fax: 5514-1070 | www.embjapon.com.mx/ www.jnto.go.jp |
| lun-vie 9-14 h. | 5280-5614 / 6794 Fax: 5280-8870 | embalib@prodigy.net.mx |
| lun-vie 9-13 h. y 14-17 h. | 5254-1118 / 0906 Fax: 5254-1295 | mwmexico@infosel.net.mx |
| lun-vie 9-15 h. | 5245-1786 / 1790 Fax: 5245-1791 | sifamex@prodigy.net.mx |
| lun-vie 9-15:30 h. | 5540-5625 Fax: 5540-6961 | embanic@prodigy.net.mx |
| lun-vie 9-16 h. | 5596-1274 Fax: 5596-2008 | embnigeria@att.net.mx |
| lun-vie 9-16 h.; vie 9-13 h. | 5540-3486 / 3487 / 5220 Fax: 5202-3019 | noruega.org.mx noruega@data.net.mx |
| lun-jue 8:30-14 h. y 15-17:30 h.; vie 8:30-14 h. | 5281-5486, 5283-9460 Fax: 5281-5212, 5283-9480 | kiwimexico@compuserve.com |
| lun-vie 9-15 h. | 5531-3821 Fax: 5531-3821 | www.palestina.com.mx palestina@palestina.com.mx |
| lun-vie 8:30-15:30 h. | 5557-2793 / 6159 Fax: 5395-4269 | embajadapanama@prodigy.net.mx |
| lun-vie 9-15 h. | 5203-3636 / 1242 Fax: 5203-9907 | |
| lun-vie 9-15 h. | 5545-0403 / 0405 Fax: 5531-9905 | embapar@prodigy.net.mx |
| lun-vie 9-13:30 h. | 5259-0239 Fax: 5259-0530 | embaperu@data.net.mx |
| lun-vie 8:30-15 h. | 5550-4700 / 4878 Fax: 5616-0822 | ambrpmx1@mail.cpesa.com.mx |
| lun-vie 8:30-15:30 h. | 5520-1989 / 7893 / 7897 Fax: 5203-0790 | embpomex@prodigy.net.mx |
| lun-vie 9-15 h. | 5207-2089 / 5442-8500 Fax: 5242-8517 | www.embajadabritanica.com.mx ukinmex@att.net.mx |

| País | Nombre oficial | Dirección |
|---|---|---|
| República Árabe Saharauí Democrática | República Árabe Saharauí Democrática | Herschel 48, Anzures |
| República Checa | República Checa | Cuvier 22, Nueva Anzures |
| República Dominicana | República Dominicana | Guatemala 84, Centro Histórico |
| República Eslovaca | República Eslovaca | Julio Verne 35, Polanco |
| Rumania | Rumania | Sófocles 311, Polanco |
| Rusia | Federación de Rusia | José Vasconcelos 204, Hipódromo Condesa |
| Sudáfrica | República de Sudáfrica | Andrés Bello 10, 9° piso, Edif. Fórum, Polanco |
| Suecia | Reino de Suecia | Paseo de las Palmas 1375, Lomas de Chapultepec |
| Suiza | Confederación Suiza | Paseo de las Palmas 405, 11° piso, Lomas de Chapultepec |
| Tailandia | Reino de Tailandia | Sierra Vertientes 1030, Lomas de Chapultepec |
| Turquía | Turquía | Monte Líbano 885, Lomas de Chapultepec |
| Ucrania | Ucrania | Sierra Paracaima 396, Lomas de Chapultepec |
| Uruguay | República Oriental del Uruguay | Hegel 149, 1er piso, Chapultepec Morales |
| Venezuela | República de Venezuela | Schiller 326, Chapultepec Morales |
| Vietnam | República Socialista de Vietnam | Sierra Ventana 255, Lomas de Chapultepec |
| Yugoslavia | República Federal de Yugoslavia | Montañas Rocallosas Oriente 515, Lomas de Chapultepec |

## ✪ Hospitales

En México el sector salud se divide en privado y público. El privado, desde luego, incluye renombrados hospitales y centros médicos; sin embargo, el sector público también es una excelente opción, ya que cuenta con los mejores recursos materiales y profesionales de México, puestos al alcance de la población en forma gratuita o sumamente accesible. La ciudad de México ostenta el primer lugar en la República tanto en número de hospitales como en número de camas, consultorios, laboratorios de análisis clínicos, quirófanos, personal médico, especialistas y paramédicos.

Por lo tanto, hay servicios médicos de calidad para todos sin importar su nivel socioeconómico, ofrecidos por diversas instituciones. Para los visitantes que estén afiliados a las instituciones generales o gremiales de salud, están los múltiples hospitales o clínicas: el Instituto Mexicano del Seguro Social (IMSS), el Instituto de Seguridad y Servicios Sociales de los Trabajadores del Estado (ISSSTE), Petróleos Mexicanos (PEMEX), la Secretaría de la Defensa Nacional (SDN), etc. Para el público en general está el grupo de hospitales de la Secretaría de Salubridad, que, aunque no son gratuitos, son bastante económicos: el Hospital General, el Instituto Nacional de Enfermedades Respiratorias (INER), el Instituto Nacional de Cancerología, entre otros.

Aunque algunas de dichas instituciones solamente brindan aten-

| Horario | Teléfonos | Correo electrónico |
|---|---|---|
| lun-vie 9-15 h. | 5545-9425, 5254-7285; Fax: 5545-9425, 5254-7285 | embrasdmx@hotmail.com |
| lun-vie 8-15 h. | 5531-2544 / 2777 Fax: 5531-1837 | www.czechembassy.org/ mexico@embassy.mzv.cz |
| lun-vie 9-15 h. | 5522-7409 Fax: 5542-3553 | embadomi@data.net.mx |
| lun-vie 8:30-15:30 h. | 5280-6544, 5280-6669; Fax: 5280-6294 | embslovakia@mexis.com |
| lun-jue 9-13:30 h. y 14-16 h.; vie 9-13:30 h. | 5280-0197, 5280-0447 Fax: 5280-0343 | ambromaniel@prodigy.net.mx |
| lun-jue 9-13:30 h. y 15:30-18:45 h.; vie 8:45-14:30 h. | 5273-1305 Fax: 5273-1545 | embrumex@mail.internet.com.mx |
| lun-vie 8-16 h. | 5282-9260 al 65; Fax: 5282-9259 | safrica@df1.telmex.net.mx |
| lun-jue 8-16:30 h.; vie 8-14 h. | 5540-6393 al 97 Fax: 5540-3253 | info@suecia.com.mx |
| lun 9-12 h.; vie 9-11 h. | 5520-3003 Fax: 5520-8685 | www.eda.admin.ch/mexico vertretung@mex.rep.admin.ch |
| lun-vie 9-16 h. | 5596-1290 / 8446; Fax: 5596-8236 | thaimx@infosel.net.mx |
| lun-vie 9-15 h. | 5282-4277 / 5043 Fax: 5282 / 4894 | turkishembassy@hotmail.com |
| mie y vie 10-13 h. | 52824789 / 68 Fax: 5540-3606 | ukrainembasy@mexis.com |
| lun-vie 9-15 h. | 5531-0880, 5254-1163 Fax: 5545-3342 | uruazte@adetel.net |
| lun-vie 9-15 h. | 5203-4233 / 4435 / 4587 Fax: 5203-5072 | embvenez@prodigy.net.mx |
| lun-vie 9-16 h. | 5540-1632 Fax: 5540-1612 | dsqvn@terra.com.mx |
| lun-jue 8:30-15:30 h.; vie 8:30-15 h. | 5520-0524 / 2523; Fax: 5520-9927 | ambayumex@att.net.mx |

ción a ciertos grupos (trabajadores del Estado, de PEMEX, de la Defensa, por ejemplo), la ley estipula que cualquier hospital tiene obligación de aceptar a un paciente en caso de una emergencia –la única diferencia es que, por supuesto, posteriormente deberá cubrir la cuenta del hospital–. Usted, como visitante, cuenta además con los servicios médicos básicos que proporciona el hotel en el que esté hospedado, amén de su asesoría en caso de emergencia.

Hay numerosos hospitales privados; entre ellos, algunos centros muy bien equipados, como son el Hospital ABC, Sanatorio Español, Clínica Londres, Médica Sur, Hospital Ángeles y al menos un centenar más que ofrecen servicios en todos los niveles y especialidades de la medicina.

*Recomendaciones prácticas*

• La gastronomía mexicana es famosa por su variedad pero asegúrese de disfrutarla en lugares limpios, donde los alimentos se preparen en condiciones higiénicas –jamás en mercados o puestos al aire libre–. Siempre tome agua o refrescos embotellados; evite consumir las famosas "aguas frescas" o nieves a menos que sea en un restaurante o establecimiento de confianza.

*Hospital de la Cruz Roja*

# Bancos

Toda ciudad cosmopolita es un centro financiero y de negocios. En este aspecto la ciudad de México no desmerece su carácter de gran urbe, ya que la oferta de servicios bancarios incluye tanto a instituciones del país como a numerosas representaciones de bancos extranjeros –principalmente gracias a que en los últimos años se ha dado un gran número de alianzas y fusiones estratégicas entre grandes cadenas internacionales e importantes bancos nacionales–. La mayoría posee una extensa red de sucursales y cajeros automáticos para la comodidad de sus clientes.

Billetes en circulación

*Recomendaciones prácticas*

- Lleve sólo el dinero o tarjeta de crédito que va a utilizar.
- Anote los números de sus tarjetas y los teléfonos a donde debe reportarlas en caso de robo o extravío.
- Utilice solamente los cajeros automáticos que se encuentran dentro de centros comerciales, tiendas departamentales o de autoservicio; no vaya a lugares solitarios o mal iluminados.
- No deje que ningún extraño se ofrezca a ayudarlo.
- Si desea cambiar divisas, acuda a un banco o casa de cambio autorizada.

| Teléfonos de emergencia | |
|---|---|
| Alcohólicos Anónimos | 5515-2320, 5286-1576 |
| Búsqueda y salvamento de accidentes | 5571-3230 / 34 78 |
| Centro Antirrábico | 5530-8536, 5796-3770 / 4260 |
| Cruz Roja (asistencia médica urgente) | 065, 5557-5757 |
| Emergencias (ambulancias, bomberos, patrullas) | 080 |
| Escuadrón de rescate y urgencias médicas ERUM | 5588-5100 |
| Locatel | 5658-1111 |
| Neuróticos Anónimos | 5539-5551 / 52 |
| Protección Civil (siniestros, fugas de gas, enjambres) | 5683-1154 / 42 |
| Telsida y Conasida | 5666-7432 |

| Banco | Teléfono / Correo electrónico |
|---|---|
| American Express Bank | 5169-5555 |
| Banamex | 5725-3000 / 3333 y 5225-3000 / 3333 www.banamex.com.mx |
| BBVA Bancomer | 5624-1199 www.bancomer.com.mx |
| Bancomext | 5449-9008, 01-800-397-6782 www.bancomext.com.mx |
| Bank of America | 5230-6400 / 6300 www.bofa.com |
| Banorte | 5140-5600 www.banorte.com |
| Bital | 5721-2222, 01-800-712-4825 www.bital.com.mx |
| Grupo Santander-Banca Serfin | 5728-9000, 01-800-704-0400 www.santander.com, www.serfin.com.mx |
| Nacional Financiera | 5325-6000 www.nafin.com |
| Scotia Bank Inverlat | 5728-1900, 01-800-704-5900 www.scotiabankinverlat.com.mx |

Cajero automático

# ✪ Oficinas públicas

Al ser la ciudad de México, además de una megaciudad –con sus consecuentes implicaciones de centro político, económico y cultural– la capital del país, en ella se han establecido numerosas oficinas e instituciones públicas, federales y locales, siendo algunas de gran utilidad para los visitantes.

| Oficina pública | Teléfono / Correo electrónico |
|---|---|
| Secretaría de Relaciones Exteriores (SRE) | 5782-3660 /3765 /4144 ext. 3011<br>www.ser.gob.mx |
| Secretaría de Turismo (SECTUR) | 5250-8604 / 8171 / 8555<br>exts. 142, 190<br>www.mexico-travel.com |
| Secretaría de Turismo del Gobierno del Distrito Federal | 5212-0259 al 62<br>www.mexicocity.gob.mx |
| Procuraduría Federal del Consumidor (Profeco) | 5256-2801, 5625-6795<br>www.profeco.gob.mx |

| Módulo de información turística SECTURGDF * | Dirección / Teléfono |
|---|---|
| Aeropuerto | Llegada nacional local 9<br>5786-9002 |
| Alameda | Av. Juárez 66 |
| Estación del tranvía turístico | 5518-1003 |
| Basílica | Plaza de las Américas 1 |
| Catedral | Monte de Piedad s/n<br>a un costado de la Catedral |
| Chapultepec | Paseo de la Reforma s/n Kiosko 30<br>frente al Lago<br>5286-3867 |
| Cien Metros | Eje Central 4907, Terminal del Norte, entrada principal<br>5719-1201 |
| Coyoacán | Jardín Hidalgo 1, PB<br>Casa Municipal<br>5659-6009 |
| Reforma | Paseo de la Reforma esq. Ghandi<br>frente al Museo Rufino Tamayo |
| San Ángel | Av. Revolución s/n<br>Centro Cultural San Ángel<br>5616-4252 |
| Módulo móvil | Plaza San Jacinto 11, San Ángel<br>Bazar del Sábado |
| Taxqueña | Av. Taxqueña 1320,<br>Terminal Central del Sur puerta 3 |
| Xochimilco | Calle del Mercado s/n |
| Nativitas | Nuevo embarcadero Nativitas<br>5653-5209 |
| Zona Rosa | Amberes 54, esquina Londres<br>5208-1030 |

* Abiertos los 365 días del año, 9-18 o 19 h.

# ✪ Otros

## Agencias de viaje

Si después de leer sobre los paseos por los alrededores de la ciudad decide realizar alguno de ellos, desea conocer otros lugares de México o (¿por qué no?) del mundo, muy probablemente necesitará de los servicios de alguna de las más de 1,700 agencias de viaje establecidas en la ciudad de México. Para orientarse, puede solicitar asesoría del personal del lugar en el que se encuentre hospedado (sea que el hotel posea su propia agencia de viajes o le recomiende una de su confianza), o bien, en alguno de los módulos de información y orientación turística de la Secretaría de Turismo. Hay varios de ellos en el Centro Histórico y a lo largo de Paseo de la Reforma (Zona Rosa y Chapultepec).

*Módulo de información*

*Turibús*

**Visitas guiadas**

Si desea conocer la historia de las calles, edificios y museos del **Centro Histórico**; las leyendas, rincones pintorescos y personajes de **Coyoacán** o recorrer a detalle uno de los principales conjuntos culturales de la ciudad, el **Centro Cultural Universitario**, puede aprovechar las cómodas visitas guiadas que son realizadas prácticamente todos los días por estos importantes lugares citadinos. En los dos primeros, el viaje se lleva a cabo a bordo de un curioso autobús que simula ser uno de los tranvías que solían transitar las calles de México. Además de los sitios aquí nombrados, en cualquier módulo de información turística les brindarán informes sobre los mismos.

Turibuses
lun.-dom., 9-21 h.
$

Realizan un recorrido por 130 lugares de interés (museos, monumentos, galerías, parques recreativos, zonas gastronómicas), en el Corredor Reforma-Zócalo.

La capacidad de cada autobús es de 70 personas. Incluye servicio de traducción simultánea en cinco idiomas.

*Tranvía turístico del Centro Histórico*

Con un mismo boleto, los usuarios pueden hacer uso del servicio durante todo el día. Hay 25 estaciones:

- Auditorio Nacional
- Museo Nacional de Arte Moderno
- Condesa- Michoacán y Tamaulipas
- Plaza Madrid (Fuente de la Cibeles)
- Centro de Cultura Casa Lamm
- Monumento a la Independencia
- Reforma Glorieta Colón
- Hemiciclo a Juárez
- Zócalo
- Plaza Tolsá
- Museo Franz Mayer
- Plaza de las Tres Culturas
- Plaza de San Fernando
- Monumento de la Revolución
- Reforma-Insurgentes

• El Ángel
• Reforma-Río de la Plata
• Museo Nacional de Antropología
• Reforma-Arquímedes
• Masaryk-Moliere
• Lago Mayor
• Área de restaurantes
• Fuente de Tláloc
• Museo Nacional de Historia Natural
• Museo del Niño-Museo Tecnológico de la CFE

## Centros para congresos y convenciones

Los visitantes que arriban a nuestra ciudad por cuestiones de negocios cuentan con alrededor de 70 instalaciones modernas y perfectamente equipadas para congresos, convenciones, juntas, exposiciones, seminarios, etc., además de las que ofrecen muchos de los hoteles de la ciudad (centros de negocios, salas de juntas, salones, etc.).

Entre los más importantes –sedes frecuentes de eventos nacionales e internacionales– se encuentran el Auditorio Nacional, el World Trade Center, el Polifórum Cultural Siqueiros, el Palacio de los Deportes, Exhibimex y la Unidad de Congresos del Centro Médico Siglo XXI.

| Otros teléfonos útiles |
|---|
| Ticketmaster (compra de boletos para espectáculos) 5325-9000 |
| Informes acerca de lugares no enlistados en esta guía: Locatel 5658-1111 |
| Directorio telefónico nacional 040 |

| Información y orientacion turística (SECTUR) (atractivos turísticos, tarifas, reservaciones, hospedaje, etc) | |
|---|---|
| Módulo de atención | Nuevo León 56, 4o. piso<br>Col. Condesa, C.P. 06140<br>lun-vie 9-19 h.; sáb 10-15 h. |
| Información telefónica 24 horas, 3665 días del año | 5212-0259 ext. 2404 |
| De fiesta en el D.F. | 01800-008-9090 |

| Centros para congresos y convenciones | Dirección | Teléfono / Correo electrónico |
|---|---|---|
| Auditorio Nacional | Paseo de la Reforma 50 | 5280-9250 / 9110<br>audnal@solar.sar.mx |
| World Trade Center (antes Hotel de México) | Montecito 38 | 5628-8384, 5543-1324<br>convciec@wtcmexico.com.mx |
| Centro Banamex | Av. del Conscripto 311 | 5268-2000<br>info@ventrobanamex.com |
| Palacio de los Deportes (sujeto al calendario de eventos) | Av. Río Churubusco y Añil s/n, | 5237-9999 / 20 |
| Operadora de Servicios Exhibimex | Calle 16 y Periférico Sur San Pedro de los Pinos | 5276-4023, 5271-0144<br>exhibimex@iserve.net.mx |
| Unidad de Congresos del Centro Médico Siglo XXI | Av. Cuauhtémoc 330, Doctores | 5761-2725 / 2103 |

| Visitas guiadas | Dirección | Teléfono / internet |
|---|---|---|
| Coyoacán | Allende y Londres | 5336-1264<br>www.cultura.df.gob.mx/nov/tranvia.htm |
| Centro Histórico | Av. Juárez 66. Bellas Artes (lado poniente del Palacio) | 5512-1012 to 14<br>www.cultura.df.gob.mx/paseo/paseo.htm |
| Centro Cultural Universitario | | 5622-7002 /19 |
| Información turística del GDF | | www.mexicocity.gob.mx<br>www.defiestaeneldf.com<br>www.cultura.df.gob.mx |

# ÍNDICE ALFABÉTICO

# D



# E

## X



## Z

GRAN GUÍA TURÍSTICA
**CIUDAD DE MÉXICO**

**Coordinador** Gerardo Mendiola Patiño
**Editor** Enrique Martínez Limón
**Maqueta** Salamandra Diseñadores, S.C.
**Diseño editorial** Regina Olivares, Sergio García Legaspi
**Portada** Antonio Ruano
**Supervisión de diseño y simbología** Ideograma
**Cuidado de la edición** Gilda Castillo
**Administración** Connie Acero



**Producción** Pinacoteca 2000, S.A. de C.V.

**Investigación y textos** Connie Acero (Necesidades del viajero, secciones de librerías y golf), Ariel Arnal, Enrique Martínez Limón y Gerardo Mendiola (Historia), Penélope Esparza (Paseos por el estado de México, Necesidades del viajero, sección de hoteles y restaurantes), Roxana Hernández (Servicios urbanos y Necesidades del viajero, sección de hoteles y restaurantes), Rocío Miranda (Taxco y sus alrededores, Necesidades del viajero, sección Para niños y familias), Carlos Román García (Centro Histórico; Tlatelolco; La Alameda; Paseo de la Reforma y Zona Rosa; Chapultepec, y Basílica de Guadalupe), María del Carmen Tostado (Polanco; Condesa y Roma; Rutas hacia el sur de la ciudad; San Ángel y Chimalistac; Coyoacán; Ciudad Universitaria; Tlalpan; Xochimilco, y Santa Fe), María Vázquez (Otros lugares de interés, sección Otros lugares interesantes).

En su totalidad, los textos de esta obra son responsabilidad de sus autores, en conjunto, como obra colectiva creada por encargo. El contenido no representa necesariamente el punto de vista de las personas morales que los encargaron.

**Mapas y dibujos** Omar Cabrera Acero (22-23, 44, 49, 53, 68-69, 78-79, 94, 102-103, 107, 110-111, 120-121, 134-135, 140-141, 150-151, 156, 158-159, 168-169, 179, 184-185, 187, 190-191, 202-203, 206-207, 212-213, 222-223, 242-243, 251, 256-257, 270-271, 290, 302-303, 330-331), con la colaboración de: Adriana Gómez (34-35, 46-47), Gabriela Martínez (172, 308, 325, 218-219, 310-311), Fernando Minaya (124-125, 228-229, 24-25, 28-29), Fredy Velasco (235, 249, 285, 108-109, 160-161, 221-213, 246-247, 264-265, 282-283, 294-295, 70-71, 74-75, 80-81, 84-85) Acuarelas: Enrique Gutiérrez Barrios. 

Las vistas aéreas que se utilizaron como apoyo o referencia para crear los dibujos fueron fotografías de Michael Calderwood, con la excepción de los planos militares de Teotihuacán y Xochicalco.

**Investigación iconográfica** Penélope Esparza, Ariel Arnal y Connie Acero (Cronología)

**Fotografía**
*Lorena Margarita Alcaraz Minor* 85[sd]
*Archivo General de la Nación*: 101[ic]
*Adrián Bodek Stavenhagen*: 12[cd], 15[cd], 16[si] (las tres anteriores obtenidas de originales propiedad de una colección particular), 87[cd], 321[sc], 323[ii], 324[si], 324[sc], 324[id], 325[si], 325[ii], 327[sd], 327[ci], 328[si], 329[cd], 330[si], 330[ii], 331[si], 335[id]
*Dante Bucio*: 6, 21[sc], 28[ii], 29[sd], 31[ci], 32[ci], 35[si], 36[ic], 38[sc], 39[si], 39[ii], 40[ii], 42[id], 44[sd], 48[sd], 49[cd], 50[ii], 51[id], 55[sd], 58[si], 60[id], 61[cd], 62[ii], 64[cd], 65[sd], 67[sc], 71[sc], 71[id], 73[id], 74[sd], 75[sd], 82[cd], 87[ic], 88[si], 89[cd], 90[ic], 91[sd], 91[cd], 91[ii], 94[si], 94[sd], 96[si], 97[id], 98[sc], 99[cd], 107[id], 108[id], 109[cc], 109[ii], 111[si], 112[si], 112[id], 114[id], 115[ci], 116[sd], 160[si], 161[si], 161[cd], 161[ii], 163[si], 163[ii], 164[sd], 164[ci], 164[ic], 165[sc], 165[ci], 178[ii], 179[sd], 179[id], 186[id], 187[si], 187[ii], 188[cd], 190[si], 192[sd], 192[ci], 194[si], 196[id], 197[ci], 198[si], 198[cd], 199[ii], 210[cc], 217[sc], 217[id], 218[si], 218[sd], 218[ci], 218[ic], 219[si], 219[sd], 219[ii], 221[sc], 224[sd], 225[sc], 232[si], 233[ci], 234[cd], 238[id], 239[si], 258[cd], 267[ic], 269[sc], 269[ic], 277[sd], 285[si], 286[ic], 310[si], 310[ii], 311[sd], 311[si], 311[id], 315[sd], 315[id], 316[si], 316[ci], 316[id], 322[si], 323[cd], 356[sc], 356[ci], 357[ii], 357[sd], 357[id], 357[ic], 358[si], 358[sc], 358[sd], 359[ii], 360, 361, 367, 368, 370[ic], 384[ic], urnas electorales en la cronología, cubierta, banda inferior (panes), cubierta, banda inferior (tren del Metro), cuarta de forros (Torre Mayor), portada (platillo), y portada (trajinera)
*Michael Calderwood*: 19[cc], 20, 66, 72[cd], 76, 100, 118, 122[ci], 125[si], 128[sd], 134[sc], 134[ci], 134[ic], 149[sc], 152[si], 153[sc], 157[id], 162[ci], 166, 172[si], 172[sd], 182, 200, 220, 224[ic], 240, 250[id], 254, 259[ci], 265[ii], 268, 280, 285[sd], 289[si], 296[si], 299[sc], 304[ic], 320, cubierta, banda inferior (Basílica) y portada (El Ángel y panorámica)
*Casasola Bazar de Fotografía*: 56[cc]

*Claudio Contreras*: 317$^{sc}$, 317$^{id}$, 318$^{sd}$, 318$^{ii}$, 319$^{sc}$, 319$^{ii}$

*Christa Cowrie*: 26$^{si}$, 27$^{sd}$, 27$^{id}$, 45$^{cd}$, 46$^{ii}$, 47$^{sc}$, 47$^{id}$, 48$^{ci}$, 49$^{ii}$, 50$^{sd}$, 70$^{si}$, 72$^{si}$, 87$^{si}$, 96$^{ic}$, 126$^{si}$, 127$^{sc}$, 154$^{si}$, 154$^{cd}$, 154$^{ii}$, 155$^{cc}$, 156$^{si}$, 156$^{ci}$, 156$^{cd}$, 156$^{ii}$, 157$^{sd}$ 167$^{sc}$, 171$^{si}$, 171$^{ci}$, 176$^{sc}$, 176$^{ic}$, 176$^{id}$, 177$^{cc}$, 177$^{id}$, 178$^{id}$, 178$^{si}$, 178$^{cd}$, 180$^{sd}$, 180$^{ii}$, 181$^{si}$, 181$^{cd}$, 204$^{ii}$, 229$^{cd}$, 234$^{si}$, 235$^{ci}$, 237$^{si}$, 237$^{ic}$, 248$^{ic}$, 272$^{ii}$, 282$^{ii}$, 283$^{sd}$, 284$^{cd}$, 284$^{ii}$, 285$^{ii}$, 285$^{id}$, 287$^{sd}$, 288$^{si}$, 294$^{ii}$, 301$^{sc}$, 302$^{si}$, 318$^{ci}$, 331$^{ii}$, 334$^{id}$, 335$^{ci}$ y cubierta, banda inferior (torero)

*CONACULTA-INAH*: 140$^{sd}$, 140$^{cc}$, 140$^{ic}$, 141$^{sd}$, 143$^{cd}$, 143$^{id}$, 144$^{si}$, 144$^{sd}$, 144$^{ci}$, 145$^{ci}$, 145$^{id}$, 146$^{sd}$, 146$^{cd}$, 146$^{id}$, 147$^{sd}$, cuarta de forros (Jaguar policromado)

*Raúl González*: 24$^{ii}$, 25$^{ii}$, 41$^{cc}$, 51$^{si}$, 54$^{ci}$, 83$^{ic}$, 104$^{id}$, 105$^{si}$, 108$^{sc}$, 109$^{sd}$, 124$^{si}$, 135$^{cd}$, 160$^{ii}$, 369$^{id}$, 370$^{sc}$ portada (Turibús)

*José Ignacio González Manterola*: 141$^{ic}$

*Lourdes Grobet*: 49$^{si}$

*Carlos Hahn*: 18$^{si}$, 25$^{id}$, 27$^{ci}$, 28$^{ic}$, 29$^{ii}$, 35$^{ii}$, 36$^{sc}$, 41$^{id}$, 61$^{si}$, 64$^{ii}$, 70$^{ii}$, 93$^{ic}$, 96$^{cd}$, 101$^{sc}$, 104$^{sc}$, 106$^{cd}$, 108$^{ii}$, 110$^{si}$, 111$^{cd}$, 113$^{si}$, 117$^{sc}$, 117$^{cd}$, 117$^{ic}$, 123$^{id}$, 125$^{ic}$, 125$^{id}$, 126$^{id}$, 129$^{ii}$, 129$^{cd}$, 129$^{sc}$, 129$^{si}$, 130$^{si}$ 130$^{sc}$, 130$^{cd}$, 131$^{sd}$, 131$^{ci}$, 131$^{id}$, 133$^{ci}$, 133$^{ii}$, 135$^{sd}$, 136$^{sd}$, 136$^{cd}$, 138$^{ci}$, 139$^{ic}$, 142$^{sd}$, 145$^{ii}$, 147$^{ic}$, 148$^{id}$ 170$^{si}$, 170$^{ic}$, 170$^{id}$, 171$^{id}$, 172$^{id}$, 173$^{si}$, 173$^{ii}$, 174$^{sd}$, 175$^{sd}$, 175$^{cc}$, 175$^{id}$, 176$^{ci}$, 177$^{sd}$, 186$^{ci}$, 189$^{si}$, 189$^{id}$, 193$^{id}$, 226$^{ic}$, 245$^{si}$, 247$^{si}$, 272$^{cd}$, 278$^{ic}$, 287$^{id}$, 297$^{ci}$, 300, 301$^{ic}$, 303$^{sd}$, 303$^{ii}$, 305$^{sd}$, 306$^{si}$, 307$^{id}$, 308$^{ii}$, 309$^{cd}$, 312$^{sc}$, 313$^{cc}$, 314$^{id}$, 315$^{ci}$, 359$^{sd}$, cubierta, lomo (Columna de la Independencia), portada (Catedral), portada (Coatlicue)

*Javier Hinojosa*: 34$^{ic}$, 38$^{ii}$, 47$^{ic}$ 52$^{cd}$, 81$^{si}$, 84$^{si}$, 84$^{ii}$, 85$^{ii}$, 86$^{sd}$, 86$^{ci}$, 92$^{si}$, 95$^{ic}$, 95$^{id}$, 105$^{ii}$, 127$^{id}$, 128$^{ci}$, 128$^{ii}$, 138$^{sd}$, 139$^{si}$, 139$^{cd}$, 140$^{sc}$, 141$^{sc}$, 141$^{cd}$, 141$^{ii}$, 142$^{ci}$, 142$^{id}$, 143$^{sc}$, 144$^{id}$, 146$^{ci}$, 146$^{ii}$, 188$^{ii}$, 197$^{sd}$, 204$^{cd}$, 205$^{si}$, 211$^{si}$, 241$^{sc}$, 246$^{sd}$, 252$^{si}$, 279$^{cc}$, 286$^{sd}$, 288$^{id}$, 313$^{id}$, 314$^{si}$ y cubierta, banda inferior (Palacio de Bellas Artes)

*Francisco Kochen*: 80$^{ci}$, 96$^{ic}$, portada (detalle del mural de Diego Rivera)

*Steve Littman*: 119$^{sc}$, 125$^{cc}$, 130$^{ii}$, 130$^{id}$, 132$^{si}$, 132$^{cc}$, 137$^{sd}$, 137$^{cc}$, 137$^{ii}$, 137$^{id}$, 148$^{si}$, 149$^{id}$, 152$^{cd}$, 152$^{ii}$, 153$^{cd}$, 153$^{ii}$, 154$^{sc}$, 157$^{si}$, 157$^{cd}$, 157$^{ii}$, 181$^{ii}$, 293$^{si}$, 296$^{id}$, 333$^{id}$, 358$^{id}$, cubierta, banda inferior (Cárcamo), cubierta, banda inferior (estudiantes), cubierta, banda inferior (La Feria)

*Rafael Miranda Saracho*: 11$^{sc}$, 105$^{cd}$, 106$^{sd}$, 106$^{ii}$, 113$^{cd}$, 114$^{sc}$, 114$^{ci}$, 115$^{sd}$, 119$^{ic}$, 167$^{ic}$, 183$^{ic}$, 201$^{ic}$, 206$^{ci}$, 206$^{ii}$, 209$^{ci}$, 210$^{si}$, 212$^{ii}$, 213$^{sd}$, 213$^{id}$, 214$^{cd}$, 214$^{ii}$, 215$^{si}$, 215$^{ic}$, 225$^{id}$, 227$^{sc}$, 227$^{ii}$, 228$^{si}$, 229$^{sd}$, 230$^{si}$, 230$^{id}$, 231$^{sd}$, 231$^{ci}$, 231$^{id}$, 232$^{id}$, 233$^{cd}$, 233$^{ic}$, 233$^{sd}$, 234$^{ic}$, 236$^{ii}$, 237$^{cd}$, 239$^{sd}$, 239$^{id}$, además de las reproducciones que se utilizaron para ilustrar la cronología.

*Pinacoteca 2000, S.A. de C.V.*: 7$^{sc}$, 7$^{ii}$, 8$^{cc}$, 9$^{si}$, 9$^{cd}$, 10$^{sc}$, 11$^{cd}$, 12$^{si}$, 13$^{si}$, 14$^{sc}$, 16$^{cd}$, 17$^{cc}$, 21$^{ic}$, 26$^{ii}$, 29$^{ic}$, 44$^{ii}$, 45$^{ii}$, 52$^{id}$, 54$^{si}$, 54$^{id}$, 67$^{ic}$, 77$^{ic}$, 80$^{sd}$, 82$^{si}$, 88$^{ci}$, 92$^{sd}$, 92$^{cd}$, 92$^{ii}$, 123$^{si}$, 194$^{id}$, 196$^{ci}$, 255$^{ic}$, 322$^{cd}$, cubierta, banda inferior (Palacio Postal)

*Don Porter*: 328$^{id}$, 329$^{si}$

*Adalberto Ríos y Sexto Sol*: 17$^{id}$, 25$^{sc}$, 30$^{sc}$, 30$^{ii}$, 30$^{cd}$, 31$^{si}$, 31$^{id}$, 32$^{si}$, 32$^{id}$, 33$^{si}$, 33$^{id}$, 34$^{sc}$, 35$^{cc}$, 37$^{sd}$, 37$^{ii}$, 39$^{id}$, 40$^{sd}$, 41$^{si}$, 42$^{si}$, 43$^{sd}$, 43$^{ii}$, 45$^{sc}$, 52$^{si}$, 55$^{ci}$, 55$^{ii}$, 57$^{sd}$, 57$^{ii}$, 58$^{id}$, 59$^{sd}$, 59$^{ci}$, 60$^{sd}$, 60$^{ci}$, 61$^{ii}$, 62$^{sc}$, 63$^{sc}$, 63$^{id}$, 64$^{si}$, 65$^{ic}$, 77$^{sc}$, 80$^{ic}$, 82$^{ic}$, 83$^{si}$, 88$^{id}$, 89$^{ii}$, 90$^{sc}$, 90$^{cd}$, 93$^{si}$, 93$^{sd}$, 95$^{si}$, 95$^{cd}$, 97$^{si}$, 97$^{ii}$, 98$^{ci}$, 98$^{id}$, 99$^{si}$, 116$^{id}$, 124$^{ii}$, 127$^{ci}$, 143$^{ci}$, 145$^{si}$, 163$^{cd}$, 174$^{ii}$, 188$^{sc}$, 195$^{id}$, 197$^{ic}$, 198$^{ii}$, 199$^{sd}$, 201$^{sc}$, 204$^{sc}$, 205$^{id}$, 206$^{sc}$, 208$^{sd}$, 208$^{ii}$, 209$^{si}$, 210$^{ic}$, 211$^{ic}$, 214$^{sd}$, 214$^{ic}$, 216$^{si}$, 216$^{ic}$, 228$^{ii}$, 229$^{ii}$ 238$^{si}$, 249$^{si}$, 253$^{si}$, 273$^{si}$, 273$^{cd}$, 274$^{sd}$, 275$^{cd}$, 278$^{si}$, 278$^{sc}$, 282$^{sd}$, 283$^{id}$, 298$^{ii}$, 299$^{ii}$, 321$^{ic}$, 325$^{sd}$, 326$^{id}$, 331$^{sd}$, 332$^{si}$, 333$^{ci}$, 334$^{si}$, cubierta, banda inferior (Estadio Azteca)

*Boris de Swan*: 89$^{si}$, 190$^{sc}$, 190$^{ic}$, 191$^{sc}$, 191$^{cd}$, 192$^{ii}$, 193$^{ci}$, 244$^{cc}$, 245$^{id}$, 247$^{id}$, 248$^{sc}$, 251$^{ci}$, 252$^{sd}$, 252$^{ic}$, 253$^{id}$, 255$^{sc}$, 258$^{sd}$, 259$^{sd}$, 259$^{id}$, 260$^{si}$, 260$^{sd}$, 260$^{ii}$, 261$^{sc}$, 261$^{id}$, 262$^{sd}$, 262$^{ic}$, 263$^{si}$, 263$^{cd}$, 263$^{ii}$, 264$^{ic}$, 265$^{sc}$, 266$^{sd}$, 266$^{id}$, 267$^{sd}$, 267$^{ci}$, 272$^{sc}$, 274$^{ii}$, 276$^{sd}$, 276$^{ii}$, 289$^{id}$, 290$^{cd}$, 291$^{id}$, 292$^{si}$, 292$^{cc}$, 293$^{id}$, 294$^{si}$, 295$^{cc}$, 295$^{id}$, 296$^{ii}$, 302$^{ii}$, 303$^{cd}$, 305$^{cd}$, 306$^{ic}$, 307$^{ci}$, solapa (Ciudad Universitaria)

*María Vázquez*: 18$^{id}$, 195$^{sd}$, 298$^{sc}$, 299$^{ci}$

Los derechos patrimoniales de autor de todas las fotografías revierten a favor de las personas físicas o morales acreditadas en el listado anterior.

Las fotografías que no aparecen en el listado corresponden a dos casos o son de dominio público o se trata de imágenes obtenidas por los editores, que hicieron todo esfuerzo posible para localizar a los propietarios de los derechos patrimoniales y los reconocerán si se presentan con las pruebas necesarias y suficientes para reclamar un pago de regalías conforme a la ley. Anticipadamente piden una disculpa y se comprometen a enmendar esta falla en ediciones futuras.

si = superior izquierda
sc = superior centro
sd = superior derecha
ci = centro izquierda
cc = centro centro
cd = centro derecha
ii = inferior izquierda
ic = inferior centro
id = inferior derecha

Los editores agradecen los apoyos recibidos de:

Archivo General de la Nación
Banco Nacional de México
Casasola Bazar de Fotografía
Delegaciones políticas del Gobierno del Distrito Federal
Dirección General del Bosque de Chapultepec
Gobierno del Estado de Guerrero
Gobierno del Estado de México
Gobierno del Estado de Morelos
Instituto Nacional de Antropología e Historia
Instituto Nacional de Bellas Artes
Museo José Luis Cuevas
Museo Nacional de Antropología
Museo Nacional de Arte
Museo Nacional de Historia
Teléfonos de México

GRAN GUÍA TURÍSTICA
**CIUDAD DE MÉXICO**

Primera edición
Preprensa: Reproscanner, S.A. de C.V.
Impresa por Aguilar, Altea, Taurus, Alfaguara, S.A. de C.V.,
con la colaboración de Cover Communication, Srl.,
en septiembre de 2003. Se imprimieron 15 mil ejemplares.

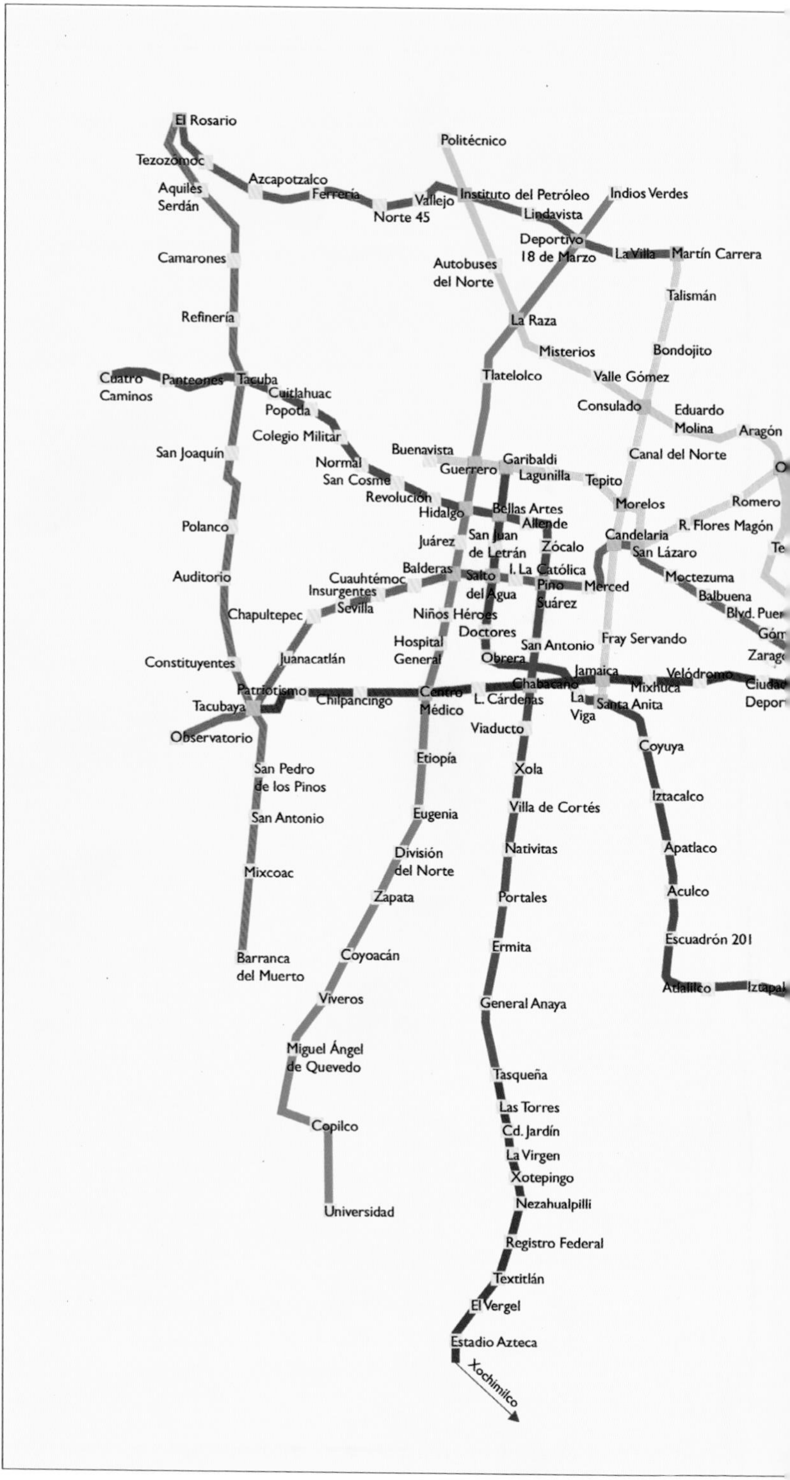
El Rosario
Tezozómoc
Aquiles Serdán
Camarones
Refinería
Azcapotzalco
Ferrería
Norte 45
Vallejo
Politécnico
Instituto del Petróleo
Lindavista
Indios Verdes
Deportivo 18 de Marzo
La Villa
Martín Carrera
Autobuses del Norte
Talismán
La Raza
Misterios
Bondojito
Valle Gómez
Tlatelolco
Consulado
Eduardo Molina
Aragón
Cuatro Caminos
Panteones
Tacuba
Cuitlahuac
Popotla
Colegio Militar
San Joaquín
Normal
San Cosme
Revolución
Buenavista
Guerrero
Garibaldi
Lagunilla
Tepito
Canal del Norte
Morelos
Romero
Hidalgo
Bellas Artes
Allende
R. Flores Magón
Polanco
Juárez
San Juan de Letrán
Zócalo
Candelaria
San Lázaro
Auditorio
Balderas
Cuauhtémoc
Insurgentes
Sevilla
Salto del Agua
I. La Católica
Pino Suárez
Merced
Moctezuma
Balbuena
Chapultepec
Niños Héroes
Doctores
Hospital General
San Antonio
Fray Servando
Juanacatlán
Obrera
Constituyentes
Jamaica
Velódromo
Mixhuca
Patriotismo
Chilpancingo
Centro Médico
L. Cárdenas
Chabacano
La Viga
Santa Anita
Tacubaya
Observatorio
Viaducto
Coyuya
Etiopía
San Pedro de los Pinos
Xola
San Antonio
Iztacalco
Villa de Cortés
Eugenia
Nativitas
Apatlaco
División del Norte
Mixcoac
Aculco
Zapata
Portales
Escuadrón 201
Ermita
Barranca del Muerto
Coyoacán
Atlalilco
Viveros
General Anaya
Miguel Ángel de Quevedo
Tasqueña
Las Torres
Cd. Jardín
Copilco
La Virgen
Xotepingo
Nezahualpilli
Universidad
Registro Federal
Textitlán
El Vergel
Estadio Azteca
Xochimilco